REVISTA TRIMESTRAL DE

DIREITO PÚBLICO

9/1995

MALHEIROS EDITORES

Revista Trimestral de Direito Público
Órgão do

IDEPE
INSTITUTO INTERNACIONAL
DE DIREITO PÚBLICO E EMPRESARIAL

INSTITUTO DE DIREITO ADMINISTRATIVO PAULISTA
IDAP

REVISTA TRIMESTRAL
DE DIREITO PÚBLICO
publicação trimestral de
MALHEIROS EDITORES LTDA.
Rua Paes de Araújo, 29, cj. 171
CEP 04531-940
São Paulo, SP - Brasil - Tel. 822-9205
Fax: 829-2495

Assinaturas e comercialização:
CATAVENTO DISTRIBUIDORA DE
LIVROS S.A.
Rua Conselheiro Ramalho, 928
CEP 01325-000
São Paulo, SP - Brasil - Tel. 289-0811
Fax: 251-3756

Diretor Responsável: Álvaro Malheiros
Diretora: Suzana Fleury Malheiros
Supervisão Gráfica: Vânia Lúcia Amato

Composição: HELVÉTICA EDITORIAL
Impressão: Gráfica e Editora FCA
(Fundação de Ciências Aplicadas)

SUMÁRIO

DOUTRINA

A Competência da Assembléia Nacional Constituinte de 1933/34 (um texto de Kelsen sobre o Brasil)
— **HANS KELSEN** 5

Responsabilidade do Estado por atos de Juiz (em face da Constituição de 1988)
— **A. B. COTRIM NETO** 12

Conflito de atribuições e reforma constitucional
— **ARNOLDO WALD** 31

O Judiciário frente à divisão dos poderes: um princípio em decadência?
— **TÉRCIO SAMPAIO FERRAZ JÚNIOR** 40

Franquia na administração pública
— **MARIA SYLVIA ZANELLA DI PIETRO** 49

Declaração de inconstitucionalidade sem pronúncia da nulidade da lei, na jurisprudência da Corte Constitucional Alemã
— **GILMAR FERREIRA MENDES** 60

PARECERES

Licitação — Leis de mercado e preços — Equilíbrio econômico-financeiro
— **CELSO ANTÔNIO BANDEIRA DE MELLO** 78

Mandato eletivo — Impugnação
— **FÁBIO KONDER COMPARATO** 96

Saneamento básico — Serviço público estadual e municipal — Contrato administrativo entre SABESP e Município — Concessão não ordinária
— **GERALDO ATALIBA E ROSOLEA FOLGOSI** 105

Teto de remuneração de servidores
— **EROS ROBERTO GRAU** 124

Incentivo fiscal — Conflito entre Estados
— **PAULO DE BARROS CARVALHO** 130

Licitação — Comprovação de capacidade técnico-operacional
— **ADÍLSON ABREU DALLARI** 149

Município e autarquia federal — Relações — Conflitos — Impossibilidade de multas a pessoas públicas
— **TOSHIO MUKAI** 154

Secretário Municipal — Indiciamento por ato praticado no exercício da função e no interesse da Administração. Direito e dever, por parte desta, de promover-lhe a defesa
— **SÉRGIO SÉRVULO DA CUNHA** 161

ESTUDOS E COMENTÁRIOS

Legitimidade do poder de reforma constitucional
— **FÁBIO KONDER COMPARATO** 167

Ação declaratória de constitucinalidade — Inovação infeliz e inconstitucional
— **MARCELO FIGUEIREDO** 182

Depósito compulsório da Lei 4.595/64 (Circular n. 2.175/92 do BACEN) — Natureza jurídica — Aspectos legais e constitucionais
— **JOÃO DÁCIO ROLIM** 200

Conflitos entre princípios do Direito do Trabalho e do Direito Administrativo
— **ANA RITA TAVARES TEIXEIRA** 212

Terrenos reservados nas margens dos rios navegáveis — Bens públicos ou particulares?
— **MARTIM OUTEIRO PINTO** 217

JURISPRUDÊNCIA 237

DOUTRINA

A COMPETÊNCIA DA ASSEMBLÉIA NACIONAL CONSTITUINTE de 1933/34

(Um texto de Kelsen sobre o Brasil)

HANS KELSEN

Antigo Professor da Universidade de Viena, era Catedrático da de Colônia, quando se viu obrigado a deixar a Alemanha em virtude dos últimos acontecimentos políticos desenrolados nesse país.

Ocupa, atualmente, a Cátedra de Direito das Gentes no Instituto Universitário de Altos Estudos Internacionais em Genebra.

Respondo aos quesitos, não do ponto de vista político ou de direito natural, mas exclusiva e unicamente do ponto de vista do *direito positivo.* Deduzo as minhas conclusões admitindo que para a situação e competência da Assembléia Nacional Constituinte não pode ser considerada outra norma de direito que o Regimento 22.621, de 7 de abril de 1933.

Quesito I

O Governo Provisório, por Decreto 22.621 de 7 de abril de 1933, baixou o Regimento da Assembléia Nacional Constituinte.

1. O Governo Provisório, que é governo de fato, originado de uma revolução, tem o direito de impor um regimento à Assembléia Nacional Constituinte?

2. O fato de ter o Governo Provisório imposto um regimento à Assembléia Nacional Constituinte não representa uma ofensa à soberania da dita Assembléia, que por definição, por ser constituinte, é soberana?

3. Obrigará juridicamente este regimento a Assembléia Nacional Constituinte e não poderá a dita Assembléia rejeitar o regimento, adotando um que for por ela elaborado?

Resposta

1. Não existe diferença essencial entre um governo de fato e um governo "*de jure*" em direito das gentes e menos ainda no domínio do direito constitucional. Admitindo que o Governo Provisório é a *mais alta autoridade legislativa* que saiu *diretamente da revolução*, sem dúvida daquele governo depende determinar a *convocação e a competência da Assembléia Nacional Constituinte.*

2. A promulgação do citado regimento não significa a incursão na "soberania" da Assembléia Nacional Constituinte. A concepção da soberania, no verdadeiro sentido da palavra, de nenhum modo pode ser enquadrada no domínio do direito positivo. Nem mesmo o Estado como tal é soberano, pois acima dele se encontra o direito das gentes, que lhe confere direitos e obrigações. Ainda menos se pode dizer de qualquer órgão do Estado que seja soberano. Quanto à Assembléia Nacional Constituinte, seria questão de saber se ela possui as qualidades de um órgão originário e supremo, a quem cabe fazer as leis e cuja competência é ilimitada. Seria, então, só o caso de uma Assembléia Nacional Constituinte que tivesse sido originada diretamente da *revolução*. Mas isso não se dá. A existência legal e a competência da Assembléia Nacional Constituinte fundam-se no regimento de 7 de abril de 1933. Ela é um órgão criado por um outro órgão e *formou-se pelo caminho legal*. Não pode modificar isso a circunstância de a Assembléia ter o nome de "Assembléia Nacional Constituinte". Deste nome não podem ser deduzidas quaisquer qualidades de direito.

3. A Assembléia Nacional Constituinte não possui outros direitos além dos que lhe foram outorgados pelo Regimento de 7 de abril de 1933. Por isso ela não tem o direito de revogar o regimento e substituí-lo por outro. O regimento obriga a Assembléia Nacional Constituinte no sentido em que lhe regula a função e especialmente lhe determina a competência. O regimento é um elemento essencial da organização naquele tempo vigente. Em relação àquela organização, a chamada Assembléia Nacional Constituinte não tem o caráter de criadora da Constituição, mas de executora da elaboração da Constituição. Ofendendo as disposições do regimento, ofenderá assim a organização em vigor. Em dependência das circunstâncias poderá valer isso como uma tentativa para, *por meio da revolução*, tornar-se um órgão sob todos os pontos de vista constituinte, isso é originário e supremo criador da Constituição.

Quesito II

O regimento baixado pelo Governo Provisório em seus arts. 101 e 102 (Disposições gerais) limita a competência da Assembléia Nacional Constituinte, vedando-lhe discutir e votar qualquer "projeto de lei". A Assembléia Nacional Constituinte deverá tratar unicamente das questões referentes à elaboração da Constituição, eleição do Presidente da República e aprovação dos atos do Governo Provisório.

1. A limitação da competência da Assembléia Nacional Constituinte não representa nova ofensa à soberania da dita Assembléia?

2. A eleição do Presidente da República, prevista pelo regimento, não faz prejulgar a adoção obrigatória, pela Assembléia Nacional Constituinte, do regime "republicano", regime de novo imposto pelo Governo Provisório? Essa imposição não representa nova ofensa à soberania da Assembléia Nacional Constituinte?

Resposta

1. Os arts. 101 e 102 do Regimento

de 7 de abril de 1933 significam a limitação da competência da Assembléia Nacional Constituinte. Não existe, porém, a incursão na soberania, pois, de acordo com os motivos acima salientados, a Assembléia Nacional Constituinte nem é soberana, no verdadeiro sentido da palavra, nem é órgão originário e supremo criador da Constituição.

2. A disposição do Regimento de 7 de abril de 1933 que se refere à eleição do Presidente da República significa igualmente a limitação da competência da Assembléia Nacional Constituinte em vista de que esta tem os poderes para adotar só uma constituição que for republicana. Quanto à forma de estado, o teor da futura Constituição está já prejulgado pelo Regimento de 7 de abril de 1933.

Quesito III

O art. 14 do mesmo decreto, dispondo sobre a forma do compromisso a ser prestado pelos deputados à Assembléia Nacional Constituinte, contém o compromisso de observar a Constituição "Federal" que for adotada.

1. A expressão Constituição "Federal" não faz prejulgar a adoção obrigatória pela Assembléia do regime "federativo"?

2. A imposição do regime federativo não representa nova ofensa à soberania da Assembléia?

Resposta

1 e *2.* O que foi dito a respeito do quesito II, 2º, refere-se igualmente ao caráter federativo da futura Constituição. Aquele caráter representa, do mesmo modo que a forma republicana do Estado, uma limitação à atividade legislativa da Assembléia Nacional Constituinte. Ultrapassar o limite significaria a quebra da organização em vigor. As disposições do Regimento de 7 de abril de 1933 que se referem à forma republicana do Estado e ao caráter federativo da futura Constituição são previstas, não direta, mas indiretamente. É um método jurídico-técnico que, apesar de ser muito duvidoso, é sempre possível e, infelizmente, representa, não raro, o meio *de dar expressão à vontade legislativa.*

Quesito IV

Um Governo Provisório, originado de uma revolução, que não tinha por objetivo a instituição de um regime ditatorial "permanente", tendo convocado a Assembléia Nacional Constituinte, não tem por essa circunstância transmitido a plenitude de seus poderes à dita Assembléia, que se tornará assim soberana?

Resposta

As capacidades do poder de um governo originado de uma revolução não podem ser determinadas do ponto de vista do direito positivo pelos objetivos que teve o movimento revolucionário no início. A denominação de um governo como "provisório" tem geralmente uma significação política e de nenhum modo uma de direito positivo. *Um governo formado por meio revolucionário possui os poderes que quer possuir sob a condição de que possa obter geralmente a obediência às suas prescrições. É o princípio da efetividade que vale para um governo originado de uma revolução como princípio de direito positivo.* A indicação sobre as intenções do movimento revolucionário não é fundamento suficiente para que possa obrigar o governo a transmitir a totalidade dos seus poderes a uma Assembléia Nacional Constituinte por ele próprio criada.

Quesito V

Com a instalação da Assembléia Nacional Constituinte poderá o Governo Provisório continuar a conservar os poderes ditatoriais que tinha conquistado por meio da vitoriosa revolução?

Resposta

A resposta a este quesito é dada já na resposta ao quesito IV.

Genebra, 14 de outubro de 1933.

UM TEXTO DE KELSEN SOBRE O BRASIL

ARI MARCELO SOLON
Professor Assistente do Departamento de Filosofia e Teoria Geral de Direito da Faculdade de Direito da Universidade de S. Paulo

Pouco antes de publicar, em 1934, a primeira apresentação completa da Teoria Pura do Direito, Kelsen dedicou-se ao estudo de um tema de direito constitucional brasileiro: a competência da Assembléia Nacional Constituinte cuja convocação foi determinada pelo Decreto 22.621, de 7 de abril de 1933, do governo provisório originado da Revolução de 1930 e que elaborou o texto da Constituição de 1934. Kelsen havia abandonado a Alemanha em razão da ascensão do nazismo e lecionava então Direito das Gentes no Instituto de Altos Estudos Internacionais de Genebra. Oferecemos ao leitor a íntegra do parecer escrito pelo jurista vienense — "A Competência da Assembléia Nacional Constituinte" — pela primeira vez publicada no Brasil na Revista *Política*, em janeiro de 1934, cuja cópia foi enviada gentilmente pelo Hans Kelsen-Instituts de Viena ao Prof. Tercio Sampaio Ferraz Jr.

Pela leitura do texto, julgamos que este estudo de Kelsen deva ter partido de sua teoria da soberania desenvolvida no livro *Das Problem der Souveränität und die Theorie des Völkerrechts. Beitrag zu einer Reinen Rechtslehre* (Tübigen) de 1920. Recapitulemos, para melhor compreensão do leitor, algumas das teses da teoria da soberania retomadas neste parecer: aceitando-se a construção da primazia do direito internacional sobre o nacional, a concepção da soberania teria de sofrer metamorfose radical, não se falando mais na soberania do Estado no sentido próprio do termo, pois a ordem suprema é a ordem jurídica internacional e não a ordem nacional subordinada. Contemplar as coisas jurídicas sob o ponto de vista do primado do direito internacional é o que Kelsen faz ao responder aos quesitos formulados. Não dispomos de elementos suficientes para tratar do significado histórico deste texto no Brasil. No plano teórico, único aspecto sobre o qual nos deteremos, ele suscita problemas curiosos se levarmos em conta que, pela periodização habitual da obra kelseniana, nos encontramos no auge da fase neo-kantiana que culminará justamente com a publicação no mesmo ano da Teoria Pura do Direito. A visão que Kelsen apresentaria nesta obra foi mediatizada pelo neo-kantismo, expressão do caráter irremediável da diferença entre as categorias do *sein* e *sollen*. Ao kelsenianismo, como se sabe, atribui-se a exploração desta clivagem no domínio jurídico, que sofrerá matizações, no correr dos anos seguintes, até a publicação da 2ª edição da *Teoria Pura*, em 1960.

Exemplo ainda de uma postura neokantiana é a afirmação do parecerista de que "a concepção da soberania, no verdadeiro sentido da palavra, de nenhum modo pode ser enquadrada no domínio do direito positivo". Na tentativa de evitar o erro metodológico de derivar a normatividade da realidade, Kelsen buscou uma resposta formal ao fundamento de validade da ordem jurídica em uma norma fundamental hipotética ou pressuposta. Esta concepção da norma fundamental conduz à afirmação de se poder predicar soberania à ordem jurídica estatal, quando for possível conhecer todas as normas positivas como oriundas de uma só norma superior. Neste sentido, a soberania também é uma pressuposição, um postulado da ciência do direito "de nenhum modo enquadrada no domínio do direito positivo". Na explicação de um *querer* como um componente meta-jurídico da norma, ao mesmo tempo em que *o pensar* é visto como seu conteúdo, julgamos que Kelsen se aproximou perigosamente de um direito natural lógico, pois na fundamentação transcendental à norma fundamental ele foi tudo, menos positivista. Muitos anos mais tarde, o próprio Kelsen consumou — satisfatoriamente, a nosso ver — a ruptura com a noção transcendental da norma fundamental: "Em obras anteriores tenho me referido a normas que não são o sentido de um ato de vontade. Apresentei sempre em minha teoria a norma fundamental que não era o sentido de um ato de vontade, mas sim pressuposta pelo pensamento. Podem crer-me não ter sido fácil abandonar uma teoria que sustentei durante décadas. Abandonei-a no conhecimento de que um dever-ser (*sollen*) sempre é o correlato de uma vontade (*wollen*). Minha norma fundamental é uma norma fictícia pressupondo um ato de vontade fictício que a estabelece. É a ficção que qualquer autoridade deseja que isto deva ser. Vocês podem me repreender que estou falando contra minha própria teoria. Isto é inteiramente certo! Tive que modificar minha teoria da norma fundamental em sua representação. Não pode haver normas puramente pensadas, isto é, normas que são o sentido de um ato de pensamento, não o sentido de um ato de vontade. O que é pensado por meio da norma fundamental é a ficção de um ato de vontade, que realmente não existe" (cf. Scmölz, F. M., *Das Naturrecht in der politschen Theorie*, Wien, Springer Verlag, 1963, p. 123). No entanto, outras conseqüências teóricas bem diferentes sucedem ao se abandonar a hipótese do primado do direito nacional — diante do qual a soberania é constituída como um pressuposto lógico — , ao se projetar o dever-ser até a *civitas maxima* da comunidade jurídica internacional, não se detendo nas fronteiras das nações e dos Estados.

Assim, apesar da clivagem fortemente acentuada em nossa leitura específica da noção de soberania, o enfoque do parecer não tem como ponto de partida esta hipótese lógico-transcendental mas o *princípio da efetividade* do direito internacional ("Um governo formado por meio revolucionário possui os poderes que quer possuir sob a condição que possa obter geralmente a obediência às suas prescrições. É o princípio da efetividade que vale para um governo originado de uma revolução como princípio de direito positivo."). Simplesmente, a soberania do Estado desaparece do ponto de vista da comunidade jurídica internacional, onde passa a radicar o fundamento de validade de sua ordem jurídica ("Nem mesmo o Estado como tal é soberano, pois acima dele se encontra o direito das gentes, que lhe confere direitos e obrigações", diz o parecer). Na teoria da soberania, este é o significado da primazia do direito internacional. Aqui também se expõe a perigo a separação metódica entre *sein* e *sollen* como admite o próprio Kelsen na mencionada obra de 1920: "O direito internacional atinge o limite mais externo do conhecimento normativo. É talvez ainda direito, pois ele, embora pondo em perigo a oposição fundamental entre ser e dever-ser, não se dispõe a estabelecer qualquer poder fático como poder jurídico, mas deixa valer apenas como poder jurídico um determinado poder fático. Nesta fraqueza do direito internacional com relação ao poder fático, nesta inclinação do direito internacional em capitular diante dos fatos, revela-se o problema de sua natureza jurídica mais claramente do que na suposta falta do momento coativo" (*Das Problem*, ob. cit., p. 241).

A metamorfose do poder fático em jurídico, a primazia do elemento fatual já denotam indícios de abandono do contraste fundamental entre ser e dever-ser. A teoria do direito à luz do primado do direito internacional é quase uma ciência do "ser" normativo. Na mesma época do parecer, Kelsen se ocupa com investigações sociológicas sobre crenças animísticas no direito primitivo (*Alma e o Direito*, 1936), discute o amor platônico numa perspectiva psicanalítica (*Die Platonische Liebe*, 1933) e começa a introduzir nos estudos conceitos do repertório empirista, por exemplo, a noção de causalidade de Hume em substituição à categoria apriorística de Kant. Isto se afirma não para sublinhar uma contradição interna na teoria vienense, mas para expressar que, apesar dos preceitos neo-kantianos, a Teoria Pura se via como uma teoria da realidade jurídica, uma teoria empírica do direito positivo, o que também se pode observar justamente na opinião emitida por Kelsen acerca do direito brasileiro. O leitor do parecer, contudo, terá razão ao se perguntar como se conciliam estas investigações com as posições metodológicas precisadas na Teoria Pura de que o direito somente podia ser objeto de estudo normativo.

Com efeito, na fase neo-kantiana da Teoria Pura do Direito, Kelsen atacaria o pluralismo metodológico de quem afirmasse a primazia das considerações fáticas sobre toda investigação normativa no mesmo domínio. Ao determinar o conhecimento do objeto, afirmará seguindo a posição gnoseológica da escola neokantiana de Marburg, o mesmo objeto não poderá ser estudado por muitos métodos. Disto resulta ter a ciência do direito de adotar um método estritamente normativo, deixando de lado a verdade das pretensões empíricas (cf. *Das Problem*, p. 10). É provável, assim, ser o parecer em estudo uma das mais precoces evidências do futuro abandono da razão transcendental por parte da Teoria Pura. De fato, somente na perspectiva do direito internacional é possível encontrar uma regra de produção que eleve o momento da facticidade a um princípio jurídico. Aí está um exemplo de realismo jurídico quando se parte do princípio da efetividade — "princípio universalmente reconhecido do direito internacional pelo qual, mesmo um governo, tendo originariamente ferido a ordem jurídica, esta ruptura dando-se apenas na perspectiva do direito estatal isolado, pode-se tornar legítimo — legítimo do ponto de vista do direito internacional, se adquirir no Estado permanente estabilidade e contar com reconhecimento geral" (*Das Problem*, ob. cit., p. 240). É deste ponto de vista, que não é bem o deste mundo codificado nas constituições nacionais, que Kelsen contempla o primado do direito internacional chegando a resultados surpreendentemente realistas neste parecer. Se, para explicar a criação de um novo direito, se recorre ao fato de uma revolução vitoriosa, não seria o caso de abandonar o enfoque puramente normativo, adotando-se a perspectiva realista da efetividade do direito? Haveria alguma representação jurídica para colocar em contato o direito novo com o anterior, destronado por uma revolução, sem que a explicação jurídica tropece na realidade do poder efetivo? A recusa de inscrever o direito na sua efetividade deixa de ter sentido quando, como neste admirável trabalho, o Direito e o Estado são encarados sob um ponto de vista a eles estranho, ou seja, quando os encaramos em face do direito internacional, *sub specie juris gentium*.

RESPONSABILIDADE DO ESTADO POR ATOS DE JUIZ (EM FACE DA CONSTITUIÇÃO DE 1988)

A. B. COTRIM NETO
Catedrático da Faculdade de Direito da Universidade Federal do Rio de Janeiro

1. Cominações de juiz, nos Códigos de Hamurabi e dos Decênviros. 2. Ressarcimento de prejuízos por juiz, em Roma. 3. Penalização de juiz faltoso, na Itália. 4. Idem, *no Brasil. 5. Indefinição da Responsabilidade Civil do Estado, no século XVIII. 6. Em França constrói-se a teoria da Responsabilidade Civil do Estado. 7. Na Alemanha se desenvolve a teoria da Responsabilidade Sem Culpa, no Direito Público. 8. A jurisprudência do STF, do Brasil, segundo Carlos Mário da Silva Velloso, "no sentido de que o Estado não é civilmente responsável pelos atos dos juízes". 9. Características dos atos administrativos e dos atos jurisdicionais de juiz (Couture e Bielsa). 10. Erros e faltas que juiz comete. 11. Só tem sido universalmente inquestionada a Responsabilidade do Estado pelo erro judiciário em matéria criminal. 12. Um* leading case *do STF, pertinente à irresponsabilidade do Estado por atos de juiz. 13. Todos os "agentes" dos Poderes do Estado — não só os do Judiciário — são órgãos da Soberania interna. 14. Colocação do tema da Responsabilidade do Estado em face da Constituição de 1988. 15. Administração Pública envolve Administração da Justiça. 16. Em qualquer área jurídica o erro judiciário enseja a Responsabilidade do Estado, pela nossa Constituição de 1988. 17. A prisca jurisprudência do STF persiste, mesmo no caso de atos administrativos de juiz. 18. O tema presente, como posto nas Constituições da Itália e da Alemanha. 19. Conclusão: tendência universal pela responsabilização do Estado, responsabilidade civil no campo do civilismo, e responsabilidade de Direito Público.*

1. Há perto de 4.000 anos e no primeiro sistema judiciário em que a Administração da Justiça foi organizada na forma da lei e à margem da Justiça Sacerdotal, a corrupção de Juiz fora prevista e punida, conquanto que apenas em termos de sanção monetária e disciplinar: "se um juiz julgou uma causa, proferiu uma sentença e mandou exarar documento selado e depois alterou seu julgamento, comprovarão contra esse juiz a alteração do julgamento feito e ele pagará até doze vezes a quantia que estava em questão no processo; além disso, fá-lo-ão levantar-se de sua curul de juiz na assembléia dos juízes e não tornará a sentar-se com os juízes em um processo". Assim é como foi estabelecido no art. 5º, seção I, do Código de Hamurabi, consoante o articulado que lhe atribuiu Schell e a tradução do sumeriólogo brasileiro E. Bouzon, em publicação da Editora Vozes, de Petrópolis.

Entretanto, o preceito do Código não encerrava enunciado desprovido de eficácia, pois, e agora o informe é do Prof. Édouard Cuq, "Para garantir as partes contra a má-fé de juiz que alterasse sua sentença, os julgamentos eram proferidos em presença de testemunhas, cujos nomes figuram ao lado daqueles dos juízes, nos processos", desde que inexistiam elementos materiais certificadores dos termos dos atos sentenciais, além das frágeis peças de barro cozido onde lavrados eram eles, donde se impunha o recurso da memória testificadora.[1]

Já os romanos, desde o dealbar de uma civilização que se caracterizaria pela energia de seus procedimentos sociais e mesmo de suas competições políticas intestinas, na tutela penal do que hoje se identifica como o processo civil foram do rigor que Francesco Carnelutti desta forma apresentou e até louvou: "A pena capital que as doze táboas cominavam contra o *iudex qui ob rem dicendam pecuniam accepisse erit*, não parece, em absoluto, medida excessivamente cruel; eu me atrevo a dizer que, ainda se tenha em conta o espírito dos tempos, essa antiga energia responde melhor às inelutáveis exigências sociais do que a débil repressão do Código Penal vigente".[2]

Efetivamente, consoante o art. 3º da Táboa Nona do Código dos Decênviros — segundo reconstituição do alemão Gotrofredus, apresentado por Silvio Meira em seu estudo sobre "A Lei das Doze Táboas"[3] — "Se um juiz ou um árbitro indicado pelo magistrado recebeu dinheiro para julgar a favor de uma das partes em prejuízo de outrem, que seja morto" (*Si judex arbiterve jure datus, ob rem decendam pecuniam accepsit capital esto*). Contudo, essa trágica sanção seria atenuada no correr dos séculos, de como observou Paul Frédéric Girard, em face de Gaio e Justiniano: o procedimento do juiz responsabilizado por má sentença, por negligência ou má-fé ou que por qualquer modo tivesse faltado ao seu dever, seria objeto de Ação Pretoriana *in bonum e aequum concepta*, e condenado à composição do prejuízo causado, na sua exata medida.[4]

2. Ocorria portanto que nessa espécie de penalização imposta ao juiz apanhado em grave falta funcional, quando em Roma se lhe impôs o ressarcimento de prejuízo a benefício do prejudicado, isto ficaria sempre dependente da capacidade econômica do condenado. Mas o delegante da autoridade judiciária — o Imperator, em cujo nome então se administrava a Justiça — , este ficaria à margem, mesmo em razão do fato de que nenhuma ação de seus súditos poderia alcançá-lo.

E isso perduraria por mais de milênio, pois somente pelo findar do século XVIII da nossa era a cultura ocidental iniciaria o desvinculamento da idéia do Estado da pessoa física do Soberano.

3. Ainda a propósito de cominações que pesam sobre juízes corruptos — e agora falando do que contemporaneamente ocorre em seu país — o reverenciado mestre milanês que foi Carnelutti, a modo crítico, comenta a fragilidade das sanções do juiz alcançado em falta grave, visto que na Itália elas não se acham previstas, de modo expresso, na Lei Penal, e acrescentou: "Por isso, a violação da obrigação judicial por parte dos oficiais judiciais (pela nomenclatura italia-

1. Em *Études sur le Droit Babylonien*, Ed. Paul Geuthuer, 1929, p. 385.

2. In *Sistema de Derecho Procesal Civil*, vol. II da Ed. Uteha, na trad. espanhola de Zamora Y Castillo e Melendo, 1944, p. 381.

3. *A Lei das Doze Tabuas*, 3ª ed., Forense, 1972.

4. P.F. Girard, *Manuel Élémentaire de Droit Romain*, 16ª ed., Rousseau, Paris, 1928, p. 649.

na inclui o juiz, segundo o autor em cita) constitui violação de obrigação genérica do funcionário público e, sob esse aspecto, o delito *contra a administração de justiça* se acha implícito na figura mais ampla do delito *contra a administração pública*: assim, o ato do juiz que não quer prover sobre a petição das partes está previsto com o nome de *omissão* ou *denegação de atos de ofício*, pelo art. 328 do Código Penal, que não castiga somente o juiz ou, em geral, o oficial do processo, senão a qualquer *funcionário público ou... encarregado de serviço público que indevidamente denegue, omita ou retarde um ato de ofício ou do serviço*".[5]

4. Esse debuxo de Carnelutti sobre o que acontece na Itália, até com as mesmas palavras, pode ser dito do verificado no Brasil, onde só em data mais recente a Lei Orgânica da Magistratura Nacional passou a estabelecer cominações específicas para o juiz faltoso, contudo simplesmente no que diz respeito às sanções disciplinares: quanto às de natureza tipicamente penais entre nós ainda prevalece o Código Penal, em seu Título XI, que trata dos crimes contra a Administração Pública e, outro tanto, genericamente, dos crimes contra esta praticados por funcionários e, por extensão, a juízes.

5. A revolução cultural que se desencadeou na Europa, pela segunda metade do século XVIII, inicialmente, e com imediato reflexo nas colônias britânicas da América do Norte, induziria subseqüentemente — e nos primeiros quartéis da centúria seguinte — , à idealização da personalidade jurídica do Estado e do Estado de Direito, ambos um fecundo produto da contribuição germânica para as instituições do Ocidente.[6]

Foi a partir desses eventos que se passou a cogitar de estender ao Estado a solidariedade na composição dos danos que seus servidores, procedendo como tais, causassem a terceiros. Todavia, do mesmo modo que não fora fácil reconhecer no campo das relações civis a imposição do dever de indenizar injusto dano, a reparação civil sucedendo à satisfação pela vingança ou a retribuição do mal por mal equivalente, da Lei das XII Tábuas — o que só se verificaria em Roma séculos mais tarde, com a *Lex Aquilia* e ulteriormente o Digesto, assim mesmo de modo implícito (*Nemo damnum facit nisi qui id fecit quod facere jus non habet*) —, muito custaria a teorização de uma responsabilidade do Estado, inicialmente no plano civil e finalmente no próprio campo do Direito Público. É que, não obstante se haver desintegrado a personalidade política do Estado da personalidade natural do Príncipe com todo o seu elenco de imunidades, persistiria em prol do primeiro o ancião dogma segundo o qual "*The King can do no wrong*"...

Por isso, embora reconhecido o Estado como pessoa jurídica na forma da legislação civil, ficou indefinido: 1) estará o Estado sujeito, como qualquer pessoa física ou jurídica às regras do Direito Privado, e obrigado, como essas, a responder perante as jurisdições ordinárias? 2) deve ser ele considerado fora do alcance do Direito Privado, pela sua qualidade essencial de Poder Público, não obstante a prática cotidiana de atos e fatos que por sua natureza e fins caem sob a sanção irrecusável desse Direito?

6. Entretanto, antes mesmo que na Alemanha se houvesse elaborado a teo-

5. Francesco Carnelutti, *Sistema de Derecho Procesal Civil*, ob. e vol. cits., pp. 481/482.

6. Na *Jurídica* 123/186, de 1973, em número especial e bilíngüe, dedicado ao estudo da influência germânica no direito brasileiro destacamos ter sido o desenvolvimento da *fiskus Theorie*, nos fins do século XVIII, a gênese da personalidade jurídica do Estado e, num segundo momento, da construção da teoria do Estado de Direito, obra de autores alemães, principalmente Albrecht, von Mohl, Gneist e Bähr.

ria da personalidade jurídica do Estado e do Estado de Direito, na França dos tumultuosos anos iniciais da Revolução Francesa foi onde cuidou-se do problema da indenização dos cidadãos pelos danos que tivessem sofrido, a título de responsabilidade do Estado.

Num longuíssimo capítulo de seu precioso *Droit Administratif*,[7] dedicado ao estudo de "A Responsabilidade da Administração e de seus Agentes", Georges Vedel inicia-o com "Aperçu Historique" do tema, salientando que *três traços* caracterizam a história dessa matéria: o alargamento mais ou menos constante da responsabilidade do Poder Público; o aperfeiçoamento técnico da teoria das relações entre a Administração, seus agentes e as vítimas de danos; a delimitação da responsabilidade administrativa como teoria autônoma.

Salientando que, inicialmente, a idéia de imposição do dever de o Poder Público responder por danos causados pela sua ação ou a ele imputados encontrou resistência uma vez que se chocava com o princípio segundo o qual, sendo o Estado ente soberano não seria admissível pudesse produzir mal; e que, destarte, tal princípio só seria elidido quando a reparação de prejuízos fosse estabelecida em *leis formais*, como as editadas em 1800 e em anos imediatamente anteriores, a propósito de danos resultantes de trabalhos públicos ou de agitações populares; não obstante, continua Vedel, por mais numerosos que tenham sido esses textos especiais, caberia à jurisprudência elaborar uma teoria da "responsabilidade administrativa de direito comum", estabelecendo as regras aplicáveis à margem de qualquer norma legal. Assim ocorreu a partir do famoso "arrêt Blanco", emitido em 1873 pelo Tribunal de Conflitos, o qual, por sua natureza e repercussão entrou na história do direito como importante marco da construção teórica do Direito Administrativo, do mesmo modo que da elaboração da teoria da Responsabilidade Civil do Estado sem recurso aos preceitos do Código Civil.

O que ocorreria, daí por diante, em França, retratar-se-ia bem no destacado por Josaphat Marinho quando — comentando observações de Duguit a propósito das transformações do Direito Público em seu país, numa obra de 1913 —, concluía ser, mesmo então, tendência dominante obrigar o Estado ao pagamento de indenização em face de danos causados por funcionários, apesar da controvérsia aberta entre a teoria da *culpa* e a do *risco administrativo*, prevalecendo, todavia, a segunda.[8]

7. Conforme salientamos, se foi em França onde se iniciou o movimento jurídico que induziria à responsabilidade do Estado pelos prejuízos que sua ação causasse à cidadania, e responsabilidade colocada no quadro do civilismo, seria na Alemanha onde se desenvolveria e implantaria de modo mais formal a *teoria da responsabilidade sem culpa*, uma doutrina do Direito Público. Em obra que se tornou clássica para estudo do Direito Administrativo, o Prof. Ernst Forsthoff, de Heidelberg, nos apresenta a evolução desse tema em seu país, desde os tempos iniciais em que, na segunda metade do século anterior, o movimento de responsabilização do Estado se inspirava na escola francesa.

De fato, foi nos Estados alemães e, em seguida, no Estado Federal, no "Reich" onde se afirmou — e mediante leis especiais — a "direta, primária responsabilidade do Estado pela postergação dos deveres funcionais por parte dos

7. Na 6ª ed., *Presses Universitaires de France*, 1976, pp. 325/435.

8. Em *Responsabilidade Civil do Estado e Revisão do Direito Brasileiro*, na "Notícia do Direito Brasileiro — 1975/1976", publicação dos docentes da Universidade de Brasília, editor Roberto Rosas, 1976.

funcionários": na Prússia isso se afirmaria pela Lei de 1º de agosto de 1909, e no Reich pela Lei de 22 de maio de 1910.

Houve, em seguida, a I Guerra Mundial, e a proclamação da República e se fez a Constituição Federal de 1919, em Weimar, cujo art. 131 estabeleceu que o Estado ou a entidade personalizada a ele vinculada (*Körperschaft*) seriam *fundamentalmente responsabilizados* pelos atos de seus funcionários que, no exercício de poder público, causassem prejuízos a terceiros, com práticas infringentes do dever funcional.[9] Comenta Forsthoff que embora, em sua parte final, esse art. 131 da Constituição de Weimar tivesse condicionado a aplicação da norma a uma legislação ordinária que a tornasse eficiente (*Die nähere Regelung liegt der zuständigen Gesetzgebung ob*), a jurisprudência deu-lhe imediata aplicação, e de tal forma seus preceitos foram integrados no direito alemão que viriam a ser repristinados no pós-guerra de 1939/1945, com o art. 34 da "Lei Fundamental" de 1949, que com poucas alterações de redação o reproduziria.[10]

Assinala, por demais, Forsthoff que a doutrina construída em seu país, no sentido de alargar o campo da responsabilidade do Estado por atos ou fatos de seus agentes teve inspiração no princípio da eqüidade imposta na distribuição dos encargos do Estado, enquanto na França ela se estabelecera a partir da idéia de que, restringindo-se a responsabilidade estatal se estaria proporcionando a este um enriquecimento ilícito. Evidentemente isso não procede, havendo resultado de um equívoco do mestre de Heidelberg, eis que também o pensamento jurídico francês tem proclamado a necessidade de eqüitativa distribuição, pela coletividade administrada, dos encargos do Estado, numa construção inspirada na Declaração dos Direitos do Homem e do Cidadão, da Revolução de 1789, segundo a qual todos os cidadãos nascem e vivem com igualdade de direitos.

Como quer que seja, é inquestionável — e isso todos os estudiosos dessa matéria tal assinalam — que universalmente se tem instituído e ampliado o princípio da responsabilidade do Estado pelos prejuízos que os procedimentos de seus servidores, de seus agentes, de quantos agem em seu nome na realização dos seus fins sociais: aqui é pertinente lembrar, como também o fez Forsthoff, a clássica definição de Administração Pública feita há quase cem anos pelo egrégio patriarca do Direito Administrativo germânico, Otto Mayer, segundo o qual "Die Tätigkeit des Staates für seine Zwecke ist von Natur öffentliche Verwaltung".[11]

E nesse espírito foi que, desde 1946, as Constituições do Brasil, e mais enfaticamente a vigente Carta Federal de 1988, têm consignado a *responsabilidade fundamental, primária do Estado* pelos procedimentos de seus agentes que, agindo nessa qualidade, causem danos a terceiros.

Entretanto, tem sido sempre questionado: os atos dos juízes, igualmente serão de possível colocação nesse quadro de responsabilidade do Estado?

9. Apud Forsthoff, em *Lehrbuch des Verwaltungs-Rechts*, 9ª C.H. Beck'sche, Berlim, 1966, pp. 293 e ss.

10. Esta é a redação do mencionado art. 34 da "Grund Gesetz": "Se alguém viola dever funcional que obriga-o em face de terceiro, quando no exercício de cargo público que lhe está confiado, a responsabilidade recai fundamentalmente sobre o Estado ou a Corporação em cujo serviço se encontra. No caso de dolo ou negligência grave é reservado o direito de regresso. Na ação de indenização e na ação regressiva não se exclui a via de direito ordinária".

11. "A Administração Pública é, por sua natureza, a atividade do Estado na realização dos seus fins" — evidentemente um conceito amplo e a nosso ver preciso, do que seja a Administração Pública, genericamente considerada (em *Deutsches Verwaltungsrecht*, 3ª ed., Duncker & Humblot, Munique, 1924, p. 2).

8. De fato, não constitui novidade ou discussão muito recente — entre nós nem alhures — o que diz respeito à responsabilidade do Estado por atos, ou fatos de juiz: em trabalho publicado na *Revista de Informação Legislativa*, do Senado Federal, o Prof. Carlos Mário da Silva Velloso, apreciando a "Responsabilidade Civil do Estado" nele reservou um capítulo para "A responsabilidade civil do Estado por ato jurisdicional", onde destaca, sobretudo, a colocação do debate na jurisprudência indígena.[12] Abrindo esse capítulo, n. 9, registra Carlos Mário que a jurisprudência do Supremo Tribunal Federal, do Brasil, sustenta não ser o Estado civilmente responsável pelos atos dos juízes, exceto nos casos expessamente declarados em lei, "por isso que o ato jurisdicional é emanação da soberania nacional"; e acrescentou: "Destarte, se o juiz demora a decidir uma causa, responde ele, civilmente, pessoalmente, na hipótese de dolo ou fraude, ou, ainda, quando sem justo motivo, recusar omitir ou retardar medidas que deve ordenar de ofício ou a requerimento da parte (CPC, art. 133; Lei Complementar n. 35, de 1979, art. 49). Em tema criminal, prevalece o art. 630 do Código de Processo Penal, que prevê responsabilidade civil do Estado em virtude de erro judiciário, responsabilidade civil que surge com a revisão criminal que reconhece o referido erro".

Dois pontos merecem ser destacados nesse comentário do escritor: 1) nos termos do direito legislado nacional o juiz não pratica apenas atos jurisdicionais, porque no exercício de seu cargo muitas vezes pratica atos administrativos, ademais de atos jurisdicionais; 2) o estudo é de data que precede a Constituição Federal de 1988.

Com relação ao primeiro ponto, há de se registrar que em muitos casos o juiz brasileiro exerce inumeráveis atribuições que nada têm de jurisdicionais no sentido estrito (*ad exemplum*, e principalmente, em juizados de sucessões, de registros públicos e de menores); com pertinência ao segundo, a Carta Federal recentemente posta em vigor deu ao tema da responsabilidade civil do Estado uma prescrição normativa diferente da consignada na CF de 1967 e na EC n. 1/69, sobre a qual se formou a parte mais importante da jurisprudência mencionada.

Apreciemos o pertinente a esses tópicos.

9. Elementarmente, considera-se que a função de juiz reside no desempenho da atividade de julgar, de resolver conflitos: *função jurisdicional*, portanto, como a definiu Couture, é a atividade pública realizada por órgãos competentes nacionais ou internacionais, com as formas requeridas pela lei, em virtude da qual, por ato de juízo, aplica-se a ordem jurídica estabelecida, para dirimir conflitos e controvérsias, mediante decisões suscetíveis de adquirir autoridade de coisa julgada, eventualmente factíveis de execução.[13] Tal função materializa-se em *ato jurisdicional*.

Por sua etimologia, "jurisdição" deriva do latim *jurisdictio, nis*: trata-se de regressão culta à forma primitiva, onde a palavra correspondia ao sentido da ação de dizer ou de indicar o direito, um *nomen actionis* formado pela locução verbal *jus dicere*, indicar o direito, que aparece noutras etimologias, como *judex*, juiz, ou, literalmente, o que indica o direito, um *nomen actoris*, o adjetivo *juridicus*, e o substantivo *judicium*. Segundo ainda Couture, foi na Idade Média que se agregou à acepção primitiva de *jurisdictio* a função de atribuir justiça, de ofício de juiz, com que o vocábulo se difundiu mercê, principalmente, do Direito Canônico.

12. Ed. do ano 24, n. 96, de 1987, pp. 233/252.

13. Eduardo S. Couture, *Vocabulario Jurídico*, Ed. Depalma, Buenos Aires, 1976.

Todavia, modernamente existe uma grande corrente jurídica que estende a aplicação do vocábulo aos atos de autoridades não judiciárias, que têm o encargo de dirimir pleitos. Esta é a posição de Rafael Bielsa, que na área do Direito Público pontificou até recentemente, na plêiade admirável dos maiores publicistas americanos, com o seu conterrâneo Miguel Marienhoff, e os brasileiros Themistocles Brandão Cavalcanti e Hely Lopes Meirelles.

Para Bielsa, entre o *ato administrativo* e o *ato jurisdicional* existe diferença substancial ou material, ainda que ambos sejam geradores e criadores de direitos. O ato administrativo que atribui um emprego ou o que outorga personalidade jurídica a uma sociedade, o que defere uma concessão ou autorização, não tem por objeto declarar um direito questionado ou ferido, mas o de prover uma função meramente administrativa. Pelo contrário, com o ato jurisdicional o órgão do Estado que o realiza — seja um tribunal contencioso-administrativo, seja uma autoridade administrativa com potestade jurisdicional —, o que precisamente se propõe é decidir se um direito foi violado e como seu titular terá atendido seu pedido. Se determinado ato administrativo tem por único objeto a declaração de que um direito foi violado e ordena sua reparação, trata-se, então, de um ato administrativo jurisdicional.[14] É certo que, pelo menos em nosso sistema jurídico, de ato administrativo não pode resultar coisa julgada; contudo, já se consagrou no regime jurídico nacional a figura de *preclusão*, que cristaliza certas decisões administrativas tornando-as irrevisíveis no plano administrativo, o que não deixa de ser uma forma branda de coisa julgada.

De qualquer modo, o que importa considerar é a efetiva distinção entre o ato administrativo ordinário, que muitas vezes o juiz brasileiro pratica, como um *plus* na sua atividade regular, e o ato propriamente jurisdicional, que tem seus lindes e características definidos nas leis judiciárias.

10. Com a eminente autoridade de que o Estado proveu o juiz, muitos danos, até involuntariamente, pode este causar aos seus jurisdicionados, principalmente pelas fraquezas e insuficiências inerentes à sua condição humana. Em certo caso onde, na qualidade de advogado, impetramos Ação de Segurança para elidir a imposição do encargo de despesas pelos atos que haviam de se repetir processualmente e por força da reforma que instância recursal decretara sobre *sentença errada* que um juiz emitira, sustentamos o inadequado da cominação contida na Lei Processual Civil porque o juiz nunca erra "sem justo motivo".

Nessa oportunidade proclamávamos, apoiando-nos em Edgar Morin, com os suprimentos de seu festejado magistério sociológico: "O erro é do animal, antes que do ser humano. Mas aos erros de percepção, de representação, computação, que nós podemos fazer, como todos os animais, acrescentam-se fontes de erro propriamente humanas, que dependem do fato de não nos ser possível passar sem idéias para traduzirmos a realidade; nós temos necessidade, para alcançar o concreto, de passar pela abstração da idéia. Mas a idéia, que nos comunica com a realidade, é, ao mesmo tempo, o que nos impede de nos comunicarmos com esta. Como precedentemente demonstrei, a palavra, a idéia, a ideologia, a teoria, podem ser fontes de erro, pior, de delírio".[15] E, a propósito, desenvolvemos: "Na conformidade do art. 29 do CPC, o juiz que, sem justo motivo, houver dado causa do adiamen-

14. Bielsa, *Estudios de Derecho Público — II*, Ed. Depalma, Buenos Aires, 1951, pp. 118/119.

15. Morin, em *Pour Sortir du Vingtième Siècle*, Ed. Fernand Nathan, Paris, 1981, pp. 204/205.

to ou à repetição de atos terá a seu cargo as despesas desses atos a repetir. Temos por óbvio que, na incidência da cominação deste preceito, não se pode colocar o erro ordinário de quem quer que seja, muito menos do juiz: e referimos destacadamente o Magistrado, apenas, embora o artigo também sujeite a sanções monetárias — às despesas dos atos a serem repetidos — os serventuários da justiça e os elementos do M.P. Mas uma posição excepcional tem o juiz, porque sendo sua atribuição, exclusiva, a de julgar os litígios de seus semelhantes ele estará necessariamente sujeito a cometer desvios de julgamento, erros, portanto. A nosso ver, antes de ser um acidente — um acidente do trabalho ou uma moléstia profissional... — a incidência em erro é inerente ao exercício da judicatura (...). O que não dizer-se das dificuldades do juiz, que só faz administrar Justiça através da perquirição da realidade dos fatos com os quais não se comunicou e que, ao revés, por artes dos advogados, só lhe são esboçadas, assim mesmo em termos pelo menos incompletos?..."

Efetivamente o juiz errava, na sentença que instância superior reformara: e ele admitia que tinha errado... Todavia, nossa argumentação sobre a *imunidade do juiz para o erro* possibilitou o sucesso do patrono judiciário.

Sem dúvida, por sua condição humana, o juiz estará sujeito aos erros de julgamento e de raciocínio ou ainda a ilusões dos sentidos, todas as vezes em que lhe cumpre resolver conflitos, embora os cartesianos sustentem não ser exato que os sentidos nos enganam, pois os dados por eles recolhidos são como podem e devem ser. Pouco importa esta querela, sobretudo porque isso apenas limitadamente se reflete no problema da responsabilidade do Estado: é que os erros naturais, tanto quanto os desvios maliciosos ou interessados de conduta, como os resultantes de omissões do juiz, ordinariamente acarretam lesões de bens jurídicos de uma parte; e a questão de identificar no procedimento do juiz o pertinente ao erro natural ou à omissão ou malícia, esta só importará a fim de ser decidida a oportunidade ou procedência de ação regressiva.

11. O Código de Processo Civil é expresso no estabelecer cominações de estilo civil para o juiz que, no exercício de suas funções, proceder com dolo ou fraude ou, ainda, recusar, omitir ou retardar, sem justo motivo, providência que deva ordenar de ofício ou a requerimento da parte (art. 133): a partir daí, ou seja, da responsabilidade civil que a lei impõe ao juiz, como indivíduo, obviamente resultarão as aplicações penais. Não será ocioso apontar que esses preceitos do diploma processual civil estão literalmente repetidos no art. 49 da Lei Complementar n. 35, de 1979, a Lei Orgânica da Magistratura Nacional.

Entretanto, enquanto as leis do Estado de Direito têm sido pródigas, pelas últimas décadas, e em seguimento de fecunda construção doutrinária e jurisprudencial, no instituir a responsabilidade principal do Estado pelos prejuízos causados aos administrados pelos funcionários administrativos, seus agentes, em todos os sistemas jurídicos continua omitida a extensão dessa responsabilidade aos exercícios nefastos e danosos dos agentes na Administração da Justiça. Apenas se tem excetuado o ocorrido com os erros judiciários em juízo criminal, quando o direito comparado indica o critério quase universal de atribuir uma responsabilidade estatal pelos prejuízos emergentes, na forma do previsto em nosso Código de Processo Penal, art. 630, como agora, no art. 5º, inc. LXXV da CF de 1988.[16]

16. Aliás, tal inc. LXXV do art. 5º da CF responsabiliza o Estado tanto por erro judiciário em matéria criminal como em qualquer outra circunstância, e pela prisão de condenado "além do tempo fixado na sentença". Adiante, no Cap. 16, isso comentaremos.

12. É consabido que foi a partir da Constituição brasileira de 1934 que se passou a responsabilizar o Estado pelos prejuízos que seus "funcionários", nessa qualidade, causassem a terceiros: no Diploma desse ano de 1934 como no de 1937 enunciava-se a responsabilidade da "Fazenda Nacional" solidariamente com o funcionário; já nas Cartas de 1946, como nas de 1967 e na EC n. 1/69 a responsabilidade do Estado passou a ser *principal*, apenas assegurado um direito de regresso, contra o agente do dano. Foi a partir de 1946, entretanto, que se intensificaram as tentativas de obter indenização do Estado, com fundamento em atos nocivos aos interesses de particulares, causados por juiz. Mas a discussão no foro resultava, sempre, na frustração dos pleitos assentada, sobretudo, no entendimento de que o nome "funcionário" não bastava para identificar a categoria profissional de juiz.

Dentre os numerosos acórdãos em que o Supremo Tribunal Federal decidiu casos da natureza do comentado, destaca-se o proferido pelo seu Plenário no RE n. 70.121-MG, no qual foram vencidos os Ministros Aliomar Baleeiro, seu Relator, Bilac Pinto e Adalício Nogueira, pelo que foi designado para Relator definitivo o Ministro Djaci Falcão.[17] Na parte fundamental de longa Ementa foi dito: "No acórdão objeto do recurso extraordinário ficou acentuado que o Estado não é civilmente responsável pelos atos do Poder Judiciário, a não ser nos casos declarados em lei, porquanto a administração da Justiça é um dos privilégios da soberania. Assim, pela demora da decisão de uma causa responde civilmente o juiz, quando incorrer em dolo ou fraude, ou ainda, sem justo motivo recusar, omitir ou retardar medidas que deve ordenar de ofício ou a requerimento da parte (art. 121 do CPC). Além disso, na espécie não se trata de responsabilidade decorrente de revisão criminal (art. 630 e seus parágrafos do CPP)".

Merecem referência os fatos que induziram certo cidadão a promover a ação originadora desse julgado: um comerciante tivera prisão preventiva decretada por juiz, eis que denunciado por emissão de cheque sem fundo; no final, o processo foi encerrado e arquivado, com absolvição do acusado, a pedido do Ministério Público. Entretanto, esse comerciante permaneceu preso em cadeia pública durante mais de 3 anos, dos quais 2 anos e 9 meses pela desídia do juiz que, com os autos conclusos depois do interrogatório do réu conservou-os consigo "displicentemente" — como consignado no relatório do RE — durante mais de 2 anos, não obstante reiteradas solicitações de devolução formuladas pelo Promotor da Comarca e pela Ordem dos Advogados. Esses fatos de inequívoca gravidade, levaram o comerciante à ação de indenização por perdas e danos contra o Estado de Minas Gerais, encerrada com o histórico pronunciamento em tela.

Os debates havidos sobre a matéria questionada tomaram longo tempo do Pretório, como se vê de sua publicação: todavia, entre os juízes dele participantes, Luiz Gallotti, cuja argumentação prevaleceria afinal, e Aliomar Baleeiro, foram os mais pugnazes e os que mais desenvolvidamente se pronunciaram. Em pálido resumo, sustentou Baleeiro: 1) tanto o art. 105 da Constituição de 1967 quanto o art. 15 do Código Civil partem do princípio que a Pessoa de Direito Público é responsável principal por indenizações da ordem da pleiteada, sem solidariedade com o funcionário, reservada a ela, apenas, uma ação regressiva; 2) os "funcionários" mencionados no art. 105 da CF são os mesmos "representantes" referidos no art. 15 do CC, "inclusive os órgãos e agentes dos três Poderes, e não

17. Na *RTJ* 64/689: este acórdão menciona o art. 121 do CPC de 1939 que corresponde, quase literalmente, ao art. 133 do Código de 1973, e ambos se inspiraram no art. 55 do CPC italiano.

apenas os que as leis antigas chamavam de empregados públicos da Administração''; acrescentou, ademais, esse Ministro, que, a seu ver, na cláusula do art. 105 da Constituição incluem-se até os Chefes do Poder Executivo, os Ministros e Secretários de Estado, os Prefeitos, ''ainda que não sejam funcionários no sentido do Direito Administrativo''.

Quanto ao Ministro Luiz Gallotti, que sintetizou sua posição no declarar que ''a minha tese é no sentido de que o Estado não responde pelos prejuízos decorrentes de atos judiciais'', desenvolveu seu voto para argüir, em síntese: 1) ''a irresponsabilidade do Estado pelos atos e omissões dos juízes advém da independência da magistratura, prerrogativa esta que tem como conseqüência lógica o tornar exclusivamente pessoal a responsabilidade'', opinião tomada de Carlos Maximiliano, que o Ministro adotou; 2) também não cabe exigir a indenização do Estado, em casos da ordem considerada, visto o juiz não ser funcionário, porque ''como parte integrante do Poder Judiciário não é representante ou preposto do Estado, mas um dos órgãos da soberania''.

Obviamente os pronunciamentos havidos no Supremo, neste caso, foram ricos de invocações doutrinárias pertinentes a temas paralelos, e menções de autores italianos e franceses, principalmente; entretanto, quem se detiver na leitura dos votos comentados pouco encontrará que sobreleve à argumentação dos próprios Ministros, de nós resumida. A-final, as dúvidas e hesitações dos autores forâneos, essas, eles as põem exatamente com os mesmos termos como as apresentamos nós, os escritores brasileiros.

Ainda a propósito de quanto sustentado neste julgamento, é pertinente registrar que, nos múltiplos acórdãos enformadores da jurisprudência do Supremo sobre a responsabilidade do Estado pelos atos de juiz, causadores de prejuízos para terceiros, as teses debatidas não foram de diversa ordem.

Mas, pelo seu conteúdo, este julgado bem merece ser classificado de *leading case*.

13. Um dos argumentos mais constantes, certamente o argumento basilar dos acórdãos do Supremo Tribunal Federal, em sua persistência no denegar a responsabilidade do Estado nas circunstâncias ora comentadas, reside na estranha afirmação de que essa irresponsabilidade se fundamenta na posição particular do juiz que, pelo exercer de uma atividade jurisdicional do Estado é órgão de sua soberania, e, mesmo, que ''o Poder Judiciário é poder soberano''. Isso está proclamado desde a Ementa do acórdão suso comentado, como nos acórdãos proferidos nos RREE ns. 32.518 (*RTJ* 39/190), 69.568 (*RTJ* 56/273, e reafirmado pelo Pleno nos Embargos, in *RTJ* 59/782) e 91.680 (*RTJ* 94/423), a propósito, todos, do tema em foco.[18]

18. Este julgado foi proferido pela 1ª turma do Supremo, dele tendo sido relator o Min. Rafael Mayer. Não foi conhecido à unanimidade o RE oposto a decisão do Tribunal de Justiça do Paraná, que basicamente assentara nesta razão: ''Inexiste o ressarcimento de danos provenientes de atos do Poder Judiciário, porque se trata de um poder soberano, que goza de imunidades que não se enquadram no regime da responsabilidade por efeitos de seus atos, quando no exercício de suas funções''.

De sua parte, implicitamente acolhendo o argumento do Judiciário paranaense, a ele, o Ministro Mayer aditou: ''Não resta dúvida de que, no tocante, àqueles atos típicos da jurisdição, não se pode desenvolver a responsabilidade civil do Estado a partir dos danos que deles resultem. O pensamento dominante é de que em se tratando do exercício de atos de soberania, a igual da irresponsabilidade do legislador, não poderia resultar a responsabilidade de indenizar quem, súbito, sofresse prejuízos daí conseqüentes (...). Poucas são as vozes que se opõem à tese, mesmo porque, do contrário, se comprometerá a nímia liberdade interior do ato de julgar''.

A rigor, na Europa igualmente se tem estribado a irresponsabilidade do Estado, em casos desta ordem, com esse argumento de *soberania judi-*

Não obstante a consideração que se deva ter pelos arrestos emitidos das sédias da nossa Corte mais alta, não podemos deixar de opor restrições a esse entendimento. E assim nos pronunciamos: 1) porque nada há de mais polêmico, nos quadros do Direito Público, do que seja, de a que corresponde o conceito de *soberania*; 2) porque não podemos compreender a razão de ser de qualificar o juiz como órgão da soberania e o Judiciário como "Poder soberano" e não situar, no mesmo plano, o legislador e o funcionário público, pois, afinal, todos são *agentes do Poder Público*, e desempenham aquele papel que Otto Mayer situou na "*öffentlich Verwaltung*", isto é, na Administração Pública por ele definida em sentido lato, como correspondendo ao próprio Estado na realização de seus fins.

Com efeito, sobre o sentido impreciso e polêmico do que corresponde ao instituto da "soberania", todos os autores que sobre ele se detiveram mostraram-se unânimes no acentuá-lo. Entre nós, trabalho excelente de Machado Paupério desde o seu título — *O Conceito Polêmico da Soberania e a sua Revisão Contemporânea*[19] — tal demonstra; e Pinto Ferreira, em longo verbete sobre o tema, publicado na *Enciclopédia Saraiva do Direito* (vol. 69), iniciou seu estudo com este pronunciamento: "Trata-se evidentemente de um vocábulo polêmico", e prossegue indicando similar entendimento, sobre o "conceito polêmico" do nome e do instituto, em obras de Jellinek e de Kelsen. Por sua vez Norberto Bobbio, no monumental *Dicionário de Política*, que organizou com Nicola Matteucci e Gianfranco Pasquino,[20] exatamente no último capítulo de seu desenvolvido trabalho encerra-o comentando "O Eclipse da Soberania" (pp. 1.187/1.188).

Em que pese a circunstância de o eminente Pinto Ferreira ter encerrado o último capítulo de seu verbete na *Enciclopédia* com uma "Definição da Soberania e seu conceito jurídico", e haver reconhecido que esta pode ser *externa* ou *interna*, foi ele assaz conciso no tratar da "*soberania interna*, pela qual o Estado tem o monopólio do poder de coação no seu espaço interior, no seu território, no seu domínio, em tudo que nele se encontre".

No entanto, no verbete "Soberania", de seu *Dicionário*, Bobbio situou melhor o que corresponderá, e como se exercerá aquilo que porventura seja pertinente à *soberania interna*: segundo este politólogo, na ordem interior do Estado, com sua progressiva *jurisdição* e com a sua correspondente redução a *ordenamento*, não faz sentido falar de *soberania*, por nos encontrarmos sempre diante de poderes constituídos e limitados, enquanto a Soberania se caracteriza, na realidade, como um "poder constituinte", criador do ordenamento. E ainda Bobbio: tipologicamente é possível indicar dois poderes constituintes — a Ditadura Soberana e a Soberania popular sendo que esta última, através da Constituição, define os órgãos e os poderes constituídos e define o ordenamento, onde previstas as regras que permitem sua transformação e sua aplicação. Marcantes sobretudo, e no concernente à suposta qualificação do Judiciário como "Poder soberano", são as observações de Norberto Bobbio nos tópicos seguintes, onde salientou: "As diferenças técnicas do constitucionalismo estão, de fato, inteiramente orientadas a combater, com o Estado misto e a separação dos poderes, toda a concentração e a uni-

ciária, o que juristas do peso de Duguit e Duez tanto hão criticado: sobre isto, o segundo classificou de mero "verbalismo"; o primeiro disse que o argumento melhor serviria para afirmar a irresponsabilidade do Estado em face de ato administrativo...

19. Obra de 1949, 1ª ed., Freitas Bastos; grandemente ampliada na 2ª ed., Forense, de 1958.

20. Editado pela UnB, em 1986, com 1.328 p.

ficação do poder, e a dividi-lo equilibradamente entre os órgãos''; e mais adiante, comentando o que tem sido objeto de tantos estudos publicísticos, a moderna multiplicação das fontes geratrizes de preceitos cogentes e de poder social — ''Na realidade o contexto social apresenta uma notável pluralidade de grupos em competição ou em conflito para condicionar o poder político; é justamente esta pluralidade que impede a existência de uma única autoridade, onicompetente e onicompreensiva: o processo de decisão política é o resultado de uma longa e vasta série de mediações. Nesta divisão do poder, nesta poliarquia, não existe um verdadeiro soberano (...). Além disso, com o advento da sociedade industrial, empresas e sindicatos adquiriram cada vez maiores poderes, que são essencialmente públicos, uma vez que suas decisões atingem diretamente toda a comunidade''.

As observações de Bobbio nos trechos que transcrevemos traz-nos à meditação, outra vez, a preleção de Arthur Machado Paupério, agora em mais recente trabalho seu sobre a ''Soberania'', um outro verbete da *Enciclopédia Saraiva*, onde o autor apresenta as observações do festejado publicista espanhol Adolfo Posada, para quem ''o Estado é a sociedade integral, juridicamente considerada, mas que tolera grupamentos autônomos, em ordens jurídicas específicas'' — os mesmos que como fontes do poder estatal Bobbio referiria — donde a conclusão do próprio Posada: ''a Soberania não exclui a Soberania, (pois) as Soberanias podem atuar juntas, concorrentemente, entrecruzando-se, sem anular-se''.

Por mais que se perquira nos doutores suas excogitações sobre a questão da *soberania*, o que se encontra em seus magistérios é que, conquanto ela seja um *poder superlativo*, máxime na ordem interna, ela é igual e concomitantemente um *poder relativo*, pois, conforme Miguel Reale já destacava, em obra de há mais de cinqüenta anos (*Teoria do Direito e do Estado*, SP, 1940, p. 144), se a soberania é do Estado *sub specie juris* ela é sobretudo do povo, pertence à sociedade como fato social.

Diante desse generalizado entendimento, ter-se-á de concluir que, se na Soberania Interna é válido enxergar um poder difuso — ao qual os elementos poliárquicos de cunho social aperfeiçoam a modo de cimbres, como amparos da *summa potestas* do Estado —, não vemos seja possível qualificar a cada um desses elementos, nem a cada um dos Poderes em que se distribuíram especializadamente as funções mais eminentes da estatalidade, o caráter de entidade *soberana*.

Acrescente-se que nem mesmo pela dicção de qualquer dos Diplomas Constitucionais que temos tido será possível concluir-se, como o tem feito a jurisprudência do Supremo Tribunal Federal, que o juiz será *órgão da soberania* e o Judiciário um *poder soberano*: não resta dúvida que seria mais próprio enunciar que o juiz será *órgão do Estado*, no mesmo plano que qualquer colégio legislativo ou autoridade executiva, visto como — e a observação apropriada é de Celso Ribeiro Bastos — ''qualquer que seja a forma ou o conteúdo dos atos do Estado, eles são sempre fruto de um mesmo poder (...). Todas as manifestações de vontade emanadas em nome do Estado reportam-se sempre a um querer único, que é próprio das organizações políticas estatais''.[21] Quanto ao fato de dizer-se que o juiz é órgão, isso em nada influi para discriminar seu papel, porquanto a qualquer entidade ou instituição legalmente organizada à qual se cometa o desempenho de determinada função estatal cabe essa qualificação, pois (novamente de Celso Bastos a anotação)

21. Na parte de seus *Comentários à Constituição do Brasil*, Saraiva, 1988, 1º vol., p. 430.

"as funções são como que moldes jurídicos dentro dos quais deverão ser cumpridas as finalidades estatais".

É certo que a Constituição de 1891, no seu art. 15, prescrevia que os Poderes Legislativo, Executivo e Judiciário seriam "órgãos da Soberania Nacional": entretanto, isso em nada influiu para atribuir a qualquer desses poderes tratamento excepcional nas relações sociais, muito menos para impedir se fizesse o art. 15 do Código Civil, que definiu a responsabilidade do Estado por atos de seus "representantes", embora a sua condição, a mesma com a qual a jurisprudência moderna do Supremo Tribunal Federal tem afirmado a irresponsabilidade do Estado por atos dos juízes (dando-lhes, ainda que impropriamente, o caráter de *órgãos da soberania*).

Realmente, nenhuma importância especial deram os comentaristas da primeira Constituição republicana à classificação atribuída à tríade dos Poderes, de como se vê, a ilustrá-lo, nos *Comentários* de João Barbalho, que Pontes de Miranda indicou como o mais apreciável dos estudiosos do Diploma de 1891. Aliás, em que pese o conceito de Soberania, sobre o qual nos detemos aqui, é comum o abuso desse *nomen*, de como visto — *ad exemplum* — em nossa CF de 1988, onde em cinco ocasiões e com variados sentidos se o emprega: isso ocorre logo no art. 1º, inc. I, no art. 5º, incs. XXXVIII, *c*, e LXXI, no art. 14, *caput* e, novamente, no art. 170, inc. I.

No concernente ao tópico do art. 1º, onde proclamado que a "soberania" constitui um dos fundamentos da República Federativa do Brasil, nisso vai uma afirmação de certo modo incongruente, eis que, como observou Cretella Júnior em seus *Comentários*, "*A soberania* não é traço de sistema de governo, republicano ou monárquico, mas da Nação, do Estado (...). Soberano é o Estado. Soberana é a Nação. As *formas de governo* são fenômenos eventuais com que se apresenta o Estado num dado momento. Só nesse sentido é que se pode afirmar que a República Federativa do Brasil é soberana, quando, a rigor, soberano é o Estado brasileiro sob forma republicana".[22] No inc. XXXVIII do art. 5º, depois de se haver impropriamente falado em "soberania dos vereditos" do júri, onde o vocábulo *soberania* foi empregado sem adequação técnico-jurídica, porque usado no sentido vulgar (observação, ainda de Cretella, ob. cit., p. 470 do vol. I), tornou a CF a empregar "soberania" quando tratou do mandado de injunção: "abusa-se do vocábulo soberania", sentenciou novamente Cretella (no vol. II, p. 1.091). Afinal, outra vez foi empregado o vocábulo no art. 170, I, onde, a propósito da Ordem Econômica e Financeira, é estabelecido que a "soberania nacional" será um dos princípios a observar: Celso Ribeiro Bastos comenta o fato, dando sentido restritivo ao preceituado na Carta, e o fazendo de modo implicitamente crítico.[23]

Portanto, de como visto, em que pese o uso que nas Constituições da União se tem feito, através dos tempos, do vocábulo "soberania", isso de nenhum modo terá o condão de superlativar papel político de nenhuma instituição do Direito interno, nem mesmo dos "Poderes da União" cuja separação, consoante comentário de Louis Trotabas, tem por único objetivo a defesa da liberdade dos cidadãos contra o arbítrio dos governantes, pelo que não devem ser mais do que *suavemente separados*, pois hão de agir em concerto, trabalhar em comum em determinadas tarefas do Estado, sem oposição. Mesmo porque, conforme é entendido geralmente, a rigor, no governo da Nação só existem verdadeiramente *dois poderes*, o Legislativo e o Exe-

22. Cf. *Comentários à Constituição Brasileira de 1988*, Forense Universitária, 1989, vol. I, p. 138.

23. Em *Comentários* antes referido, 7º vol., 1990, pp. 19/20.

cutivo, desde que o Judiciário até historicamente é um desdobramento menor deste segundo.[24]

14. Sucede que desde 1988 uma outra Constituição passou a vigorar no Brasil, em termos que alteram fundamentalmente quanto prevalecia antes, a propósito da responsabilidade do Estado nas circunstâncias até aqui apreciadas. Efetivamente, isso é o que se depara no Título III desse Diploma, cujo Capítulo III trata genericamente "da Administração Pública" e onde o art. 37 dispõe: "A administração pública direta, indireta ou fundacional, de qualquer dos Poderes da União, dos Estados, do Distrito Federal e dos Municípios obedecerá aos princípios da legalidade, impessoalidade, moralidade, publicidade e, também, ao seguinte". Em seguida, depois do enunciado em XXI incisos, seguem-se vários parágrafos, onde o 6º apresenta este enunciado: "As pessoas jurídicas de direito público e as de direito privado prestadoras de serviços públicos responderão pelos danos que seus agentes, nessa qualidade, causarem a terceiros, assegurado o direito de regresso contra os responsáveis, nos casos de dolo ou culpa".

Duas observações hão que ser feitas a propósito destes artigos e parágrafos transcritos: 1) a colocação da matéria, numa parte abrangente da Constituição, onde cuidada a "Organização do Estado", ao contrário do que acontecia nas Constituições anteriores, onde a responsabilidade do Estado por atos de seus "funcionários" constava de Capítulos relacionados com o Poder Executivo; 2) a referência à responsabilidade do Estado se fazia em relação a "funcionários" (do Poder Executivo, entendeu-se), enquanto agora se trata dessa mesma responsabilidade pelos danos de "agentes" de qualquer dos Poderes.

Destarte, a discussão que ontem envolveu Aliomar Baleeiro e Bilac Pinto, de um lado, Djaci Falcão e Luiz Gallotti, de outro, no Supremo Tribunal Federal, sobre se no conceito amplo de funcionários públicos seria válido incluir o juiz, isso perdeu sentido, visto como será muito menos aventuroso negar ao órgão do Poder Judiciário a condição *stricto sensu* de "funcionário" que a de — mesmo no mais estrito sentido — "agente" do Poder Público, qualidade apresentada por quem quer que exerça legitimamente função de Poder estatal (segundo Caio Mario da Silva Pereira, "agente" é sinônimo de "órgão").[25]

Eventualmente argüir-se-á que, como agente da Administração da Justiça, órgão do Poder Judiciário, o juiz não é parte da Administração Pública: esta envolverá simplesmente os representantes do Poder Executivo ou, quando muito, os elementos incumbidos de Função executiva em qualquer dos Poderes do Estado, ou ainda, mercê de interpretação ampliativa, dela participarão juízes enquanto expedem atos administrativos ou de jurisdição voluntária.

Descaberia por inteiro, essa impugnação.

E improcederia, porquanto — em primeiro lugar —, pela sua natureza e por circunstância tópica, o art. 37 da CF não se restringe ao disciplinamento do re-

24. Não foi por outra razão que, lembra Louis Trotabas, "para respeitar a fórmula de Montesquieu basta distinguir dois poderes: o poder legislativo, que normalmente pertence a um parlamento, e o poder executivo, que pertence ao chefe de Estado e ao governo" (em *Manuel de Droit Public et Administratif*, Ed. LGDJ, Paris, 1964, p. 19); e Konrad Hesse, proclamando o "Judiciário e o Executivo estão juridicamente ligados (*sind rechtsgebunden*), pois ambos exercem funções executivas porque têm função de concretizar o direito, embora o Judiciário o faça em menor grau" (em *Grundzüge des Verfassungsrechts der Bundesrepublick Deutschland*, 15ª ed., Müller, Heidelberg, 1985, p. 210, n. 550).

25. Em *Responsabilidade Civil*, 2ª ed., Forense, 1991, n. 103: "Todo agente da administração, mesmo subalterno, é um órgão da pessoa jurídica sem se cogitar da relação de preposição".

gime jurídico dos servidores do Poder Executivo, porque sua parte capital enuncia cogentemente princípios a serem atendidos na ação dos três Poderes do Estado, não apenas no procedimento de seus agentes administrativos; *alter*, por demais, até historicamente o juiz é tão agente de ação executiva quanto qualquer membro dos serviços estritamente executivos, incumbidos de aplicação da lei, desde que ambos estarão sob a égide do Estado de Direito; *tertius*, em face da hermenêutica constitucional, por um critério de interpretação ou de aplicação de norma da *Lex Legum*, confirma-se a aplicação dos preceitos do art. 37 a todos quantos não podem escapar da classificação de *agentes do Estado*, nem mesmo os juízes (repelida a qualificação de órgãos privilegiados de um "Poder Soberano", como se pretendia fosse o Judiciário...).

15. Efetivamente: a incumbência de *administração da Justiça*, que se convencionou aplicar ao desempenho de serviços objetivados pelo Judiciário, nada mais é que o trabalho exercido pelos juízes nos termos de um complexo de leis a que se denomina "organização judiciária" (De Plácido e Silva), o qual só difere nominalmente de todos os demais complexos de leis que regem outros serviços públicos (*serviços tributários, magistério superior, forças armadas...*) porque, aqui, se trata de regular o trabalho de um setor chamado Justiça. Não podemos compreender em que sentido os juízes serão mais qualificados como órgãos de um serviço do Estado do que os advogados da União, os membros do Ministério Público ou os das Forças Armadas, às últimas das quais incumbe a preservação e o asseguramento da soberania externa e interna da Nação, "à defesa da Pátria, à garantia dos poderes constitucionais e, por iniciativa de qualquer destes, da lei e da ordem" (CF, art. 142).

Ainda recentemente (n. 57, de jan./mar. 1991) a *Revue Française d'Administration Publique*, editada pelo Institut International d'Administration Publique, publicou número especial sobre "L'Administration de la Justice" em que se deteve longamente num estudo comparado sobre a crise do aparelhamento da Justiça, um tema rigorosamente igual a tudo que se discute, também universalmente, sobre os problemas institucionais da Administração Pública.

Portanto, cuidar da Administração Pública, como ordena o art. 37 da CF de 1988, não pode deixar de envolver o interesse da Administração da Justiça: apenas a segunda é um *minus* em relação à primeira, como sustentamos acima, a propósito dos Poderes Executivo e Judiciário.

Acrescente-se: qualquer estudo aprofundado do que se entende por *administração pública* não poderá deixar de compreender a *administração da justiça*, de como se verifica no excelente livro do Prof. Werner Thieme, da Universidade de Hamburgo,[26] sobre "A doutrina da Administração", onde se detém na organização da Justiça, apresentada como componente da Administração Pública e, especificamente, como elemento do controle interno de seus procedimentos. Idem nos Estados Unidos, nação cujo progresso material e institucional carece de exaltada, onde a Administração Pública está colocada no plano de uma *ciência* que desde sua virtual fundação por Woodrow Wilson, com obra de 1887 (*The Study of Administration*), só tem feito acumular conteúdo de alto teor político.[27] Aliás, nem se poderia compreender fosse diversa a abrangência dos

26. *Verwaltungs — Lehre*, Ed. Carl Heymanns, Colônia, 1967, pp. 291 e ss.

27. A propósito vejam-se os livros de Leonard D. White, *Introduction to the Study el Public Administration*, 3ª ed., Macmillan, 1926, "modelo durante uma geração, segundo Dwight Waldo, professor de ciência política na Universidade da Califórnia, em "Estudio de la Administracion Publica", tradução espanhola, Ed. Aguillar, 1964, p. 44.

estudos da Administração Pública, cujo papel essencial é a realização das ações executivas do Estado, inclusive as do Poder Judiciário, que até historicamente é filial do Poder Executivo, conforme destacamos acima, trazendo à colação observações do francês Trotabas, e do alemão Hesse (v. nota 24).

16. Conquanto não seja este o argumento fundamental, freqüentemente se apresenta — tanto no Brasil quanto alhures — como fundamento da irresponsabilidade do Estado pelos atos de juiz a circunstância da irretratabilidade da coisa julgada: permitir que um indivíduo pretenda certa indenização a pretexto de que teria padecido dano em conseqüência de coisa julgada, isso equivale a reabrir uma discussão socialmente impossível, é como José de Aguiar Dias situa essa questão no seu livro *Da Responsabilidade Civil*.[28] Com citação de Duez, e com ele concorde, escreveu o jurista patrício que o mestre francês admitiu a tese apenas no caso dos pleitos fundados em atos jurisdicionais propriamente ditos, sem abrangência dos atos preparatórios ou de execução, e dos atos de agentes não jurisdicionais, embora subordinados às autoridades judiciais.

A propósito, ainda da irresponsabilidade do Poder Público pela irremovibilidade de coisa julgada, só nos casos de revisão e de rescisão desta seria admissível pudesse o particular obter o ressarcimento de prejuízo acarretado por decisão ilegal — assim sentenciava Pedro Lessa em obra do primeiro quartel deste século[29]. O direito legislado nacional, mais tarde, viria a admitir a responsabilidade do Estado em tal caso, como visto no art. 630 do Código de Processo Penal, e, de modo ainda mais amplo, no art. 5º, inc. LXXV da Constituição Federal, que contempla o "condenado por erro judiciário, assim como o que ficar preso além do tempo fixado na sentença".

Com relação ao estabelecido nesse mencionado inc. LXXV da Carta da União, que impõe ao Estado indenizar a vítima de erro judiciário, entendemos que seu alcance vai além do que se dispusera no art. 630 do CPP, visto como a referência ao "condenado por erro judiciário", posta numa cláusula garante de "direitos e deveres individuais e coletivos" — qual o art. 5º do Diploma de 1988 — tem aplicação em todos os campos em que o indivíduo possa ser *condenado*: no juízo criminal, como no civil, no trabalhista ou no militar e até no eleitoral, enfim, onde quer que o Estado, mesmo através do Ministério Público, tenha sido provocador da condenação.

Dessa forma, conjugada a norma nova desse art. 5º, LXXV com a do art. 37, § 6º, dúvida não poderá remanescer de que o Estado é plenamente responsável por todos os prejuízos que erros judiciários eventualmente causem aos elementos da coletividade.

É interessante registrar que — apesar de vários juristas já terem tido oportunidade de comentar todo o art. 5º da CF de 1988 —, nenhum deles haverá tido a percepção de quanto contido no seu inc. LXXV. Não perceberam a amplitude da cláusula comentada, Cretella Júnior, nem Celso Ribeiro Bastos ou Pinto Ferreira, nem Eugênio Haddock Lobo e Julio Cesar Leite: apenas Hely Lopes Meirelles, na última edição de seu festejado *Direito Administrativo Brasileiro* publicada durante sua vida (a 15ª,de 1990), embora superficialmente, destacou esse alcance do inc. LXXV, em tela, comentando-o fora de seu aspecto puramente criminal, *in verbis*: "*O ato judicial típico*, que é a sentença, enseja responsabilidade civil da Fazenda Pública, como dispõe agora a Constituição de 1988, em seu art. 5º, LXXV. Ficará, entretanto, o juiz, individual e civilmente responsável por dolo, fraude, recusa,

28. 6ª ed., Forense, 1979, p. 323 do vol. II.

29. Em seu clássico *Do Poder Judiciário*, Livraria Francisco Alves, 1915, p. 164.

omissão ou retardamento injustificado de providências de seu ofício, nos expressos termos do art. 133 do Código de Processo Civil, cujo ressarcimento do que foi pago pelo Poder Público deverá ser cobrado em ação regressiva contra o magistrado culpado. Quanto aos atos administrativos praticados por órgãos do Poder Judiciário, se equiparam aos demais atos da Administração, e, se lesivos, empenham a responsabilidade civil objetiva da Fazenda Pública'' (p. 554).

Temos por ocioso registrar que a hermenêutica constitucional há de ser feita em termos de *construção*, donde Carlos Maximiliano ter aconselhado observar que o ''Código fundamental'' tanto provê no presente como prepara o futuro, visando tornar efetivos e eficientes os grandes princípios de Governo, que, consoante Story, de quem nosso autor aproveita um período, ''é uma coisa prática, feita para a felicidade do gênero humano''; outro tanto, ainda de Maximiliano o pensamento, as palavras da Constituição devem ter seu sentido ampliado, de modo que abranjam outras relações mais extensas.[30]

Em face dessas considerações, é evidente que ademais do estabelecido no art. 37, da Carta, para explicitar a amplitude dos termos em que o Estado será responsabilizado pelos atos que seus *agentes* ou *órgãos*, na área de qualquer de seus Poderes — inclusive do Judiciário —, hajam praticado em lesão de interesses ou bens jurídicos de terceiros, ficou à saciedade explicitado que isso também acontecerá nos casos de erro judiciário, obviamente quando qualquer condenação prévia tenha sido corrigida por via de ação anulatória ou rescisória.

17. À margem de qualquer consideração sobre a inviabilidade de ser pretendida a responsabilização do Estado por ato jurisdicional cristalizado em *cousa julgada*, porque isso o pensamento jurídico tem assentado sem discrepância, cabe apreciar o *quid* das outras eventuais fontes de prejuízo verificadas nos erros ou nas faltas graves de juiz. Conforme temos expendido, ademais dos *atos administrativos* e dos proferidos no exercício de *jurisdição voluntária* (*v.g.*, nos casos dos arts. 294, 420 e 421 do CC), a função precípua do magistrado reside na prática de funções jurisdicionais e, portanto, na expedição de *atos jurisdicionais*.

A propósito dos primeiros, *id est*, dos atos administrativos realizados em sede judiciária, bem como dos atos proferidos na jurisdição voluntária, mesmo anteriormente à promulgação da atual Constituição já havia ponderável corrente que se inclinava pela plena responsabilidade do Estado, de como se vê em excelente colaboração de Cretella Júnior publicada na *RDA*, em seu n. 99, de 1970, sob o título ''Responsabilidade do Estado por Atos Judiciais''.[31] Entretanto, conforme referência de Aguiar Dias — e sob sua autorizada e severa crítica, *in casu* — , ainda há decisões, mesmo do Supremo Tribunal Federal, que ''dominadas por falsos pressupostos até acobertam atos administrativos dos juízes, confundindo-os com os de caráter jurisdicional'' (ob. e vol. cits., p. 326, em nota de rodapé).

18. Conforme assinalado pelos estudiosos do tema ora abordado, *ut supra*, é universal a tendência para impor ao Estado a direta responsabilidade de ressarcir o prejuízo que seus agentes ou órgãos causem a outrem. Entretanto, embora algumas Constituições modernas tenham colocado a matéria em preceito constitucional — como a Itália, em 1947, e a Alemanha, em 1949 —, nenhuma

30. Apud *Hermenêutica e Aplicação do Direito*, 4ª ed., Freitas Bastos, 1947, n. 358 e ss.

31. Tal estudo agora se encontra aproveitado, pelo mestre paulistano em seus *Comentários à Constituição de 1988*, na 2ª ed., vol. II, pp. 820/852.

deu ao princípio da responsabilidade do Estado a amplitude da Carta Federal do Brasil.

No caso da Constituição Italiana, seu art. 28 estabeleceu: "Os funcionários e os dependentes do Estado e dos entes públicos são diretamente responsáveis segundo as leis penais, civis e administrativas, pelos atos realizados com violação de direitos. Em tais casos a responsabilidade civil se estende ao Estado e aos entes públicos". Os comentaristas que muito se vêm ocupando da interpretação dessa norma, têm sustentado que ela substituiu o princípio que se tornara tradicional, a responsabilidade direta do Estado, por uma responsabilidade direta dos servidores e, num óbvio retrocesso, colocou a solução jurídica no plano da responsabilidade por culpa: entretanto — e a observação é de Guido Zanobini[32] —, a jurisprudência destes primeiros anos de aplicação do Diploma de 1947 se tem mostrado adversa ou pelo menos pouco convencida da solução constitucional, do mesmo modo que na doutrina não faltam autores que ao enunciado referido dão interpretação contrária ao que sua letra sugere. E o próprio Zanobini sustenta: "Independentemente das novas disposições constitucionais, o princípio geral da responsabilidade direta do Estado apresenta, com base nas leis do velho ordenamento, algumas normas excepcionais que, devendo conservar-se agora vigentes, devemos brevemente voltar a aplicar", inclusive por particulares razões e prevalentemente históricas (ob. e vol. cits., p. 345).

Outro jurista acerbamente crítico do art. 28 da Constituição italiana é seu comentarista Vincenzo Carullo, da Universidade de Bolonha, que o qualifica de radical e gravemente inovador, embora sugerindo determinada aplicação hermenêutica que poderá melhorá-lo, na sua aplicação.[33]

Quanto à Lei Fundamental de Bonn, esta — de como visto na sua letra — colocou-se dentro da corrente moderna afirmativa da responsabilidade direta do Estado; e de tal forma é o seu espírito e a orientação das correntes doutrinárias germânicas que a jurisprudência lhe vem dando aplicação, até quando o Estado exercita funções mediante particulares.[34]

19. Não resta dúvida que existe universal tendência para ampliar o campo das responsabilidades do Estado, seja a *responsabilidade civil* propriamente dita, de regime obrigacional, ou a de outras espécies, regidas pelo Direito Público e resultantes das atuações omnimodas dos Poderes com que se exerce a ação do Estado: neste último caso se situa a *responsabilidade por atos de juiz*, sejam administrativos, de jurisdição graciosa ou propriamente jurisdicionais, desde que eivados de defeitos e causadores de prejuízos a terceiros. O caso da Constituição da Itália, onde verificado genuíno retrocesso na assinalada tendência ampliativa das responsabilidades do Estado, além de ter sido insólito, está sendo enfrentado por inequívoca repulsa dos formadores da opinião doutrinária como da jurisprudência.

Por tudo isso, a orientação do constituinte brasileiro, que em 1988 elaborou nossa vigente Constituição, é merecedora de louvores, visto como evidenciou-se perfeitamente coerente com o movimento universal pertinente ao tema de que nos ocupamos, e coerente mesmo com o quadro nacional, que Carlos Má-

32. In *Corso de Diritto Amministrativo*, 8ª ed., Giuffré, Milão, vol. I, pp. 343/344.

33. Em "La Costituzione della Repubblica Italiana", vol. I da Ed. UPEB, de Bolonha, 1948, pp. 77/79.

34. Ver no *Verwaltungs Archiv*, vol. 64, caderno 4, de 1.10.73, p. 433 e ss., a colaboração do Dr. Albert von Mutius, da Universidade de Münster, sob o título "Zur Staatshaftung bei Erfüllung staatlicher Aufgaben durch Private".

rio Velloso, tão bem apresentou, no seu comentado estudo de 1987.

É certo que no plano do civilismo tem sido forte a resistência ao alargamento da responsabilidade do Estado, como José Cretella Júnior ilustrou amplamente em seu trabalho sobre a "Responsabilidade do Estado por Atos Judiciais", de 1970; no entanto, os publicistas — que comandam esse movimento de alargamento da responsabilidade — têm sido vitoriosos, desde a Europa, conforme o demonstramos no curso deste trabalho. E a enfatizar tal asserto, numa demonstração de quanto repercutiu entre nós o que se classificou lá fora como movimento de *publicização da responsabilidade do Estado*, temos à mão obra excelente, uma tese apresentada na Universidade Federal do Rio de Janeiro em 1941, pelo Professor Alcino de Paula Salazar, que se concluía destarte: "I — o princípio dominante, como regra geral, em doutrina quanto aos danos que ao patrimônio cause o exercício da atividade do Estado é o da plena responsabilidade deste pelas conseqüências do funcionamento dos serviços públicos, objetivamente consideradas, compreendendo os atos de qualquer natureza que os seus agentes pratiquem, por ocasião ou por motivo da execução dos referidos serviços, sendo fundamento dessa responsabilidade a idéia solidarista da eqüitativa distribuição dos *onus* e encargos públicos entre todos os membros da comunhão política; II — este princípio geral, que está naturalmente sujeito a limitações, tem aplicação aos atos do poder judiciário, com exceção dos que constituam cousa julgada".[35]

No concernente à colocação da responsabilidade do Estado em circunstâncias como a de nós ora apreciada, que tem merecido apropriada colocação em regime de Direito Público, põe em causa — a nosso ver — a derrogação do título com que vem sendo estudada, "responsabilidade civil". Por que, civil?

Essa locução tem óbvia origem na matriz de nosso Direito Privado, conquanto haja padecido necessária alteração ao passar a ser utilizada em relação ao Estado, uma entidade de Direito Público que, todavia, freqüentemente opera com relações civis, donde se ter engendrado a expressão *responsabilidade civil do Estado*. Acrescente-se que a locução em tela, indicando a reparação de dano injustamente causado, tem origem no princípio do *neminen leadere* e colocação tópica no Direito das Obrigações.

Entretanto, desde o momento em que a responsabilidade do Estado passou a ter outra fundamentação jurídica — decorrendo da equalização dos encargos que o Estado impõe aos membros da comunidade — e regime jurídico publicístico, parece-nos absolutamente imprópria a continuidade do emprego da locução *responsabilidade civil*: em vez disso e como neste caso se trata da *responsabilidade do Estado por atos de juiz*, recomendado é que se abandone o adjetivo "civil", por sua absoluta impropriedade e inadequação, na espécie.

A final, até porque isso é decretado em nossa Constituição Federal, o regime político regulador da vida da Nação é do Estado Social e de Direito, onde o comando das suas ações se inspira no exceler o social em face do individual, falar em responsabilidade civil nas circunstâncias como as ora estudadas, soa com diapasão de peça de museu jurídico.

35. *Responsabilidade do Poder Público por Atos Judiciais*, Ed. Gr. Canton & Reile, Rio, 1941, pp. 95/96.

DOUTRINA

CONFLITO DE ATRIBUIÇÕES E REFORMA CONSTITUCIONAL

ARNOLDO WALD
Professor Catedrático da Faculdade de Direito da Universidade Federal do Rio de Janeiro

"O conflito de atribuições entre a autoridade administrativa e a judiciária muito dificilmente se configura: os casos são tão raros, são tão excêntricos, tão exóticos... que praticamente inexistem" Min. Orozimbo Nonato (voto no Conflito de Jurisdição n. 1.500, *RT* 158, p. 864).

"Conflito de atribuições. Operações entre bancos e clientes. Juiz de Direito do Estado do Rio de Janeiro que, em Ação Civil Pública, movida pela Curadoria de Justiça dos Consumidores (Ministério Público Estadual) fixa, a título de Medida Liminar, normas genéricas de conduta, a serem seguidas por Bancos privados, perante seus clientes, em conflito com as já fixadas pelo Conselho Monetário Nacional e Banco Central do Brasil.

"Conflito de atribuições conhecido em parte, declarada a competência do Conselho Monetário Nacional e Banco Central do Brasil (já exercida), tudo por maioria de votos" (Acórdão do STF no Conflito de Atribuições n. 35).

"No sistema brasileiro de jurisdição una, não há conflito de atribuições entre entidades administrativa e autoridade judiciária, quando estiver no exercício pleno de sua função jurisdicional" (Acórdãos do STJ, RSTJ 7/29 e 9/61).

1. O conflito de atribuições é inovação construtiva da Constituição de 1967, mantida na Emenda Constitucional n. 1, de 1969, e na Constituição de 1988 (art. 105, I, letra *g*), decorrente da autonomia que foi dada ao instrumento processual que se desdobrou do antigo conflito de jurisdição ao qual aludia o Código de Processo Civil de 1939.

2. Na realidade, o antigo Código de Processo Civil entendia que o conflito de jurisdição podia ocorrer entre autoridades judiciárias, ou entre estas e as administrativas (art. 802 do Código de Processo Civil de 1939).

3. Já o Regimento Interno do Supremo Tribunal Federal, nas suas versões sucessivas, fez a adequada distinção entre as duas espécies de conflitos ao estabelecer que: "O conflito de jurisdição poderá ocorrer entre autoridades judiciárias; e de atribuições, entre autoridades judiciárias e administrativas'' (art. 165 do Regimento anterior e art. 168 do Regimento vigente do Supremo Tribunal Federal).

4. No particular, adotou o Supremo Tribunal Federal a distinção que já fora consagrada pela doutrina, com repercussão no antigo Código de Processo Civil e Comercial do Distrito Federal.

5. A inclusão do conflito de atribuições na legislação processual civil, antes da Constituição de 1967, tinha ensejado algumas discussões. Assim, eminentes juristas e magistrados entenderam que não cabia à lei ordinária cogitar do ''conflito de atribuições'' que não era previsto pela Constituição. Mestres do direito, como Odilon de Andrade, Costa Manso e Gabriel Passos, consideravam até inadmissível a utilização do conflito de atribuições, em virtude de serem nulos os atos administrativos ''que invadirem atribuições judiciárias''.[1]

6. Por outro lado, o Professor José Cretella Júnior, que tratou do assunto em vários artigos e ensaios, salientou que, no Direito Brasileiro, não se podia admitir o conflito de jurisdição entre autoridades judiciárias e administrativas, pois estas não podiam proferir sentenças, ou seja, ''dizer o direito'',[2] criticando, pois, a regulamentação do antigo Código de Processo Civil que teria traduzido indevidamente a legislação estrangeira aplicável em países que conheciam o contencioso administrativo.

7. Na realidade o conflito de atribuições pode ser *interno*, quando ocorre entre autoridades vinculadas a um mesmo poder, ou *externo*, entre autoridades que integrem poderes distintos. Quando o conflito interno surge na área do executivo, cabe à autoridade superior dirimi-lo. Quando o conflito interno ocorre no seio do Poder Judiciário apresenta-se sob a forma de conflito de competência, a ser resolvido na forma prevista na Constituição, na legislação ordinária e nos regimentos dos tribunais. A dificuldade maior surge no caso de conflito entre autoridades dos dois poderes, Executivo e Judiciário, quando ambos praticam atos administrativos, ou atos judiciais ou quase judiciais; como acontece em relação aos órgãos administrativos dotados de competência para dirimir certos tipos de conflitos, em áreas como a economia açucareira, numa forma não muito distinta do contencioso administrativo.

8. A raridade das hipóteses de conflitos no passado fez com que o Supremo Tribunal Federal, antes da Constituição de 1967, firmasse o entendimento de acordo com o qual: ''Não ocorre conflito de atribuições entre autoridades administrativas e magistrados, quando estes não funcionem como tais''.[3]

9. Assim, entendeu o Supremo Tribunal Federal que, quando os atos do Poder Judiciário eram de caráter administrativo, não cabia o conflito de atribuições. Conseqüentemente, o mesmo só se conceberia quando houvesse atos judiciários ou quase judiciários praticados pela autoridade administrativa em conflito com as decisões judiciais.

10. A matéria nunca foi pacífica e vários autores, entre os mais reputados administrativistas e processualistas, admitiram que, mesmo no caso de conflito em matéria administrativa, a competência final para decidir devia pertencer ao Poder Judiciário, salientando Mário

1. O histórico do conflito de atribuições até a Constituição de 1967 foi analisado pelo Professor Caio Tácito, no excelente verbete que dedicou à matéria no *Repertório Enciclopédico do Direito Brasileiro*, organizado por J. M. de Carvalho Santos, vol. XI, pp. 46 a 49.

2. O Professor J. Cretella Júnior examinou a matéria em brilhante e exaustivo estudo publicado na obra organizada em homenagem a Hely Lopes Meirelles intitulada *O Direito na Década de 80*, São Paulo, Ed. RT, 1985, pp. 78 a 94, concluindo que o conflito de atribuições, no Brasil, é matéria tipicamente administrativa e, por isso, não deveria estar regulamentado em dispositivo do Código de Processo.

3. Ementa do Conflito de Atribuições n. 2.019, *Revista Forense*, vol. 156, p. 104.

Masagão que, em tais hipóteses, os juízes funcionavam "não mais nas vestes de administradores, mas no exercício de suas funções jurisdicionais".[4]

Dentro da mesma orientação, Castro Nunes evidenciava que, desde a Lei 221, de 20.11.1894, o conflito de jurisdição constituía forma de solucionar as divergências sobre competência *lato sensu* do Judiciário ou da Administração, contenciosa ou ativa.[5]

11. Até a consagração constitucional do conflito de atribuições, manteve-se a dúvida que, durante longo tempo, prevaleceu quanto à competência do Supremo Tribunal Federal e do Judiciário em geral, para conhecer de conflitos entre autoridades administrativas e judiciárias, pois a posição contrária foi defendida em numerosos acórdãos, com base na tese de ser a competência da Suprema Corte definida constitucionalmente e só se referir aos conflitos entre juízes.[6]

12. Assim também a doutrina entendeu, até 1967, que o antigo conflito de jurisdição, sendo o instrumento de solução no caso de divergência de competência para dirimir conflitos no plano judicial, entre o Judiciário e o Executivo, os conflitos administrativos e outros entre os Poderes deveriam ser resolvidos utilizando-se a Declaração de Inconstitucionalidade, o Mandado de Segurança e a Ação Popular.[7]

4. Mário Masagão, *Curso de Direito Administrativo*, 5ª ed., 1974, p. 320.

5. *Arquivo Judiciário*, vol. 61, p. 299.

6. No julgamento do Conflito de Jurisdição n. 1.332, o Min. Orozimbo Nonato afirmou que: "O Supremo Tribunal Federal não pode ter competência para conhecer de conflitos entre autoridades administrativas e judiciárias. A nossa competência é definida, na Constituição Federal. Ela só fala em conflito de juízes". Posteriormente, o eminente magistrado admitiu a competência do Supremo em conflitos de atribuições que considerou excepcionais, excêntricos e até exóticos. Conflito de Jurisdição n. 150, *Revista dos Tribunais*, vol. 158, p. 864.

7. Esta é a conclusão do Professor Caio Tácito no verbete referido na nota 1 supra.

13. Com a consagração constitucional do conflito de atribuições, pela Constituição de 1967, dando competência para a sua solução, inicialmente, ao Supremo Tribunal Federal e, posteriormente, a partir de 1988, ao Superior Tribunal de Justiça, coube dar nova dimensão à essa nova técnica processual, embora, durante longo tempo, a jurisprudência se mantivesse impregnada das concepções anteriormente dominantes, somente vislumbrando o conflito nos casos de decisões judiciárias ou parajudiciais.

14. Comentando o novo texto constitucional a respeito da matéria, nos termos adotados em 1967 e 1969, salientou Pontes de Miranda que: "Rigorosamente, os conflitos entre autoridades administrativa e judiciária da União, quanto a atribuições, não estariam contidos na regra jurídica de competência do art. 119, I, *d*, nem da do art. 119, I, *e*, e a explicitação do art. 119, I, *f*, foi feliz. Todavia, nada obstaria ao exercício da pretensão à tutela jurídica, por parte de autoridade administrativa da União contra a autoridade judiciária federal. A regra jurídica de competência originária do Supremo Tribunal Federal torna mais eficiente a segurança jurídica, principalmente por se referir a qualquer conflito de atribuição. Mais ainda, se o conflito de atribuição é entre autoridade judiciária de um Estado-membro, do Distrito Federal ou de Território,e a autoridade administrativa de outro, ou entre autoridade administrativa de Estado-membro, do Distrito Federal, ou de Território, e a autoridade judiciária da União, ou entre autoridade administrativa da União, e a autoridade judiciária de Estado-membro, do Distrito Federal, ou de Território. Pode dar-se que já existia ação, em sentido próprio, que é o do direito material; porém não é isso pressuposto necessário. Basta que haja o conflito, ainda que em simples caso de dúvida".[8]

8. *Comentários à Constituição de 1967 com a Emenda n. 1 de 1969*, t. IV, 2ª ed., São Paulo, Ed. RT, 1970, pp. 35/36.

15. Como não se presume que a Constituição possa conter textos meramente repetitivos, impõe-se a lição de Pontes de Miranda, pois na realidade o art. 119, I, *d*, da Emenda Constitucional n. 1, já tratava das causas e conflitos entre a União e os Estados, inclusive os respectivos órgãos de administração indireta. Assim, enquanto na letra *d* o constituinte exigia que houvesse "causas e conflitos", ou seja, um litígio no plano judicial, na letra *f* admitiu a solução dos conflitos de atribuições entre várias autoridades, sem a necessidade da existência de uma causa que estivesse em andamento entre as mesmas, razão pela qual justifica-se a aprovação de Pontes de Miranda à inovação constitucional. No mesmo sentido é aliás a lição do Professor Manoel Gonçalves Ferreira Filho.[9]

16. É idêntico o entendimento do saudoso mestre João de Oliveira Filho que a respeito escreve: "Conflitos de atribuições entre autoridades administrativas da União se dá quando duas ou mais dessas autoridades entendem ter competência para determinado assunto".[10]

17. Finalmente, a jurisprudência do Excelso Pretório tem conhecido de conflitos de competência entre órgãos do Poder Judiciário e do Poder Executivo, como se verifica no Conflito de Atribuições n. 19-9, no qual foram respectivamente suscitante a 4ª Comissão de Conciliação de Julgamento do IAA e suscitado o Dr. Juiz de Direito da Vitória de Santo Antão, sendo a decisão unânime, relator o Exmo. Sr. Min. Djaci Falcão (julgamento de 7.6.1984).

18. Do mesmo modo, o Conflito de Atribuições n. 11-3, entre a Procuradoria-Geral da Justiça do Estado de São Paulo e o Dr. Juiz Federal, foi conhecido pelo Excelso Pretório, consagrando a competência da Justiça Federal, conforme voto do Rel. Exmo. Sr. Min. Rafael Mayer (julgamento de 20.5.1982).

19. Em caso semelhante, no Conflito de Atribuições n. 6, foi reconhecida a competência do Juiz de Menores para regulamentar a freqüência de menores em locais de diversões públicas, excluindo-se a competência da Polícia Federal. No seu voto, o Exmo. Sr. Min. Rel. Carlos Thompson Flores, que foi acompanhado por unanimidade pelo Plenário, teve o ensejo de salientar que: "De acordo com o parecer em questão, conheço do conflito e dou como competente o Dr. Juiz suscitante. Do cotejo dos textos de lei invocados e demais princípios de direito aplicáveis, conclui-se que reside no juizado de menores de cada comarca o rol de atribuições para a fiscalização da freqüência de menores discutida. Só assim melhor se assegura sua proteção, a qual não conflita com o elenco de encargos conferido à Polícia Federal. São atribuições paralelas, as quais, para o bom êxito da alta missão confiada aos respectivos órgãos, se oferecem inconfundíveis, merecendo recíproca compreensão em prol dos interesses públicos afetos a cada um. É o meu voto". (Decisão de 15.8.1973).

20. No Conflito de Atribuições n. 14-8, o Min. Djaci Falcão teve, por sua vez, o ensejo de salientar que: "O sistema do controle judicial dos atos administrativos adotado pela legislação brasileira não afasta a possibilidade de conflito de atribuições entre autoridade judiciária e autoridade administrativa. Assim, por exemplo, a autoridade administrativa pode entender que determinado assunto é de sua exclusiva atribuição não cabendo à autoridade judiciária dizer da sua conveniência, ou oportunidade, enquanto esta entende que o mesmo é da área de suas atribuições".

21. Evidencia-se o rumo da evolução sofrida pela jurisprudência do Supre-

9. *Comentários à Constituição Brasileira*, vol. 2, São Paulo, Saraiva, 1977, p. 209.

10. João de Oliveira Filho, *Quer Conhecer a Constituição*?, Rio, Forense, 1973, p. 326.

mo Tribunal Federal, em virtude da qual o conflito de atribuições passou a prescindir da ocorrência de decisões judiciárias ou assemelhadas (parajudiciais) divergentes umas com as outras e oriundas, cada uma, dos órgãos de um dos dois poderes. Assim, podemos dizer que se considerou caracterizado o conflito de atribuições desde que duas autoridades (uma delas sendo administrativa e a outra judiciária) se atribuíssem poderes concomitantemente para regular ou fiscalizar determinadas matérias, abrangendo desde a fiscalização de menores (Conflito de Atribuições n. 6), até o processamento de contravenções referentes à fauna silvestre e às florestas (Conflito de Atribuições n. 11-3), passando pelas soluções de interesses da economia açucareira (Conflito de Atribuições n. 22-9).

22. Na realidade, o Supremo Tribunal Federal veio a exercer na matéria a função que, nos países em que existe o contencioso administrativo, ao lado do Poder Judiciário, é desempenhada pelo chamado Tribunal de Conflitos, em relação ao qual escrevia, com a sua habitual maestria, León Duguit que: "La seule question qui est posée au tribunal des conflits est celle de savoir si la loi de compétence a été violée. *A-t-elle été violée par le tribunal judiciaire qui s'est déclaré compétent, ou par le préfet qui, en prenant son arrêté de conflit, a affirmé la compétence administrative et suspendu l'oeuvre du tribunal judiciaire? Si c'est le tribunal judiciaire qui est reconnu avoir violé la loi, le tribunal des conflit, annule le jugement par lequel le tribunal judiciaire s'est déclaré compétent; si c'est le préfet, le tribunal des conflits annule l'arrêté de conflit*. (...) *Le tribunal des conflits déclare dans les motifs de sa décision quelle est l'autorié compétente; et dans le dispositif, il annule les actes faits par l'autorité qu'il n'a pas déclarée compétente, l'arrêté de conflit acte administratif quand il déclare l'autorité administrative incompétente, les actes de procédure ou de décision faits devant ou par le tribunal judiciaire quand il déclare l'autorité judiciaire incompétente*".[11]

23. Ocorre, todavia, que a matéria, mesmo na vigência da Constituição de 1969, não era totalmente pacífica, tendo ensejado divergências entre duas correntes do Supremo Tribunal Federal, que se enfrentaram no julgamento do Conflito de Atribuições n. 35, suscitado entre a Justiça Estadual e o Conselho Monetário Nacional, num caso referente ao regime legal do cheque especial estabelecido, liminarmente, por Juiz de Primeira Instância, em Ação Civil Pública intentada pelo Ministério Público.

24. A corrente liberal, que foi a vencedora, liderada pelo Min. Sydney Sanches, relator do feito, admitiu, amplamente, o conflito de atribuições como instrumento de solução no caso de regulamentações conflitantes baixadas pelo Judiciário e pelo Executivo. Por sua vez, corrente mais tradicional manteve a conceituação de conflito de atribuições vinculada ao antigo conflito de jurisdição, entendendo que somente quando houvesse decisões da mesma natureza é que poderia ser exercida a competência do Supremo Tribunal Federal.

25. Liderando a corrente vencida, entendeu o Min. Moreira Alves dar efeitos ainda mais restritos ao instrumento processual, ao afirmar que: "só há conflito de atribuições entre autoridades administrativa e autoridade judiciária quando esta pratica ato administrativo que aquele pretende não estar na esfera da competência desta".

26. Os Mins. Célio Borja, Carlos Madeira, Octávio Gallotti, Francisco Rezek e Oscar Corrêa acompanharam o voto do Relator Min. Sydney Sanches, conhecendo do conflito por ser vedado ao

11. León Duguit, *Traité de Droit Constitutionnel*, 3ª ed., t. II, Paris, E. de Boccard Editor, 1928, § 31, *b*, pp. 520 e 522.

Juiz usurpar e exercer atribuições de outro poder da República.

27. O Min. Célio Borja invocou os princípios de Direito Constitucional e o Direito Comparado para concluir que: "Procurei mostrar, na fundamentação do meu voto, que os diferentes sistemas constitucionais encontram soluções também diversas para o mesmo problema. Na Grã-Bretanha, por exemplo, se uma autoridade administrativa, com poder regulatório, emite ato normativo que, de alguma forma, tem materialmente conteúdo legislativo, submete-o ao Parlamento. Mas na Grã-Bretanha não se conhece o controle jurisdicional das leis e de atos administrativos, até porque *não há Constituição escrita. Agora, num sistema judiciarista e de Constituição escrita, como o nosso, não estranha que o constituinte tenha atraído para a órbita do Poder Judiciário o conhecimento e a solução desse tipo de conflito, que, no meu entendimento, nasce mais da ambigüidade do ato, que é, de um lado, ato normativo, e de outro, típico de poder de polícia; não estranha, repito, que o tenha atraído para a órbita do Poder Judiciário, particularmente o Supremo Tribunal Federal, porque este é o árbitro das disputas entre os Poderes do Estado*".

28. Por sua vez, o Min. Francisco Rezek demonstrou que o conflito de atribuições surgiu, em virtude de usurpação de competência, por parte de Juiz de Primeira Instância, que se tinha atribuído o exercício de poder que, em virtude da Constituição, pertencia ao Legislativo e, por delegação do mesmo, ao Conselho Monetário Nacional.

29. Afirmou o Min. Francisco Rezek: "Figuro a situação seguinte: amanhã o curador de interesses difusos, no Rio de Janeiro, dirige-se a uma das varas cíveis da capital, com toda a forma exterior de quem pede a prestação jurisdicional, e requer ao juiz que, em nome do bem coletivo, exonere o Ministro da Fazenda e designe em seu lugar outro cidadão, cujo luminoso *curriculum* viria anexo. Não é o fato de alguém dirigir-se ao foro que indica, a meu ver, que este alguém esteja pedindo a prestação jurisdicional, e sim o exato teor daquilo que se pede. Atentei, como de hábito, ao voto do eminente Ministro Célio Borja. Grande parte do meu convencimento, que se formou durante o debate, deve-se a elementos trazidos à mesa por Sua Excelência".

30. Na mesma linha que o Min. Moreira Alves, o Min. Nery da Silveira procurou mitigar a função de conflito de atribuições, nele não vislumbrando uma solução para os conflitos entre os Poderes da República e, em particular, no caso de usurpação de competência, mas limitando a sua utilização aos casos de conflitos de decisões entre o Poder Judiciário e os órgãos da Administração que decidem o contencioso administrativo.

31. Afirmou, assim, o Min. Nery da Silveira, que: "É certo que este Tribunal tem conhecido de conflitos de atribuições entre autoridades administrativas e autoridades judiciárias. Quando isso sucede, duas hipóteses podem ocorrer: ou a autoridade judiciária pratica atos administrativos que órgão da administração entende da sua competência, ou então, órgão administrativo, especialmente em hipótese em que se prevê contencioso administrativo, pratica ato materialmente jurisdicional. Assim já se tem julgado conflito de atribuições entre Juiz de Menores e Delegado de Polícia, a respeito da fiscalização de menores em lugares públicos. Apreciou-se conflito dessa natureza, aliás no memorial é ele relembrado, no Conflito de Atribuições n. 11-3, de que foi Relator o Sr. Min. Rafael Mayer, precisamente, em que se discutia acerca da competência para dita fiscalização. Dá-se, nessa hipótese, evidentemente, conflito de atribuições, cumprindo, então, decidir a quem incumbe praticar o ato de fiscalização em referência. Lembro, de outra parte, dissídio de idêntica natureza, na aplicação da legislação canavieira onde se prevêem órgãos que compõem um contencioso administrativo para dirimir conflitos de interesse entre plantadores de cana e industriais da cana, fornecedores e usineiros. Com freqüência, surgem conflitos a respeito de matérias diversas no âmbito canavieiro. Para dirimir, por exemplo, contratos de arrendamento que existam nesse campo, ou então, quanto ao pagamento de determinadas taxas no fornecimento de cana, a lei prevê um contencioso prévio. Por vezes, esses conflitos de interesses são aforados perante a Comissão competente, ou diretamente na Justiça. Surge entre Comissão e Juiz competente conflito de atribuições. Fui relator de um feito em que a Comissão conheceu de queixa de arrendatário contra o proprietário, a respeito da prorrogação, ou não, do contrato. O proprietário ingressou na Justiça entendendo que a matéria, por sua natureza, só poderia ser conhecida por autoridade judiciária. Instaurou-se um conflito entre uma autoridade judiciária e uma autoridade administrativa. O Tribunal, ao dirimir esse conflito, disse a quem incumbia conhecer da demanda então deduzida.

"Na espécie, realmente, não se propõe conflito, não se desenha situação de dissídio entre autoridade judiciária e autoridade administrativa."

32. Vencedora a corrente liberal por seis votos contra quatro e dada a amplitude reconhecida ao conflito de atribuições, no processo acima referido, parecia que somente ao Supremo Tribunal Federal deveria caber a função constitucional de dirimir tais espécies de conflitos.

33. Ocorre, todavia, que em sentido diferente decidiu a Constituição de 1988 ao atribuir, no seu art. 105, ao Superior Tribunal de Justiça o julgamento originário dos "conflitos de atribuições entre autoridades administrativas e judiciárias da União ou entre autoridades judiciárias de um Estado e administrativas de outro ou do Distrito Federal ou entre as deste e da União Federal".

34. Pareceu-nos, sempre, que, os conflitos entre autoridades administrativas e judiciárias da União Federal ou entre autoridades administrativas federais e a Justiça Estadual, constituem problemas constitucionais, em relação aos quais, em tese, a competência deveria ser do Supremo Tribunal Federal.

35. Acresce que, definindo a função do Supremo Tribunal Federal, a Constituição vigente (de 1988) não mais lhe atribuiu poderes para dirimir os conflitos de atribuições, mas tão-somente os de competência entre o Superior Tribunal dc Justiça e quaisquer outros tribunais ou entre Tribunais Superiores, ou ainda entre estes e qualquer outro tribunal (art. 102, inc. I, letra *e*).

36. Há, no caso, certa incongruência, pois acabou o Supremo Tribunal Federal tendo a função de dirimir os conflitos internos — dentro do mesmo poder — embora no mais alto nível, enquanto o conflito externo de natureza constitucional ficava para ser resolvido pelo Superior Tribunal de Justiça.

37. Assim sendo, a atual jurisprudência do Superior Tribunal de Justiça na matéria merece, pois, uma análise em profundidade, no momento em que se cogita da revisão constitucional.

38. Acresce que as divergências entre o Executivo e o Judiciário no tocante às decisões sobre política monetária têm ensejado o Conflito de Atribuições n. 20-RS (do Superior Tribunal de Justiça), suscitado pelo Banco Central do Brasil, em matéria de bloqueio de recursos pelo Plano Collor, que foram liberados em virtude de sentença proferida em Ação Civil Pública por Juiz de Primeira Instância da Justiça gaúcha. O mencionado processo, inspirado na decisão do Supremo Tribunal Federal no caso do Conflito de Atribuições n. 35, acima referido, mereceu a concessão de Medida Liminar, no Superior Tribunal de Justiça, em 19.9.91, e estaria aguardando julgamento.

39. Por outro lado, no caso de Conflito de Atribuições entre o Tribunal de Contas e os Tribunais do Trabalho, o próprio Tribunal Superior de Justiça tem entendido que a matéria é da competência do Supremo Tribunal Federal, como se verifica pelos julgamentos proferidos nos Conflitos de Atribuições ns. 11 e 13, este último julgado em 13.11.1990 e cuja ementa é a seguinte: "Conflito de atribuições. Tribunal de Contas da União e Tribunal Regional do Trabalho. Competência do Supremo Tribunal Federal para dirimir o conflito".

40. No seu brilhante voto, acompanhado, por unanimidade, pela Primeira Seção, salientou o Ministro Hélio Mosimann, que: "Reportando-se a caso idêntico, objeto do Conflito de Atribuições n. 11-SC, relator o eminente Ministro José de Jesus, levado a julgamento nesta mesma sessão, o titular da Subprocuradoria-Geral da República, Dr. José Arnaldo da Fonseca, sugere a remessa dos autos ao Supremo Tribunal para que se digne decidir sobre o conflito.

"E tem razão.

"Inobstante a redação do art. 105, inc. I, letra *g*, da Constituição Federal — compete ao Superior Tribunal de Justiça processar e julgar, originariamente, os conflitos de atribuições entre autoridades administrativas de outro ou do Distrito Federal, ou entre os deste e da União — tem prevalecido o entendimento segundo o qual cabe à nova Corte Maior dirimir a controvérsia.

"Na hipótese dos autos, o Tribunal Regional do Trabalho suscitou o conflito diante de manifestação do Tribunal de Contas da União, a respeito dos critérios de cálculo dos proventos de aposentadoria dos juízes classistas de primeiro grau.

"Envolvendo o dissenso um Tribunal Superior, o Tribunal de Contas da União, parece caracterizado o conflito de que trata o art. 102, I, *a*, da Carta da República, segundo decisões do STF trazidas pelo representante do Ministério Público (fls. 63/64), acrescentando: 'É que o STM, o TST são tribunais superiores de nível hierárquico igual ao do STJ, não podendo ser as suas decisões submetidas a um Tribunal de idêntico posicionamento no elenco dos órgãos do Poder Judiciário. Na espécie, irrecusável é a aplicação de igual regra, visto que o Tribunal de Contas da União, malgrado não integre o Poder Judiciário, a Constituição alçou-lhe ao *status* de Corte Superior, do mesmo nível que os tribunais superiores (STM, TST e STJ), ao dotar-lhe das relevantes atribuições. E tanto é certo que os seus atos só se submetem, na sede do mandado de segurança e do *habeas data*, ao controle do Supremo Tribunal Federal (art. 102, I, *d*) (fls. 64)'.

"Assim, não se conhece do conflito, remetendo-se os autos ao Excelso Pretório, na forma como, aliás, já procedeu esta 1ª Seção ao apreciar o Conflito de Competência n. 1.088-SP (Min. Garcia Vieira, em 8.5.90)."[12]

41. Restabeleceu, assim, por via jurisprudencial, o Superior Tribunal de Justiça a competência que deveria pertencer ao Supremo Tribunal Federal no tocante ao julgamento dos conflitos de atribuições em determinados casos, mediante oportuna e construtiva interpretação do texto constitucional.

42. Por outro lado, tendo se firmado, no Superior Tribunal de Justiça, a tese de descabimento do conflito de atribuições entre entidades administrativa e autoridade judiciária, quando estiver esta no exercício pleno de sua função jurisdicional, conforme decisões majoritárias

12. *R. Sup. Trib. Just.*, Brasília, 3(19):125-129, mar. 1991.

da 2ª Seção,[13] resta saber a quem caberá apreciar o conflito entre poderes quando, no exercício da função jurisdicional, o tribunal estabelecer normas conflitantes com a regulamentação baixada pelo Poder Executivo, como aconteceu no caso do Conflito de Atribuições n. 35 acima referido (do Supremo Tribunal Federal).

43. Cabe, outrossim, salientar que com a introdução, no Direito Brasileiro, da Ação Civil Pública, com um amplo leque de utilização e uma extraordinária densidade nos seus efeitos, pelo fato de se impor *erga omnes*, o conflito de atribuições deixa de ser uma hipótese meramente acadêmica, ou até um caso excêntrico ou exótico, como pretendia o Min. Orozimbo Nonato. Efetivamente, como vimos, o conflito de atribuições se tornou, atualmente, um instrumento importante do sistema de freios e contrapesos que assegura o funcionamento harmônico entre os Poderes independentes que é constitucionalmente garantido (art. 2º da Constituição de 1988).

44. No momento em que se cogita da revisão da Constituição, pretendendo-se encontrar um justo equilíbrio entre a salvaguarda dos direitos individuais e a necessidade de bom funcionamento da máquina estatal, com a caracterização adequada das funções de cada um dos poderes, é da maior importância que se defina de modo claro e insofismável, no texto constitucional, os instrumentos pelos quais ao Poder Judiciário, pelos seus órgãos máximos, que são o Supremo Tribunal Federal e o Superior Tribunal de Justiça, caberá dirimir os conflitos de atribuições entre a Administração e os tribunais, em matérias nas quais estão surgindo aparentes superposições de competência em virtude do poder normativo exercido, eventualmente, pelos magistrados, em particular nas Ações Civis Públicas.

13. *RSTJ* 7/29 e 9/61.

O JUDICIÁRIO FRENTE À DIVISÃO DOS PODERES: UM PRINCÍPIO EM DECADÊNCIA?

TÉRCIO SAMPAIO FERRAZ JÚNIOR
Professor do Departamento de Filosofia e Teoria Geral do Direito
da Faculdade de Direito da Universidade de S. Paulo

Para o senso comum jurídico, o poder Judiciário é um dos três poderes clássicos reconhecidos pela doutrina. Em simples palavras, costuma-se atribuir-lhe a missão de aplicar contenciosamente a lei a casos particulares. Nas lições mais antigas, repetidas ainda hoje, o poder Judiciário é constituído para determinar e assegurar a aplicação das leis que garantem a inviolabilidade dos direitos individuais. No exercício dessa missão, ele é, em face dos outros poderes, autônomo e independente. Distinguindo-se do poder Executivo por aplicar *contenciosamente* a lei, a doutrina usa esclarecer o sentido desse modo de aplicação por meio de características inibidoras de sua atuação: ele só age se houver litígio, só se pronuncia sobre casos individualizados (nunca sobre hipóteses ou leis em tese, ressalvadas as argüições diretas de inconstitucionalidade) e, para atuar, tem de ser provocado. Em princípio, à diferença do poder Legislativo, suas decisões são programadas e não programantes, isto é, decide com base na lei, na Constituição, nos princípios gerais de direito, nos costumes, e sua decisão vale para o caso para o qual foi provocado, não podendo ser estendida para os demais casos.

Divisão dos Poderes e neutralização política do Poder Judiciário

A concepção do poder Judiciário como um dentre três poderes resultou da consolidação de grandes princípios de organização política, incorporados pelas necessidades jurídicas na solução de conflitos. De um lado, a soberania nacional e a divisão dos poderes; de outro, o caráter privilegiado que a lei assume como fonte do direito. Até a Revolução Francesa, toda soberania residia no senhor territorial ou no rei. Esta forma muito concreta e personalíssima de simbolizar o centro único de normatividade colocava, no entanto, alguns problemas práticos de jurisdição. Nesse sentido, um jurista francês do século XVII, Loyseau (*Des Seygneuries*, III, 12, mencionado por Gillissen: "Les Problèmes des Lacunes du Droit dans l'Évolution du Droit Mediéval et Moderne", in *Les Problèmes des Lacunes en Droit*, org. de Perelman, Bruxelas, 1968, p. 230), escrevia, à sua época, que o rei, não podendo saber tudo, nem estar presente em toda parte e, em conseqüência, não lhe sendo possível prover a todos as mesmas situações que ocorrem em todos os lugares de seu reino e que requerem ser regulamentadas prontamente, permitia às cortes soberanas fazer os regulamentos. Estes, porém, eram provisórios e feitos sob sua condescendência. Ora, foi a substituição do rei pela nação ("O princípio de toda soberania reside essencialmente na nação" — Declaração dos Direitos do Homem e do Cidadão de 1789, art. 3º), conceito mais abstrato e, portanto, de uma maleabilidade maior, que permitiu a manutenção do caráter uno, indivisível, inalienável e imprescritível da soberania (Constituição Francesa de 1791) em perfeita harmonia com um princípio de divisão dos poderes funcionalmente apto a resolver o problema de um poder Judiciário com caracteres próprios e autônomos ("O poder Judiciário não pode em nenhum caso ser exercido pelo corpo legislativo, nem pelo rei", art. 1º, cap. V) e com a possibilidade de atuação restringida ("Os tribunais não podem se imiscuir no exercício do poder Legislativo, nem suspender a execução das leis", art. 3º, cap. V).

A teoria clássica da divisão dos poderes, construída com um claro acento anti-hierarquizante e com a finalidade de implodir a concepção mono-hierárquica do sistema político, iria garantir, de certa forma, uma progressiva separação entre política e direito, regulando a legitimidade da influência política no governo, que se torna totalmente aceitável no Legislativo, parcialmente no Executivo e fortemente neutralizada no Judiciário, dentro dos quadros ideológicos do estado de direito. Ressalte-se, nesse sentido, o importante papel do princípio da divisão dos poderes assinalado por Montesquieu na garantia da liberdade do cidadão (*L'Ésprit des Lois*, Paris, sem data, Livre XI, ch. VI: "quando na mesma pessoa ou no mesmo corpo de magistratura, o poder Legislativo está reunido ao poder Executivo, não existe liberdade, pois pode temer-se que o mesmo monarca ou o mesmo senado apenas estabeleçam leis tirânicas para executá-las tiranicamente"). Montesquieu, na verdade, via na divisão dos poderes muito mais um preceito de arte política do que um princípio jurídico. Ou seja, não se tratava de um princípio para a organização do sistema estatal e de distribuição de competências, mas um meio de se evitar o despotismo real (*sed contra*, Passerin d'Entrèves, *La Noción del Estado*, Madri, 1970, p. 133). Nesse sentido, o princípio não era de separação de poderes, mas de *inibição* de um pelo outro de forma recíproca; no exercício desta função, dos três, o Judiciário era o que menos tinha a ver com força política; por isso dizia Montesquieu: "dos três poderes mencionados, o de julgar é em certo modo nulo. Não restam senão dois". Não obstante, o reconhecia como a mais alta autoridade nos governos constitucionais.

De fato, a neutralização do Judiciário é uma das peças importantes na caracterização do estado de direito burguês. Ela se torna, no correr do século XIX, a pedra angular dos sistemas políticos desenvolvidos. Em consonância com o princípio da tripartição dos poderes, ela será o eixo que permitirá a substituição da unidade hierárquica, concretamente simbolizada pelo *rex* por uma estrutura complexa de comunicação e controle de comunicação entre forças mutuamente interligadas. A neutralização assinalará a importância da imparcialidade do juiz e o caráter necessariamente apartidário do desempenho de suas funções.

Neutralização política da Justiça e aplicação do Direito

A neutralização foi acompanhada de uma desvinculação progressiva que iria sofrer o direito de suas bases sociais. Inicialmente, ela significaria neutralização política, para depois exigir distanciamento ético. Assim, com a canalização de todas as projeções normativas com pretensão de validade para o endereço político do Legislativo e o conseqüente tratamento oportunístico dos valores máximos (cresce a força e a importância do positivismo jurídico), a neutralização do Judiciário se apoiará na centralização organizada da legislação (só a lei, votada e aprovada pelos representantes do povo, obriga) e reforçará o lugar privilegiado da lei como fonte do direito. Este reforço ocorre não só pela exaltação do princípio da legalidade e a conseqüente proibição da decisão *contra legem*, mas também pelo ato jurisdicional como um processo de subsunção do fato à norma. Ao sublinhar-se a subsunção como *o método* de aplicação do direito, neutraliza-se para o juiz o jogo dos interesses concretos na formação legislativa do direito (se esses interesses serão atendidos ou decepcionados não é problema do juiz, que apenas aplica a lei). Por conseguinte, sua atividade jurisdicional guiada superiormente pela lei e pela constituição não se vincula a nenhum direito sagrado ou natural nem exige um conteúdo ético ainda que teleologicamente fundado. Acima de tudo, o importante é que a lei seja cumprida.

Esta concepção do poder Judiciário como politicamente neutro nos quadros do estado de direito burguês regido pelo princípio da tripartição dos poderes pressupõe uma congruência entre as funções instrumentais e as funções expressivas do processo judicial (cf. Niklas Luhmann, *Rechtssoziologie*, Opladen, 1983, pp. 315 e ss.). Os efeitos imediatos de um processo (uma condenação, uma absolvição, uma declaração de um direito) só são atingidos por meio de uma ação expressiva: uma decisão *in casu*. Mas a busca dessa decisão depende de um cálculo instrumental: a decisão deve satisfazer necessidades decorrentes de finalidades distantes, ou seja, a realização da justiça, da paz social, o asseguramento dos direitos individuais reconhecidos constitucionalmente, tudo manifestado num valor supremo, a segurança jurídica. Por isso, parte-se, de um lado, de normas preestabelecidas na lei abstratamente (função instrumental); de outro, por meio de interpretação — subsunção —, chega-se à satisfação das necessidades concretas (função expressiva). A congruência entre as duas funções significa que a satisfação das necessidades concretas muitas vezes provoca ou exige o diferimento, no tempo, da satisfação das necessidades finalísticas, na pressuposição de que estas, embora distantes, estão sempre a caminho de serem atingidas. Essa congruência é crucial para a legitimidade da atividade jurisdicional. Em tese (liberal e burguesa), a combinatória das duas funções é garantida pelo papel instrumental do juiz que, configurado pela neutralidade (distância das partes, imparcialidade, serenidade, posição dominante mas apartidária), torna-se o instrumento capaz de realizar a divisão dos poderes. Nesse sentido, o processo judicial deve ser funcional, enquanto um sistema capaz de determinar o futuro na medida em que o mantém incerto, isto é, os procedimentos jurisdicionais permitem que os atingidos por decisões vivenciem um futuro incerto (a realização abstrata da segurança jurídica), mas sentindo-se seguros, desde o presente, por força dos procedimentos nos quais se engajam. Como o juiz não legisla, mas cumpre a lei, a congruência exige uma aceitação da mutabilidade do direito por força de processos legislativos autônomos e independentes: a diferença entre o velho e o novo direito não é percebida em termos diacrônicos, mas sincrônicos — ambos são *direito*, só que um é vigente e o outro, revogado. Admite-se, em conseqüência, a manipulação contraditória das estruturas: o que vale hoje deixa de valer amanhã e pode voltar a valer depois; em nome da segurança abstrata, essa mutabilidade não perturba a impositividade: *lex prima facie valet*. Com isso, o direito não depende do saber e do sentir individuais e, ao mesmo tempo, continua sendo aceito por todos.

Nesses quadros, a neutralização do poder Judiciário transforma o sentido da aplicação do direito. Antes encarava-se o direito como uma expectativa ética de padrão de comportamento, predeterminado por valores-fins, donde o juízo como um ato da razão e a jurisdição como uma atividade decorrente da virtude da justiça; agora, o direito é visto como um programa funcional, hipotético e condicional (se... então), donde uma certa automaticidade do julgamento, que se libera de complicados controles de finalidades de longo prazo e se reduz a controles diretos, caso a caso (cf. criticamente: René Marcic, *Vom Gesetzesstaatzum Richterstaat*, Wien, 1957, pp. 250 e ss.). Só assim é possível lidar-se, no Judiciário do estado de direito burguês, com altos graus de insegurança concreta de uma forma suportável: a segurança abstrata, como valor jurídico, isto é, como certeza e isonomia, é diferida no tempo pela tipificação abstrata dos conteúdos normativos (generalidade da lei) e pela universalização dos destinatários (igualdade de todos perante a lei), aparecendo como condição ideologicamente suficiente para a superação das decepções concretas que as decisões judiciais trazem para as partes.

Neutralização política e controle constitucional

A neutralização política do Judiciário, conseqüência da divisão dos poderes e espinha dorsal do estado de direito burguês, esclareça-se, não é, propriamente, um tipo de indiferença genérica. Não significa, na concepção liberal que se firmou durante o século passado, uma espécie de alheamento político. Como disse Hughes, um ex-presidente da Suprema Corte norte-americana, no início deste século: "Estamos regidos por uma Constituição, mas esta Constituição é o que os juízes decidem o que é". Nos Estados Unidos, num primeiro período, que vai de 1801 a 1835, sob influência de Marshall, o exercício de uma competência politicamente neutralizada deu-se pela tese do controle judicial do federalismo e depois da constitucionalidade das leis. Nessa época, a Suprema Corte foi se firmando como o regulador da vida constitucional. Num segundo período, que alcança até o ano de 1937, com um interregno de autolimitação no tempo de Roosevelt que dura até 1954, o controle se expande, passando os juízes daquela corte a assumir a função de verdadeiros guardiões da própria legitimidade constitucional, exercendo o controle até de emendas à Constituição em nome de princípios gerais superiores ínsitos ao próprio texto constitucional. Data dessa época a expressão "governo dos juízes". Isso não fazia do Judiciário um poder político, mas lhe dava competência para atuar como um freio às aspirações políticas dos outros poderes, o que não destruía a concepção liberal do estado de direito, pois a relação de independência e harmonia que devia existir entre os poderes exigia um princípio com força capaz de controlar as paixões políticas. Aquela concepção supõe, afinal, que o sistema político da sociedade determine sua essência como Estado constitucional, postulando, com isso, a vitória do direito sobre o poder político.

Neutralizar, portanto, não significava tornar genericamente indiferente, mas gerar uma indiferença controlada, ou seja, estabelecer uma relação em que a indiferença é garantida contra expectativas de influência. A neutralização, nesse sentido, não torna o Judiciário imune, *de fato*, a pressões de ordem política. Sua neutralização não se dá em nível dos fatos, mas em nível das expectativas institucionalizadas: ainda que de fato haja pressões políticas, estas institucionalmente não contam. A independência do juiz, dirá o jurista consciente dessa institucionalização, exige que "a crença nela esteja enraizada profundamente na população" (Mannlicher, *Die richterliche Unabhaengigkeit*, citado por Marcic, ob. cit., p. 265). Pois só desse modo a pressão política, como fato, se descarta como versão ética.

Uma das mais importantes conseqüências da neutralização está, assim, no tratamento da relação entre direito e força ou violência física no sistema político. Ela permite que o Legislativo seja despido de seu uso e que o Executivo dela faça uso sob controle do Judiciário, o que, enfim, realiza o postulado da concentração da força nas mãos do Estado e da proibição do uso privado da força. O Judiciário não concentra a força, mas filtra o seu uso, ao decidir sobre ele. Esta importante conseqüência faz da neutralização, na concepção do estado de direito liberal, uma espécie de regulador do uso político da violência. A violência, concretamente, por sua imponderabilidade, pela sua ilimitação de fato, é sempre abstrata nas mãos do político, que oscila em usá-la demais ou de menos. Ou seja, o político lida mal com o uso da violência ou das medidas de força na sua concretude, o que se faz ver nas dificuldades em que se enredam os parlamentos no julgamento de seus membros ou nos crimes de responsabilidade de autoridades políticas, ou que se percebe na politização dos processos judiciais nos regimes autoritários e totalitários. Uma Justiça politizada, ao contrário, compartilha da responsabilidade pelos resultados do uso da violência, fazendo do juiz um justiceiro e do processo um movimento na direção dos famigerados tribunais de exceção. Ou seja, a Justiça politizada arrisca-se a render-se ao *marketing* das opiniões, reduzindo o direito a elas, o que funciona bem no Legislativo mas que, no Judiciário, torna opaco o uso da força, conduzindo-a à banalidade e à trivialidade do jogo dos interesses.

Divisão dos Poderes, neutralização política da Justiça e o advento do Estado do bem-estar social

As condições em que a divisão dos poderes e a conseqüente neutralização política do poder Judiciário floresceram alteraram-se profundamente em nosso século. Sobretudo nos últimos cinqüenta anos, o advento da sociedade tecnológica aumentou consideravelmente o nível de complexidade da vida humana. A civilização tecnológica não apenas cria mais possibilidades de ação, como se alimenta de si própria, aumentando e acelerando a possibilidade da própria criação tecnológica. Este movimento reflexo da tecnologia — a manipulação tecnológica da própria tecnologia — altera o sentido dos controles sociais e políticos, repercutindo nos controles jurídicos. Na complexa sociedade tecnológica de nossos dias, as atividades de controle mudam de vetor, deixando de voltar-se primordialmente para o passado, para ocupar-se basicamente do futuro. A questão não está mais em controlar o desempenho comportamental tal como foi *realizado*, mas como ele se *realizará*. A civilização tecnológica, nesses termos, joga sua capacidade criativa em fórmulas de governo, cujos máximos valores são a eficiência dos resultados e a alta probabilidade de sua consecução. No campo jurídico, o tribunal, tradicionalmente uma instância de julgamento e responsabilização do homem por seus atos, pelo que ele fez, passa a ser chamado para uma avaliação prospectiva e um "julgamento" do que ele é e poderá fazer. É nesse quadro de projeção do sentido do direito para o futuro, para a sua realizabilidade mais do que para a sua consistência pré-constituída, que se há de entender o advento do chamado estado do bem-estar social.

O crescimento do estado social ou estado do bem-estar social reverteu alguns dos postulados básicos do estado de direito, a começar da separação entre Estado e sociedade, que propiciava uma correspondente liberação das estruturas jurídicas das estruturas sociais. Nessa concepção, a proteção da liberdade era sempre da liberdade individual enquanto liberdade negativa, de não-impedimento, do que a neutralização do Judiciário era uma exigência conseqüente. O estado social trouxe o problema da liberdade positiva, participativa, que não é um princípio a ser defendido, mas a ser realizado. Com a liberdade positiva, o direito à igualdade se transforma num direito a tornar-se igual nas condições de acesso à plena cidadania. Correspondentemente, os poderes Executivo e Legislativo sofrem uma enorme expansão, pois deles se cobra a realização da cidadania social e não apenas a sustentação do seu contorno jurídico-formal.

Os direitos sociais, produto típico do estado do bem-estar social, não são, pois, conhecidamente, somente normativos, na forma de um *a priori* formal, mas têm um sentido promocional prospectivo, colocando-se como exigência de implementação. Isto altera a função do poder Judiciário, ao qual, perante eles ou perante a sua violação, não cumpre apenas julgar no sentido de estabelecer o certo e o errado com base na lei (responsabilidade condicional do juiz politicamente neutralizado), mas também e sobretudo examinar se o exercício discricionário do poder de legislar conduz à concretização dos resultados objetivados (responsabilidade finalística do juiz que, de certa forma, o repolitiza). Por fim, a extensa massificação social transforma a sociedade numa sociedade de consumidores, fazendo da economia um processo de produção massificada, comercialização massificada e consumo massificado e reduzindo quase todas as atividades humanas, da arte ao lazer, da ciência à cultura, a objetos de consumo, isto é, a objetos descartáveis após o uso. Desse modo transforma-se a velha concepção dos direitos subjetivos como direitos individuais, ao exigirem-se proteções coletivas — direitos coletivos — e até proteções impossíveis de ser individual ou coletivamente identificadas — direitos difusos. Em conseqüência, os litígios judiciais passam a admitir e a exigir novas formas de direito de ação (*class action*, ação civil pública). Altera-se, do mesmo modo, a posição do juiz, cuja neutralidade é afetada, ao ver-se ele posto diante de uma co-responsabilidade no sentido de uma exigência de ação corretiva de desvios na consecução das finalidades a serem atingidas por uma política legislativa. Tal responsabilidade, que, pela clássica divisão dos poderes, cabia exclusivamente ao Legislativo e ao Executivo, passa a ser imputada também à Justiça.

Em suma, com base em condições sociopolíticas do século XIX, sustentou-se por muito tempo a neutralização política do Judiciário como conseqüência do princípio da divisão dos poderes. A transformação dessas condições, com o advento da sociedade tecnológica e do estado social, parece desenvolver exigências no sentido de uma *desneutralização*, posto que o juiz é chamado a exercer uma função socioterapêutica, liberando-se do apertado condicionamento da estrita legalidade e da responsabilidade exclusivamente retrospectiva que ela impõe, obrigando-se a uma responsabilidade prospectiva, preocupada com a consecução de finalidades políticas das quais ele não mais se exime em nome do princípio da legalidade (*dura lex sed lex*). Não se trata, nessa transformação, de uma simples correção da literalidade da lei no caso concreto por meio de eqüidade ou da obrigatoriedade de, na aplicação contenciosa da lei, olhar os fins sociais a que ela se destina. A responsabilidade do juiz alcança agora a responsabilidade pelo sucesso político das finalidades impostas aos demais poderes pelas exigências do estado social. Ou seja, como o Legislativo e o Executivo, o Judiciário torna-se responsável pela coerência de suas atitudes em conformidade com os projetos de mudança social, postulando-se que eventuais insucessos de suas decisões devam ser corrigidos pelo próprio processo judicial.

A nova situação, na verdade, acaba por atingir profundamente dois princípios tradicionais da cultura jurídica clássica: o princípio da imunidade do Estado (*the king can do no wrong*) e o princípio da coisa julgada (*res judicata*), ambos fundados, no estado de direito burguês, na atividade jurisdicional. Quanto ao primeiro, a divisão dos poderes significou uma superação do Absolutismo que via na vontade do soberano a fonte primordial do direito. À emanação do direito pelo soberano o funcionário do Estado estava umbilicalmente preso. Nessa concepção, o juiz era, entre outros, um funcionário. No estado de direito, o juiz deixa de ser um funcionário, submetido às hierarquias da administração, para tornar-se, ele próprio, uma expressão originária do poder estatal. Por definição, ele não exerce uma *função*, mas o *poder* de julgar contenciosamente os litígios. Sua liberdade e sua independência nascem conjuntamente com a instauração constitucional do Estado. Seu *status* privilegiado em face dos demais poderes permite, então, uma revisão da velha tese absolutista da irresponsabilidade do Estado numa versão diferente. O Estado, como pessoa jurídica, seus funcionários e seus agentes, passa a responder civil e administrativamente pelas violações dos direitos subjetivos do cidadão, cabendo ao poder Judiciário o julgamento final dos atos ilícitos. A condição básica de funcionamento desta estrutura de responsabilização é, no estado de direito, a imunidade do juiz pelos seus atos jurisdicionais em face das partes. Esta imunidade, por sua vez, tem por correlato o princípio da coisa julgada. *Res judicata facit jus* torna-se uma exigência da própria atividade jurisdicional. Ela é uma decorrência da imparcialidade do juiz como um terceiro em face de litígios concretos (*tertius super partes*). Sem ela, a segurança jurídica estaria ameaçada, posto que a exigência de que litígios tenham um fim, pela impossibilidade da sua permanente retomada (*ne lites aeternae fiant*), não se realizaria.

A *desneutralização* política do juiz, ao expor o Judiciário à crítica pública, sobretudo e especialmente através dos meios de comunicação de massa, cria uma série de tensões entre sua responsabilidade e sua independência, cuja expressão mais contundente está na tese do controle externo do Judiciário. Essa tese põe a descoberto o fato de que tanto a imunidade da judicatura quanto o princípio da coisa julgada, ao invés de decorrências "lógicas" da divisão dos poderes, estão na verdade a serviço de valores, finalidades socialmente relativas que o sistema legal, de vários modos, procura realizar (cf. Mauro Cappelletti, "Who Watches the Watchmen?", in *General Report do 11th International Congress of the International Academy of Comparative Law*, Caracas, 1982). Como se, de repente, por exemplo, ganhasse relevo suspeito o fato de que o processo de nomeação dos juízes de tribunais superiores está em estreita dependência da vontade política do Executivo e do Legislativo (caso, no Brasil, dos ministros do Supremo Tribunal Federal ou dos juízes nomeados por força do chamado quinto constitucional). Mais do que isso, torna-se perceptível que a vinculação do juiz à lei, base da sua neutralização, acaba por gerar, para o homem comum, um tipo de insegurança até então insuspeitada: a insegurança gerada pelo próprio direito! Compare-se, nesse sentido, a segurança propiciada pela Justiça contra o ato ilícito de um cidadão contra o outro com a insegurança social do homem comum em face da concordata de uma instituição financeira rigorosamente processada no tribunal conforme os ditames da lei, ou a despedida (legal) do trabalhador, ou a greve (legal) em serviços essenciais, ou a desapropriação (legal) indiferençada de bens imóveis de pessoas economicamente em condições extremamente desiguais etc. Desse modo a crença na neutralidade institucional do Judiciário fica afetada em nome de padrões políticos (valores, objetivos, finalidades), pondo-se a complicada questão dos possíveis limites da sua imunidade.

A repolitização do Judiciário, tese colocada abertamente pelos adeptos do chamado "uso alternativo do direito", coloca, no entanto, um problema de não fácil solução. A expansão tecnológica e as possibilidades de ação por ela propiciadas, ao multiplicarem-se as possibilidades de consumo na sociedade de massas, fazem da política, ela própria, um bem de consumo. Não há mais apenas atos políticos, interesses políticos, objetivos políticos, mas um verdadeiro *marketing* de manipulação política da própria política.

Este *marketing* serve-se dos meios de comunicação e provoca uma hipertrofia do poder que acaba por atingir o próprio Judiciário de forma paradoxal: sua neutralização torna-se, ela mesma, política, isto é, ela é politicamente contaminada, passando a sustentar-se por meios políticos, como a busca de apoio da opinião pública, a geração de consenso popular, a manutenção da imagem (o juiz "progressista", a decisão conforme a vontade do povo), a busca do prestígio (a decisão de repercussão nacional, a entrevista na TV) etc. O risco, nisso tudo, fica, no entanto, por conta de uma rendição da Justiça à tecnologia do sucesso, com a transformação do direito em simples e corriqueiro objeto de consumo.

A politização da Justiça, nesse sentido, é diferente da politização do Legislativo ou do Executivo. Diante de um Judiciário neutralizado, aqueles dois poderes produzem normas, mas não criam o direito. O poder político valoriza e desvaloriza direitos, ao alterar-lhes a força de obrigatoriedade. Pode até usar e abusar deles. Os produtos normativos oferecidos pela atividade política do Legislativo e do Executivo não passam, porém, de mercadorias: têm valor de uso e valor de troca, mas não têm valia, isto é, não têm valor em si. A neutralização política do Judiciário é que institucionaliza a prudência como uma espécie de guardião ético dos objetos jurídicos. Ora, com a politização da Justiça tudo passa a ser regido por relações de meio e fim. O direito não perde sua condição de bem público, mas perde o seu sentido de prudência, pois sua legitimidade deixa de repousar na concórdia *potencial* dos homens, para fundar-se numa espécie de coerção: a coerção da eficácia funcional. Ou seja, politizada, a experiência jurisdicional torna-se presa de um jogo de estímulos e respostas que exige mais cálculo do que sabedoria. Segue-se daí uma relação tornada meramente pragmática do juiz com o mundo. Pois, vendo ele o mundo como um problema político, sente e transforma sua ação decisória em pura opção técnica, que deve modificar-se de acordo com os resultados e cuja validade repousa no bom funcionamento.

Sabemos ser impossível fazer voltar a roda do tempo. Num livro publicado em 1982, de título bastante sugestivo — *Despedindo-se de Montesquieu* (*Abschied von Montesquieu*) — Hans Girardi assinala que o princípio da divisão dos poderes não tem hoje a mesma relevância de outras épocas. Embora persistam as questões tradicionais referentes às funções de controle na relação entre os poderes, o eixo da discussão torna-se agora a dicotomia tipicamente tecnológica macropoder/micropoder (ob. cit., p. 46). Os riscos de uma desneutralização política do Judiciário não serão evitados pela volta ao passado, mas por serem encarados, no contexto social de nossos dias, como desafios. Não se trata, pois, de preservar antigos equilíbrios, mas de evitar a manipulação do homem pela tecnologia e por todas as formas de poder que ela alimenta. Não certamente pelo desejo — utópico — de eliminá-la, mas valendo-se, talvez, da sua própria reflexividade, descobrindo na sua prática o seu limite e a sua extensão. A questão é, afinal, como construir, com esse objetivo, uma tecnologia jurídica.

DOUTRINA

FRANQUIA NA ADMINISTRAÇÃO PÚBLICA

MARIA SYLVIA ZANELLA DI PIETRO
Professora Titular de Direito Administrativo
da Faculdade de Direito da Universidade de S. Paulo

1. Da franquia no direito privado

A franquia é um instituto nascido e desenvolvido no setor empresarial privado, mas que, aos poucos, vem sendo adotado também pela Administração Pública.

No Brasil — como na maior parte dos países — não existem normas específicas disciplinando o instituto nem no âmbito do direito privado, nem no âmbito do direito público. Nas relações privadas, a ausência de legislação pode até favorecer a celebração dos contratos de franquia, uma vez que o franqueador ou concedente, conduzido pelo princípio da autonomia da vontade, tem maior liberdade para moldar o ajuste segundo as suas conveniências, o que explica a grande variedade de tipos de franquias existentes. Nas relações administrativas, em que a Administração é parte, a submissão ao princípio da legalidade exige maiores esforços para extrair-se do ordenamento jurídico a fundamentação indispensável para a adoção desse sistema.

As características comumente apontadas para a franquia são as seguintes, no âmbito do direito privado:

a) A franquia é concedida por meio de contrato, como modalidade de concessão entre empresas.

b) Pelo contrato, o franqueador (*franchisor*) ou concedente outorga ao franqueado (*franchisee*) ou concessionário a licença de uso de marca para que este produza ou distribua determinados bens ou preste serviços específicos, segundo os métodos do concedente; normalmente, o contrato vem acompanhado de prestação de assistência técnica.

c) É essencial, na franquia, a transferência de *know how* para o franqueado, o que se dá, normalmente, mediante entrega de manuais e estágio de treinamento e formação. Como ensina Newton Silveira, "é preciso, para haver um verdadeiro contrato de *franchise*, que o franqueador tenha desenvolvido métodos bem sucedidos de desenvolver sua atividade e que seus sinais distintivos gozem de certa notoriedade, caso contrário, o contrato não passará de uma mera licença de uso de marca, travestida de contrato de *franchise* e os pagamentos realizados a título de assistência técnica deixam de ter razão de ser" ("O contrato de franchising", in *Novos contratos empresariais*, São Paulo, Ed. RT, 1990, p. 160).

Segundo Nelson Abrão (*Da franquia comercial*, São Paulo, Ed. RT, 1984, p. 9), "na franquia comercial, além da cessão de uso da marca, o franqueador propicia ao franqueado meios para facilitar a comercialização do produto e serviços, consistentes no que se chama de *engeneering, management* e *marketing*". E explica o autor:

"Pelo *engeneering*, o franqueador elabora um plano e especificações gerais para a construção ou reforma do prédio onde o franqueado vai exercer a atividade ligada à franquia, bem como de suas instalações. Nesse particular não vai apenas um mero auxílio, mas também uma determinação do franqueador, porquanto o franqueado deverá ater-se ao projeto de construção ou de reforma, mobiliário, cores, maquinaria, instalações e acessórios, segundo as especificações designadas ou aprovadas por escrito pelo primeiro.

"O *management* consiste no adestramento do pessoal do franqueado e na montagem de uma organização contábil e administrativa. O franqueador propicia-lhe um curso de capacitação e formação relativo à direção do estabelecimento.

"O *marketing* consiste nos métodos e técnicas de comercialização, estudo de mercado, publicidade, vendas promocionais e lançamento de produtos novos."

d) Em regra, o franqueado remunera o franqueador, não só pelas mercadorias que dele adquira para revender (quando for o caso), mas também pelo direito de uso da marca e pelo fornecimento de tecnologia e de assistência técnica.

e) O franqueado fica sujeito a controle por parte do franqueador no que diz respeito à correta aplicação dos seus métodos.

f) O franqueado, embora tenha personalidade jurídica própria, assume, no campo mercadológico, o nome do franqueador. É o que ensina Modesto Carvalhosa: "... no plano mercadológico, no plano da figura, do consumidor, o franqueado opera despersonificadamente com o nome do franqueador... No contrato de 'franchising' há uma licença de utilização de marca, de nome, de estabelecimento e de insígnias. Muitos autores falam em licença de utilização de marcas, mas na realidade não é só licença de utilização de marca. Muito mais que marca, muitas vezes é mais licença de autorização de nome do estabelecimento" (Conferência no Seminário Nacional sobre Contratos, realizado em Belo Horizonte, de 29 a 30.6.78).

O autor cita os exemplos do Hilton Hotel e o da Coca-Cola, cujos franqueados atuam no mercado, não com o seu nome comercial, mas com o nome do franqueador.

g) O sistema de franquia corresponde a um movimento inverso ao da integração de empresas, porque o franqueado mantém a sua personalidade jurídica própria e assume a responsabilidade comercial pelo negócio. No entanto, como diz Jean Guyenot, "como toda organização criada entre pessoas econômica e juridicamente independentes e que deseja continuar sendo, as concessões... implicam a aceitação, pelas partes, de regras comuns de ação e a sujeição a obrigações recíprocas. Elas são necessárias para criar entre as partes *uma unidade econômica* constituída por um grupo homogêneo e ativo, suscetível de durar por sua eficácia, não somente no plano comercial, mas também no plano técnico, para promover ou manter o prestígio de uma marca" (*Que es el franchising? Concesiones comerciales*, Buenos Aires, Ed. Jurídicas Europa-America, 1977, pp. 29-30).

E acrescenta o autor (p. 31): "O que importa para as empresas membros de um grupo de concessionários é obter por contratos agrupados em conjunto pelo concedente, uma coesão interna. Todos em conjunto ligados pelos mesmos contratos, podem, sob o impulso do concedente, exercer uma presença econômica e dispor de meios de ação coordenada sobre um mercado, com um fim específico: a organização e a rentabilidade do circuito de distribuição de uma marca''.

A unidade econômica é conseguida graças a um sistema em que se combinam, de um lado, um contrato *bilateral* entre franqueador e franqueado, e, de outro lado, por relações *multilaterais* entre o franqueador e vários franqueados. Mais uma vez é à lição de Guyenot que recorremos. Depois de realçar esse aspecto, ele afirma que ''se mesclam as noções comuns do direito contratual clássico, com as relações bilaterais das partes, e os conceitos novos de grupos nascidos de uma '*convenção-quadro*', servindo de apoio e de modelo no estabelecimento de relações unilaterais pelo concedente'' (pp. 31-32).

Assim é que, se sob o ponto de vista jurídico, existem várias pessoas jurídicas atuando de forma independente, sob o ponto de vista econômico, existe uma *unidade*.

Para usar das palavras de Newton Silveira (ob. cit., p. 159), ''no contrato de *franchise* o *franchisee* participa da industrialização ou comercialização do produto do *franchisor*, ou de sua prestação de serviços, de seus sistemas de marketing, de sua publicidade, fazendo parte de uma comunidade constituída pelo *franchisor* e pelos demais *franchisees*'', ou, nas palavras de Harold Brown, participa de uma ''comunidade de interesses com *franchisor* e a família inteira de *franchisees*''.

h) A franquia pode ter por objeto a distribuição de *produtos* ou de *serviços* ou a *produção de bens*.

Para concluir essa primeira parte, referente às características do *franchising*, podemos nos socorrer de um conceito de Guyenot (ob. cit., p. 21), quando afirma sinteticamente que ''o *franchising* se define como a *concessão de uma marca de produtos ou de serviços* à qual se agregam a concessão do conjunto de métodos e meio de venda''.

Ou podemos mencionar um conceito descritivo e bastante ilustrativo dado pela Corte de Apelação de Paris, em 28.4.78 (*apud* Newton Silveira, ob. cit., pp. 160-161): ''o *franchising* se define como um método de colaboração entre duas ou várias empresas comerciais, uma franqueadora, outra franqueada, pelo qual a primeira, proprietária de um nome ou de uma razão social conhecidos, siglas, símbolos, marca de fábrica, de comércio ou de serviços, bem como de *savoir-faire* particular, coloca à disposição da outra o direito de utilizar, mediante um pagamento ou outra vantagem, uma coleção de produtos ou de serviços, originais ou específicos, para os explorar obrigatoriamente e totalmente segundo técnicas comerciais experimentadas, desenvolvidas e periodicamente recicladas, de uma maneira exclusiva, para o fim de realizar um melhor impacto sobre um mercado considerado e de obter um desenvolvimento acelerado da atividade comercial das empresas envolvidas; esse contrato pode ser acompanhado de uma ajuda industrial, comercial ou financeira, permitindo a integração na atividade comercial do concedente franqueador em benefício do franqueado iniciado em uma atividade técnica original e num *savoir-faire* fora do comum, permitindo a manutenção da imagem de marca do serviço ou do produto vendido e o desenvolvimento da clientela por menor custo e com uma maior rentabilidade para as duas partes, que conservam juridicamente uma independência total''.

2. Do uso da franquia pela Administração Pública

Os autores brasileiros da área do direito público ainda não se debruçaram sobre o tema da franquia no âmbito da Administração Pública.

Dentre os autores estrangeiros também não se encontra muita coisa, a não ser rápidas referências dentro do tema da *privatização*.

A primeira indagação a fazer é quanto às vantagens da franquia na Administração Pública.

Quando o franqueador é um particular, as vantagens apontadas comumente são: rapidez da expansão, aumento de rentabilidade, redução de custos, motivação maior dos franqueados, maior participação no mercado, maior cobertura geográfica, melhor publicidade, menores responsabilidades, melhores representantes. E as desvantagens são: perda parcial do controle, maior custo de supervisão, maiores custos de formatação, perda do sigilo, risco de desistência, perda da liberdade, expansão sem planejamento, seleção inadequada, perda de padronização (cf. Roberto Cintra Leite, *Franchising na criação de novos negócios*, São Paulo, Atlas, 1990, pp. 44-52).

Fala-se, ainda, que o *franchising* favorece os consumidores, porque melhora a distribuição dos bens ou serviços, através da descentralização territorial, além de garantir qualidade uniforme de um produto ou serviço, com *marca* e *método* já experimentados e aprovados.

Além disso, como realça Paulo Barbosa Casella, "a franquia possibilita ao franqueador, sem incorrer o ônus de investimentos, ou ao menos, reduzindo consideravelmente os investimentos diretos, multiplicar seus pontos de venda, empregando a mesma marca, e ampliando a rede de distribuição" ("O fenômeno da franquia da regulamentação comunitária à prática brasileira", in *Revista de Informação Legislativa*, a. 26, n. 103, jul./set. 1948, p. 345).

Também Jean Guyenot realça algumas vantagens: "uma organização fluida e descentralizada permite desenvolver a nível de setor de distribuição um espírito de livre empresa, estimulada por uma atividade diretamente vantajosa para os interessados. Por uma parte, o concedente obtém vantagens precisas: o conhecimento lhe permite, de pronto, *integrar a atividade* do concessionário submetendo-o à sua própria política comercial. Evita também importantes inversões a nível de mercado de seus produtos, o que lhe permite investir em seu próprio setor. Por outro lado, o concessionário beneficiado com o suporte de uma marca, limita os riscos comerciais..." (ob. cit., p. 29).

Para a Administração Pública, muitas das vantagens apontadas estão presentes, especialmente a possibilidade de descentralizar as suas atividades comerciais e industriais sem os custos que envolveria a criação de novas agências, filiais ou subsidiárias e com a possibilidade de imposição de suas técnicas de prestação de serviços e controle sobre as atividades do franqueado. Mas, não é demais repetir que, como o franqueador impõe os seus métodos de trabalho e organização, a eficácia dos mesmos constitui condição de eficácia da franquia.

Há que se observar que, no que concerne à Administração Pública, as vantagens e desvantagens de adoção do sistema de franquia coincidem, em grande parte, com as vantagens e desvantagens da *privatização*. E também cabe observar que, no âmbito federal, embora a Lei 8.031, de 12.4.90, tenha criado o Programa Nacional de Desestatização, dando o seu conceito (art. 2º) e indicando as operações possíveis (art. 4º), todas elas dizendo respeito especificamente à *privatização de empresas*, com a passagem de ações para o setor privado, na realidade, paralelamente, verifica-se um outro movimento consistente na adoção de técnica diversa de privatização mediante celebração de contratos que implicam, não a privatização da empresa, mas a privatização da execução de serviços públicos, pela sua transferência ao setor privado.

Daí falar-se, hoje, grandemente, em todos os níveis de governo, em *terceirização* no âmbito da Administração Pública. Daí adotar-se a franquia em determinados setores, como o dos correios e telégrafos. Daí, ainda, adotar-se a subconcessão ou a subcontratação de determinados serviços acessórios ou complementares, como a medição de consumo de água, de energia elétrica, de gás, a distribuição de contas, a assistência técnica a consumidor etc.

Todas são técnicas de privatização. O que ocorre no Brasil não é diferente do que ocorre em muitos outros países, num movimento para a privatização liderado, sem dúvida alguma, pela Inglaterra.

Jaime Rodriguez-Arana aponta, como formas de privatização, a *desnacionalização* (para nós, desestatização), a *desregulamentação* (diminuição da intervenção do Estado no setor econômico) e os *contracting out*, que consistem na subcontratação a que nos referimos, pela qual se transfere ao setor privado a gestão de um determinado serviço público (*La privatización de la empresa pública*, Madri, Editorial Montecorvo, 1991, pp. 139 e ss.).

Do mesmo modo, Lucien Rapp inclui, dentre as técnicas de privatização, determinados contratos, como a *concessão* e, assimilado a ela, o "*franchise*" (*Techniques de privatization des entreprises publiques*, Paris, Librairies Techniques, 1986, pp. 87-92).

Não é demais lembrar que o surgimento de novos modelos contratuais no âmbito da Administração Pública corresponde à já assinalada evolução do direito administrativo, principalmente na parte dos contratos. Enquanto, no direito administrativo tradicional, mais autoritário, prevaleciam os atos unilaterais da Administração, hoje a tendência é no sentido da preferência pelos contratos.

Se formos, hoje, consultar autores estrangeiros sobre o tema de contratos da Administração Pública, vamos encontrar referência aos mais variados tipos, ao lado dos tradicionais contratos de concessão, fornecimento, obras públicas etc.; é o caso dos contratos de programa, dos contratos fiscais, dos contratos de estabilidade, dos *affermage* e *sous-traitance* (do direito francês), do *franchising* e tantos outros.

3. Contrato de concessão e contrato de franquia

Inegável é a semelhança entre o contrato de concessão, do direito administrativo (em especial a concessão de serviço público) e o contrato de franquia. Mesmo no direito privado, a franquia aparece confundida, muitas vezes, com a concessão comercial, sendo o franqueador chamado de concedente e, o franqueado, de concessionário. É oportuno citar, a esse propósito, o ensinamento da autora portuguesa, Maria Helena Brito (*O contrato de concessão comercial*, Coimbra, Almedina, 1990, p. 51): "O termo 'concessão' provém do direito administrativo. (...) A doutrina geralmente concorda em considerar que a concessão comercial se inspira na concessão administrativa"

A semelhança fica muito clara quando se analisa o instituto da *concessão administrativa*, como gênero dentro do qual se incluem várias modalidades, como a concessão de obra pública, a concessão de serviço público, a concessão de exploração de minas e jazidas, a concessão de uso de bens públicos, a concessão de direito real de uso etc.

Segundo Santi Romano, existe a figura da *concessão* todas as vezes que a administração transfere a outrem um poder ou um direito seu ou mesmo quando, com fundamento em um poder ou um direito, que ficam assim limitados, ela constitui um novo direito ou poder em benefício de alguém. Em outros termos, "a concessão implica uma perda ou limitação para o concedente e, ao mesmo tempo, uma aquisição para o concessionário e, portanto, uma certa relação de sucessão entre um e outro". E lembra que existem duas espécies de sucessão: a *translativa* e a *constitutiva*. A primeira importa a passagem, de um sujeito a outro, de um bem ou de um direito, que se perde pelo primeiro e se adquire pelo segundo. A sucessão constitutiva ocorre quando, com base em um poder ou em um direito mais amplo (poder ou direito progenitor) se dá a vida, em favor de outro sujeito, a um poder ou direito menos amplo e diverso (poder ou direito filho). Entre as sucessões constitutivas, ele inclui a de uso de bem público, e, entre as translativas, a concessão de serviço público e a de obra pública (in *Corso di diritto amministrativo*, Pádua, Casa Editrice Dott. Antonio Milani, 1937, pp. 239-240).

Diversa não é a lição de Guido Zanobini (*Corso di diritto amministrativo*, Milão, Casa Editrice Dott. A. Giuffrè, vol. I, 1958, p. 212). No Brasil, a lição é seguida, dentre outros, por Oswaldo Aranha Bandeira de Mello, para quem "corresponde a ato administrativo translativo de direito a concessão pela qual o concedente atribui ao concessionário inalterados os poderes e deveres que lhe cabem para exercê-los e cumpri-los em seu lugar, a fim de praticar ato jurídico, como os de serventuário de ofício público, ou de construir obra pública, como de retificação de rio, ou de prestar serviço público, como de fornecimento de energia elétrica"; e "corresponde a ato administrativo constitutivo de direito a concessão pela qual o concedente delega ao concessionário poderes para utilizar ou explorar bem público, mas os atribui em qualidade inferior e quantidade menor dos que os tem, relativos, por exemplo, à utilização de terrenos nos cemitérios como túmulos de família, à instituição de indústrias de pesca às margens dos rios" (*Princípios Gerais de Direito Administrativo*, Rio, Forense, vol. I, 1969, pp. 490-491).

Embora as três formas tradicionais de concessão sejam a de serviço público, a de obra pública e a de uso de bem público, mencionadas em praticamente todos os doutrinadores brasileiros, a evolução do direito administrativo acabou por introduzir outras modalidades, todas elas inserindo-se no conceito geral de concessão, em que o concedente delega ao concessionário poderes e deveres que podem ser da mesma natureza ou de natureza diversa daqueles que lhe cabe exercer.

Já tivemos oportunidade de analisar o assunto, em nosso *Uso privativo de bem público por particular* (São Paulo, Ed. RT, 1983, pp. 82-86). Ali realçamos que o ponto comum em todas as modalidades "é a reserva que o concedente faz de alguns direitos, poderes e vantagens. Na concessão de serviço público, ele delega a execução do serviço, mas reserva para si algumas prerrogativas inerentes ao seu poder de império; na concessão de uso privativo, ele outorga o direito de utilização de bem público, mas conserva o domínio, bem como o poder de polícia sobre o bem objeto da concessão, e ainda as prerrogativas de alterar e rescindir unilateralmente o contrato" (p. 86).

Se for comparada a concessão de serviço público com a franquia, verificam-se os seguintes pontos comuns e divergentes:

a) tanto na concessão de serviço público como na franquia dada pela Administração Pública, o concedente delega ao concessionário a *execução* de um serviço público, conservando a sua titularidade e a plena *disponibilidade* sobre o mesmo, o que implica a possibilidade de rescisão unilateral do contrato;

b) em ambos os contratos, o concessionário conserva a sua personalidade jurídica, inconfundível com a do concedente;

c) em ambos os contratos, o concessionário desenvolve a atividade por sua própria conta, sob sua responsabilidade administrativa e financeira;

d) tanto na concessão de serviço público como na franquia, o concedente tem o poder de controle e fiscalização da atividade, para assegurar que ela seja desenvolvida a contento;

e) nos dois casos, a remuneração do concessionário e do franqueado liga-se aos resultados financeiros da exploração, em especial de valores pagos pelo público destinatário do serviço.

f) nos dois casos, o poder público fixa unilateralmente as condições do contrato.

A grande diferença está no fato de que, enquanto na concessão de serviço público, o concessionário atua em nome próprio e segundo técnicas próprias de organização e trabalho, na franquia, o franqueado atua sob o *nome* do franqueador, utilizando a sua *marca* e suas *técnicas de atuação*; o franqueado submete-se às regras do franqueador, desde as referentes às instalações e localização, passando pelo adestramento do pessoal e montagem de uma organização contábil e administrativa, até a utilização dos métodos e técnicas de prestação de serviço, publicidade, inovações etc. Dessa diferença decorre uma outra, que é o fato de, *em regra*, o franqueado ficar sujeito ao pagamento de uma remuneração ao franqueador, pelo uso da marca, pela assistência técnica que lhe é prestada e pelas mercadorias e equipamentos que dele deva adquirir, se for o caso.

Tão grande é a semelhança entre os dois institutos que é possível colocar a franquia como uma espécie de contrato de concessão; nela há as apontadas características da concessão administrativa: transferência, ao franqueado, de poderes e deveres próprios do concedente, conservando, este último, alguns poderes e deveres, em especial o de controlar e fiscalizar a atuação do franqueado, o de dar-lhe todo o treinamento e assistência técnica indispensáveis à execução do serviço e, *se for o caso de franquia de distribuição*, como o correio, fornecer-lhe os bens necessários a essa finalidade. A diferença entre a concessão de serviço público, em sua forma tradicional, e a franquia de serviços é apenas de grau, porque, nesta última, o franqueado sofre limitações em sua atuação e em sua organização, muito maiores do que o concessionário na concessão tradicional.

Dentro da própria franquia, existe a possibilidade de inúmeras variantes, em especial de *grau*, pois o poder concedente pode delegar a execução do serviço em seus vários aspectos ou pode delegar a execução de parte do serviço apenas.

À vista de todo o exposto, podemos concluir que não há impedimento à adoção de franquia pela Administração Pública, mesmo porque ela já é uma realidade incontestável, da mesma forma que o é a terceirização, por meio da qual a Administração contrata uma empresa para desempenhar uma tarefa que seria sua, mediante contrato de prestação de serviços; é o caso da contratação de empresas privadas, bastante freqüente, feita por empresas estatais dos setores de águas e esgotos, telefone, energia elétrica, para a prestação de serviços de leitura de hidrômetro e medidores de consumo, assim como de distribuição das contas aos consumidores; é o caso da terceirização do serviço de limpeza nas repartições públicas, do serviço de vigilância etc.

Seja nessa forma de terceirização, seja na concessão de franquia, a Administração Pública transfere a terceiros a execução de tarefa que seria sua. Num caso, o contrato tem a natureza dos de prestação de serviços; no outro, assimilase à *concessão*, em especial à concessão de serviços públicos, uma e outra sujeitas às normas da Lei 8.666, de 21.6.93.

O fato de não haver uma legislação específica disciplinando os contratos de franquia na Administração Pública não impede a adoção do sistema, da mesma forma que a celebração de contratos de concessão sempre foi feita independentemente da existência de lei sobre o assunto, prevista desde a Constituição de 1967 (art. 167).

Aliás, pode-se afirmar que os contratos administrativos, no Brasil, somente passaram a ser disciplinados com maiores detalhes a partir do Decreto-lei 2.300, de 21.11.86, tendo o Estado de São Paulo se antecipado em alguns anos nessa disciplina legal. No entanto, a ausência de legislação nunca impediu a celebração de contratos pela Administração Pública, já que eles sempre obedeceram a regra e a princípios, extraídos da doutrina e incorporados pela jurisprudência. Em todo o direito administrativo, a regra é a doutrina antecipar-se à legislação; esta, muitas vezes, nada mais faz do que levar para o direito positivo princípios e teorias já assentes entre os administrativistas. É o que ocorreu com os contratos e é o que poderá ocorrer com os atos administrativos; estes, em muitos países, já foram para o direito positivo, por meio das leis de procedimento administrativo; no Brasil, existe toda uma teoria a respeito dos requisitos, atributos, vícios, anulação, revogação do ato administrativo, que é regularmente aplicada independentemente de sua disciplina legal.

No caso da franquia, ela se submete à Lei 8.666; se for equiparada ao contrato de concessão, está abrangida pelo art. 2º da lei, que exige licitação para as obras, serviços, compras, alienações, *concessões*, permissões e locações. Se defendida a sua natureza privatista, ainda assim o contrato será submetido a essa lei, por força do art. 62, § 3º, inc. I, que assim estabelece:

"§ 3º. Aplica-se o disposto nos arts. 55 e 58 a 61 desta lei e demais normas gerais, no que couber:

"I — aos contratos de seguro, de financiamento, de locação em que o Poder Público seja locatário, *e aos demais cujo conteúdo seja regido, predominantemente, por normas de direito privado*".

A Lei 8.666, com esse dispositivo, e seguindo os passos do Decreto-lei 2.300, praticamente publicizou os contratos de direito privado celebrados pela Administração; embora a eles se apliquem *obrigatoriamente* os arts. 55 e 58 a 61, os demais serão aplicados *no que couber*.

4. *Da adoção do sistema de franquia pelas concessionárias de serviços públicos*

A concessão de serviço público, em sua forma tradicional, é um *contrato* administrativo em que a Administração Pública delega a execução de um serviço público a uma *empresa privada*. A evolução do instituto trouxe a inovação de delegar-se o serviço a empresas do Estado, havendo alguns casos em que a concessão *somente* pode ser feita a empresa sob controle acionário do Estado (art. 21, XI, e art. 25, § 2º, da Constituição).

Este é um fenômeno que não ocorre só no Brasil. André de Laubadère, Frank Moderne e Pierre Delvolvé, no seu *Traité des contrats administratifs* (Paris, Librairie Génerale de Droit et de Jurisprudence, t. I, 1983, pp. 285-287), comentam essa evolução, dizendo que "a atribuição de concessões a pessoas pertencentes ao setor público muda sensivelmente as características tradicionais da concessão". Também Jean Rivero observa que "o regime jurídico da concessão diferenciou-se: ao lado das concessões conformes ao esquema clássico, existem outras que se afastam dele. É o que acontece quando o concessionário é um estabelecimento público, cujas relações com a pessoa pública concedente são necessariamente diferentes das que ela mantinha com um concessionário privado" (in *Direito Administrativo*, Coimbra, Almedina, 1981, p. 519).

No Brasil, há a agravante de que a concessão a empresas estatais em regra não é feita por contrato, pois o poder público cria, *por lei*, a pessoa jurídica (sociedade de economia mista ou empresa pública) e a ela outorga, por lei, a execução de um serviço público. Já fizemos comentário a esse respeito em nosso *Direito Administrativo* (São Paulo, Atlas, 1994, p. 243), mencionando a existência de dois tipos de concessão: a que se outorga a empresa particular e a que se outorga a empresa estatal.

Celso Antônio Bandeira de Mello justifica essa situação entendendo que, quando a concessão é dada a empresa pública ou sociedade de economia mista, a lei que autoriza a instituição da pessoa jurídica vale, por si só, como um ato de concessão, pois, ao entronizá-las no universo jurídico e ao assinalar-lhes a finalidade de cumprimento de um "serviço público", está-lhes outorgando o caráter de concessionárias (*Prestação de serviços públicos e administração indireta*, São Paulo, Ed. RT, 1975, p. 28).

Embora a concessão a empresas estatais seja uma realidade, o fato é que, quando a delegação do serviço não é feita por contrato, mas por lei, é evidente que muda a natureza da concessão: a relação entre poder público e empresa estatal integrante da Administração Indireta é uma relação de tutela, de controle, submetida, no Estado de São Paulo, ao Decreto-lei Complementar n. 7, de 6.11.69 (Estatuto das Entidades Descentralizadas); a relação entre poder concedente e concessionário (empresa privada) é uma relação contratual submetida às normas da Lei 8.666, de 1993.

Na concessão tradicional, sob a forma de contrato, o concedente conserva a plena disponibilidade sobre o serviço, transferindo apenas a sua *execução*; no momento em que o interesse público o exigir, a Administração rescinde unilateralmente o contrato.

Na concessão, por lei, a empresa estatal, esta é que tem a *titularidade* do serviço; a perda dessa titularidade só ocorre por lei.

Há que se observar que, no Estado de São Paulo — mais uma vez na frente do governo federal — a concessão de serviço público está disciplinada pela Lei 7.835, de 8.5.92. Para a *subconcessão total ou parcial* do serviço, resulta da própria lei a submissão de todas as concessionárias às suas normas. É o que decorre do art. 9º., assim redigido:

"Art. 9º.. Incumbe ao concessionário a execução direta e pessoal do serviço concedido, cabendo-lhe responder, independentemente de dolo ou culpa, por todos os prejuízos causados ao Poder Público, aos usuários e a terceiros, sem que a fiscalização exercida pelo órgão competente exclua ou atenue essa responsabilidade.

"§ 1º.. É vedada a subconcessão total ou parcial do serviço salvo quando feita por entidade da Administração Descentralizada, observado o disposto nos artigos 3º., 4º., 5º. e 6º. desta lei e sua previsão ficar justificada já no edital de licitação e no contrato.

"§ 2º.. Sem prejuízo da responsabilidade a que se refere este artigo, o concessionário poderá contratar terceiros para o desenvolvimento de atividades acessórias ou complementares, desde que isso não implique transferência da prestação do serviço público concedido, oneração de seu custo ou detrimento de sua qualidade.

"§ 3º.. As contratações feitas pelo concessionário, nos termos do disposto no parágrafo anterior, serão regidas pelo direito privado, não se estabelecendo nenhuma relação jurídica entre os terceiros contratados e o Poder Concedente".

Desse dispositivo extraem-se várias conclusões:

a) o § 1º reconhece a natureza de *concessionárias* a entidades da Administração Descentralizada;

b) essas entidades podem fazer subconcessão total ou parcial, o que é vedado a outras concessionárias não integrantes da Administração Descentralizada;

c) além da subconcessão, o concessionário pode celebrar com terceiros outros tipos de contratos para desenvolvimento de atividades *acessórias* ou *complementares*, com a condição de que isso não implique transferência da prestação do serviço público concedido, oneração do custo ou detrimento de sua qualidade; esta restrição aplica-se a concessionárias que *não* sejam da Administração Descentralizada, pois estas tanto podem celebrar contratos para desenvolvimento de atividades acessórias ou complementares (§ 2º) como fazer a subconcessão (§ 3º);

d) essas contratações com terceiros estarão sujeitas ao direito privado, sem que surja qualquer relação entre os terceiros interessados e o Poder Concedente; aqui é evidente que a lei se refere a concessionárias que sejam empresas privadas, excluídas as entidades da Administração Descentralizada, pois estas estão abrangidas pela Lei 8.666 (art. 1º, parágrafo único, e art. 6º);

e) a subconcessão é feita com observância do disposto nos artigos 3º, 4º, 5º e 6º da Lei 7.835, de 8.5.92; vale dizer que a licitação é feita por *concorrência*.

A seleção do franqueado deve, necessariamente, ser feita por licitação, na modalidade de *concorrência*, por analogia com a concessão de serviços públicos (art. 3º da Lei 7.835), à qual se equipara a concessão de franquia. A licitação deve obedecer às normas da Lei 8.666, atentando-se também para as normas da Lei 7.835, em especial as pertinentes às cláusulas essenciais do contrato, já que a minuta deste deve, necessariamente, acompanhar o edital da licitação, conforme art. 40, § 2º, inc. III, da Lei 8.666.

Também nos parece de cautela a obtenção de aprovação do Senhor Governador, tendo em vista o disposto no art. 3º, parágrafo único, da Lei 7.835, que assim estabelece:

"Art. 3º. A concessão de obra e de serviço público, subordinada à existência de interesse público previamente justificado, será sempre precedida de licitação, na modalidade de concorrência.

"Parágrafo único. O Governador do Estado, mediante ato próprio ou por delegação, definirá o objeto de atuação, o prazo e as diretrizes que deverão ser observadas no edital de licitação e no contrato, *inclusive as situações de eventual ocorrência de subconcessão de serviços*".

Embora o dispositivo esteja se referindo ao edital de licitação para *concessão inicial*, na realidade ele deixa manifesta a intenção de que a *subconcessão* seja definida pelo Chefe do Executivo. Ainda que essa subconcessão seja feita pelo sistema de franquia, parece-nos necessária a aprovação prévia do Senhor Governador.

Com relação aos requisitos a serem exigidos do franqueado, devem ser observadas, sob o ponto de vista estritamente jurídico, as normas dos arts. 27 a 33 da Lei 8.666, com as alterações introduzidas pela Lei 8.883, de 8.6.94.

Tais conclusões são adotadas em face da lei estadual que disciplina, no Estado de São Paulo, a concessão de serviço público.

Nos demais entes da federação (União, outros Estados e Municípios), se não houver legislação específica, a subcontratação, em qualquer modalidade, dependerá do que dispuser o respectivo contrato de concessão, devendo observar-se, ainda, a norma do art. 72 da Lei 8.666, que admite a subcontratação até o limite admitido, em cada caso, pela

Administração. Além disso, o art. 78, inc. VI, da mesma lei, sujeita à rescisão do contrato "a subcontratação total ou parcial do seu objeto, a associação do contratado com outrem, a cessão ou transferência, total ou parcial, bem como a fusão, cisão ou incorporação, não admitidas no edital e no contrato".

Tais normas aplicam-se à concessão desde que não conflitem com legislação específica sobre o assunto, consoante decorre do art. 124 da Lei 8.666.

5. *Conclusões*

a) A Administração Pública pode implementar um sistema de *franchising* como espécie de contrato de concessão sujeito às normas da Lei 8.666, de 21.6.93, e, no Estado de São Paulo, da Lei estadual 7.835, de 8.5.92.

b) O recrutamento dos franqueados deve ser feito mediante licitação, na modalidade de concorrência, com observância das leis referidas no item anterior.

c) A adoção do sistema de franquia impõe à Administração a obrigação de planejar adequadamente o modo de execução do serviço pelos franqueados, preparando os manuais de instrução necessários a essa finalidade para conhecimento dos eventuais interessados em participar da licitação e, inclusive, fazer o treinamento dos licitantes vencedores, com vistas à adequada execução do contrato.

d) As concessionárias de serviços públicos podem implementar um sistema de franquia, desde que admitido pelo poder concedente. No Estado de São Paulo, em que a concessão de serviços públicos está disciplinada em lei, a subconcessão só é possível se a concessionária for entidade da administração indireta.

São Paulo, julho de 1994.

DECLARAÇÃO DE INCONSTITUCIONALIDADE SEM PRONÚNCIA DA NULIDADE DA LEI, NA JURISPRUDÊNCIA DA CORTE CONSTITUCIONAL ALEMÃ

GILMAR FERREIRA MENDES
Mestre em Direito pela Universidade de Brasília,
Doutor em Direito pela Universidade de Münster — RFA (1990)

1. Introdução. 2. Distinção entre a declaração de inconstitucionalidade sem a pronúncia de nulidade e outras decisões semelhantes do Bundesverfassungsgericht: 2.1 A declaração de inconstitucionalidade sem a pronúncia da nulidade e o "apelo ao legislador"; 2.2 Declaração de inconstitucionalidade sem a pronúncia da nulidade e a sentença declaratória proferida no processo de conflito entre órgãos; 2.3 A declaração de inconstitucionalidade sem a pronúncia da nulidade e o controle judicial do direito alienígena. *3. Análise da jurisprudência do Bundesverfassungsgericht sobre a declaração de inconstitucionalidade sem a pronúncia da nulidade:* 3.1 A exclusão de benefício incompatível com o princípio da isonomia e outras ofensas ao princípio da igualdade; 3.2 A omissão legislativa; 3.3 A liberdade de conformação do legislador; 3.4 O argumento sobre as conseqüências jurídicas da declaração de nulidade. *4. Conseqüências jurídicas da declaração de inconstitucionalidade sem a pronúncia da nulidade:* 4.1 Considerações preliminares; 4.2 Dever de legislar; 4.3 A suspensão de aplicação da norma inconstitucional (Anwendungssperre); 4.4 Aplicação da lei inconstitucional. *Bibliografia.*

1. Introdução

A Lei do *Bundesverfassungsgericht** disciplina as decisões para cada tipo de processo. A decisão, todavia, não é determinada pelo tipo de processo, mas pelo objetivo visado. Nos processos de controle de norma propriamente ditos, tem a decisão a mesma natureza, independentemente de se tratar de uma decisão no processo de controle abstrato, concreto ou de processo de recurso constitucional (*Verfassungsbeschwerde*). As decisões proferidas em processo de controle de normas são publicadas no Diário Oficial e têm força de lei (*Gesetzeskraft*). (Lei de *Bundesverfassungsgericht*, § 31).[1]

* Ver lista de abreviaturas no final do artigo.

1. Cf. BVerfGE 7, 282; 16, 130; 21 12 (42); 25, 167; cf. e outros Ipsen, Rechtsfolgen, p. 132;

Além da declaração de nulidade, prevista no § 78 da Lei *Bundesverfassungsgericht*, e da interpretação conforme a Constituição,[2] utilizada já no começo de sua judicatura, desenvolveu o Tribunal outras variantes de decisão. Às vezes, reconhece o Tribunal que a situação é ainda constitucional ou não é "ainda inconstitucional" e vincula essa decisão com o "apelo ao legislador" para que, dentro de um determinado prazo, proceda à correção dessa situação. Em outros casos, limita-se o Tribunal a reconhecer a inconstitucionalidade sem pronunciar a nulidade (Unvereinbarkeitserklärung).[3] Esta última modalidade de decisão foi adotada pelo legislador em 1970 (Lei de Bundesverfassungsgericht, § 31, (2), 2º e 3º períodos, e § 79, (1).[4]

Em nenhum sistema de controle de normas, seja ele incidental ou concentrado, logra-se identificar formas de decisão tão variadas como as desenvolvidas pelo Bundesverfassungsgericht.[5]

Os problemas que a declaração de inconstitucionalidade sem a pronúncia de nulidade e a "decisão de apelo" devem resolver foram há muito identificados na doutrina. Na literatura jurídica alemã do começo desse século pode-se constatar pelo menos uma tendência nesse sentido. Assim, sustentava Triepel, no famoso "Referat" sobre a "natureza e o desenvolvimento da jurisdição estatal" (Wesen und Entwicklung der Staatsgerichtsbarkeit), que, quanto mais política fosse determinada questão submetida à jurisdição constitucional, mais pareceria inadequada a adoção de processo judicial ordinário.[6] "Quanto menos se falar de processo, de ação, de condenação e de cassação de atos estatais — ressaltava Triepel — mais fácil será a resolução, na via judicial, das questões políticas, que, ao mesmo tempo, são questões jurídicas".[7]

Zeidler, EuGRZ, 1988, p. 207 (210 e ss.); Pestalozza, *Noch verfassungsmässige*, vol. I, p. 520 (540); Schulte, Martin, DVBl., 1988, p. 1.200 e ss.

2. BVerfGE 2, 266 (282).

3. Cf., a propósito, BVerfGE 6, 246; 26, 163; 28, 227; 28, 324; 29, 58; 29, 71; 30, 227; 30, 292; 31, 1; 31, 229; 31, 275; 32, 173; 32, 199; 32, 365; 33,90; 33, 106; 38, 2; 38, 41; 38, 61; 45, 104; 45, 376; 46, 97; 48, 64; 48, 227; 48, 327; 55, 100 (112); 61, 43 (68); 65, 325 (357).

4. Gesetz zur Änderung des Gesetzes über das BVerfG de 21.12.1970 (BGBl. I, p. 1.765).

5. A Corte Constitucional austríaca detém ampla margem de discrição para dispor sobre as conseqüências jurídicas de suas decisões. Ela tanto pode estabelecer que a lei não é mais aplicável a outros processos ainda não cobertos pela coisa julgada (Constituição da Áustria, art. 140, VII, 2º período), ou fixar prazo de até um ano, dentro do qual se mostra legítima a aplicação da lei (art. 140, V e VII). Essa possibilidade de dispor sobre as conseqüências jurídicas da decisão tornou dispensável a adoção de outras técnicas de decisão no direito austríaco cf. Korikek, Karl, *Verfassungsgerichtsbarkeit im Gefüge der Staatsfunktionen VVDStRL* (Publicação da Associação Alemã dos Professores de Direito Público) n. 39, pp. 38/39; Oberndorfer, Peter, *Die Verfassungsrechtsprechung im Rahmen der staatlichen Funktionen*, Europäische Grundrechtszeitschrift (EUGrZ), 1988, p. 193 (203). O modelo americano — restrito ao caso concreto — não se configura compatível, em princípio, com essas novas técnicas de decisão. Todavia, em tempos mais recentes, pode-se identificar, nos Estados Unidos, a tendência da jurisprudência dos tribunais inferiores no sentido de não se limitar a proferir a cassação das providências editadas pelo Executivo ou pelo Legislativo, mas também de impor-lhes obrigações positivas. Caso as autoridades legislativas ou administrativas não cumpram o estabelecido no julgado, os tribunais podem assumir a responsabilidade pela execução do julgado. Essa jurisprudência, considerada como um dos mais interessantes desenvolvimentos no Direito Constitucional dos Estados Unidos dos últimos tempos, começou com o esforço para superar a segregação racial nas escolas a partir da decisão proferida pela Suprema corte em Brown *vs.* Board of Education 347 US 483 (1954) e 439 US 294 (1955) e teve continuidade em outras decisões que exigiam ou determinavam a concretização de reformas em presídios e instituições psiquiátricas (ver Bounds *et alii vs.* Smith *et alii*, 430 US 817; reproduzido, parcialmente, in *Europäischen Grundrechtszeitschrift*, 1977, p. 509 e ss.) (Cf. a propósito, Seibert, Helga, *Der Supreme Court und sein Vehältnis zu den anderen Staatsgewalten, Bericht Über Vortrags — und Diskussionsabend der Deutsch-amerikanischen Juristenvereinigung*, Europäische Grundrechtszeitschrift, 1978, p. 384 (386)).

6. Triepel, Staatsgerichtsbarkeit, VVDStRL 5 (1929), p. 26.

7. Triepel, Staatsgerichtsbarkeit, VVDStRL 5 (1929), p. 26.

Quase simultaneamente sustentava Walter Jellinek que o conteúdo normativo do art. 13, II, da Constituição de Weimar, deveria ser limitado, de modo que o Reichsgericht somente deveria decidir com base nesse preceito se a pronúncia da nulidade da lei se mostrasse apta a resolver a questão.[8] Essa seria a hipótese se, em lugar da lei declarada inconstitucional ou nula, surgisse uma norma apta a preencher eventual lacuna do ordenamento jurídico. Do contrário, deveria o Tribunal abster-se de pronunciar a nulidade. Assim, não poderia o Tribunal declarar a nulidade de uma lei que contrariasse o art. 17 da Constituição de Weimar (princípio da eleição proporcional), uma vez que "a conseqüência seria o caos, o Estado-membro não teria uma lei eleitoral".[9]

Isso demonstra que, já no início deste século, existia alguma preocupação com o perigo da adoção pura e simples, pela jurisdição constitucional, das formas de decisão consagrada, pela jurisdição ordinária.

Ao lado da declaração de nulidade, prevista no § 78, da Lei do Bundesverfassungsgericht, desenvolveu o Tribunal outra variante de decisão, a declaração de incompatibilidade ou declaração de inconstitucionalidade sem a pronúncia da nulidade.[10] Desde 1970 prevê o § 31, (2), 2º e 3º períodos, da Lei do Bundesverfassungsgericht, que o Tribunal poderá declarar a constitucionalidade, a nulidade ou a inconstitucionalidade (sem a pronúncia da nulidade) de uma lei. No que respeita à sentença penal condenatória, o § 79, (1), da Lei do Bundesverfassungsgericht equiparou a declaração de inconstitucionalidade sem a pronúncia da nulidade à declaração da nulidade. A expressão literal da lei, todavia, não se mostra unívoca. Enquanto no § 78, 1º período, da Lei do *Bundesverfassungsgericht*, assenta-se que a lei incompatível com a Constituição deve ser declarada nula, os §§ 31, (2) e 79, (1), da Lei do Bundesverfassungsgericht, distinguem entre a lei inconstitucional e a lei nula.[11]

Enquanto em 1969/1970 ainda não se podia falar de um tipo autônomo de decisão,[12] pode-se afirmar que, a partir de 1969, passou o *Bundesverfassungsgericht* a abster-se, com freqüência, de pronunciar a nulidade de uma lei.[13]

Dados estatísticos indicam que, entre 1980 e 1982, o Tribunal pronunciou tantas declarações de nulidade quantas foram as declarações de inconstitucionalidade sem a pronúncia da nulidade.[14] Desde então, é crescente a tendência do Tribunal em declarar a nulidade da lei.[15] Se em 1981 ainda foram proferidas 7 declarações de inconstitucionalidade (sem a pronúncia da nulidade),[16] constata-se, em 1984, apenas uma decisão dessa modalidade.[17]

A declaração de inconstitucionalidade sem a pronúncia da nulidade, profe-

8. Jellinek, *Verfassung und Verwaltung des Reichs und der Länder*, p. 27; cf., também, Flad, *Verfassungsgerichtsbarkeit*, p. 38.

9. Jellinek, *Verfassung und Verwaltung des Reichs und der Länder*, p. 27.

10. Schlaich, *Das Bundesverfassungsgericht*, p. 168.

11. Schlaich, *Das Bundesverfassungsgericht*, p. 168.

12. Cf., Ipsen, *Rechtsfolgen*, p. 107; Schlaich, Klaus, *Das Bundesverfassungsgericht*, p. 169. Inicialmente, o Bundesverfassungsgericht não incorporava a declaração de inconstitucionalidade sem a pronúncia da nulidade na parte dispositiva, limitando-se a esclarecer as razões da renúncia à declaração de nulidade nos fundamentos da decisão. Uma exceção a essa prática pode ser identificada na decisão BVerfGE 13, 248 (249).

13. Ipsen, *Rechtsfolgen*, p. 108; Schlaich, *Das Bundesverfassungsgericht*, p. 169.

14. Ipsen, *Rechtsfolgen*, p. 108; Schlaich, *Das Bundesverfassungsgericht*, p. 169.

15. Cf., Hein, *Unvereinbarerklärung*, p. 31.

16. BVerfGE 56, 175; 56, 146; 56, 192; 56, 353; 57, 335; 57, 361; 58, 137; cf., a propósito, Hein, *Unvereinbarerklärung*, p. 31.

17. BVerfGE 67, 348.

rida em todos os processos de controle de normas[18] perante o Bundesverfassungsgericht, gera ainda insegurança na doutrina. As disposições constantes do § 31, (2), 2º e 3º períodos e do § 79, (1), da Lei do Bundesverfassungsgericht, contribuem, de certa forma, para esse quadro de insegurança, uma vez que elas não explicitam quando o Tribunal deverá abster-se de declarar a nulidade.[19] A insegurança e controvérsia que estão associadas a esse instituto[20] não foram suficientes, todavia, para impedir que os Tribunais Constitucionais dos Estados-membros (Länder) incorporassem esse tipo de decisão na sua práxis.[21]

2. *Distinção entre a declaração de inconstitucionalidade sem a pronúncia de nulidade e outras decisões semelhantes do Bundesverfassungsgericht*

2.1 *A declaração de inconstitucionalidade sem a pronúncia da nulidade e o "apelo ao legislador"*

Cumpre distinguir, inicialmente, a declaração de inconstitucionalidade sem a pronúncia da nulidade do "apelo ao legislador" ("Appellentscheidung"), decisão na qual o Tribunal rejeita a argüição de inconstitucionalidade, anunciando, todavia, uma possível conversão dessa situação "ainda" constitucional (noch verfassungsgemäss) num estado de inconstitucionalidade.

Nem sempre afigura-se possível diferençar, com precisão, a "Appellentscheidung" da declaração de inconstitucionalidade sem a pronúncia da nulidade.[22] A simples determinação para que o legislador regule determinada matéria dentro de certo prazo não expressa característica exclusiva do "Appellentscheidung" uma vez que também da declaração de inconstitucionalidade sem a pronúncia da nulidade constam, não raras vezes, recomendações ou exortações expressas para que o legislador edite uma nova regulamentação.[23] Também a possibilidade de eventual aplicação da lei questionada não se afigura suficiente para fixar uma decisiva diferenciação entre a "Appellentscheidung" e a declaração de inconstitucionalidade sem a pronúncia da nulidade, pois, tal como ressaltado pelo Bundesverfassungsgericht, "excepcionalmente, os dispositivos que tiveram a sua inconstitucionalidade declarada poderão ser aplicados".[24]

Pode-se assentar, porém, que, embora subsistam dúvidas na doutrina sobre os efeitos da "declaração de inconstitucionalidade sem a pronúncia da nulidade", é certo que ela contém um juízo de desvalor em relação à norma questionada que obriga o legislador, nos termos dos arts. 1º, III (vinculação dos órgãos estatais aos direitos fundamentais) e 20, III, da Lei Fundamental (garantia do Estado de Direito e vinculação dos ór-

18. Schlaich, *Das Bundesverfassungsgericht*, p. 168.

19. Cf., a propósito, Schlaich, *Das Bundesverfassungsgericht*, p. 180.

20. Cf., a propósito, Ipsen, JZ 1983, p. 41 e ss.

21. Cf. Corte Constitucional de Baden-Württemberg — ESVGH 26, 129, 141; com remissão à jurisprudência do Bundesverfassungsgericht in Corte Constitucional da Baviera, BayVBl., 1975, 558; Corte Constitucional da Renânia do Norte — Westfália, DVBl., 1976, 393; Corte Constitucional da Baviera 21 14 (23); 24, 97 (101); 27, 61 (64); 28, 143; cf., a propósito, Stern, *Staatsrecht*, I, p. 1.040, nota 529; Bachof, "Der Richter als Gesetzgeber?", in *Weg zum Rechtsstaat*, p. 344 (348); Hein, *Unvereinbarerklärung*, p. 151; Pestalozza, *Verfassungsprozessrecht*, p. 250.

22. Cf., a propósito, Sachs, DöV, 1982, p. 23 (27 und 30).

23. Zeidler, EuGRZ, 1988, p. 207 (214).

24. BVerfGE 61, 319 (356); Cf., a propósito, Maurer, *Zur Verfassungswidrigerklärung*, Festschrift für Weber, p. 347.

gãos estatais aos princípios estabelecidos na Lei Fundamental), a empreender as medidas necessárias à supressão do estado de inconstitucionalidade.[25] Portanto, enquanto a declaração de inconstitucionalidade sem a pronúncia da nulidade contém uma declaração de inconstitucionalidade, o "apelo ao legislador" configura peculiar sentença de rejeição de inconstitucionalidade.[26]

2.2 *Declaração de inconstitucionalidade sem a pronúncia da nulidade e a sentença declaratória proferida no processo de conflito entre órgãos*

Não obstante certas semelhanças,[27] a decisão declaratória proferida no processo de conflito entre órgãos (Organstreitigkeiten) não se confunde com a "declaração de inconstitucionalidade sem a pronúncia da nulidade", uma vez que, embora no processo de conflito entre órgãos (§ 64 da Lei do Bundesverfassungsgericht) possa ser impugnada uma lei,[28] a decisão proferida não há de versar diretamente sobre a sua constitucionalidade.[29] A Lei do Bundesverfassungsgericht restringe aqui o seu poder de censura ao estabelecer, no § 67, 1º período, que "o Tribunal deve-se limitar a verificar se o ato ou a omissão em apreço lesa disposição da Lei Fundamental".[30]

2.3 *A declaração de inconstitucionalidade sem a pronúncia da nulidade e o controle judicial do direito alienígena*

A declaração de inconstitucionalidade sem a pronúncia da nulidade não se confunde, igualmente, com as decisões do Bundesverfassungsgericht que se limitam a constatar a inconstitucionalidade de disposições integrantes do direito estrangeiro ou de organizações supranacionais.[31] Nesse caso, a renúncia à declaração da nulidade decorre da falta de competência para proferir uma decisão de índole cassatória. O Tribunal limita-se, por isso, a verificar se a aplicação dessa norma se afigura compatível com a Lei Fundamental.[32]

3. ***Análise da jurisprudência do Bundesverfassungsgericht sobre a declaração de inconstitucionalidade sem a pronúncia da nulidade***

Ponto de partida para o desenvolvimento dessa variante de decisão foi a chamada "exclusão do benefício incompatível com o princípio da igualdade", que se verifica quando a lei, de forma arbitrária, concede benefícios a um determinado grupo de cidadãos, excluindo, expressa ou implicitamente, outros segmentos ou setores (*v.g.* benefícios sociais, salários ou vencimentos, subvenções etc.).[33] A jurisprudência do Tribu-

25. Cf., também, BVerfGE 37, 217; 40, 296; 55, 100; ver, também, Maurer, *Zur Verfassungswidrigerklärung*, Festschrift für Weber, p. 345 (346-347).

26. Schulte, Martin, DVBl., 1988, 1200 (1201); Pohle, *Verfassungswidrigerklärung*, pp. 48-49; Schlaich, *Das Bundesverfassungsgericht*, p. 181; Ipsen, *Rechtsfolgen*, p. 268; Gusy, *Gesetzgeber*, p. 210.

27. Cf., a propósito, Frowein, DöV 1971, p. 792 (795); Meyer, in von Münch, *Grundgesetz-Kommentar*, vol. III, art. 93, n. 25.

28. BVerfGE 1, 144 (145-146); 1, 208 (211, 216); 4, 115 (116-119).

29. Hein, *Unvereinbarerklärung*, p. 28.

30. Cf. BVerfGE 1, 351 (371); 20, 229 (129); 20, 134 (140); 24, 300 (350); v. também, Schlaich, *Das Bundesverfassungsgericht*, p. 158; Hein, *Unvereinbarerklärung*, p. 28; Lücke JZ 1983, p. 380.

31. BVerfGE 15, 337; 36, 146 e ss.; 37, 271 e ss.

32. Cf., a propósito, Pestalozza, "Noch verfassungsmässige", in *Bundesverfassungsgericht und Grundgesetz*, p. 518 (523); Hein, *Unvereinbarerklärung*, p. 21; Gusy, *Gesetzgeber*, p. 189; Schneider, Bernd-Jürgen, *Funktion der Normenkontrolle*, p. 170; Pohle, *Verfassungswidrigerklärung*, p. 67.

33. Cf., Maurer, "Zur Verfassungswidrigerklärung", in *Festschrift für Weber*, p. 345 (348); Schlaich, *das Bundesverfassungsgericht*, p. 170; Ipsen, *Rechtsfolgen*, p. 109.

nal não se limitou, porém, a esses casos. A orientação desenvolvida para os casos "exclusão de benefício compatível com o princípio da igualdade" foi estendida a outras hipóteses nas quais o Tribunal identificou, igualmente, a necessidade de declarar a inconstitucionalidade da lei sem pronunciar a sua nulidade.[34]

3.1 *A exclusão de benefício incompatível com o princípio da isonomia e outras ofensas ao princípio da igualdade*

Tem-se uma "exclusão de benefício incompatível com o princípio da igualdade" se a norma afronta ao princípio da isonomia, concedendo vantagens ou benefícios a determinados segmentos ou grupos sem contemplar outros que se encontram em condições idênticas. Essa exclusão pode verificar-se de forma concludente ou explícita. Ela é concludente se a lei concede benefícios apenas a determinado grupo;[35] a exclusão de benefícios é explícita[36] se a lei geral que outorga determinados benefícios a certo grupo exclui sua aplicação a outros segmentos.[37] Abstraídos os casos de exigência constitucional inequívoca,[38] a lesão ao princípio da isonomia pode ser afetada de diversas maneiras: pela supressão do próprio benefício; pela inclusão dos grupos eventualmente discriminados ou até mediante a edição de uma nova regra, que condicione a outorga de benefícios à observância de determinados requisitos decorrentes do princípio da igualdade.[39] Assim, poderia ser objeto da declaração de nulidade, em sentido técnico, tanto a disposição que outorga benefício, como eventual cláusula de exclusão, desde que estabelecida expressamente por uma norma.[40] O Bundesverfassungsgericht abstém-se de pronunciar a nulidade da norma. Nesses casos, sob a alegação de que o legislador disporia de diferentes possibilidades para afastar a ofensa ao princípio da isonomia[41] e a cassação acabaria por suprimir o próprio fundamento em que se assenta a pretensão do impetrante.[42] Isso implicaria, nos casos em que a disposição se mostrasse aplicável apenas a determinado grupo, que, após a declaração de nulidade, nenhuma pretensão poderia ser dela derivada. Todavia, a cassação da norma que não contempla determinado grupo no seu âmbito de aplicação não assegura, por si só, o gozo do direito pretendido ao eventual postulante.

O Tribunal não está autorizado, salvo em situações excepcionais, a proferir a declaração de inconstitucionalidade de eventual cláusula de exclusão, em virtude das repercussões orçamentárias que resultariam, inevitavelmente, da concessão do benefício.[43] Por outro lado, a de-

34. BVerfGE 38, 187 (205); 39, 196 (204); 40, 196 (227).

35. Cf. BVerfGE 18, 288 (301); 22, 349 (360).

36. Cf. BVerfGE 25, 101.

37. Cf., a propósito, Maurer, "Zur Verfassungswidrigerklärung", in *Festschrift für Weber*, p. 345 (349); Ipsen, *Rechtsfolgen*, p. 109; Jülicher, *Verfassungsbeschwerde*, p. 51 e ss.

38. Cf., também, BVerfGE 21, 329 (338, 343 f. 353); 22, 163 (174 e ss.), 27, 220 (230); 27, 364 (374); 27, 391 (399); 29, 283 (303); 39, 196 (204).

39. Maurer, "Zur Verfassungswidrigerklärung", in *Festschrift für Weber*, p. 345 (348); Ipsen, *Rechtsfolgen*, p. 109.

40. Maurer, "Zur Verfassungswidrigerklärung", in *Festschrift für Weber*, p. 345 (349); Schneider, *Funktion der Normenkontrolle*, p. 174.

41. Cf. BVerfGE 8, 28 (36 e ss.); 14, 308 (311 e ss.); 15, 46 (59 f.; 75 e ss.); 15, 121 (125 e ss.); 17, 122 (134 e ss.); 18, 257 (273); 18, 288 (301 e ss.); 21, 329 (337 e ss.; 353 e ss.) 22, 163 (174 e ss.); BVerfGE 22, 349 (359 e ss.); 26, 100 (110, 115); 26, 163 (171 e ss.); 27, 220 (230 e ss.); 27, 364 (374 e ss.); 28, 324, (361 e ss.); 29, 1 (10); 29, 57 (70 e ss.); 29, 71 (83); 29, 283 (303 e ss.); 31, 1 (87 e ss.); 32, 362 (362 e ss.); 37, 154; 37, 217; 38, 1 (22); 38, 41; 38, 61; 38, 213; 42, 176; 42, 369; 43, 58; 45, 104; 45, 376; 46, 97; 47, 1; 48, 227; 56, 192; 62, 256; 63, 119; 67, 348; 71, 1; 71, 146; 71, 224.

42. BVerfGE 13, 248 (260); 18, 288 (301 e ss.).

43. Cf. Starck, *Die Bindung des Richters an Gesetz und Verfassung*, VVDStRL 34 (1976), p. 43 (83).

claração de nulidade de todo o complexo normativo revelaria, como assentado por Ipsen, "uma esquisita compreensão do princípio de justiça, que daria ao postulante pedra ao invés de pão" (Steine statt Brot).[44]

Vê-se assim que, nos casos de ofensa ao princípio de isonomia, manifestam-se problemas que não podem ser resolvidos mediante simples declaração de nulidade. O postulado da igualdade pressupõe a existência de, pelo menos, duas situações que se encontram numa relação de comparação.[45] Essa relatividade do postulado da isonomia leva, segundo Maurer, a uma inconstitucionalidade relativa ("relative Verfassungswidrigkeit") não no sentido de uma inconstitucionalidade menos grave. É que inconstitucional não se afigura a norma "A" ou "B", mas a disciplina diferenciada das situações ("die Unterschiedlichkeit der Regelung").[46] Essa "relação normativa inconstitucional" ("verfassungswidrige Normrelation")[47] não pode ser superada, em princípio, mediante decisão de índole cassatória, pois esta ou não atingiria os objetivos pretendidos ou acabaria por suprimir algo mais do que a ofensa constitucional que se pretende eliminar.[48]

Essa concepção foi contestada recentemente por Sachs.[49] A suposição de que a ofensa ao princípio da isonomia não pode ser aferida em face de uma regra determinada, configurando sempre a inconstitucionalidade de uma "relação normativa", afigurar-se-ia desde já equivocada, porque, na sua opinião, o direito de igualdade deve ser entendido, exclusivamente, como pretensão a uma abstenção ou pretensão à supressão de um tratamento discriminatório.[50]

A argumentação desenvolvida por Sachs mostra-se problemática, porque ela vislumbra a inconstitucionalidade, exclusivamente, no favorecimento. Não se esclarece porque o benefício e não a exclusão há de ser considerado inconstitucional.[51] A simples incompatibilidade dos direitos de igualdade com a concessão de privilégios não logra fundamentar satisfatoriamente essa posição, uma vez que não se pode distinguir, de forma geral, entre a concessão de benefícios ao arrepio do princípio da igualdade ou a imposição de ônus em contrariedade ao mesmo princípio.[52] Essa orientação, que pretende vislumbrar no art. 3º, I, da Lei Fundamental, um direito de proteção contra favorecimento de terceiros, revela-se problemática, uma vez que, com fundamento no princípio da igualdade, permitir-se-ia uma intervenção em "esfera jurídica alheia" ("fremde Rechtssphäre"). Essa idéia importaria, segundo entendimento dominante, numa inversão do significado do art. 3º, I, da Lei Fundamental, uma vez que, geralmente, pode-se derivar do princípio da igualdade apenas uma pretensão à eliminação de intervenção no âmbito da própria esfera jurídica.[53]

Também em relação às leis que consagram obrigações de forma incompatí-

44. Ipsen, *Rechtsfolgen*, p. 110; ver, também, Jülicher, *Verfassungsbeschwerde*, p. 52; cf. também BVerfGE, 22, 349 (359); 25, 236 (246, 252); 32, 157 (163); 52, 369 (379); 56, 196 (215).

45. Maurer, "Zur Verfassungswidrigerklärung", in *Festschrift für Weber*, Albrecht, p. 345 (354).

46. Maurer, "Zur Verfassungswidrigerklärung", in *Festschrift für Weber*, p. 345 (354).

47. Ipsen, *Rechtsfolgen*, p. 214.

48. Maurer, "Zur Verfassungswidrigerklärung", in *Fests chrift für Weber*, p. 345 (354); Stern, *Staatsrecht*, II, p. 960.

49. Sachs, DöV 1984, p. 411 (418).

50. Sachs, DöV 1984, p. 411 (417).

51. Cf., a propósito, Hein, *Unvereinbarerklärung*, p. 104.

52. Hein, *Unvereinbarerklärung*, p. 104.

53. Dürig, in Maunz, Dürig, *Grundgesetz*, art. 3, § 1, n. 471; Erichsen, *Staatsrecht und Verfassungsgerichtsbarkeit*, vol. I, p. 64; Dax, *Das Gleichbehandlungsgebot*, p. 127; Götz, NJW 1979, p. 1.478 (1.480); Henke, W., *Das Recht der Wirtschaftssubventionen als öffentliches Vertragsrecht*, p. 118.

vel com o princípio da igualdade houve por bem o Bundesverfassungsgericht abandonar a orientação que recomendava a simples pronúncia da nulidade.[54] Algumas decisões mais recentes revelam que o Tribunal limita-se, também nesses casos, a declarar a inconstitucionalidade sem a pronúncia da nulidade, sob a alegação de que a ofensa ao princípio da igualdade pode ser eliminada de diferentes formas.[55] Dessarte, em inúmeros casos, atinentes às leis tributárias e a diplomas concessivos de benefícios sociais, tem-se valido o Tribunal do *topos* "liberdade de conformação do legislador" (Gesetzgeberische Gestaltungsfreiheit) para declarar a inconstitucionalidade sem a pronúncia da nulidade.[56]

3.2 A omissão legislativa

Ao lado da ofensa ao princípio da igualdade, a omissão legislativa assume relevo para fundamentar a declaração de inconstitucionalidade sem a pronúncia da nulidade na jurisprudência do Tribunal constitucional.[57] A declaração de nulidade é de excluir-se na ausência de ato normativo[58] ou, tal como formulado pelo Bundesverfassungsgericht, não se pode declarar a nulidade da lacuna.[59]

A omissão inconstitucional pressupõe um dever constitucional de legislar,[60] que tanto pode ser derivado de ordens concretas contidas na Lei Fundamental, quanto de princípios desenvolvidos mediante interpretação.[61] Semelhanças com a chamada omissão total são identificadas naqueles casos em que existe uma atividade legislativa que, no entanto, não atende às exigências constitucionais ou que as satisfaz de maneira incompleta ou imperfeita.[62] Esses casos dizem respeito, *v.g.*, às hipóteses em que o legislador não editou as regras, que, no contexto de um determinado complexo normativo, deveriam ter sido promulgadas.[63] Embora exista, nesse caso, uma lei que poderia ser declarada nula, abstém-se o Tribunal de proferir a nulidade sob a alegação de que a ofensa constitucional decorre não da regulação, mas de sua incompletude,[64] seja porque o legislador foi omisso em proceder à complementação do complexo normativo,[65] seja porque não contemplou determinado grupo na regra impugnada.[66]

3.3 A liberdade de conformação do legislador

Não raro justifica-se a renúncia à

54. BVerfGE 8, 28 (37); 8, 51 (70 e ss.); 6, 273 (281); 9, 291 (301); cf., também, Schneider, *Funktion der Normenkontrolle*, p. 188; Pestalozza, "Noch verfassungsmässige", in *Bundesverfassungsgericht und Grundgesetz*, I, p. 520 (535).

55. Cf., também, BVerfGE 23, 1 (10 e ss.); 33, 90 (105 e ss.)

56. BVerfGE 23, 1 (10); 25, 101 (110); 28, 227 (242 e ss.); 33, 90 (105 e ss.); 33, 106 (114 e ss.); 45, 104 (114); 51, 1 (9 e ss.); 61, 319 (320, 356 e ss.); 62, 256 (288 e ss.).

57. Cf., a propósito BVerfGE 6, 257; 8, 1; 15, 46 (59); 18, 288 (301); 22, 349 (360); 23, 1 (11).

58. Jülicher, *Verfassungsbeschwerde*, p. 53 e ss.; Gusy, *Gesetzgeber*, p. 189.

59. BVerfGE 22, 349 (360 e ss.); cf., também, Jülicher, *Verfassungsbeschwerde*, p. 53 e ss.

60. BVerfGE 6, 257 (264); cf., também, Pestalozza, "Noch verfassungsmässige", in *Bundesverfassungsgericht und Grundgesetz*, vol. I, p. 526; cf. Jülicher, *Verfassungsbeschwerde*, p. 13.

61. BVerfGE 56, 54 (70 e ss.); 55, 37 (53); Hein, *Unvereinbarerklärung*, p. 57; BVerfGE, *Vorprüfungsausschuss*, NJW 1983, 2.931 (Waldsterben).

62. Lerche, AÖR 90 (1965), p. 341 (352); Jülicher, *Verfassungsbeschwerde*, p. 33; Stern, *Bonner Kommentar*, art. 93, n. 285; Lechner, NJW 1955, p. 181 e ss.; Schmidt-Bleibtreu, in Maunz, entre outros, BVerfGG, § 90, n. 121.

63. Pestalozza, "Noch verfassungsmässige", in *Bundesverfassungsgericht und Grundgesetz*, I, p. 519 (532).

64. BVerfGE 21, 173 (183); 25, 236 (252); 30, 292 (332 e ss.); 31, 229 (242); 275 (291 e ss.); 34, 71 (80); 35, 79 (148); 39, 334 (375).

65. BVerfGE 8, 28 (35); 13, 248 (260); 18, 288 (301); 31, 275 (291); 34, 71 (80).

66. BVerfGE 15, 46 (75); 22, 349 (360 e ss.); 43, 58 (74); 52, 369 (379).

declaração de nulidade em virtude de uma intolerável intervenção no poder ou na liberdade de conformação do legislador.[67] Esse fundamento "a liberdade ou o poder de conformação do legislador" — tem sua origem na jurisprudência do Tribunal nos julgados relativos à ofensa ao princípio da igualdade, nos quais esse *topos* é sempre referido.[68] No desenvolvimento de sua jurisprudência, houve por bem o *Bundesverfassungsgericht* estender a utilização desse *topos* a outros casos, justificando, assim, a escolha de uma determinada variante de decisão.[69] Dessarte, "a liberdade de conformação do legislador" tornou-se quase uma espécie de cláusula geral para justificar a aplicação da declaração de inconstitucionalidade sem a pronúncia da nulidade.[70] O argumento sobre a existência de várias alternativas para a eliminação da inconstitucionalidade já foi utilizado, inclusive, para justificar a declaração da inconstitucionalidade sem a pronúncia da nulidade em casos de flagrante intervenção nos direitos de liberdade.[71]

A invocação desse poder de conformação do legislador tem merecido sérias críticas na doutrina.[72] Segundo alguns autores, a "liberdade de conformação do legislador" não seria afetada na maioria dos casos, uma vez que este poderia editar as novas regras exigidas tanto após uma declaração de nulidade, quanto depois da declaração de inconstitucionalidade sem a pronúncia da nulidade.[73] Acentue-se, por outro lado, que a discricionariedade do legislador não legitima a conservação parcial de uma norma inconstitucional, assim como a discricionariedade administrativa não obsta à cassação do ato administrativo eivado de ilegalidade.[74]

3.4 O argumento sobre as conseqüências jurídicas da declaração de nulidade

Alguns casos de declaração de inconstitucionalidade sem a pronúncia de nulidade referem-se às chamadas lacunas jurídicas ameaçadoras (bedröhliche Rechtslücken), que poderiam, em caso de uma pronúncia de nulidade, ter sérias conseqüências, ensejando mesmo eventual "caos jurídico".[75] Esses casos têm o seu ponto comum na chamada "inexeqüibilidade da decisão cassatória" ("Undurchsetzbarkeit der Normaufhebung").[76] A declaração de nulidade levaria a uma minimização (Minimierung), ao invés de levar a uma otimização (Optimierung) na concretização da vontade constitucional.[77] A lacuna resultante da declaração de nulidade poderia fazer sur-

67. Pohle, *Verfassungswidrigerklärung*, p. 78 e ss.; Moench, *Verfassungswidriges Gesetz*, p. 47.

68. BVerfGE 8, 28 (36 e ss.); 14, 308 (311); 15, 121 (125); 17, 148 (152 e ss.); 18, 288 (302); 21, 329 (337); 23, 1 (10); 28, 227 (247).

69. Hein, *Unvereinbarerklärung*, p. 79.

70. BVerfGE 61, 43 (68); 61, 358; 62, 117 (153); 62, 256 (257, 288 e ss.), 62, 374 (391), 64, 323 (366); 64, 367 (388); 65, 325 (357); cf., também, Stern, *Bonner Kommentar*, art. 93, n. 282; Schlaich, *Das Bundesverfassungsgericht*, p. 171; Hein, *Unvereinbarerklärung*, p. 79 e ss.

71. BVerfGE 21, 173; 31, 275; 34, 71.

72. Cf., a propósito, Skouris, *Teilnichtigkeit*, p. 52; Maurer, "Zur Verfassungswidrigerklärung", in *Festschrift für Weber*, p. 345 (357); Ipsen, JZ 1983, p. 41 (44).

73. Cf. Maurer, "Zur Verfassungswidrigerklärung", in *Festschrift für Weber*, p. 345 (357); Ipsen, JZ 1983, p. 41 (44); Sachs, DöV 1982, p. 23 (27).

74. Skouris, *Teilnichtigkeit*, p. 52.

75. Pohle, *Verfassungswidrigerklärung*, p. 70 e ss.; Pestalozza, *"Noch verfassungsmässige", in Bundesverfassungsgericht und Grundgesetz*, I, p. 519 (537 f); Schlaich, *Das Bundesverfassungsgericht*, p. 170; Moench, Christoph, *Verfassungswidriges Gesetz*, pp. 39 e ss.

76. Maiwald, BayVBL. 1971, p. 91; Pohle, *Verfassungswidrigerklärung*, p. 70; cf., também, BVerfGE 8, 1 (19); 33, 303 (347); 34, 9 (43); 35, 79; 40, 296; 44, 249.

77. Schneider, *Funktion der Normenkontrolle*, p. 196.

gir uma situação ainda mais afastada da vontade constitucional.[78]

A necessidade de renúncia à declaração de nulidade tornou-se evidente nos casos relativos ao pagamento de vencimentos de funcionários públicos (Besoldungsfälle), nos quais o Tribunal reconheceu que, se afirmasse a nulidade, não haveria fundamento legal para que a Administração procedesse ao pagamento de vencimentos de determinados segmentos do funcionalismo.[79] Portanto, a imperfeição identificada deveria ser corrigida pelo próprio legislador.

Semelhança com esses casos, relativos aos vencimentos de funcionários públicos, pode ser identificada nas chamadas questões de *status* (Statusfälle), que se referem à estruturação de determinado órgão ou instituição.[80] No acórdão sobre a constitucionalidade da lei universitária, de 18.7.1972, promulgada pelo Estado de Hamburgo, limitou-se o *Bundesverfassungsgericht* a declarar a inconstitucionalidade do seu § 17 sem pronunciar a nulidade, uma vez que a ausência de norma que disciplinasse o sistema de admissão nas Universidades criaria uma situação ainda mais distante daquela pretendida pela Constituição.[81] Essa orientação foi aplicada, igualmente, à decisão relativa aos subsídios dos parlamentares (Diäten-Entscheidung), na qual o Tribunal declarou que os privilégios tributários outorgados aos parlamentares estaduais afigurava-se inconstitucional (arts. 38, 48, 3, I, da Lei Fundamental).[82] Absteve-se a Corte, todavia, de pronunciar a nulidade da norma porque, dessa forma, "suprimir-se-ia parcialmente a base jurídica que assegura a situação ou *status* dos parlamentares".[83] A independência deles, enquanto parlamentares, dependia, fundamentalmente, da percepção dos subsídios.[84] Essa orientação foi confirmada em outras decisões do Tribunal.[85]

4. Conseqüências jurídicas da declaração de inconstitucionalidade sem a pronúncia da nulidade

4.1 Considerações preliminares

As conseqüências da declaração de inconstitucionalidade sem a pronúncia da nulidade não podem ser inferidas diretamente da Lei do Bundesverfassungsgericht. Apenas no âmbito do Direito Penal teve o legislador o cuidado de disciplinar expressamente essas conseqüências. Nos termos do § 79, (1), do referido diploma, é admissível a revisão da sentença penal condenatória fundada em lei declarada inconstitucional ou incompatível com a Lei Fundamental. Essa disposição demonstra que o legislador partiu da idéia de que a lei inconstitucional — mas não nula — não mais deve ser aplicada, sendo ilegítimos os atos singulares (sentença penal condenatória) praticados com base no diploma inconstitucional.[86]

Pode-se depreender das primeiras decisões que o Tribunal considerava admissível a aplicação provisória da lei que teve a sua inconstitucionalidade declarada.[87] Uma posição definitiva sobre a

78. BVerfGE 32, 199 (217 f.); 34, 9 (43 f.); Maurer, "Zur Verfassungswidrigerklärung", in *Festschrift für Weber*, p. 345 (350); Pohle, *Verfassungswidrigerklärung*, p. 70.

79. BVerfGE 8, 1 (19); 32, 199 (217); 44, 249 (272); 56, 146 (169).

80. Cf., a propósito, Pohle, *Verfassungswidrigerklärung*, p. 73; Schneider, *Funktion der Normenkontrolle*, p. 203.

81. BVerfGE 33, 303 (347); cf., também, BVerfGE 35, 79.

82. BVerfGE 40, 296 (329).

83. BVerfGE 40, 296 (329).

84. BVerfGE 40, 296 (329); cf., também, 37, 217 (261).

85. BVerfGE 56, 146 (169); 56, 175 (184); 62, 374 (391).

86. Cf., Maurer, "Zur Verfassungswidrigerklärung", in *Festschrift für Weber*, p. 345; Ipsen, *Rechtsfolgen*, p. 218.

87. BVerfGE 13, 248 (260); 18, 288 (301); 26, 100 (101); cf. Stern, Bonner Kommentar, art. 93, n. 281; Söhn, *Anwendungspflicht*, p. 61.

questão somente foi tomada na decisão relativa à nacionalidade dos filhos provenientes dos chamados "casamentos mistos", na qual o Bundesverfassungsgericht houve por bem equiparar, no que concerne à aplicação subseqüente da lei inconstitucional, a declaração de inconstitucionalidade sem a pronúncia da nulidade[88] à declaração de nulidade. Segundo o entendimento firmado nessa decisão, a lei simplesmente inconstitucional (unvereinbar), mas que não teve a sua nulidade pronunciada, não mais pode ser aplicada.[89] Uma exceção a esse princípio somente seria admissível se da não-aplicação pudesse resultar vácuo jurídico intolerável para a ordem constitucional.[90]

O Tribunal deixou assente nessa decisão que são idênticos os efeitos da declaração de inconstitucionalidade sem a pronúncia da nulidade e da declaração de nulidade.[91] Essa formulação foi reiterada em outras decisões.[92] Evidentemente, tal fórmula revela-se equívoca. Se plenamente válida, ela tornaria supérflua a declaração de inconstitucionalidade sem a pronúncia da nulidade.[93] A declaração de inconstitucionalidade sem a pronúncia da nulidade e a ordem que ela contém para que o legislador aja prontamente demonstram que o Bundesverfassungsgericht considera que, nesse caso, a lei inconstitucional subsiste, pelo menos para o efeito de evitar que o direito antigo substitua aquele declarado inconstitucional ou para obviar o surgimento de um "vácuo jurídico".[94]

88. BVerfGE 37, 217 (262).

89. BVerfGE 37, 217 (261).

90. BVerfGE 37, 217 (261); cf., também, BVerfGE 61, 319 (356).

91. BVerfGE 37, 217 (262).

92. BVerfGE 55, 100 (110).

93. Rupp, H.H., "Art. 3 GG als Masstab verfassungsgerichtlicher Gesetzeskontrolle", in *Bundesverfassungsgericht und Grundgesetz*, II, p. 364 (387-388); Schlaich, *Das Bundesverfassungsgericht*, pp. 175-176; Schneider, *Funktion der Normenkontrolle*, p. 187.

94. Cf., a propósito, Schlaich, *Das Bundesverfassungsgericht*, p. 176; Ipsen, *Rechtsfolgen*, pp. 218-219.

4.2 Dever de legislar

A obrigação de eliminar prontamente a situação inconstitucional constitui, sem dúvida, a menos controvertida conseqüência da declaração de inconstitucionalidade sem a pronúncia da nulidade.[95] Constitui tarefa do legislador empreender os esforços necessários para restabelecer o estado de constitucionalidade, seja através da colmatação de eventual lacuna, seja através da supressão da disposição que teve a sua inconstitucionalidade declarada.[96] A vinculação do legislador à ordem constitucional estabelecida está prevista expressamente nos arts. 1º, III, e 20, III, da Lei Fundamental, e encontra sua concretização no § 31, ns. 1 e 2, da Lei do Bundesverfassungsgericht, que confere força de lei e efeito vinculante às decisões do Tribunal. Daí resulta o dever do legislador de tomar as medidas necessárias à restauração do estado de constitucionalidade sem qualquer atraso culposo, isto é, sem mora.[97]

95. Cf., BVerfGE 6, 257 (265 f.) BVerfGE 37, 217 (262); 51, 1 (28); BVerfGE 57, 361 (388); cf., a propósito, Ipsen, *Rechtsfolgen*, pp. 211-213; Schlaich, *Das Bundesverfassungsgericht*, p. 172; Gusy, *Gesetzgeber*, p. 191; Hein, *Unvereinbarerklärung*, p. 168 e ss.; Heyde, "Gesetzgeberische Konsequenzen aus der Verfassungswidrig-Erklärung von Normen", in *Festschrift für Faller*, pp. 53 (54 e ss.); Gerontas, DVBl., 1982, p. 486 (488); Heussner, NJW 1982, p. 257; Maurer, "Zur Verfassungswidrigerklärung", in *Festschrift für Weber*, p. 362; Schneider, *Funktion der Normenkontrolle*, p. 162.

96. Schlaich, *Das Bundesverfassungsgericht*, p. 172; Hein, *Unvereinbarerklärung*, p. 169; Heyde, "Gesetzgeberische Konsequenzen aus der Verfassungswidrig-Erklärung von Normen", in *Festschrift für Faller*, pp. 53 (54); Ipsen, *Rechtsfolgen*, p. 212.

97. Skouris, *Teilnichtigkeit*, p. 47; Pestalozza, "Noch verfassungsmässige", pp. 519 (555, 559); Ipsen, *Rechtsfolgen*, pp. 212-213; Heyde, "Gesetzgeberische Konsequenzen aus der Verfassungswidrig-Erklärung von Normen", in *Festschrift für Faller*, pp. 53 (55); Heussner, 1982, p. 257 e ss.; Gerontas, DVBl., p. 488; Stettner, DVBl., 1982, p. 1.127; Maurer, "Zur Verfassungswidrigerklärung", in *Festschrift für Weber*, Albrecht, p. 345 (367); Ulsamer, Maunz, Theodor, entre outros, BVerfGG, § 78, n. 32; Pohle, *Verfassungswidrigerklärung*, p. 154; Leibholz-Rupprecht, BVerfGG

Se se admite, com o Bundesverfassungsgericht, que a declaração de inconstitucionalidade sem a pronúncia da nulidade tem efeitos também em relação ao passado,[98] cabe indagar sobre os limites que devem ser observados pelo legislador ao emprestar retroatividade à nova disciplina da situação jurídica em questão. O Tribunal entende[99] que o legislador deve guiar-se pelos parâmetros constantes no § 79, (2), da Lei do Bundesverfassungsgericht, que, embora se refiram à declaração da nulidade, seriam aplicáveis à declaração de inconstitucionalidade sem a pronúncia da nulidade.[100] Essa orientação foi confirmada na decisão de 8 de novembro de 1980.[101]

Nos termos do § 79, (2), da Lei do Bundesverfassungsgericht, não podem ser revistos os atos do Poder Público não mais suscetíveis de impugnação, ainda que se assentem numa lei declarada nula. Os efeitos negativos ou danosos não mais poderão ser suprimidos em relação ao passado. Todavia, eles perdem sua eficácia em relação ao futuro, não podendo mais ser executados.[102] Daí resulta que o legislador não está obrigado a fazer com que a norma legal editada para atender à ordem constante da decisão de inconstitucionalidade retroaja ao momento da colisão.[103] A retroatividade somente é de exigir-se em relação àquelas situações ainda suscetíveis de serem impugnadas e que, portanto, não estão cobertas pelas "cláusulas gerais de preclusão" ou pela coisa julgada.[104]

4.3 A suspensão de aplicação da norma inconstitucional (Anwendungssperre)

Tal como a declaração de nulidade, a declaração de inconstitucionalidade sem a pronúncia da nulidade tem o efeito de impedir que os tribunais, a administração e quaisquer outros órgãos estatais apliquem a norma inconstitucional a partir da data da decisão, observando rigorosamente a censura constante da parte dispositiva do julgado.[105] Essa orientação colhe em geral aplausos na doutrina.[106] A norma constante do § 79, da Lei do Bundesverfassungsgericht, que impede a continuada aplicação da lei declarada inconstitucional,[107] explicita os princípios constantes dos arts. 1º, III, 20, III, e 100, I, da Lei Fundamental, incompatíveis com a aplicação da lei declarada inconstitucional. A decisão proferida

— Nachtrag, § 31, nota 3; Gusy, *Gesetzgeber*, pp. 191, 196; Hein, *Verfassungswidrigerklärung*, p. 170; Schmidt-Bleibtreu, in Maunz, entre outros, BVerfGG, § 95, n. 42.

98. BVerfGE 37, 217 (262 e ss.); 55, 100 (110 e ss.).

99. BVerfGE 37, 217; 55, 100 (110 e ss.).

100. BVerfGE 37, 217 (263).

101. BVerfGE 55, 100.

102. Cf., a propósito, Pestalozza, *Verfassungsprozessrecht*, p. 178; Heyde, "Gesetzgeberische Konsequenz aus der Verfassungswidrig-Erklärung von Normen", in *Festschrift für Faller*, p. 53 (58); Hein, *Verfassungswidrigerklärung*, p. 175.

103. Heyde, "Gesetzgeberische Konsequenz aus der Verfassungswidrig-Erklärung von Normen", in *Festschrift für Faller*, p. 58; Pestalozza, *Verfassungsprozessrecht*, p. 178; Hein, Peter, *Unvereinbarerklärung*, p. 175.

104. Heyde, "Gesetzgeberische Konsequenz aus der Verfassungswidrig-Erklärung von Normen", in *Festschrift für Faller*, p. 53 (58); Hein, *Unvereinbarerklärung*, p. 175.

105. BVerfGE 37, 217 (261).

106. Gerontas, 1982, DVBl., 1988, pp. 486 (488 e ss.); Heussner, Hermann, NJW 1982, p. 257 (258); Jülicher, *Verfassungsbeschwerde*, p. 97; Geiger, in *Festgabe für Maunz*, Theodor, p. 136; Leibholz/Rupprecht, BVerfGG, § 31 (nota 3); Maunz, Theodor, BayVBl., 1980, p. 518; Jekewitz, DVBl, 1981, p. 1148; Maurer, Hartmut, "Zur Verfassungswidrigerklärung", in *Festschrift für Weber*, p. 345 (362); Pestalozza, "Noch verfassungsmässige", in *Bundesverfassungsgericht und Grundgesetz*, I, p. 526; Skouris, Teilnichtigkeit, p. 55; Ulsamer, Gerhard, in Maunz, entre outros, BVerfGG, § 78, n. 33; Schlaich, *Das Bundesverfassungsgericht*, p. 172; Stern, Klaus, Staatsrecht, p. 1.041.

107. Cf. Maurer, "Zur Verfassungswidrigerklärung", in *Festschrift für Weber*, p. 345 (362); v., também, Pohle, *Verfassungswidrigerklärung*, p. 123.

no controle abstrato de normas tem eficácia *erga omnes* (§ 31, (2), da Lei do Bundesverfassungsgericht), de modo que, após a declaração da inconstitucionalidade sem a pronúncia da nulidade com efeito *erga omnes* ou após a pronúncia da nulidade, não subsiste dúvida quanto à existência à ofensa constitucional.[108] A lei declarada inconstitucional não dispõe portanto de eficácia vinculante, não lhe devendo submissão nem o indivíduo nem as autoridades ou os Tribunais.[109] Qualquer ato praticado com base na lei inconstitucional é, igualmente, inconstitucional.[110]

A não-aplicação da lei inconstitucional no âmbito do controle concreto de normas e no recurso constitucional (Verfassungsbeschwerde) dirigido contra decisões judiciais tem conseqüências primeiramente para os casos concretos, impondo aos Tribunais o dever de suspender os processos pertinentes a essa questão.[111] Enquanto para o processo de controle concreto de normas (cf. art. 100, I) revela-se imperiosa uma nova suspensão do processo, deve o Tribunal, no caso do recurso constitucional, cassar a decisão impugnada e devolver a questão ao Tribunal competente para que aguarde a promulgação de novas regras.[112] Dessa forma, pode a parte beneficiar-se da nova disciplina sem que se lhe possa opor o efeito da coisa julgada, que deveria ser conseqüência da decisão no processo de recurso constitucional e no controle concreto.[113]

A limitação do dever de suspensão apenas aos casos concretos que deram ensejo à decisão da Corte (Anlassfälle) não seria razoável, uma vez que, com a constatação da inconstitucionalidade, a Administração e os Tribunais estão impedidos, com eficácia *erga omnes*, de editar atos com base na lei declarada inconstitucional (CF, art. 20, III). Por isso, constatou Ipsen a propósito da chamada "exclusão de benefício incompatível com o princípio da igualdade" que qualquer decisão definitiva das instâncias administrativas configura aqui uma ilegalidade.[114] Portanto, os processos pendentes na esfera da Administração ou da Justiça — os chamados casos paralelos (Parallelfälle) — não devem ser tratados de maneira diferente. Qualquer outro processo deve ser suspenso até a edição de novas regras compatíveis com a Constituição.[115]

A suspensão de aplicação da lei como conseqüência da declaração de inconstitucionalidade sem a pronúncia da nulidade não é bem recebida por toda a doutrina, uma vez que ela dificilmente se deixa compatibilizar com o sistema de conseqüências jurídicas existentes. A aplicação de uma norma declarada inconstitucional é defendida por Söhn, que

108. Maunz, in Maunz, Theodor, entre outros, BVerfGG, § 31, n. 33, 42; Ipsen, Jörn, *Rechtsfolgen*, pp. 217-218.

109. Cf., a propósito, Maunz, in Maunz, Theodor, dentre outros, BVerfGG, § 31, n. 37; Ipsen, *Rechtsfolgen*, pp. 217-218; Maurer, *Zur Verfassungswidrigerklärung*, p. 345 (362).

110. Ipsen, *Rechtsfolgen*, p. 218; Maurer, *Zur Verfassungswidrigerklärung*, p. 345 (362).

111. Cf., a propósito, BVerfGE 28, 324 (363); 29, 71 (83); 31, 1 (7); 37, 217 (261).

112. BVerfGE 15, 46 (76 e ss.); 22, 349 (362 e ss.); 23, 1 (11 e ss.); 25, 236 (255 e ss.); 28, 57 (71); 32, 325 (372 e ss.); 39, 316 (333).

113. Schlaich, *Das Bundesverfassungsgericht*, 1985, p. 173.

114. Ipsen, *Rechtsfolgen*, p. 219.

115. BVerfGE 22, 349 (363); BVerfGE 39, 316; Heussner, NJW 1982, p. 257 (258); Gerontas, DVBl., 1988, p. 486 (488 e ss.); Jülicher, *Verfassungsbeschwerde*, p. 97; Geiger, "Zur Lage unserer Verfassungsgerichtsbarkeit", in *Festgabe für Maunz*, p. 136; Leibholz/Rupprecht, BVerfGG, § 31 (nota 3); Maunz, BayVBl., 1980, p. 518; Jekewitz, DVBl., 1981, p. 1.148; Maurer, "Zur Verfassungswidrigerklärung", in *Festschrift für Weber*, p. 345 (362); Pestalozza, "Noch verfassungsmässige", in *Bundesverfassungsgericht Grundgesetz*, I, p. 526; Skouris, *Teilnichtigkeit*, p. 55; Ulsamer, in Maunz, entre outros, BVerfGG, § 78, n. 33; Schlaich, *Das Bundesverfassungsgericht*, p. 172.

vislumbra na renúncia da declaração de inconstitucionalidade o reconhecimento da validade da norma, porque falta uma decisão de índole cassatória.[116] Também Moench parte do princípio de que, embora a suspensão de aplicação da norma seja uma conseqüência possível e ótima da declaração de inconstitucionalidade, não deve ser entendida como uma conseqüência necessária do princípio da supremacia da Constituição. Os limites da suspensão de aplicação e, portanto, as condições de validade de norma inconstitucional devem ser definidos de forma estruturalmente igual à renúncia à declaração de nulidade.[117] Argumentos semelhantes são trazidos por Pohle. Na aplicação superveniente da lei declarada inconstitucional inexiste uma ofensa ao princípio da supremacia da Constituição, porque os órgãos estatais estão obrigados a aplicar, não raras vezes, o direito inconstitucional; eles não atuam de forma inconstitucional e sim de forma compatível com a Constituição, porque é a própria supremacia da Constituição que exige a aplicação continuada do direito inconstitucional.[118] Semelhante posição é defendida por Kranz e Schneider, que vislumbram na declaração de inconstitucionalidade sem pronúncia da nulidade a justificativa para a aplicação superveniente e para a vigência continuada da norma declarada inconstitucional.[119]

A aplicação irrestrita e genérica da lei inconstitucional parece pressupor uma "alternativa normativa"[120] que autorize essa aplicação continuada do direito inconstitucional.[121] Como o Direito Constitucional alemão não dispõe dessa "alternativa", afigura-se difícil encontrar fundamento constitucional que empreste sustentáculo às opiniões que defendem a aplicação da norma inconstitucional.[122]

A suspensão de aplicação da lei é recusada, igualmente, por Sachs. A simples constatação da inconstitucionalidade da lei pode configurar negação da nulidade da lei, permitindo que os Tribunais considerem-na plenamente aplicável.[123] Como as conseqüências da declaração de inconstitucionalidade sem a pronúncia da nulidade não estão previstas nem na Lei Fundamental, nem no direito ordinário, não deveriam elas ser pressupostas como fundamento da suspensão. Ao contrário, elas precisam ser fundamentadas.[124] Por isso, entende Sachs que o Bundesverfassungsgericht deveria retornar à práxis anterior, consagrada originariamente no § 78 da sua Lei de organização, que limitava as decisões à declaração de nulidade ou à declaração de constitucionalidade da norma.[125] Opinião semelhante é sustentada por Ipsen, que não encontra fundamento no direito positivo para a suspensão de aplicação e para a suspensão de processos como conseqüência da declaração de inconstitucionalidade sem a pronúncia da nulidade.[126]

A opinião sustentada por Sachs a propósito de uma decisão do Bundesverfassungsgericht, relativa ao tempo livre especial para a mulher com atividades domésticas próprias, tal como resulta de um escrito mais recente,[127] assenta-se

116. Söhn, Hartmut, *Anwendungspflicht*, p. 58.

117. Moench, *Verfassungswidriges Gesetz*, p. 172.

118. Pohle, *Verfassungswidrigerklärung*, p. 118.

119. Kranz, NZA 1984, p. 348; Schneider, *Funktion der Normenkontrolle*, p. 159 e ss.; ver, também, Kraushaar, AuR 1983, p. 142 e ss.; Pieroth, Schlink, *Staatsrecht, II*, n. 562.

120. Cf., Kelsen, *Reine Rechtslehre*, p. 85; Ipsen, *Rechtsfolgen*, pp. 55 e ss., 160 e ss., 171, 259.

121. Cf. Kelsen, *Reine Rechtslehre*, p. 85; Ipsen, *Rechtsfolgen*, pp. 55 e ss., 160 e ss., 171, 259.

122. Cf., a propósito, Ipsen, *Rechtsfolgen*, p. 67; Stern, *Staatsrecht, II*, p. 1.041.

123. Sachs, FamRZ 1982, p. 981 (985).

124. Sachs, FamRZ 1982, p. 981 (985).

125. Sachs, FamRZ 1982, p. 981 (985).

126. Ipsen, JZ 1983, p. 41 (43).

127. Sachs, DÖV 1984, p. 411 (418).

numa concepção material do direito de igualdade que pretende atribuir às pretensões baseadas no art. 3º da Lei Fundamental apenas a finalidade de supressão de ofensa ao princípio da isonomia. A conseqüência por ele defendida — nulidade — pressupõe essa concepção material do direito de igualdade. O direito de igualdade, enquanto pretensão a uma omissão ou à supressão de um tratamento desigual, leva, em última instância, ao reconhecimento de que o cidadão tem uma proteção contra a outorga de benefício a terceiro.[128] Isto permitiria uma intervenção na esfera jurídica de terceiros com suporte no princípio da igualdade, o que é recusado pela doutrina dominante.[129]

Em relação à tese segundo a qual faltaria fundamento legal para suspensão dos processos, deve-se mencionar que o legislador se refere, no § 31, n. 2, 2º período, da Lei do Bundesverfassungsgericht, tanto à lei que teve sua nulidade declarada, quanto à lei que simplesmente foi declarada inconstitucional. Isso significa que, com a declaração de inconstitucionalidade sem a pronúncia da nulidade, tem-se decisão sobre a inconstitucionalidade com eficácia *erga omnes*. O poder vinculante da lei deixa de existir tanto para um indivíduo quanto para as autoridades e Tribunais.[130] A edição de atos singulares com base na lei inconstitucional é defesa tanto para a Administração quanto para os Tribunais (LF, arts. 1º, III, e 20, III). É de indagar-se apenas se os órgãos estatais poderiam ignorar a lei inconstitucional e decidir diretamente as questões que lhe fossem submetidas ou se deveriam suspender o exercício de suas atividades pertinentes à questão até uma decisão do legislador.[131] A renúncia à declaração da nulidade somente poderia ser entendida dogmaticamente como uma opção para que o legislador encontre diretamente a solução para o caso, uma vez que a tarefa de concretização da vontade constitucional foi, em primeira linha, confiada a ele.[132] Assim, é de reconhecer-se que não falta base jurídica tanto para suspensão da aplicação da lei, quanto para a suspensão dos processos como decorrência.

Deve-se admitir, por isso, que, apesar da insegurança que resulta da suspensão da aplicação da norma,[133] constata-se, com a declaração de inconstitucionalidade, com eficácia *erga omnes*, que a situação jurídica questionada, na forma existente, não se compatibiliza com a Lei Fundamental. Isso significa que qualquer ato praticado com base na norma inconstitucional é ilegítimo.[134]

A aplicação continuada da norma que teve a sua inconstitucionalidade declarada pelos órgãos estatais revela-se inadmissível, uma vez que, tal como o legislador, estão a Administração e os Tribunais obrigados a observar o disposto nos arts. 1º, III, e 20, III, da Lei Fundamental, que consagra o princípio do Estado de Direito. Eles estão autorizados a agir apenas em conformidade com a Constituição.[135] Qualquer ação in-

128. Cf. Maurer, "Zur Verfassungswidrigerklärung", in *Festschrift für Weber*, p. 345 (349).

129. Dürig, in Maunz-Dürig-Herzog-Scholz, *Grundgesetz*, art. 3, I, n. 473; Erichsen, *Staatsrecht und Verfassungsgerichtsbarkeit*, I, p. 64; Dax, *Das Gleichbehandlungsgebot*, p. 127; Götz, NJW 1979, p. 1.478 (1.480); Friauf, DVBl., 1969, p. 368 (371 e ss.).

130. Cf., a propósito, Ipsen, *Rechtsfolgen*, pp. 159-160.

131. Cf., a propósito, Maurer, "Zur Verfassungswidrigerklärung", in *Festschrift für Weber*, p. 345 (362).

132. Cf., a propósito, Maurer, "Zur Verfassungswidrigerklärung", in *Festschrift für Weber*, p. 345 (362); Ipsen, *Rechtsfolgen*, p. 219.

133. Maurer, "Zur Verfassungswidrigerklärung", in *Festschrift für Weber*, p. 345 (362).

134. Cf., a propósito, Maurer, "Zur Verfassungswidrigerklärung", in *Festschrift für Weber*, p. 345 (362); Ipsen, Jörn, *Rechtsfolgen*, p. 192.

135. Maurer, "Zur Verfassungswidrigerklärung", in *Festschrift für Weber*, p. 345 (362); Hein, *Unvereinbarerklärung*, p. 189.

compatível com a Lei Fundamental não pode, em princípio, ser justificada do prisma constitucional. Sob esse aspecto, não há como deixar de reconhecer como correta a equiparação, entre a declaração de nulidade e a declaração de inconstitucionalidade sem a pronúncia da nulidade.[136]

4.4 Aplicação da lei inconstitucional

A suspensão da aplicação da lei inconstitucional suscita problemas que não podem ser olvidados. Na decisão proferida pelo Bundesverfassungsgericht sobre a constitucionalidade da lei que disciplinava o regime de nacionalidade das crianças nascidas dos chamados "casamentos mistos",[137] tornou-se evidente que, sem a aplicação provisória da disposição inconstitucional, haveria um vácuo legislativo. O Bundesverfassungsgericht reconheceu a legitimidade da aplicação provisória da lei declarada inconstitucional se razões de índole constitucional, em particular, motivos de segurança jurídica, tornam imperiosa a vigência temporária da lei inconstitucional, a fim de que não surja, nessa fase intermediária, situação ainda mais distante da vontade constitucional do que a anteriormente existente.[138]

A doutrina dominante empresta respaldo a esse entendimento. Nesse sentido, ressalta Pestalozza que a vigência da lei inconstitucional deve ser derivada do próprio sistema jurídico.[139] Idêntica opinião é sustentada por Stern,[140] Schlaich,[141] Maures[142] e Jülicher,[143] no caso de a aplicação da lei inconstitucional ser exigida pela própria Constituição. Também Moench admite a aplicação da lei inconstitucional em caso concreto, observados os parâmetros estabelecidos na própria Constituição.[144] Essa orientação é sustentada, igualmente, por Heussner, que admite aplicação da lei inconstitucional, com fundamento sobretudo em razões de segurança jurídica.[145]

Dessarte, pode-se afirmar, de forma conclusiva, que a aplicação da lei declarada inconstitucional — mas que não teve a sua nulidade reconhecida — é legítima quando exigida pela própria Constituição.[146] Inexiste princípio geral sobre aplicação subseqüente da lei declarada inconstitucional. A decisão depende, por isso, do exame concreto de cada caso.[147]

Evidentemente, não se esclarecem, assim, os critérios que devem orientar o Bundesverfassungsgericht para expedir a autorização de aplicação da lei inconstitucional.[148] Pode-se afirmar, todavia, com segurança, que essa autorização somente pode ser outorgada se a aplicação continuada da lei inconstitucional for exigida ou pressuposta pela Constituição, uma vez que o princípio da nulidade da lei inconstitucional tem hierarquia constitucional.[149] Essa concepção, que há de ser considerada obrigatória do prisma constitucional, contém o perigo de que se fortaleça tendência no sentido de se identi-

136. Cf., Hein, *Unvereinbarerklärung*, p. 189; Schlaich, *Das Bundesverfassungsgericht*, p. 178.

137. BVerfGE 37, 217.

138. BVerfGE 61, 319 (356).

139. Pestalozza, "Noch verfassungsmässige", in *Bundesverfassungsgericht und Grundgesetz*, I, pp. 565-566.

140. Stern, *Staatsrecht*, II, p. 1.041.

141. Schlaich, *Das Bundesverfassungsgericht*, p. 180.

142. Maurer, "Zur Verfassungswidrigerklärung", in *Festschrift für Weber*, p. 345 (362).

143. Jülicher, *Verfassungsbeschwerde*, p. 97.

144. Moench, *Verfassungswidriges Gesetz*, p. 173.

145. Heussner, NJW 1982, p. 257 (259).

146. Cf., a propósito, Hein, *Unvereinbarerklärung*, p. 192.

147. Cf., a propósito, Schlaich, Das Bundesverfassungsgericht, p. 180; Hein, Peter, *Unvereinbarerklärung*, p. 194.

148. Cf., a propósito, Schlaich, *Das Bundesverfassungsgericht*, p. 180.

149. Cf., também, Schlaich, *Das Bundesverfassungsgericht*, p. 180.

ficar, na Constituição, toda e qualquer assertiva que legitime a aplicação da norma inconstitucional.[150] Semelhante tendência poderia fortalecer a impressão de que a declaração de inconstitucionalidade sem a pronúncia da nulidade confere efetivamente ao Tribunal uma "discricionariedade da sanção" (Sanktionsermessen).[151]

Bibliografia

(A forma abreviada de citação utilizada no texto vem explicitada, sempre que imprescindível, entre parênteses)

Bachof, Otto, "Der Verfassungsrichter als Gesetzgeber?", in *Wege zum Rechtsstaat*, Königstein/Ts, 1979.

Dax, Günter, *Das Gleichbehandlungsgebot als Grundlage positiver subjektiv-öffentlicher Rechte* (cit. Das Gleichbehandlungsgebot), Bonn, 1969.

Dürig, in Maunz-Dürig-Herzog-Scholz, *Kommentar zum Grundgesetz*, art. 3.

Ebsen, Ingwer, *Das Bundesverfassungsgericht als Element gesellschaftlicher Selbstregulierung*, Berlim, 1985.

Erichsen, Hans-Uwe, *Staatsrecht und Verfassungsgerichtsbarkeit*, vol. I, 3ª ed., Munique, 1982.

_____. *Staatsrecht und Verfassungsgerichtsbarkeit*, vol. II, 2ª ed., Munique, 1979.

Friauf, Karl-Heinrich, Anmerkung zu den Urteilen des BVerwGs vom 30.8.1968 — BVerwG VII — C 122.96 und vom 25.10.1968 —BVerwG VII C 90 — 66, DVBl., 1969, p. 368.

Flad, Wolfgang, *Verfassungsgerichtsbarkeit und Bundesrechtsexekution*, Heidelberg, 1929.

Frowein, Jochen Abr., *Änderungen der Rechtsprechung des Bundesverfassungsgerichts als Rechtproblem*, DÖV 1971, pp. 793 e ss.

Geiger, Willi, "Zur Lage unserer Verfassungsgerichtsbarkeit", in *Festgabe für Theodor Maunz*, Munique, 1971.

Gerontas, Apostolo, *Die Appellentscheidungen, Sondervotumsappelle und die bloße Unvereinbarkeitsfeststellung als Ausdruck der funktionellen Grenzen der Verfassungsgerichtsbarkeit*, DVBl., 1982, p. 486).

150. Schlaich, *Das Bundesverfassungsgericht*, p. 180; Hein, *Unvereinbarerklärung*, p. 194.

151. Cf., a propósito, Ipsen, *Rechtsfolgen*, p. 220; idem, JZ 1983, p. 41 e ss.; ver, também, Ebsen, *Das Bundesverfassungsgericht als Element gesellschaftlicher Selbstregulierung*, p. 98.

Götz, *Völkmar, Der allgemeine Gleichheitssatz und die Rechtsanwendung im Verwaltungsrecht*, NJW, 1979, p. 1.478.

Gusy, Christoph, *Parlamentarischer Gesetzgeber und Bundesverfassungsgericht* (cit. Gesetzgeber), Berlim, 1985.

Hein, Peter, *Die Unvereinbarerklärung verfassungswidriger Gesetze durch das Bundesverfassungsgericht* (cit. Unvereinbarerklärung), Baden-Baden, 1988.

Henke, W., *Das Recht der Wirtschaftssubventionen als öffentliches Vertragsrecht*, Tübingen, 1979.

Heyde, Wolfgang, "Gesetzgeberische Konsequenz aus der Verfassungswidrig-Erklärung von Normen", in *Festschrift für Hans Joachim Faller*, Munique, 1984, p. (53) 55.

Heußner, Hermann, *Folgen der Verfassungswidrigkeit eines Gesetzes ohne Nichtigerklärung*, NJW, 1982, p. 257.

Ipsen, Jörn, *Rechtsfolgen der Verfassungswidrigkeit von Norm und Einzelakt* (cit. Rechtsfolgen), Baden-Baden, 1980.

_____. *Nichtigerklärung oder "Verfassungswidrigerklärung" — Zum Dilemma der verfassungsgerichtlichen Normenkontrollpraxis*, JZ 1983, p. 41.

Jekewitz, Jürgen, Anmerkung zum Bechluß des Ersten Senats des Bundesverfassungsgericht vom 8.10.1980, DVBl., 1981, p. 1.148.

Jellinek, Walter, *Verfassung und Verwaltung des Reichs und der Länder*, 3ª ed., Leipzig e Berlim, 1927.

Jülicher, Friedrich, *Die Verfassungsbeschwerde gegen Urteile bei gesetzgeberischem Unterlassen* (cit. Verfassungsbeschwerde), Berlim, 1972.

Kelsen, Hans, *Reine Rechtslehre*, 1ª ed., Leipzig e Viena, 1934.

_____. *Reine Rechtslehre*, 2ª ed., Viena, 1960.

Korinek, Karl, *Verfassungsgerichtsbarkeit im Gefüge der Staatsfunktionen*, VVDStRL 39, 1981, p. 7.

Kranz, Jürgen, *Neue Kündigungsfristen für ältere Arbeitnehmer?*, NZA, 1984, p. 348.

Kraushaar, Bernhard, *Die neuen Kündigungsfristen für ältere Arbeiter*, AuR 1983, p. 142.

Lechner, Hans, *Zur Zulässigkeit der Verfassungsbeschwerde gegen Unterlassungen des Gesetzgebers*, NJW, 1955, p. 1.817.

Leibholz, Gerhard/Rupprecht, Reinhard, *Bundesverfassungsgerichtsgesetz*, Rechtsprechungskommentar, Colônia, 1968.

_____. *Bundesverfassungsgerichtsgesetz, Rechtsprechungskommentar*, (Nachtrag) Colônia, 1971.

Lerche, Peter, *Das Bundesverfassungsgericht und die Verfassungsdirektiven, Zu den "nicht* erfüllten Gesetzgebungsaufträgen'', AöR 90, 1965, p. 341.

Maunz, in Maunz u.a., *Bundesverfassungsgerichtsgesetz, Kommentar*, § 31.

_____. *Das verfassungswidrige Gesetz*, BayVBl., 1980, p. 513.

Maurer, Hartmut, ''Zur Verfassungswidrigerklärung von Gesetzen'', in Festschrift für Werner Weber, Berlim, 1974, p. 345.

Maywald, *Anwendbarkeit für verfassungswidrigerklärter Gesetze?*, BayVbl., 1971, p. 90.

Meyer, Wolfgang, in v. Münch, *Grundgesetz-Kommentar*, vol. III, 2ª ed., Munique, 1983, art. 93.

Moench, Christoph, *Verfassungswidriges Gesetz und Normenkontrolle* (cit. Verfassungswidriges Gesetz), Baden-Baden, 1977.

Oberndorfer, Peter, *Die Verfassungsrechtsprechung im Rahmen der staatlichen Funktionen*, EuGRZ, 1988, p. 193.

Pestalozza, Christian, 'Noch verfassungsmäßige' und 'bloß verfassungswidrige' Rechtlagen'' (cit. ''Noch verfassungsmäßige''), in *Bundesverfassungsgericht und Grundgesetz*, 1976, vol. I, p. 520.

_____. *Verfassungsprozeß*recht, 2ª ed., Munique, 1982.

Pieroth, Bodo/Schlink, Bernhard, *Grundrechte-Staatsrecht, II*, 4ª ed. atualizada, Heidelberg, 1988.

Pohle, Albrecht Peter, *Die Verfassungswidrigerklärung von Gesetzen* (cit. Verfassungswidrigerklärung), Frankfurt am Main, Berna, 1979.

Rupp, Hans Heinrich, *Zur bundesverfassungsgerichtlichen Kontrolle des Gemeinschaftsrechts am Maßstab der Grundrechte*, NJW, 1974, p. 2.153.

Sachs, Michael, *Tenorierung bei Normenkontrollentscheidungen des Bundesverfassungsgericht*, DÖV, 1982, p. 23 e ss.

_____. *Die Folgen der Unvereinbarkeit des Hausarbeitstagsanspruchs für Frauen mit dem Grundgesetz, FamRZ*, 1982, p. 981.

Schlaich, Klaus, *Das Bundesverfassungsgericht Stellung, Verfahren, Entscheidungen*, Munique, 1985.

Schmidt-Bleibtreu, in Maunz u.a., *Bundesverfassungsgericht, Kommentar*, § 90.

_____. in Maunz, u.a., *Bundesverfassungsgerichtsgesetz — Kommentar*, § 94.

Schneider, Bernd Jürgen, *Die Funktion der Normenkontrolle und des richterlichen Prüfungsrechts im Rahmen der Rechtsfolgenbestimmung verfassungswidriger Gesetze* (cit. Funktion der Normenkontrolle), Frankfurt am Main, 1988.

Schulte, Martin, *Appellentscheidungen des Bundesverfassungsgericht*, DVBl., 1988, p. 1.200.

Seibert, Helga, *Der Supreme Court und sein Verhältnis zu den anderen Staatsgewalten*, EuGRZ, 1978, p. 386.

Skouris, Wassilios, *Teilnichtigkeit von Gesetzen* (cit. Teilnichtigkeit), Berlim, 1973.

Söhn, Hartmut, *Anwendungspflicht oder Aussetzungspflicht bei festgestellter Verfassungswidrigkeit von Gesetzen?* (cit. Anwendungspflicht), Frankfurt am Main, 1974.

Stern, *Das Staatsrecht der Bundesrepublik Deutschland*, vol. II, Munique, 1980.

_____. *Staatsrecht der Bundesrepublik*, vol. I, 2ª ed., Munique, 1984.

Stettner, Rupert, *Die Verpflichtung des Gesetzgebers zu erneutem Tätigwerden bei fehlerhafter Prognose*, DVBl., 1982, p. 1.123.

Triepel, Heinrich, *Wesen und Entwicklung der Staatsgerichtsbarkeit*, VVDStRL 5, 1929, p. 3.

Ulsamer, Gerhard, in Maunz, dentre outros, *Bundesverfassungsgerichtsgesetz, Kommentar*, § 78.

Abreviaturas

AÖR Archiv des öffentlichen Rechts

Bundesverfassungsgerichtsentscheidungen — (Decisões do Tribunal Constitucional Alemão): o primeiro número refere-se ao volume, o segundo, às páginas

AÖR — Archiv des öffentlichen Rechts
BayVBl. — Bayerische Verwaltungsblatt
BGBl. — Bundesgesetzblatt
DÖV — Die öffentliche Verwaltung
DVBl. — Deutsches Verwaltungsblatt
EUGrZ — Europäische Grundrechtszeitschrift
FamRZ — Familienrechtszeitschrift
NJW — Neue Juristische Wochenschrift
JZ — Juristenzeitung
VVDStRL — Veröffentlichung der Vereinigung der Deutschen Staatsrechtslehrer

PARECERES

LICITAÇÃO — LEIS DE MERCADO E PREÇOS — EQUILÍBRIO ECONÔMICO-FINANCEIRO

CELSO ANTÔNIO BANDEIRA DE MELLO
Professor Titular da Faculdade de Direito da Universidade Católica de S. Paulo

Salvo conluio entre administradores e administrados a responsabilidade pelo edital e suas cláusulas é do promotor do certame e não dos concorrentes ou do contratado — Ulterior anulação administrativa de contrato dele recorrente não pode afetar o direito ao recebimento de prestações já efetuadas — Falta de confiabilidade no contratante governamental e cotações altas como conseqüência das leis de mercado — Equilíbrio econômico-financeiro dos contratos e reajustes de preços como direito constitucional e legalmente assegurado aos contratados.

A Associação Brasileira *X* expõe-nos os fatos abaixo, formulando a seguir:

Consulta

1. *Y* promoveu a concorrência pública n. x, na qual previu que os fornecimentos objeto do certame seriam feitos periodicamente, sempre que solicitados, dentro do espaço de tempo de doze meses, com base em quantidades variáveis por partida, entre um mínimo e um máximo pré-estabelecidos para elas. O edital do certame continha cláusula segundo a qual os preços poderiam ser reajustados quando permitido pela legislação federal, já que, à época, estavam proibidos em decorrência de ''Medida Provisória''.

2. Tendo em vista que as propostas datavam do mês de março, contratos realizados em 22.8.91, com base na aludida licitação, tiveram seus preços reajustados, já que a esta época não mais vigorava a referida proibição de efetuá-los. O reajuste em causa foi de 35,18% sobre os preços homologados e baseou-se na variação dos índices setoriais de preços por atacado, veiculados pela Fundação Getúlio Vargas (IPA-GV), sendo de notar que estes eram os mais baixos índices disponíveis.

3. Os contratos efetuaram as prestações previstas e a Administração as recebeu normalmente. Contudo, não efetuou os correspondentes pagamentos. Anulou os contratos, determinou a sustação dos pagamentos, sem sequer indicar quando os efetuaria e decidiu que dos valores pendentes seriam deduzidos os percentuais atinentes ao reajuste; tudo isto sem efetuar procedimento prévio em que aos contratados fosse asscgurada ampla defesa, com os meios e recursos a ela inerentes.

Alegou vícios nos contratos e inclusive aduziu o fato de que os preços reais contratuais foram mais altos que os obtidos em anteriores contratos. Diga-se, aliás, que tal afirmação é inexata, pois fundou-se em inadequada comparação de índices, não se valendo dos que teriam sido pertinentes para efetuar o cotejo. Pelo comprovar é suficiente verificar-se que são aproximadamente equivalentes os preços reais oferecidos na licitação anterior e os propostos na subseqüente. A Administração tomou por base contratos travados em fevereiro de 1991 (antes da publicação dos índices divulgados naquele mês), olvidando-se de que foram justamente tais índices que registraram notável incremento inflacionário.

4. Isto posto, indaga-se:

I — É ilegítimo edital de concorrência pública no qual se prevê que os fornecimentos objeto do certame se efetivarão periodicamente, sempre que demandados dentro do lapso temporal de doze meses, em partidas de quantidades variáveis entre um mínimo e um máximo para elas pré-fixado, tal como o fez a concorrência n. x?

II — Eventuais diferenças de preço a menor em anterior aquisição de produtos equivalentes configura, de *per si*, causa jurídica bastante para considerar-se inválida concorrência posterior na qual foram acolhidos preços reais mais elevados?

III — É causa de invalidade de contrato a aplicação de reajuste (em época na qual não estavam proibidos reajustes) do valor ofertado e acolhido na licitação, sobretudo existindo no edital cláusula autorizando aplicação de reajustes caso a legislação federal, que então os interditava, viesse a permiti-los?

IV — Foi inválida a adoção de reajuste fundado na variação do índice setorial de preços por atacado, veiculado pela Fundação Getúlio Vargas (IPA-GV), sobremodo sendo o mais baixo índice então disponível, ou teria sido necessário, para validade do reajuste, comprovar por outros meios a alteração do equilíbrio econômico-financeiro considerado pelas partes?

V — Podia a Administração, sob a alegação de que os contratos estavam incursos nos "vícios" objeto das indagações anteriores, sustar pagamentos relativos a prestações já efetuadas, sem indicar quando os saldaria, determinando, ainda, redução dos créditos pendentes para deduzir o diferencial dos reajustes, fazendo-o, ademais, sem oferecer aos contratados ampla defesa com os meios e recursos a ela inerentes?

VI — Se inválida a conduta da Administração, qual a decorrência do descumprimento dos prazos de pagamento em que incide?

VII — É cabível a utilização de mandado de segurança contra ato de administrador público que determina a sustação de pagamento contratualmente previsto?

Às indagações respondo nos termos que seguem.

Parecer

1. Antes mesmo de examinar *in concretu* as indagações da Consulta, convém inicialmente recordar certas noções singelas, de trânsito corrente entre os estudiosos de direito administrativo. Em despeito de sua simplicidade, servem de adequado pano de fundo para análise, iluminação e desate dos pontos questionados, uma vez que se lhes extraía algumas inerências pouco referidas ou exploradas pela doutrina.

2. Comece-se, pois, pela noção sabida e ressabida de que a Administração Pública e suas entidades auxiliares, salvo perante exceções previstas em lei, só podem efetuar compras depois de concluído um procedimento preliminar, denominado licitação (art. 37, XXI, da Constituição e art. 2º do Decreto-lei 2.300, de 21.11.86[1]). Os objetivos deste instituto são, manifesta e concomitantemente, os abaixo mencionados.

De um lado, através da licitação, pretende-se ensejar que os sujeitos interessados e aptos a fornecerem os bens pretendidos pelo Poder Público (e seus sujeitos auxiliares) disputem entre si tal negócio. Quer-se que concorram com suas respectivas ofertas, porém adstritos a fazê-lo rigorosamente dentro de *condições unilateralmente estabelecidas pela entidade promotora do certame e sobre as quais os disputantes não podem ter qualquer interferência.*

Com isto, atende-se a um dos objetivos do certame que é o de assegurar *igualdade* na disputa das relações que o Poder Público intente travar com terceiros. Tal dever de propiciar tratamento isonômico, embora expressamente consignado em lei (arts. 3º e 4º do Decreto-lei 2.300, de 21.11.86[2]), tem sua verdadeira matriz em sede superior. Procede quer da própria noção de República e de Estado Democrático de Direito (art. 1º da Constituição), quer de preceitos específicos, como os que constam do art. 5º, *caput*, e inc. I da Lei Magna, quer, ainda, do art. 37 deste Diploma. Ali está imposta à Administração direta, indireta ou fundacional, em todas as esferas de Governo, a obediência ao princípio da *impessoalidade.*

De outro lado, almeja-se, graças a esta mesma disputa que o Poder Público promove, buscar a oferta mais satisfatória que se *disponham a lhe fazer*, assegurando-se, dessarte, o alcance do negócio configurável como o mais vantajoso que *a Administração tem condições de obter* no mercado.

3. Resulta, pois, destas noções comezinhas que a licitação é um instituto encartado não apenas na linha de preocupações isonômicas, próprias do Estado de Direito, mas também — e marcadamente — no propósito de conseguir para a Administração o negócio que, *segundo seus próprios termos* (os que fixa imperativamente no ato de convocação), seja o mais conveniente *que pode alcançar*. Com efeito, vai implícito neste procedimento que a concorrência entre ofertantes proporcionar-lhe-á o melhor negócio que ela, a *Administração, é capaz de conseguir* enquanto sujeito que participa de transações sujeitas *às leis de mercado.*

Desde logo, a partir destas primeiras noções incontestes, duas idéias nelas contidas — mas pouco ou nada enfatizadas entre nós — merecem ser postas em relevo.

Uma, a de que as normas retoras da licitação são da alçada e responsabilidade de quem as fixou unilateralmente e promoveu o certame cuja condução e orientação manteve e tinha de manter sob seu exclusivo governo.

Outra, a de que os negócios que a Administração efetua com terceiros me-

1. Atualmente, art. 2º da Lei 8.666, de 21.6.93.

2. Hoje, art. 3º da Lei 8.666, de 21.6.93.

diante relações voluntárias, isto é, não imperativas para os administrados, correm à mesma sorte que quaisquer outras relações jurídicas no que concerne aos efeitos econômicos das leis de mercado.

4. A primeira destas idéias traz consigo, inexoravelmente, a conclusão de que as regras do certame licitatório, ou seja, as condições que o presidem, *são assunto absolutamente estranho aos licitantes*. São, pois, igualmente estranhas a quem, vencendo-o, venha a travar contrato com a entidade que o promoveu. Vale dizer: os disputantes não têm direito algum a interferir com o regramento. O que lhes cabe é tão-só obedecê-lo, assistindo-lhes unicamente insurgir-se contra ele se desatender as condições necessárias a uma disputa isonômica.

Em suma: a *conveniência* de que as normas regentes da disputa sejam tais ou quais e a *responsabilidade pelo acerto delas* é questão pertinente a quem promove o certame (pessoa, órgão e agente a quem sejam imputáveis) e não aos que buscarão atender ao que lhes haja sido solicitado e nos termos em que o foi. O comprador (no caso a pessoa da esfera administrativa), como é natural, tomando em conta os próprios interesses, dita os termos que lhe convêm e que reputa juridicamente adequados. Os eventuais vendedores (no caso os afluentes à licitação), se lhes convierem tais termos, é dizer, se também consultarem a seus interesses, ofertamento daquelas mesmas disposições apresentadas como retoras da disputa e do futuro contrato. São as pautas que existem e das quais não podem fugir.

5. Assim, aquele que faça a melhor oferta, vença a licitação, seja contratado e *cumpra o contrato* que firmou, *prestando o objeto que lhe competia prestar na forma prevista e avençada* — salvo na hipótese de haver-se conluiado com os agentes que organizaram o certame a fim de prejudicar a entidade licitadora — obviamente não pode vir a ser, ao depois, onerado em decorrência de censura acaso feita ulteriormente ao promotor do certame. A eventual inculca de que *as regras por este estabelecidas* eram inconvenientes, insatisfatórias ou incursas em ilegalidade constituir-se-ão em *res inter alios acta*. Não podem, então, afetar os direitos do contratado que resultaram de prestações suas *já consumadas* e, como tal, irretiráveis do mundo.

De resto, o parágrafo único do art. 49 do Decreto-lei 2.300, de 22.11.86, disciplinador de licitações e contratos na órbita federal, expressamente consigna: "A nulidade não exonera a Administração do dever de indenizar o contratado, pelo que este houver executado até a data em que ela for declarada, contanto que não lhe seja imputável, promovendo-se a responsabilidade de quem lhe deu causa".[3]

Excetuado, pois, o caso de se apurar e demonstrar que os agentes da entidade que promoveu a licitação e o vencedor dela se consorciaram para lesar a pessoa jurídica que adquiriu os bens, nenhuma conseqüência desfavorável pode onerar quem cumpriu com exatidão o que dele se pedira. Sublinhe-se, ademais, que tal apuração, por força de disposição constitucional expressa — se já não fora por força da própria natureza do Estado de Direito — depende de obediência a um "devido processo legal", isto é, ao atendimento de "contraditório e ampla defesa, com os meios e recursos a ela inerentes" (*litterim*), consoante dispõe o art. 5º, LV, da Lei Magna brasileira.

Com efeito, dado que as condições do certame são unilateralmente estabelecidas pela Administração, segundo cri-

3. Atualmente art. 59, parágrafo único, da Lei 8.666, de 21.6.93, cujos termos são os seguintes: "A nulidade não exonera a Administração do dever de indenizar o contratado, pelo que este houver executado até a data em que ela for declarada *e por outros prejuízos regularmente comprovados*, contanto que não lhe seja imputável, promovendo-se a responsabilidade de quem lhe deu causa".

térios de sua conveniência e oportunidade (assunto interno do sujeito que o organiza), seria o mais supremo dos contrasensos que o contratado da Administração — que nada teve a ver com as sobreditas condições — depois de cumprir o contrato e honrar o vínculo que firmara, como lhe competia, deva ser agravado em seus direitos contratuais em decorrência de vício alheio, isto é, inculcado a outrem. A evidência desta conclusão é tanto mais saliente quando se sabe, de um lado, que a legalidade dos editais de licitação passa, *obrigatoriamente*, pelo exame de órgão jurídico da pessoa governamental — conforme impõe o art. 31, parágrafo único, do Decreto-lei 2.300[4] — e, de outro lado, que os atos administrativos gozam de *presunção de legitimidade* (e um edital de licitação é indiscutivelmente um ato administrativo).

6. Sem embargo, bastas vezes a Administração Pública incorre no absurdo e no teratológico desígnio de pretender, em tais casos, afetar a posição jurídica do contratado, negando-lhe ou retardando-lhe a fruição dos direitos oriundos de prestações já cumpridas e ainda impagas. Esta conduta viciosa está fundada na incompreensão evidente de um princípio jurídico incensurável e corretamente sufragado pela nossa jurisprudência, qual seja: o de que a Administração tem o direito de anular os próprios atos incursos em legalidade. Aliás, melhor se diria que a Administração tem o *dever* de anular seus atos viciados, quando não estiver perante o dever de convalidá-los, com ressalva, apenas, das chamadas "barreiras" à invalidação (cf. Weida Zancaner, *Da Convalidação e da Invalidação dos Atos Administrativos*, Ed. RT, 1990, especialmente cap. 3 e conclusões 13 a 21, do cap. 7).

Com efeito, o fato da Administração dever fulminar seus atos viciados inconvalidáveis, não postula que possa ignorar, amesquinhar, ou postergar direitos resultantes de situações jurídicas *já consumadas* e que se produziram em relação a terceiros de boa-fé; isto é, *sujeitos que não concorreram para a ilegalidade* argüida e nem mesmo teriam o poder de constituí-la.

7. Perante comportamentos ilegais da Administração, que envolvam terceiros aos quais não é imputável o vício argüido, cumpre, inicialmente, distinguir duas situações que se apartam de modo visceral. A saber: uma, em que os efeitos fáticos pressupostos no ato ou contrato ainda não se produziram. Nestes casos, a fulminação do ato impede que venham a eclodir e convém que os impeça, pois nada, de direito, concorre para que seja de outra forma; outra, em que a descoberta do vício só ocorre *depois que a contraparte da Administração já lhe prestou algo que era de seu dever prestar em decorrência do ato ou contrato que os ligara*.

Nesta segunda hipótese, é claro a todas as luzes que se a Administração, fundada na anulação procedida, sustar o pagamento que à sua contraparte correspondia como fruto da prestação já efetuada, fraudá-lo-á, deixando-o a descoberto, lesado pela falta do suprimento (ou do tempestivo suprimento) da paga prevista como correspectivo da prestação realizada. Incorrerá, dessarte, em enriquecimento ilícito, obtido à custa de seu contratado. Ora, se este nem título jurídico dispunha para concorrer na constituição do vício inquinado, é manifesto que não pode vir a sofrer por ele.

Deveras, atender ao disposto em um ato unilateral ou travar um contrato firmado segundo condições unilateralmente decididas pela Administração *não é concorrer para o vício residente naquelas condições* a que aderiu e podia aderir porque, como dito: (*a*) o exame da legalidade de tais condições fora feito pelo órgão competente da própria Adminis-

4. Atualmente, art. 38, parágrafo único, da Lei 8.666.

tração, isto é, por aquele a quem, de direito, incumbia, como dever de ofício, analisá-las sob o prisma administrativo; (*b*) o indiscutido princípio da presunção de legalidade dos atos administrativos levava e devia levar o administrado a pressupor legítimas as regras editalícias que governavam o certame e regeriam o posterior contrato nelas previsto.

8. A segunda idéia referida como merecedora de realce é a de que a Administração *não tem como evadir-se às leis econômicas de mercado* quando se propõe a constituir com terceiros relações voluntárias, não imperativas; nas quais, portanto, sua contraparte é livre para vincular-se e para ofertar os valores em função dos quais aceitará engajar-se no liame.

Ou seja, trata-se aqui de sublinhar a evidência (o que surpreendentemente é necessário fazer) de que, não havendo obrigação de participar de licitação e de contratar com entidade governamental, quem aflui ao certame está no *direito* de ofertar os preços que considere satisfatórios perante *aquele negócio* e *aquele comprador*. Irá fazê-lo tomando em conta as características da operação comercial licitada, a credibilidade do sujeito que a propõe e as garantias de que irá desfrutar. De seu turno, o comprador, como em qualquer relação de negócio voluntariamente constituída entre as partes, é livre para aceitar ou rejeitar as ofertas que lhe façam.

Se as reputar elevadas e, portanto, inconvenientes, pura e simplesmente deverá recusá-las. Com efeito, se considera que existe alguém disposto a fazer-lhe cotações melhores, basta-lhe realizar nova licitação e comprovar, dessarte — se puder — sua convicção de que existem ofertas mais vantajosas. Se, entretanto, aceitá-las e contratar com quem lhe haja feito a oferta mais baixa, não tem porque questionar ulteriormente o preço, sob alegação de que foi excessivo, de que em outra época adquiriu os mesmos produtos por preços reais menores, pretendendo, por tal razão, que houve "ilicitude" no negócio, ou, para usar uma expressão jornalística do momento (em despeito de sua manifesta impropriedade), que os preços estavam "superfaturados".

Em suma, o fato de algo ser comprado por dado preço, ao depois reputado elevado — mesmo que fosse procedente a alegação — não é título jurídico prestante para sacrificar direitos contratuais do fornecedor, pois quem os adquiriu fê-lo simplesmente por não encontrar no mercado *quem se arriscasse* a oferecer-lhe preços mais baixos.

Com efeito, inúmeras vezes o Poder Público e suas entidades auxiliares pagam, como é sabido e ressabido, preços superiores aos que os particulares conseguem obter no mercado. Os menos avisados supõem que tal fato, lamentável por todos os títulos, deve-se exclusivamente à conduta incorreta de agentes públicos e de fornecedores ou empreiteiros de obras. Sem embargo, mesmo que todas as licitações sejam realizadas na conformidade dos mais incensuráveis padrões de eficiência e moralidade administrativa, ainda assim, tal fenômeno indesejável persistirá se repetindo em múltiplas ocasiões, como simples efeito das leis de mercado, pois os negócios em que a Administração é parte envolvem uma álea de proporções enormes.

Deveras, quem, em despeito de uma inflação incontrolável, exige sejam sustentados preços oferecidos em licitação realizada muito antes da data prevista para os pagamentos; quem, sistematicamente, também não os efetua nas épocas aprazadas; quem tem o poder de editar os índices de perda de poder aquisitivo da moeda e de reajuste de preços e ora os faz discrepantes da realidade, ora atrela a correção monetária a índices inferiores aos que adota para atualização de seus próprios créditos, ora determina unilateralmente a proibição de correção ou de reajustes, ora faz desaparecer do universo índices relativos a determinados meses nos quais justamente a inflação foi mais elevada; quem, sendo inadimplente e às vezes arbitrário, não oferece qualquer garantia de responder eficazmente pela inadimplência ou arbítrio, pois, cobrado judicialmente — de fora parte retaliações que ameaça e pode utilizar — só paga, pelo sistema de precatórios, no mínimo um ano ou ano e meio depois e com moeda aguada (já sem nenhuma significação econômica); quem, em suma, tem a faca e o queijo nas mãos, mantendo a contraparte à sua mercê, evidentemente não pode esperar, na mecânica do mercado, ser considerado um "cliente" confiável, ao qual, então, são ofertáveis preços compatíveis com a pontualidade, lisura e equilíbrio entre partes, garantidores da economicidade de negócio travado sobre bases firmes e, por isto mesmo, muito menos onerosas. Agisse um particular do modo com que age o Estado em suas relações contratuais e receberia, por parte das pessoas honestas, os mais desprimorosos epítetos no que concerne a sua lisura moral.

É óbvio que o Poder Público será um contratante de pouca ou nenhuma confiabilidade e arcará com as conseqüências que daí resultam enquanto perdurarem no País as interpretações doutrinárias marcadas pelo ranço do mais puro autoritarismo, que lhe têm servido de escora para as práticas em que incorre com habitualidade. Significativo exemplo desta distorção reside justamente na crença de que a Administração pode, sem respeitar o direito de defesa com todos os meios e recursos a ela inerentes, declarar "ilegítima" uma dada licitação ou contrato e sustar pagamentos por trabalhos já realizados ou por bens fornecidos, lançando sobre as costas da contraparte responsabilidades que, quando existentes, concernem aos seus próprios agentes. Em suma: na medida em que persistam comportamentos desta ordem, o interesse público — que a todos interessa ver salvaguardado — sofrerá continuadamente gravames, os quais, a final, embalam-se no berço de teorias, concepções e interpretações alegadamente construídas em sua defesa, mas que, além de não terem calço jurídico prestante, são, na verdade, uma inesgotável fonte de prejuízos aos cofres públicos e matriz de contumélias à própria lisura na condução dos assuntos de interesse geral.

9. Os dois pontos até aqui sublinhados põem em saliência a injuridicidade e ilogismo flagrantes de

(*a*) supor-se legítimo o ato administrativo que susta ou retarda pagamentos correspondentes a prestações já efetuadas pelo contratado da Administração, *sub color* de vício nas regras da licitação ou em contrato travado nesta conformidade, ignorando a exigência do devido processo legal *e independentemente de demonstrar conluio entre o contratado e agentes seus* (que neste caso teriam de ser pessoalmente responsabilizados). O absurdo é particularmente evidente porque os preceptivos retores da licitação e do contrato são da exclusiva alçada da própria Administração. Logo, se vícios neles houver, resultam de ato do próprio sujeito que os argüi e ainda pretende sacar proveito de haver neles incorrido, pois o contratado nada mais faz que aderir a regras e disposições que encontra prontas;

(*b*) supor-se, no caso de contratos efetuados após concorrência pública, que é título jurídico prestante para caracterizar-lhes a invalidade, a alegação de que a oferta vencedora e acolhida continha preços elevados, por superar os preços reais constantes de contratos realizados em época anterior. Se fosse verdadeira a alegação, nem por isto caberia sustar ou retardar pagamento de prestações já efetuadas, pois o contratante governamental, além de não ter encontrado, no mercado, preços menores — como o demonstra o resultado final da licitação —

não estava obrigado a aceitar as ofertas que aceitou e sobre cuja base contratou. Se o fez, é autêntico disparate negacear pagamentos pelos bens já recebidos e utilizados.

10. Fixadas estas premissas pode-se passar ao exame das questões *in concretu* formuladas.

Indaga, inicialmente, a Consulta se configura invalidade do edital (e de contratos subseqüentes firmados com base nele), o fato de prever-se que o fornecimento objeto do certame deva ser feito periodicamente e com base em quantidades variáveis entre um mínimo e um máximo pré-estabelecidos, dentro de um período de doze meses, sem delimitação do total global. Esclarece a Consulente que este foi o regime adotado na concorrência em tela.

O sistema aludido pode ser questionado no que concerne à sua conveniência, mas inválido não é. Certamente se assenta sobre a idéia de que a Administração, desejando assegurar-se a persistência de um preço real durante um período largo de tempo, todavia, não pode ou não quer comprometer-se a adquirir quantidades previamente definidas em sua globalidade seja (*a*) por não estar certa do montante total que necessitará dentro do período (o que tem particular relevo no caso de bens perecíveis), seja porque (*b*) deseja poupar-se dos encargos e custos de armazenamento por um espaço de tempo mais longo, seja porque (*c*) carece dos recursos necessários para uma compra de maior porte, seja porque (*d*) pretende escalonar desembolsos, fazendo-os tão-só à medida em que lhe sejam precisas as distintas partidas, seja (*e*) pela conjugação destes fatores. Tais razões abonariam o procedimento referido. Reversamente, apresentaria a desvantagem de não ensejar o possível barateamento de preço que resultaria de uma compra envolvendo quantidades máximas. Tem-se aí, pois, fatores a serem sopesados em análise de conveniência e oportunidade administrativa que não solúveis em abstrato.

11. Nossa legislação não repele o sistema em causa, tanto que prevê o chamado *registro de preços*, contemplado no art. 14, inc. II, do Decreto-lei 2.300, de 21.11.86,[5] que é, como se sabe, o diploma regente de licitações e contratos na órbita federal. De acordo com o referido preceptivo: "As compras, sempre que possível e conveniente, *deverão*: I — (...); II — ser processadas através de sistema de *registro de preços*".[6]

O artigo em questão, do modo como está redigido, parece indicar que nem ao menos exige, para o registro de preços, licitação prévia desenvolvida nas modalidades e condições dos arts. 20 e 21,[7] pois no art. 14 [8] fala-se em "pesquisa de mercado".[9] Com efeito, os parágrafos do referido artigo rezam o seguinte: "§ 1º. O registro de preços será precedido de ampla pesquisa de mercado. "§ 2º. Os preços registrados serão periodicamente publicados no *Diário Oficial da União*, para orientação da Administração. "§ 3º. O sistema de registro de preços será regulamentado por decreto".[10]

5. Atualmente é a Lei 8.666 e o artigo pertinente é o 15, II.

6. É esta a atual redação do correspondente dispositivo (15, II): "As compras, sempre que possível, deverão: I — (...); II — ser processadas através do sistema de registro de preços".

7. Hoje, arts. 22 e 23 da Lei 8.666.

8. Atualmente, art. 15, § 1º, da Lei 8.666.

9. A suposição, então alvitrada, atualmente não seria cabível, pois, entre as condições a que o registro de preços está obrigatoriamente sujeito, conta-se, justamente, a de ser constituído mediante concorrência, conforme exigência do art. 15, § 3º, I, transcrito na nota de rodapé subseqüente.

10. Assim dispõem, hoje, os preceptivos correspondentes: "§ 1º. O registro de preços será precedido de ampla pesquisa de mercado. § 2º. Os preços registrados serão publicados trimestralmente para orientação da Administração, na imprensa oficial. § 3º. O sistema de registro de preços será regulamentado por decreto, atendidas as peculiaridades regionais, observadas as seguintes condições:

Daí a observação do saudoso e festejado Hely Lopes Meirelles: "O estatuto exige que o registro de preços seja precedido de ampla pesquisa de mercado (art. 14, § 1º), permitindo inferir que, pelo atual sistema, a Administração pode, unilateralmente, registrar os preços e estabelecer as condições para a formalização das compras, convocando os interessados que concordem com aqueles e estas a integrar o seu *cadastro de fornecedores*, depois de devidamente habilitados" (*Licitação e Contrato Administrativo*, Ed. RT, 9ª ed. atualizada, 1990, pp. 58-59).

Já a legislação do Município de São Paulo, Lei 10.544, de 31.5.88, em seus arts. 9º e 13, prevê o registro de preços, não apenas para compras, como também para serviços, mas impõe, em ambos os casos, uma prévia concorrência.

Ora, se o diploma federal admite o registro de preços para a realização de compras sucessivas e não exige para tanto uma prévia concorrência, não se vê como deva ser reputada ilegal a realização de compras sucessivas precedidas de licitação — e na modalidade de concorrência pública — que expressamente as contemple.

12. Indaga, mais, a Consulente, se eventuais diferenças de preço a menor em anterior aquisição de produtos semelhantes constitui-se em causa bastante para considerar-se viciada a concorrência posterior.

Conforme dantes se disse, o fato da Administração vir a reputar elevados determinados preços, por superiores aos que encontrara anteriormente, de modo algum lhe pode servir de causa prestante para justificar o agravamento de direitos do contratado que cumpriu a prestação a que se obrigara perante ela.

I — seleção feita mediante concorrência; II — estipulação prévia do sistema de controle e atualização dos preços registrados; III — validade do registro não superior a um ano".

Também não se pode depreender vício em concorrência meramente por haver a Administração adquirido, em passado próximo ou remoto, os mesmos bens por valor inferior. Passa-se que, como se frisou de início, tanto a licitação, quanto o contrato administrativo suscitam vínculos constituídos voluntariamente, ou seja, não imperativos em sua formação. O Poder Público e suas entidades auxiliares, ao recorrerem a tais procedimentos, sujeitam-se, então, às leis do mercado, de modo que não podem obrigar os ofertantes a sustentarem os preços anteriores ou quaisquer outros que a promotora do certame considere desejáveis.

Donde, se uma licitação é corretamente efetuada, com a divulgação imposta pela lei, e se desenvolve em obediência aos trâmites normativos pertinentes, resulta claro que os preços com que a final se defronta, são os únicos que pode obter. Então, se for o eleito o menor deles, isto é, o que apresente mais vantagens para a promotora do certame, evidentemente a licitação não será viciada em razão do preço acolhido, salvo se, consoante também se deixou averbado a bom tempo, tiver havido conluio entre agentes da entidade que a promoveu e os afluentes ao certame ou, ainda, se os próprios ofertantes houverem se concertado para engendrarem propostas artificialmente elevadas. Em tal caso, se a Administração, mediante procedimento regular, respeitoso do devido processo legal, apurar ocorrência do gênero, aí sim, configurar-se-á um caso de invalidação do certame e necessária responsabilização dos envolvidos. Fora daí, entretanto, é claro que descabe depreender vício em licitação tão-só porque os preços reais das cotações superaram os praticados em aquisição anterior.

In casu, conforme noticia a Consulta, nem ao menos é exato que haja ocorrido um descompasso de preços reais hábil para evidenciar elevação injustificada de preços em momentos sucessivos. É que teria sido erroneamente deduzida, por fundar-se em incorreto manejo dos índices, pois não se valeu dos que seriam pertinentes para cotejá-los, vez que, se comparados os preços ofertados na licitação precedente com os propostos na licitação posterior, verificar-se-ia entre eles uma razoável equivalência. O confronto feito pela Administração tomou por base período menor, isto é, o dos contratos travados em fevereiro de 1990, (antes da publicação do índice de preços concernentes ao mês anterior) e os preços oferecidos em março daquele ano. Ora, foram justamente os índices divulgados em fevereiro (atinentes ao mês de janeiro) que retrataram o brutal incremento inflacionário ocorrido em janeiro e suprimido pelo Governo, como se a realidade econômica, em si mesma, pudesse ser supressa por decisão governamental.

13. Pergunta, ainda, o Consulente se, em contratos efetuados em 22.8.91, conseqüentes à licitação homologada em 2.4.91, foi legítimo ou ilegítimo reajuste de 35,18%, baseado no Índice de Preços por Atacado (IPA) da Fundação Getúlio Vargas, considerando-se que este era o mais baixo índice de reajuste então disponível e que o edital da sobredita licitação previa que os preços poderiam ser reajustados quando permitido pela legislação federal (pois à época da licitação não o era).

A resposta à indagação não oferece qualquer dificuldade. Com efeito, os reajustes de preço não se constituem, ao contrário do que possam supor administradores menos avisados, em favor deferido pelo Poder Público ao seu contratado, mas, diversamente, configuram-se como autêntico e inquestionável direito deste, já que representam, tão-só, a mantença do *equilíbrio econômico financeiro* considerado pelas partes.

Tal direito promana dos mais comezinhos princípios atinentes à natureza do contrato administrativo e, demais disto, resulta de expressa disposição *constitucional*, fato que é (ou devia ser) sabido de qualquer pessoa que milite na área jurídico-administrativa. Donde, evidentemente, ato algum subalterno à Constituição poderia interferir com o direito em causa.

Convém, de toda sorte, recordar e desenvolver estas noções curiais atinentes à *garantia de imutabilidade da equação econômico-financeira* ajustada nos contratos administrativos, bem como sua natural conseqüência: o reajuste de preços.

Na teoria do contrato administrativo, a manutenção do equilíbrio econômico-financeiro é aceita como verdadeiro "artigo de fé". Doutrina e jurisprudência brasileiras, em sintonia com o pensamento alienígena, assentaram-se pacificamente em que, neste tipo de avença, o contratado goza de sólida proteção no que concerne ao ângulo patrimonial do vínculo, até mesmo como contrapartida das prerrogativas reconhecíveis ao contratante governamental. Este indiscutido direito, como é óbvio — mas importa dizê-lo — corresponde a uma garantia verdadeira, real, substancial e não a uma garantia fictícia, simulada, nominal.

Entende-se por equação econômico-financeira a relação de igualdade, ou seja, de equivalência, entre as obrigações assumidas pelo contratado à época em que se compromete e a compensação econômica que lhe haverá de corresponder em razão das referidas obrigações. É que, como muito bem o disse Hely Lopes Meirelles: "O contrato administrativo, por parte da Administração, destina-se ao atendimento das necessidades públicas, mas por parte do contratado, *objetiva um lucro*, através da remuneração consubstanciada nas cláusulas econômicas e financeiras" (*Licitação e Contrato Administrativo*, Ed. RT, 7ª ed. atualizada, 1987, p. 161).

Georges Pequignot, um clássico no tema contrato administrativo, ao respeito averbou: "O contratado tem direito à remuneração inscrita em seu contrato. É o princípio da fixidez do contrato. *Ele não consentiu seu concurso senão na esperança de um certo lucro*. Aceitou tomar a seu cargo trabalhos e áleas que, se não houvesse querido contratar, seriam suportados pela Administração. É normal que seja remunerado por isso" (*Théorie Générale du Contract Administratif*, Paris, A. Pedone, 1945, p. 434. O grifo é nosso).

É induvidoso que a equação econômico-financeira é um dos pilares da teoria do contrato administrativo. Para dizê-lo com palavras de Marcello Caetano: "O contrato assenta, pois, numa determinada equação financeira (o valor em dinheiro dos encargos assumidos por um dos contraentes deve equivaler às vantagens prometidas pelo outro) e as relações contratuais têm de desenvolver-se na base do equilíbrio estabelecido no ato de estipulação" (*Princípios Fundamentais do Direito Administrativo*, Ed. Forense, 1977, pp. 255-256).

14. A palavra equação econômico-financeira significa igualdade, equivalência. Corresponde ao termo de equilíbrio que se definiu na conformidade do que os contratantes estipularam quando definiram suas recíprocas obrigações. Esta noção de equivalência, de igualdade que deverá persistir, fica muito bem esclarecida nas seguintes expressões com que Marcel Waline a descreve: "Assim, o equilíbrio econômico e financeiro do contrato é uma relação que foi estabelecida pelas próprias partes contratantes no momento da conclusão do contrato, entre um conjunto de direitos do contratante e um conjunto de encargos deste, que pareceram equivalente, *donde o nome de 'equação'; desde então esta equivalência não mais pode ser alterada*" (*Droit Administratif*, Sirey, 5ª ed., 1963, p. 618. Grifo e destaque são nossos).

O respeito a tal equação só existe quando ambas as partes cumprem à fieldade o que nela se traduziu. Então, uma delas, o contratado, tem que executar a prestação ou as prestações devidas com absoluto rigor e exatidão. A outra parte, o contratante público, está, de seu turno, adstrito a assegurar ao contratado, com o pagamento ou pagamentos, *o valor* que, à época da fixação de seus termos, por ambos foi havido como remuneração apta a *acobertar o custo* da prestação e o *lucro* que a ela corresponderia.

Jean Rivero, referindo-se à remuneração do contratado, assim se expressou: "As disposições relativas à remuneração *escapam do poder de modificação unilateral da administração*. Mas, além disto, o elemento de associação já assinalado se manifesta neste ponto com uma força particular; é o princípio do equilíbrio financeiro do contrato, *que é uma das características essenciais do contrato administrativo* e a contrapartida das prerrogativas da administração" (*Droit Administratif*, Dalloz, 3ª ed., 1965, p. 111).

15. Merece ser salientado que, ao contrário do que se passa nas relações entre particulares, o Poder Público e suas entidades coadjuvantes não podem escolher livremente os sujeitos com quem vão contratar. Estes são selecionados, como foi dito, em um procedimento preliminar obrigatório, a licitação, instituto que visa, de um lado, assegurar igualdade a todos os interessados na disputa dos negócios que pessoas governamentais pretendam travar com terceiros e, de outro lado, ensejar ao Poder Público a realização do contrato mais satisfatório.

Pela licitação se afere, dentre as propostas feitas por ofertantes habilitados, aquela que merece classificar-se em primeiro lugar, segundo critérios previamente divulgados, e que, demais disso, se apresente como satisfatória. Com efeito, podem existir muitas propostas e nem mesmo a primeira classificada revelar-se como satisfatória, conquanto as restantes ainda o sejam menos. Por isso, após a classificação expede-se (ou não) o ato de adjudicação. Este é o pronunciamento através do qual "... a Administração, em vista do eventual contrato a ser travado, proclama satisfatória a proposta classificada em primeiro lugar" (cf. nosso *Licitação*, Ed. RT, 1980, p. 81).

Assim, por via da adjudicação, outorga-se acolhida a uma dada proposta que, sobre ser comparativamente a melhor, é também conveniente, *adequada*. Segue-se que os valores ofertados pelo licitante vencedor, para acobertar as despesas a que se obriga e para ensejar o lucro que o impulsiona a contratar, são, em tal caso, *reconhecidos como pertinentes, merecedores de aceitação e os mais vantajosos que a Administração conseguiu obter, conforme apurado no certame*.

A proposta aceita consubstancia, então, a base econômica em vista da qual se compõe o equilíbrio do contrato. É dizer: aos encargos previstos corresponderá uma contrapartida econômica dessarte qualificada como idônea para acobertar os custos em que incorrerá o proponente com o contrato e para remunerar-lhe a atividade devida.

É bem de ver, pois, que *a equação econômico financeira tem seus termos definidos antes do travamento do contrato*, pois são ditos termos que recebem a avaliação de preço, em vista da qual alguém se qualifica para ser o contratado. Em conclusão: nas licitações em que o preço é fator final decisivo, a adjudicação traz consigo o reconhecimento de que a composição econômica proposta é a contrapartida adequada dos encargos previstos no certame, *motivo pelo qual deverá ser intransigentemente preservada a igualdade que disto resulta*. Daí que a citada igualdade é para ser mantida até conclusão do contrato, pois aqueles termos econômicos (correlatos aos encargos supostos) é que credenciaram o ofertante à constituição do vínculo. Por força disto, a Administração só não pode, mas deve, mediante os necessários reajustes, manter a equação econômica que proclamou satisfatória, inclusive porque disposições infraconstitucionais seriam impotentes para obstar-lhes a aplicação.

16. Deveras, não são apenas razões de ordem lógica ou mesmo radicadas conaturalmente na índole do contrato administrativo que impõem o respeito à igualdade econômico financeira estipulada. É o próprio direito positivo brasileiro que exige, de modo enfático, seu necessário acatamento. Com efeito, entre nós, além de receber sagração legal, foi reputada suficientemente importante para que se lhe atribuísse o caráter de imposição *constitucional*, motivo pelo qual nem leis, nem atos administrativos poderiam se lhe contrapor.

Com efeito, o art. 37, XXI, do Diploma Supremo estatui: "ressalvados os casos especificados na legislação, as obras, serviços, compras e alienações serão contratados mediante processo de licitação pública que assegure igualdade de condições a todos os concorrentes, com cláusulas que estabeleçam obrigações de pagamento, mantidas as condições efetivas da proposta...".

É evidente que para as obrigações de pagamento se cumprirem de maneira a que sejam "mantidas as condições efetivas da proposta", a equação econômico-financeira estipulada, que é a resultante da proposta, terá de se conservar sempre inalterada, intacta, a salvo de ulteriores mutações que lhe afetem a compostura.

É óbvio, pois, que há uma correlação entre estas obrigações de pagamento e as condições efetivas da proposta. Vale dizer, como ambos se obrigaram à face daquelas condições *efetivas*, são elas que presidem, por uma parte, a obrigação de prestar fielmente o convencionado para fazer jus ao correspectivo e, por outra parte, a obrigação de pagar em correlação com as condições *efetivas* que residiram na proposta. Posto que esta é feita na presença de certas *condições efetivas*, para que as obrigações de pagamento se façam com mantença delas, evidentemente é necessário que conservem a correlação inicial entre prestações e remuneração.

Este é o motivo que demanda sejam adotados reajustes de preços sempre que necessários para resguardar a permanência da aludida correlação, como se refere em seguida.

17. Reajustes de preços são fórmulas adrede concebidas para preservar de modo fluido, simples e pacífico, o conteúdo econômico-financeiro do ajuste.

Como a equação estabelecida entre as partes é uma relação de equivalência entre prestações recíprocas, fica entendido que ao custo de uma prestação (x) — que se compõe pelos encargos econômicos por ela implicados e a margem de lucro remuneratório ali embutida — corresponde o pagamento (y) que a acoberta. Esta relação de igualdade ideal, convencionada, deve ser mantida. Assim, se os custos dos insumos necessários à prestação (x) sofrem elevações constantes — como é rotineiro entre nós — os pagamentos (y) têm de incrementar-se na mesma proporção, sem o que a igualdade denominada "equação econômico-financeira" deixa de existir; descompõe-se.

Com efeito, para que prestações se equivalham, isto é, para que se mantenham obedientes ao equilíbrio inicial, é preciso que à variação de uma corresponda variação proporcional da outra. Deveras, é de evidência solar que se um dos termos for modificado pelo acréscimo de um peso maior, advindo do crescimento do preço dos insumos (fato irresistível para o contratado) sem que, em contrapartida, a outra parte incremente a retribuição, o equilíbrio pactuado se rompe e as prestações a que se obrigou o primeiro tornam-se-lhe gravosas, anti-econômicas, podendo — conforme o vulto do contrato — assumir até mesmo caráter ruinoso.

É este efeito injurídico que a todo transe procura-se evitar. Daí as cláusulas de reajuste, as quais prevêem, como o próprio nome indica, um ajuste automático do valor dos pagamentos (de acordo com a fórmula ou o sistema preestabelecido) à variação dos preços dos insumos. Trata-se, como se vê, de mecanismo pelo qual se busca, de maneira simples e expedita, manter incólume, intacta, a igualdade que as partes convencionaram ao travarem o contrato.

18. Dês que se enraizou a consciência de que não se vivia em um mundo estável, em economia liberta de surpresas, os contratos administrativos passaram a conter cláusulas de reajustes de preços. Como disse Paul-Francis Benôit (*Le Droit Administratif Français*, Dalloz, 1968, p. 360), a Administração e seus contratantes, instruídos pela experiência, passaram a se premunir no próprio contrato contra as oscilações econômicas. Isto significa que as disposições iniciais atinentes ao preço valem *rebus sic stantibus*, pois este deve ser reajustado *pari passu* com as alterações subseqüentes que nele influem, conforme noticia Marcel Waline (*Traité de Droit Administratif*, Sirey, 1963, 9ª ed., pp. 624-635, ns. 1.049 e 1.050). É dizer, as partes acautelam o risco derivado das altas que, sobretudo no Brasil (e de há muito), assumiram caráter de plena normalidade. Portanto, as cláusulas de reajuste assumem explicitamente o propósito de garantir, com previdência, o equilíbrio econômico-financeiro assentado, pois acolhem a atualização do preço como um elemento integrante da própria avença.

Pode ocorrer que em certas épocas os preços permaneçam estáveis. Entre nós, isto só tem ocorrido em curtos períodos subseqüentes a "congelamentos" impostos pelo Governo. Os efeitos destas medidas drásticas sempre foram efêmeros e terminaram sucedidos por elevações bruscas e animadas por tendências de incremento progressivo. É claro que a paralisação de reajustes só pode ter lugar e ser legítima, se, quando e enquanto os preços efetivamente se mantiverem estáveis. Deveras, se os atos governamentais se revelarem impotentes para deter-lhes a elevação ou quando, findo o congelamento, voltarem a se incrementar, é óbvio que de nada valerão tais medidas impedientes de reajustes, pois seriam *nulas perante a Constituição*, além de que afrontariam de modo visível a própria índole dos contratos administrativos, por agravarem sua equação econômico-financeira.

19. Impende referir, ainda, que também a nível infra constitucional, antes mesmo da vigente Lei Magna, o diploma retor das licitações e contratos administrativos na órbita federal, isto é, o Decreto-lei 2.300, de 21.11.86, também já abonava expressamente o respeito à equação econômico-financeira e, por conseqüência, a aplicação de reajustes para restaurá-la, quando agravada.[11] Assim, seu art. 55, II, *d*, contempla alteração do contrato, por acordo das partes: "para *restabelecer a relação que as partes pactuaram inicialmente*, entre os encargos do contratato e a retribuição da Administração para a *justa* remuneração da obra, serviço ou fornecimento, *objetivando a manutenção do equilíbrio econômico e financeiro do contrato*".[12]

Outrossim, o § 6º do sobredito artigo (com a redação que lhe deu o Decreto-lei 2.360) dispõe: "Em havendo alteração unilateral do contrato que aumente os encargos do contratado, a Administração deverá restabelecer, por aditamento, o equilíbro econômico-financeiro inicial".[13]

Acresça-se que o § 5º estabelece que: "Quaisquer tributos ou encargos legais, criados, alterados ou extintos, após a assinatura do contrato, de comprovada repercussão nos preços contratados, implicarão a revisão destes para mais ou para menos, conforme o caso".[14]

20. Cumpre notar, finalmente, que a obrigatoriedade de reajustes não depende de cláusula editalícia ou contratual. É conseqüência implícita do aludido princípio do equilíbrio econômico-financeiro ou, mesmo que assim não se entenda, de todo modo, *no Brasil constitui-se em inarredável característica do contrato administrativo*, como resulta do supramencionado art. 37, inc. XXI, da Constituição do País. Logo é inoperante disposição legal que o proíba e é prescindendo que o edital ou o contrato lhe façam explícita referência. Se o previrem, entretanto, é da mais esplendorosa obviedade que efetuá-los constituir-se-á em ato inquestionável de simples aplicação do que estava expressamente estatuído. Por isto, também, nada importa que

11. Na lei atualmente em vigor, n. 8.666, de 21.6.93, com as alterações introduzidas pela Lei 8.883, de 8.6.94, a proteção do equilíbrio econômico-financeiro também se encontra estampada em dispositivos análogos aos que foram referidos no corpo do parecer. São eles: art. 65, II, *d*, e os §§ 5º e 6º.

12. Hoje, o texto correspondente é o art. 65, II, da Lei 8.666, cujo teor é o seguinte: "para restabelecer a relação que as partes pactuaram inicialmente, entre os encargos do contratado e a retribuição da Administração para a justa remuneração da obra, serviço ou fornecimento, objetivando a manutenção do equilíbrio econômico e financeiro inicial do contrato, na hipótese de sobrevirem fatos imprevisíveis, ou previsíveis porém de conseqüências incalculáveis, retardadores ou impeditivos da execução do ajustado, ou ainda, em caso de força maior, caso fortuito ou fato do príncipe, configurando álea econômica extraordinária e extracontratual".

13. A redação é literalmente a mesma do atual art. 61, § 6º, da Lei 8.666.

14. O dispositivo a ele correspondente na Lei 8.666 é o § 5º do art. 65, de acordo com o qual: "Quaisquer tributos ou encargos legais criados, alterados ou extintos, bem como a superveniência de disposições legais, quando ocorridas após a data da apresentação da proposta, de comprovada repercussão nos preços contratados, implicarão a revisão destes para mais ou para menos, conforme o caso".

a previsão de reajustes houvesse sido feita (em época na qual estavam vedados) clausulando-se sua utilização para quando a legislação lhe permitisse operatividade, já que esta, consoante dito, existiria sempre: com ou sem autorização legal, com ou sem previsão editalícia ou contratual, toda vez que efetivamente ocorresse discrepância entre as condições de preço real dos insumos vigentes à época da proposta e as vigorantes na ou nas épocas de pagamento da prestação.

Por tudo quanto se disse, resulta claro, pois, que reajuste contratual, efetuado em época na qual era legalmente permitido fazê-lo, não padece de ilegitimidade alguma por haver sido contemplado em regra editalícia que condicionara sua aplicação ao eventual levantamento normativo da proibição então vigorante.

21. Indaga mais a Consulente se houve vício em contratos firmados em 22.8.91, por nele haverem sido reajustados os preços da concorrência, cotados em março de 91, com base no índice setorial mais baixo disponível, o veiculado pela Fundação Getúlio Vargas (IPA-FGV), isto é, 35,18%. Seria tal procedimento indevido, por não se ter exigido outra comprovação da ruptura do equilíbrio econômico-financeiro além dos citados índices?

A resposta meridianamente óbvia é a de que os índices de preços setoriais, como qualquer pessoa sabe, cumprem a função de captar a variação neles ocorrente ao longo do tempo, de maneira a evidenciar, por si mesmos, a sobredita variação. Precisamente para isto é que existem. Logo, chega a ser insólito que se proponha a indagação em causa. Tanto mais porque a remissão a índices para efeito de reajuste de contratos *sempre foi feita*, sem despertar qualquer espécie de estranheza, que, de resto, não tem cabida alguma.

Aliás, este procedimento de uso generalizado — no Brasil, como alhures, tal como dantes se disse (ns. 17 e 18) — tem por finalidade exatamente acolher um meio fluido, simples, objetivo e expedito de assegurar o resguardo da equação econômico-financeira do contrato. A ser de outro modo, propor-se-iam, sem nenhum proveito (a não ser o de embaraçar-lhe a efetivação), dificuldades e problemas de apuração complexos que, empeceriam ou retardariam a garantia da igualdade original e que, justamente, são superados de modo singelo, objetivo e ágil pela aplicação de índices. Posto que estes retratam a variação de preços, é evidente que se existiu tal variação colhida pelos índices, só por absurdo poder-se-ia pretender que não é prestante para demonstrar a quebra do equilíbrio econômico-financeiro a ser respeitado no contrato administrativo. Tendo sido adotado, como informa a Consulta, o índice setorial de preços por atacado da FGV, o qual era o mais baixo de todos os índices disponíveis — portanto, o que ofertava o menor reajuste — é claro que nada de censurável se pode ver nisto. Vício jurídico algum macula tal procedimento.

22. Indaga-se na Consulta, outrossim, se, tendo sido anulados os contratos subseqüentes à Concorrência n. x sob inculca de incursão nos "vícios" objeto dos questionamentos anteriores, poderia a Administração sustar os pagamentos correspondentes a prestações já efetuadas e ainda insaldadas, determinando que a "indenização" a que se refere o art. 49, parágrafo único, do Decreto-lei 2.300[15] se efetue na ocasião que bem lhe pareça e sem acréscimo sobre o valor cotado em março de 1991.

Parafraseando o ex-ministro Orozimbo Nonato, desta questão poder-se-ia dizer o mesmo que disse ele a propósito de outra, mas que envolvia resposta igualmente merecedora de cabal rejeição:

15. O correspondente deste preceito, na lei vigente, é o art. 59, parágrafo único, como já se anotou na nota de rodapé 3.

"O mesmo é propor a questão que lhe dar resposta negativa". Deveras, pelo quanto dantes se averbou, resulta evidente que a Administração não pode agravar a situação de contratado, que já implementou prestação devida por força do contrato, sob argüição de vício que o enfermava, salvo se este for imputável ao próprio contratado.

Demais disto, o diploma regente de licitações e contratos no âmbito federal, o Decreto-lei 2.300, em seu art. 49, parágrafo único, precitado, explicita que a nulidade "não exonera a Administração do dever de indenizar o contratado, pelo que este houver executado até a data em que foi declarada, contanto que não lhe seja imputável...".[16] Aliás, seria um contra-senso absoluto que a contraparte do Poder Público pudesse ser prejudicada em razão de vício — ainda que existente — praticado por outrem e, o que é pior, justamente por quem o invoca para fulminar a relação jurídica. Segue-se que a paga relativa à prestação já cumprida tem de fazer-se pontualmente e tal como prevista, pois os contratantes aceitaram o travamento do vínculo naqueles termos.

Sobremodo estando em pauta, como ocorre nos contratos administrativos, o *dever constitucional de respeitar a equação econômico-financeira que presidiu a constituição do vínculo* (cf. item 16 do parecer), com mais clareza se percebe que a Administração não pode se esquivar ao tempestivo pagamento do valor correspondente à prestação, nem reduzir-lhe o montante, pois qualquer atraso no pagamento ou subtração no valor que a preservaria constituem-se em violação de um comando residente na própria Constituição. A conclusão será tanto mais evidente quando o ato invalidador do contrato haja se estribado em fundamentos insatisfatórios e ou — como ocorreu no caso, segundo informações da Consulta — tenha incorrido no vício manifesto de ignorar o disposto no art. 5º, LV, da Lei Magna, isto é, o respeito ao contraditório e ampla defesa com os meios e recursos a ela inerentes.

Deveras, se (por força do referido preceptivo) mesmo o "acusado" de algum comportamento ilegítimo, enquanto não houver o "devido processo", está a salvo de gravames que resultariam de procedência da acusação, como reputar admissível que, sem ele, o contratado — que nem ao menos é um acusado — possa desde logo sofrer a procrastinação de pagamento relativo à prestação já cumprida, além de ter seu crédito imediatamente reduzido pela contraparte, ante simples anulação do contrato por suposto vício imputável à própria Administração?

É visível, portanto, que a Administração nem pode, dessarte, *diminuir o crédito* da contraparte, nem pode *atrasar o pagamento* que com ela convencionou e que corresponde a uma prestação já efetuada. É impensável, ademais, que seja direito da Administração saldar o compromisso daí decorrente na ocasião que melhor lhe apraza. Consistindo em débito vencido, não lhe assiste protrair-lhe o pagamento. Fazê-lo, implica violar o dever contratual de pagar pontualmente, transgredir o art. 49, parágrafo único, do Decreto-lei 2.300[17] e ofender a equação econômico-financeira estabelecida, com agravo ao art. 37, XXI, da Constituição.

23. Indaga, ainda, a Consulente sobre as conseqüências em que incorre a contratante pelo fato de descumprir os prazos de pagamento a que se obrigara.

Ao compor-se consensualmente com um particular, a Administração, assim como adquire direitos, também assume *obrigações*. Estas, portanto, corresponderão a direitos do contratado, que não

16. Atual 59, parágrafo único.

17. Atual 59, parágrafo único, da Lei 8.666.

podem ser desconhecidos ou amesquinhados.

Assim, em relação à violação das obrigações contratuais — como, *e.g.*, a intempestividade dos pagamentos — também se encontra protegida a equação econômico-financeira, com todos os ressarcimentos de prejuízos oriundos de infrações do contratante público, isto é, correção monetária, juros de mora e prejuízos demonstráveis.

Deveras, o atraso de pagamentos é uma falta contratual; é o descumprimento do avençado e um agravo ao direito do credor que tem que ser reparado na forma da lei civil. Por isso disse o precitado Pequignot: "Toda inadimplência, toda violação constituem uma falta da Administração. Não há razão alguma para não aplicar a toda esta parte do contrato as regras estabelecidas no Direito Privado" (ob. cit., p. 443).

Aliás, o próprio Decreto-lei 2.300, em seu art. 44, estabelece que os contratos administrativos "regulam-se por suas cláusulas e pelos preceitos de direito público, aplicando-se-lhes supletivamente, disposições de direito privado".[18] A regra geral no direito brasileiro, em tema de inexecução de obrigações, é a que consta do art. 1.056 do Código Civil, cujos termos são os seguintes: "Não cumprindo a obrigação ou deixando de cumpri-la pelo modo e no tempo determinados, responde o devedor por perdas e danos".

Assim, o mínimo a ser cogitado quando o contratante governamental retarde pagamentos, além da correção monetária, é o vencimento de juros. Deveras, se alguém faz jus a um pagamento e não o recebe à época devida, sofre com isto um gravame, uma perda advinda de não dispor daquilo que contratualmente lhe competia na ocasião aprazada. Demais disso, se o retardamento causar ao credor ainda outros prejuízos, contanto que os prove, fará jus à correspondente indenização.

24. Finalmente, a Consulente questiona se o mandado de segurança é via processual hábil contra ato de administrador público que determine a sustação de pagamento previsto contratualmente e devido em razão de prestação já efetuada.

Tendo em vista que sustar pagamentos devidos em razão de prestação efetuada em cumprimento de contrato administrativo é conduta gravosa a direito líquido e certo, pois suscetível de comprovação documental, prescindindo de recurso a provas testemunhais ou periciais, não resta dúvida de que pode ser contestado mediante mandado de segurança.

25. Isto tudo posto e considerado, às indagações da Consulta respondo:

I — Não configura invalidade do edital de licitação o fato de prever que o fornecimento objeto do certame deva ser feito periodicamente e com base em quantidades variáveis, por partida, entre um mínimo e um máximo preestabelecidos, dentro do prazo de doze meses, tal como o fez a Concorrência n. x.

II — Eventuais diferenças de preço a menor em anterior aquisição de produtos semelhantes não se constituem, de *per si*, em causa jurídica bastante para considerar-se inválida concorrência posterior na qual foram acolhidos preços mais elevados.

III — A aplicação, no contrato administrativo, de reajuste do valor ofertado e acolhido na licitação não é causa de invalidade do contrato, sobremodo se no edital existia cláusula que previa a aplicação de reajustes, caso a legislação federal, que então os interditava, viesse a permiti-los.

18. Atual art. 54 da Lei 8.666, cujo teor é o seguinte: "Os contratos administrativos de que trata esta lei regulam-se pelas suas cláusulas e pelos preceitos de direito público, aplicando-se-lhes, supletivamente, os princípios da teoria geral dos contratos e as disposições de direito privado".

IV — Não se constitui em vício algum reajustar contratos com base no índice mais baixo então existente, o índice setorial de preços no atacado da FGV (IPA-GV), sendo inteiramente dispensável a comprovação por outros meios da ruptura do equilíbrio econômico-financeiro do contrato.

V — A Administração não podia, sob alegação de que os contratos estavam incursos nos "vícios" objeto das indagações precedentes, sustar pagamentos relativos a prestações já efetuadas e muito menos unilateralmente reduzir o montante dos créditos a eles correspodentes, sobreposse se tal procedimento não foi precedido de processo administrativo, garantidor de ampla defesa com os meios e recursos a ela inerentes, na qual os credores pudessem exibir o infundado da pretensão administrativa.

VI — O descumprimento de prazos contratuais pela Administração, ainda que sob as alegações mencionadas nos tópicos anteriores, constitui-se em comportamento ilícito, acarretando a obrigação de saldá-los devidamente corrigidos, com pagamento de juros de mora, além da responsabilidade por outros danos acaso comprováveis pelo contratado.

VII — O ato de irregular sustação dos aludidos pagamentos fere direito líquido e certo dos contratados, ensejando a impetração de mandado de segurança.

É o meu parecer.

São Paulo, 16 de dezembro de 1991

MANDADO ELETIVO — IMPUGNAÇÃO

FÁBIO KONDER COMPARATO
Professor Titular da Faculdade de Direito da Universidade de S. Paulo
Doutor em Direito da Universidade de Paris

Consulta

Em rumorosa demanda judicial, José Carlos Martinez, na qualidade de candidato derrotado no segundo turno da eleição para Governador do Estado do Paraná, em 1990, pleiteou e obteve, do Tribunal Regional Eleitoral do Paraná, a perda do mandato eletivo do atual Governador Roberto Requião de Mello e Silva.

A ação, denominada "de impugnação de mandato", foi ajuizada com a invocação da norma constante do art. 14, § 10, da Constituição Federal, assim lançada: "O mandato eletivo poderá ser impugnado ante a Justiça Eleitoral no prazo de quinze dias contados da diplomação, instruída a ação com provas de abuso do poder econômico, corrupção ou fraude".

Consulta-me o ilustre Professor René Ariel Dotti sobre a legalidade e regularidade do referido processo judicial.

Respondo no parecer a seguir exarado.

Parecer

1. A questão objeto da consulta constitui uma viva ilustração da enorme deficiência do pensamento jurídico nacional, relativamente aos elementos fundamentais do chamado direito judiciário ou processual.

A partir dos anos 40 deste século, passamos a nos vangloriar da mais perfeita assimilação do grande processo da ciência jurídica nesse campo, advindo em meados do século passado, com a desvinculação operada pela teoria germânica entre direito substancial e processo. Não se trata, porém, de um justo orgulho, mas de pura e simples vã glória, no sentido bíblico. Até hoje não conseguimos discernir, claramente, quando existe ou não existe uma ação judicial relativa a interesses materiais, de natureza pública ou meta-individual.

Ou seja, continuamos, tal como no direito romano, a operar privatistamente o processo judicial, como instrumento de proteção de interesses próprios de particulares.

É essa fundamental deficiência — compartilhada, de resto, pela generalidade dos sistemas jurídicos — [1] que expli-

1. "The law of remedies", como reconheceram recentemente dois autores norte-americanos, "is inherently a jurisprudence of deficiency" (Richard H. Fallon, Jr. e Daniel J. Meltzer, "New

ca, segundo penso, o conspícuo desvio interpretativo e decisório, que se verifica no acórdão objeto deste parecer.

Proponho-me demonstrar que o processo n. 07 de 1991, relativo à ação dita de impugnação de mandato, ajuizada perante o Tribunal Regional Eleitoral do Paraná, é nulo:

a) porque tal ação ainda não foi criada no ordenamento jurídico nacional, sendo insuficientes para tanto as disposições constantes do art. 14, §§ 10 e 11, da Constituição Federal;

b) porque, mesmo que já tivesse sido criada, com a indispensável indicação das partes legítimas *ad causam* e do juízo competente, o processo em questão seria ainda nulo pela ausência de um litisconsorte necessário na relação processual.

Vejamos, sucessivamente, ambos esses argumentos.

I — A inexistência da ação de impugnação de mandato eletivo

2. A mais longeva tradição, na esfera jurídica da vida privada, consistiu em dissolver o direito subjetivo (ou a pretensão) na ação judicial, ou vice-versa.

No direito romano, como sabido, existia a *actio*, sem que a *jurisprudentia* houvesse sentido a necessidade de elaborar a noção de direito subjetivo. As pessoas tinham direitos, na medida em que podiam propor ações judiciais, as quais existiam em *numerus clausus*. Mesmo com a ação modernizadora do pretor, abrindo amplamente aos particulares a via de ações não criadas por lei, numa sociedade que se envolveu largamente no comércio internacional e se tornou o centro de um império, Roma nunca chegou a reconhecer o princípio consignado no art. 75 do nosso Código Civil. Com efeito, afirmar que "a todo direito corresponde uma ação, que o assegura", representa uma completa inversão de prioridades: é o direito subjetivo que engendra a ação e não o contrário.

A *Common Law* — nesse ponto, como em tantos outros, muito mais fiel à tradição romana que os sistemas jurídicos europeus-continentais e latino-americanos — conservou até praticamente o século passado a validez do princípio romano *ubi remedium ibi ius*, traduzido sob a fórmula *remedies precede rights*. Para que um particular pudesse fazer valer um direito subjetivo em juízo, precisava demonstrar *initio litis* que o direito objetivo lhe assegurava o uso de uma ação nominada.[2]

Tudo isso, porém, ocorria no âmbito do direito privado, ou dos interesses próprios dos particulares, mesmo em litígio com o Estado. No fundo, a cesura entre direito subjetivo material e ação em juízo, entre interesse juridicamente protegido e relação jurídica processual, operada desde os estudos seminais de Windscheid[3] e de Oscar Bülow,[4] não dizia respeito ao direito público, notadamente às relações jurídicas entre órgãos estatais, pela boa razão de que, nos Estados europeus do século passado, o di-

Law, Non-Rectroactivity, and Constitutional Remedies", *Harvard Law Review*, vol. 104, n. 8, junho de 1991, p. 1.778).

2. "The history of English civil law, in common with its Roman counterpart, was for centuries one of introduction, elaboration and development of remedies with little or no reference to any real substantive law and with a gradual outdating and ignoring of the original simple and primitive precepts of the pre-existing customary law" (P. F. Smith e S. H. Bailey, *The Modern English Legal System*, Londres, Sweet & Maxwell, 1984, p. 635). Não deixa de ser um paradoxo que a nação pioneira na Revolução Industrial tenha sido a última sociedade ocidental a adotar o princípio do *ubi ius ibi remedium*.

3. Die Actio des römischen Civilrechts vom Standpunkt des heutigen Rechts, Düsseldorf, 1856.

4. *Die Lehre von den Prozesseinreden und den Prozessvoraussetzungen*, Giessen, 1868.

reito constitucional ainda desconhecia o princípio da justiciabilidade da separação de Poderes: o Judiciário apareceria mais como órgão do Governo do que como árbitro constitucional entre os diferentes ramos do Estado.

Toda a teoria, dita moderna, da ação civil fundou-se, pois, na relação entre o direito privado e a jurisdição estatal, ora submetendo esta última àquele (a ação seria mera projeção do direito subjetivo substancial), ora procurando esvaziar o direito subjetivo material de todo conteúdo concreto, transformando-o em simples pressuposto do direito de agir em juízo.

Daí por que as condições da ação, notadamente a legitimidade ativa, foram consideradas, na doutrina processualista, mesmo entre os mais ardorosos defensores da ação como direito abstrato, sob a ótica privatística. Foi dito, assim, que o direito de agir em juízo só existe para proteger direitos próprios e interesses legítimos, vale dizer reconhecidos pelo direito material como pertencentes ao autor.[5]

O velho princípio romanístico da legitimidade individualista foi inteiramente consagrado nos modernos Códigos de Processo Civil, que são, na verdade, estatutos reguladores da ação judicial privada. Se "ninguém poderá pleitear, em nome próprio, direito alheio, salvo quando autorizado por lei" (CPC, art. 6º), é porque o legislador supõe, redutoramente, que todos os direitos substanciais pertencem a pessoas determinadas, como autênticos objetos de apropriação individual.

Mesmo no campo do direito privado, no entanto, esse princípio da legitimidade individualista importou em abandonar às trevas exteriores todos aqueles "interesses em busca de um autor", segundo a expressão pirandelliana; ou seja, todos os interesses que não são próprios (exclusivos) de indivíduos determinados, mas antes coletivos ou, segundo o qualificativo infeliz, difusos. Assim é que, para a proteção judicial de interesses de consumidores, foi preciso criar um sistema de legitimação inteiramente novo, que nada tem a ver com o princípio do art. 6º do Código de Processo Civil (Lei 8.078, de 11 de setembro de 1990, arts. 81 e ss.).

Aqui, portanto, não vale a regra básica de que "a todo direito corresponde uma ação, que o assegura", ainda que esse remédio judicial não venha indicado explicitamente em lei. A lei atribuiria inutilmente direitos ao consumidor, em geral, se não criasse o provimento judicial adequado à sua proteção compulsória.

Mas é no campo do direito público, especialmente constitucional, que o princípio individualista da legitimidade *ad causam* se revela completamente inadequado. É que, aqui, não se cuida apenas de direitos individuais, mas também de direitos de categorias sociais e, sobretudo, *do relacionamento harmônico entre os Poderes do Estado*. Neste último setor, não há interesses próprios de indivíduos contra o Estado, mas o interesse público de respeito às normas de organização estatal.

Aqui, portanto, tal como no sistema jurídico romano, é a ação que cria o direito material, é o remédio que precede o direito. Mas o remédio só pode ser criado por lei.

3. Pois bem, para que uma ação judicial exista no ordenamento jurídico, é indispensável que se definam em leis os seus elementos essenciais, a saber:

a) quem são as partes legítimas;

5. Cf., por exemplo, Enrico Tullio Liebman, *Manuale di Diritto Processuale Civile*, vol. I, 3ª ed., Milão, Giuffrè, 1973, pp. 118-119: "l'azione non spetta veramente a tutti, come sembra ad una prima lettura: il diritto di agire in giudizio spetta infatti per la tutela dei propri diritti e interessi legittimi".

b) qual o provimento judicial demandável;

c) qual a autoridade judiciária competente.

Como foi precisamente salientado pela doutrina processualista mais autorizada,[6] o interesse de agir e a legitimidade ou pertinência subjetiva da ação estão essencialmente correlacionados. Sob o aspecto lógico, porém, é a legitimidade que prevalece, pois é somente em presença de demandantes interessados que o magistrado poderá dizer se o interesse alegado pelo autor é processualmente reconhecível.

Ora, a norma constante do art. 14, § 10, da Constituição Federal somente indica o elemento essencial mencionado sob a letra *b* acima: o provimento judicial demandável é a "impugnação de mandato (eleitoral)". *Impugnar* é termo técnico que significa atacar ou contestar a existência, validade ou eficácia de algum direito ou pretensão. Temos, portanto que a ação prevista na mencionada norma constitucional é de natureza constitutiva.

Mas a Constituição é singularmente omissa na indicação dos dois outros elementos essenciais à existência da referida ação: não se sabe quem tem legitimidade para propô-la nem qual o juiz ou tribunal competente para processá-la e julgá-la.

Parece pois evidente que a referida norma constitucional não criou a ação de impugnação de mandato eleitoral, da mesma forma que a norma do § 9º do art. 14, por si só, tampouco criou a ação de inelegibilidade, mas remeteu essa tarefa à lei complementar, que é atualmente a de n. 64, promulgada em 18 de maio de 1990.

4. Indagar sobre quem tem o direito de impugnar um mandato eleitoral significa perquirir qual o interesse que está em jogo e a quem pertence ele.

Ora, é de supina evidência que a regularidade ou irregularidade do reconhecimento de mandatos eleitorais é questão de interesse público e não privado. Não são direitos de particulares sobre sua pessoa e bens que estão em jogo, mas o próprio funcionamento dos órgãos estatais providos pelo voto popular, sejam eles de representação política ou não.[7]

Os interesses públicos são defendidos, em nosso sistema jurídico, em ações públicas, cujo titular é, em princípio, apenas o Ministério Público e não o sujeito particular. E, mesmo assim, não tem o representante do Ministério Público legitimidade para propor ações públicas, a não ser nos casos especificados em lei. É o que expressam o Código de Processo Civil em seu art. 81 e o Código de Processo Penal no art. 24.

Ou seja, enquanto as ações privadas existem independentemente de previsão legal específica, por força da regra constante do art. 75 do Código Civil, as ações públicas são criadas unicamente por lei, em cada caso.

Nem se diga, como já se pretendeu,[8] que a ação de impugnação de

6. E. T. Liebman, ob. cit., p. 123. Daí por que Salvatore Satta sustenta, coerentemente, que a decisão judicial sobre a legitimidade é sempre de mérito, pois negar que o autor seja parte legítima significa afirmar que ele não possui o direito substancial alegado (*Diritto Processuale Civile*, 9ª ed., Pádua, CEDAM, 1981, pp. 136-137). Não foi essa, porém, a orientação seguida, sem nenhum espírito crítico, pelo nosso legislador (CPC, art. 267, VI, confrontado com o art. 268).

7. Nunca é demais repisar que, no direito político, a eletividade de um órgão estatal não significa, necessariamente, que ele seja representativo. A representatividade do povo, numa democracia, pertence ao órgão que, tradicionalmente, contrapõe-se ao titular do poder de coerção: ou seja, o Parlamento, em relação ao Governo. A eletividade significa poder consentido; a representatividade, defesa dos representados contra os abusos do poder coercitivo (cf. Karl Löewenstein, *Verfassungslehre*, 3ª ed., Tübingen, J.C.B. Mohr, 1975, pp. 34 e ss.).

8. Fávila Ribeiro, *Abuso de Poder no Direito Eleitoral*, 2ª ed., Rio de Janeiro, Forense, 1993, n. 42.

mandato, prevista no art. 14, § 10, da Constituição, seria regulada, analogicamente, pelo disposto na Lei Complementar n. 64, de 1990, que deu concreção ao disposto no § 9º.

A Lei Complementar n. 64 criou um processo judicial próprio para a apuração das "transgressões pertinentes à origem de valores pecuniários, abuso do poder econômico ou político, em detrimento da liberdade de voto" (art. 19). Esse processo começa com uma investigação sumaríssima perante o Corregedor-Geral ou os Corregedores Regionais Eleitorais (art. 21) e termina por julgamento do Tribunal Eleitoral competente (art. 22, incs. XII e ss.).

Mas o provimento judicial demandado, no caso, é primariamente a *inelegibilidade* do réu. E, realmente, só poderia sê-lo, pois a mencionada Lei Complementar foi editada para regular a norma do art. 14, § 9º., da Constituição, que somente cuida de inelegibilidades.

É somente quando a representação é julgada procedente *após a eleição do candidato* que se abre a possibilidade de uma ação de cassação de mandato (Lei Complementar n. 64, art. 22, XV). Como se percebe, esse diploma legal não criou a ação de impugnação de mandato eleitoral como procedimento autônomo. Neste preciso caso, previsto no art. 22, XV, o ajuizamento da representação e o procedimento regulado nos arts. 21 e 22 constituem uma *condição de procedibilidade* da ação de cassação de mandato.

Ora, na espécie, não houve essa representação e a investigação judicial da ocorrência dos fatos indicados no art. 19 da Lei Complementar. O autor, simplesmente, ingressou com uma ação de impugnação de mandato após a diplomação do réu.

Ademais, ainda que tivesse havido, previamente, o processo de investigação judicial previsto nesse diploma legal complementar, o argumento da aplicação analógica de suas regras ao caso em exame é de todo inaproveitável. Com efeito, o art. 22, XV, da Lei Complementar n. 64 determina que "se a representação for julgada procedente após a eleição do candidato", a propositura da ação de anulação de mandato compete exclusivamente ao Ministério Público Eleitoral.

Ora, a "ação de impugnação de mandato", objeto da consulta, não foi proposta pelo Ministério Público, mas pelo candidato derrotado no segundo turno da disputa eleitoral.

Até mesmo no sistema privatista do processo civil comum, para que aquele autor pudesse ser tido como parte legítima, ele teria de demonstrar a titularidade de um *interesse próprio de agir*. Mas esse interesse próprio não existiu na pessoa do autor, pela excelente razão de que a eventual anulação da eleição majoritária *jamais lhe aproveitaria pessoalmente*.

Com efeito, decretada a cassação do mandato do Governador, é mais do que óbvio que o autor daquela demanda — candidato derrotado na eleição — não seria proclamado *ipso facto* Governador eleito e convocado a tomar posse do cargo. Seria mister seguir o procedimento constitucional de sucessão na chefia do Executivo (Constituição do Estado do Paraná, art. 85), convocando-se não o vice-governador (como se verá mais abaixo), mas, sucessivamente, o Presidente da Assembléia Legislativa e o Presidente do Tribunal de Justiça. Ocorrendo a vacância nos últimos dois anos do período governamental, como sucedeu na espécie, far-se-á eleição para ambos os cargos de Governador e Vice-Governador pela Assembléia Legislativa, trinta dias após, devendo os eleitos meramente completar o período de seus antecessores.

O raciocínio do autor daquela demanda é de índole privatista e totalmente alheio à natureza pública do processo eleitoral. Supôs ele que a cassação do mandato do Governador eleito, por razão de alegada fraude eleitoral, tivesse o tratamento dispensado pelo Código Civil às hipóteses de nulidade parcial do negócio jurídico (art. 153), o que é um rematado absurdo. O provimento judicial demandado importou, inelutavelmente, na *anulação do próprio processo eleitoral*, em seu segundo turno. Por conseguinte, a votação recebida pelo autor jamais poderia ser convalidada e considerada isoladamente da votação recebida pelo candidato vitorioso.

Em suma, a norma contida no art. 14, § 10, da Constituição Federal não indicou quem é parte legítima para propor a ação de impugnação de mandato eleitoral, não se podendo aplicar analogicamente o disposto na Lei Complementar n. 64, de 1990, a qual regulamenta tão-só o disposto no § 9º do mesmo artigo.

Ainda que essa integração analógica fosse juridicamente admissível, é bem de ver que ela não aproveitaria, em absoluto, ao autor da demanda ora examinada, pois o art. 22, XV, da Lei Complementar n. 64 atribui a autoria da ação de cassação de mandato, conseqüente a uma inelegibilidade, tão-só ao representante do Ministério Público.

De qualquer modo, o autor não demonstrou, manifestamente, um interesse próprio de agir, pois a eventual anulação do processo eleitoral em nada lhe aproveitaria: ele jamais seria chamado a suceder ao Governador cujo mandato fora cassado. Litigou, portanto, o autor, sem nenhuma previsão legal, em nome próprio por interesse alheio.

5. Não bastasse essa deficiência fundamental da norma do art. 14, § 10, da Constituição, deixando de definir as partes legítimas da ação de impugnação de mandato eleitoral, sucede ademais que o mesmo dispositivo constitucional foi totalmente omisso no fixar a competência jurisdicional para o conhecimento e julgamento dessa ação.

O constituinte lançou aquela norma inovadora — *novum ius constitutionis* — desavisado de que, mais adiante, ou seja, no art. 121, remetera à legislação complementar a atribuição de dispor "sobre a organização e competência dos tribunais, dos juízes de direito e das juntas eleitorais". Ora, essa lei complementar já existia e continuou em vigor: é o Código Eleitoral. Mas esse Código, obviamente, nada podia dispor sobre um remédio judicial cuja criação só veio a ser prevista pela nova Constituição.

Ressalte-se que a Carta de 1988 não reproduziu as precisões sobre a jurisdição-competência da Justiça Eleitoral, constantes do art. 137 da Constituição anterior.[9] Deixou tudo em aberto para a regulação em lei complementar.

Ora, é princípio cediço que tudo o que diz respeito à jurisdição e competência jurisdicional, num Estado de Direito, está submetida à reserva legal. O Judiciário não pode se atribuir jurisdição alguma nem tampouco delimitá-la *potestate propria*, fixando a competência de seus órgãos. Afinal, será que a erupção de "direitos alternativos" vai se manifestar até mesmo nesse campo, vital para a preservação das liberdades fundamentais do cidadão?

9. "A lei estabelecerá a competência dos juízes e Tribunais Eleitorais, incluindo entre as suas atribuições: I — O registro e a cassação de registro dos partidos políticos, assim como a fiscalização das suas finanças; II — a divisão eleitoral do País; III — o alistamento eleitoral; IV — a fixação das datas das eleições, quando não determinadas por disposição constitucional ou legal; V— o processamento e apuração das eleições e a expedição dos diplomas; VI — a decisão das argüições de inelegibilidade; VII — o processo e julgamento dos crimes eleitorais e os que lhes são conexos, bem como os de *habeas corpus* e mandado de segurança em matéria eleitoral; VIII — o julgamento de reclamações relativas a obrigações impostas por lei aos partidos políticos; e IX — a decretação da perda de mandato de senadores, deputados e vereadores nos casos do § 5º do art. 152."

Na demanda judicial em exame, no entanto, o Tribunal Regional Eleitoral do Paraná resolveu atribuir-se uma competência que nem a Constituição nem o Código Eleitoral lhe conferiram. Releia-se o art. 29 desse Código: em inciso algum vem prevista a competência dos Tribunais Regionais para julgar ações de perda de mandato de Governador de Estado. E não está prevista, exatamente porque uma lei anterior à Constituição de 1988 não podia, claro está, regular o processo e julgamento de uma ação cujo delineamento original somente ocorreu com o advento daquela Carta Política.

É francamente inaceitável — escusa dizê-lo — pretender-se que a competência para julgar a ação de impugnação de mandato eletivo possa ser estabelecida como simples decorrência do poder de proclamação dos resultados eleitorais e de diplomação dos eleitos.[10] Desde quando uma competência jurisdicional é fixada por meio de raciocínio analógico ou dedutivo? Por acaso, vamos agora, a par do legislador constitucional, introduzir também a figura do intérprete-legislador?

Aí temos, portanto, mais uma deficiência insuperável da norma constante do art. 14, § 10, da Constituição Federal, para a efetiva existência, em nosso direito eleitoral, da ação de impugnação de mandato: ainda não foi fixada em lei a competência jurisdicional.

II — A não-integração do contraditório pelo litisconsorte necessário

6. Desde a alteração da Constituição de 1967/69 pela Emenda Constitucional n. 8, de 14 de abril de 1977, vigora entre nós o sistema norte-americano da eleição dos Chefes de Poder Executivo — no plano federal, estadual e municipal — pelo sistema do *ticket* conjunto do candidato titular e do vice.

A Constituição do Estado do Paraná, reproduzindo dispositivos da Constituição Federal de 1988, estabelece que "a eleição do Governador e do Vice-Governador do Estado realizar-se-á, simultaneamente, noventa dias antes do término do mandato de seus antecessores e a posse ocorrerá no dia 1º de janeiro do ano subseqüente" (art. 80). Acrescenta o parágrafo único que "a eleição do Governador do Estado implicará a do candidato a Vice-Governador com ele registrado".

No nível normativo complementar, determina o Código Eleitoral que "o registro de candidatos a presidente e vice-presidente, governador e vice-governador, ou prefeito ou vice-prefeito, far-se-á sempre em chapa única e indivisível, ainda que resulte a indicação de aliança de partidos" (art. 90).

Na verdade, a dicção da norma constitucional é mais direta e precisa: a votação e, por conseguinte, a eleição é feita *no candidato à chefia do Executivo*. O candidato a vice segue sempre a sorte do candidato principal: ele é, realmente, um candidato acessório.

Sobre isto, a melhor doutrina brasileira não suscita a menor dúvida, parecendo-lhe que se está diante de um dogma incontestável.[11]

10. Fávila Ribeiro, ob. cit., p. 180.

11. "Decorre do preceito em exame que o candidato a Vice-Presidente tem necessariamente sua candidatura vinculada à de um candidato a Presidente. Por isso, a sua eleição resulta da escolha pelo eleitorado de um determinado candidato para Presidente da República" (Manoel Gonçalves Ferreira Filho, *Comentários à Constituição Brasileira de 1988*, vol. 2, São Paulo, Saraiva, 1992, p. 143). "A eleição do Presidente implica automaticamente a eleição do Vice-Presidente com ele registrado, que sequer é votado. Foi a mecânica que o sistema constitucional engendrou para evitar que o Vice-Presidente eleito pertença a partido de oposição ao Presidente, como não poucas vezes acontecera desde Floriano Peixoto" (José Afonso da Silva, *Curso de Direito Constitucional Positivo*, 6ª ed., SP, Ed. RT, p. 468).

7. Ora, se assim é, resulta óbvio que uma ação proposta para anular a eleição de Governador de Estado, com fundamento em alegada fraude eleitoral, não pode ser processada e julgada sem que figure na relação processual o Vice-Governador com ele diplomado e ainda em exercício.

Como tem sido proficientemente salientado pela generalidade dos autores, a norma do art. 47 do Código de Processo Civil refere-se à hipótese de litisconsórcio unitário. A distinção que hoje se estabelece entre este último e o litisconsórcio necessário diz respeito à diferença existente entre a composição do processo e o alcance da sentença de mérito. Há litisconsórcio necessário quando todos os interessados devem compor a relação processual, ainda que uns sejam partes principais e outros acessórias. E existe unitariedade, quando a solução da lide, expressa na sentença, deve ser a mesma para todos os litisconsortes.[12]

No caso da ação de impugnação de mandato de Chefe de Executivo, cuja *causa petendi* é a fraude no processo eleitoral como um todo, ocorre, entre o Chefe de Governo e o seu vice, aquela comunhão de interesses, que o Código de Processo Civil de 1939 indicava como fundamento do que denominara litisconsórcio necessário. A sentença de mérito irá, indefectivelmente, afetar o interesse próprio do Vice-Governador, pois a eventual anulação da eleição implica para ele, da mesma forma que para o Governador, a perda definitiva do cargo, sem direito à sucessão que, como foi visto (supra n. 4), é deferida a outrem. O interesse do Vice-Governador em contestar o feito é manifesto e irrecusável.

Não pode, pois, o Judiciário julgar a lide apenas em relação a um dos interessados e, se a demanda tiver sido proposta apenas contra o Governador — como ocorreu na espécie — , o Tribunal deveria ter ordenado também a citação do Vice-Governador (CPC, art. 47, parágrafo único). Ademais, dada a evidente comunhão de interesses entre os co-réus, a sentença teria que ser uniforme para ambos.

Ou seja, o litisconsórcio, no processo correspondente à ação que foi intentada, era a um só tempo necessário e unitário. Deixando de ser promovida a integração do contraditório pelo Vice-Governador em exercício, a nulidade de todo o processado é irrecusável, como tem decidido sistematicamente a nossa mais alta Corte de Justiça.[13]

Nem se argumente, em sentido contrário às razões que acabam de ser expostas, com a norma do art. 18 da Lei Complementar n. 64, segundo a qual "a declaração de inelegibilidade do candidato à Presidência da República, Governador de Estado e do Distrito Federal e Prefeito Municipal não atingirá o candidato a Vice-Presidente, Vice-Governador ou Vice-Prefeito, assim como a destes não atingirá aqueles".

A Lei Complementar n. 64 dispõe, nesse passo, sobre as inelegibilidades *stricto sensu*, definidas no art. 1º desse diploma legal como incompatibilidades pessoais de candidatos a postos eleitorais. Cuida-se, por conseguinte, de qualidades inerentes a um *status* pessoal, as quais não podem ser atribuídas ou transladadas a outros candidatos, ainda que registrados na mesma chapa eleitoral.

III — Conclusão

8. À luz de todo o exposto sou de parecer que o processo da ação de impugnação de mandato de n. 07, Classe 6ª., ajuizada perante o Tribunal Regio-

12. Cf. Cândido R. Dinamarco, *Litisconsórcio*, 2ª. ed., SP, Ed. RT, 1986, p. 85.

13. Cf. os acórdãos publicados na *Revista Trimestral de Jurisprudência*, vols. 80/611, 95/742 e 112/335.

nal Eleitoral do Paraná, e na qual figura como autor José Carlos Martinez e como réu o atual Governador do Estado do Paraná, Roberto Requião de Mello e Silva, é nulo e como tal deve ser declarado, por duas razões decisivas, a saber:

a) o autor intentou uma ação judicial inexistente em nosso ordenamento jurídico, dado que:

a.1) a norma do art. 14, § 10, da Constituição Federal não determina a legitimidade ativa *ad causam*, sendo absolutamente certo que o autor não tem interesse próprio de agir em juízo;

a.2) dita norma constitucional tampouco fixa o órgão judicial competente para processar e julgar essa ação;

a.3) ainda não foi editada lei complementar para preencher essa deficiência normativa constitucional, sendo juridicamente impossível tentar-se a aplicação analógica, ao caso, das normas constantes da Lei Complementar n. 64, de 18 de maio de 1990.

b) Mesmo que dita ação judicial já houvesse sido criada em nosso ordenamento jurídico, deixou de haver, no processo referido, a indispensável integração ao contraditório, como litisconsorte passivo necessário, do atual Vice-Governador do Estado, cuja eleição, conforme dispõem a Constituição do Estado e o Código Eleitoral, resultou acessoriamente da eleição do réu, sendo certo que a demanda foi intentada com fundamento em alegada fraude eleitoral.

São Paulo, 19 de outubro de 1993

PARECERES

SANEAMENTO BÁSICO*

— Serviço Público Estadual e Municipal
— Contrato Administrativo entre Sabesp e Município
— Concessão não ordinária

GERALDO ATALIBA E ROSOLEA FOLGOSI

— Convênios entre pessoas administrativas regem-se pelo regime de direito público.

— Elas atuam sob a "relação de administração". — Interpreta-se normas legais e convencionais sempre em referibilidade ao interesse público primário. — Concessão entre elas não se confunde com concessão a pessoa privada, cujos interesses cingem-se aos aspectos financeiros. — Impossibilidade de rotura pura e simples. — A Sabesp representa o Estado, que titulariza, também, interesse público.

— Nulidade de garantia consistente em parcela do ICMS do Município. — Inviabilidade da pretendida encampação. — Necessidade de procedimento administrativo formal, em cujo bojo se registre o andamento das negociações. — Controle jurisdicional protetor do interesse público primário.

I — Colocação do tema

O estudo da relação contratual referida na consulta postula a consideração prévia do tema "relações entre pessoas administrativas", no quadro do nosso direito positivo.

Isto faz-se imperiosamente necessário, diante do risco de se dispensar à hipótese da consulta tratamento sumário, considerando o caso como de mera concessão de serviço público, à semelhança do que ordinariamente ocorre entre Município e empresas privadas.

* Parecer em resposta à consulta da Cia. de Saneamento Básico do Estado de São Paulo — SABESP sobre a rescindibilidade do contrato de concessão com o Município de Diadema.

Expõe que, em 1974, assumiu os serviços de saneamento básico na área desse Município, por 30 anos, e que, agora (12.8.94), foi expedido o decreto municipal 4.560, rescindindo dito contrato, com base na Lei Municipal 1.254/93, com a redação da Lei Municipal 1.375/94.

Pelo teor dos referidos diplomas normativos, vê-se que o Município pretende assumir, imediatamente, o serviço, apossar-se de seus meios e instrumentos, assenhorear-se de suas instalações e equipamentos, fazer-se dono dos imóveis a ele pertinentes, relegando para um futuro remoto (veja-se a invocação do parágrafo único do art. 293 da Constituição do Estado) o cumprimento de seus deveres e obrigações constitucionais, legais e contratuais, relativamente à SABESP.

Tal equivocada perspectiva pode levar a incorreta orientação dos raciocínios conducentes ao adequado equacionamento das questões emergentes de eventuais pendências entre as entidades envolvidas, lesando o interesse público.

Daí por que parecer oportuno começar por recordar princípios gerais e básicos, condicionais da boa colocação dos problemas da espécie.

II — Convênios entre pessoas administrativas e "relação de administração"

Ruy Cirne Lima cunhou, entre nós, a expressão "pessoas administrativas", para designar todas as entidades que agem debaixo da "relação de administração" pública (*Princípios de Direito Administrativo*, 6ª ed., Ed. RT, pp. 61 e ss.).

Celso Antônio sintetiza — adotando-a — a magistral concepção de Ruy Cirne Lima: "É sempre oportuno lembrar a magistral lição de Cirne Lima a propósito da relação de administração. Explica o ilustrado mestre que esta é 'a relação jurídica que se estrutura ao influxo de uma finalidade cogente'. Nela não há apenas um poder em relação a um objeto, mas, sobretudo, um dever, cingindo o administrador ao cumprimento da finalidade, que lhe serve de parâmetro. 'Na administração o dever e a finalidade são predominantes, no domínio, a vontade'. Administração é a 'atividade do que não é senhor absoluto'. O mestre gaúcho pondera acertadamente que 'a relação de administração somente se nos depara, no plano das relações jurídicas, quando a finalidade a que a atividade de administração se propõe, nos aparece defendida e protegida, pela ordem jurídica, contra o próprio agente e contra terceiros' " (*Curso de Direito Administrativo*, 5ª ed., Malheiros Editores, p. 23).

Pouco depois aplica a noção de pessoa administrativa, de modo a abranger os entes da administração indireta: "As pessoas exclusivamente administrativas, autarquias, tal como as demais pessoas da administração indireta ou fundacional, precisamente em razão do fato de assim se qualificarem, são entidades servientes. Isto significa que, por serem pessoas, podem — ao contrário da Administração — titularizar interesses públicos, mas, apenas, na condição de servas de uma vontade anterior, jungidas ao cumprimento exato dos fins que aquela vontade, por lei, lhes assinalou. Sendo pessoas administrativas, sua província é a da relação de administração e, por isso mesmo, estão adstritas ao cumprimento de uma finalidade. Ainda aí, é o dever, a finalidade e não a vontade, que comandam sua ação. Não dispõem a seu talante sobre os interesses públicos, não os comandam com sua vontade; apenas cumprem, ainda quando o fazem discricionariamente, em muitos casos, a vontade da lei. Esta, em toda e qualquer hipótese, lhes serve de norte, de parâmetros e de legitimação" (ob. cit., pp. 23-24).

A pessoa administrativa executa a lei, cumpre a lei, age impelida pela lei. Sua vontade cinge-se a dar execução à lei. Exerce administração. Seabra Fagundes é, a propósito, magistral: "administrar é aplicar a lei de ofício".

Dentre as pessoas administrativas, sem dúvida, podemos arrolar as empresas estatais delegadas de serviço público, como a Sabesp (à semelhança da Embratel, da Telebrás, da Infraero, da ECT-Correios e outras prestadoras de serviço público em caráter de delegação).

Daí que o relacionamento entre União e Estado — em matéria administrativa — seja regido pelos mesmos princípios que hão de presidir quaisquer contratos, de cunho administrativo, entre pessoas administrativas (como é o caso do complexo relacionamento Município de Diadema, Sabesp, Saned, Estado de S.Paulo etc.)

III — Critério de interpretação de contratos entre pessoas administrativas

Celso Antônio estudou convênio entre União e Estado (*RDP* 75/58) e desvendou-nos esses princípios. Basta reler seu estudo para ver-se sua aplicação ao contrato entre a Municipalidade de Diadema e a SABESP, ambas representantes — por decisão normativa inquestionável (a Constituição e a lei) — de interesses públicos (por isso juridicamente protegidos e prestigiados).

O equilíbrio — exigível quando as partes são pública e privada — persiste inarredável, mesmo que os sujeitos da relação sejam executores de interesses públicos. Diz Celso Antônio: "... não é difícil deduzir que num liame contratual, sobremais entre partes de direito público, nenhuma delas possui real interesse público em desequilibrar a equânime composição estabelecida no ajuste. Toda interpretação que leve a extrair dele vantagens desmesuradas para uma das partes, lançando ônus demasiados às costas de um dos contraentes, com desconhecimento daquilo que poderia estar sendo razoavelmente buscado no acordo de vantagens, significará privilegiar interesses secundários, ao invés de interesses primários" ("Interesse público primário e secundário — Convênio entre União e Estado — Dever de indenização", in *RDP* 75, p. 58).

Deixa saliente a imperiosa precedência do interesse público primário, especialmente protegido pela ordem jurídica.

Aplicada a lição ao relacionamento, sob exame — entre Sabesp e Diadema — pode-se afirmar a injuridicidade da postura que leve a fazer prevalecer interesses e conveniências puramente financeiros do Município contra as diretrizes do direito, que estão claramente a impor prudência e recomendar paciente negociação, de sorte a não prejudicar o interesse público mais amplo, atendido pela complexa situação contratual em causa.

Após enfatizar que "... mesmo nos vínculos não-contratuais travados entre Poder Público e particulares, os interesses secundários não são validamente perseguíveis senão quando coincidam com interesses primários", Celso Antônio formula irresistível raciocínio jurídico *a fortiori*: "Com maior razão este preceito elementar se aplicará em tema de contratos, pois, como disse Agustin Gordillo: 'Se dice así que los contratos administrativos son esencialmente de buena fe, lo que lleva a que *la Administración no deba actuar como si se tratara de un negocio lucrativo*, ni a obtener ganacias ilegítimas a costa del contratista, ni a aprovecharse de situaciones legales o fácticas que la favorescan en perjuicio del contratista'" (*Derecho Administrativo de la Economia*, Macchi, 1967, p. 340) (ob. cit., p. 58).

Parece que Bandeira e Gordillo tinham em vista o caso presente, ao formularem tão oportuna lição.

É que a rotura, neste momento e circunstância, da relação entre Diadema e Sabesp gera imediatamente enorme prejuízo às finanças da segunda e lesa irreparavelmente o interesse público primário, não só no âmbito municipal, como também no regional, já que vai tornar dificílimo cumprir os desígnios normativos claramente consagradores das condições de adequada prestação dos serviços envolvidos.

Não pode, com a rotura dos laços contratuais com a Sabesp, o Município emergir com todos os proveitos, mediatos e imediatos, deixando à Sabesp (e aos demais Municípios que participam do complexo de obras, financiamentos, dispositivos organizatórios e administrativos) pesados (e, assim, desequilibrados) encargos.

Significa suprema agressão ao Direito e à Justiça, subitamente e por ato unilateral, uma parte ficar com todos os cômodos, deixando à outra todos os encargos.

O que é vedado nas relações com privados (cujo único interesse juridicamente tutelado é o lucro) é, *a fortiori*, vedado nas relações entre entidades de natureza pública (pessoas administrativas). É Celso Antônio que prossegue: "Com muito maior razão, ainda, será defeso privilegiar interesses secundários de uma das partes nos convênios firmados *entre sujeitos de direito público*, pois, em tal caso, estarão sendo feridos interesses públicos que a ambos importa, acima de tudo, defender e buscar. Com depreciar o interesse público de uma delas, estar-se-á hostilizando, também, o interesse público da outra, que é, justamente, o de cumprir o direito em sua inteireza, respeitado em seu espírito e na teleologia que o anima" (p. 58).

Mostra esse mestre que a presença de interesses públicos titularizados por diversas pessoas administrativas em confronto impõe — decorrência inexorável dos princípios do direito público, constitucionalmente consagrados — soluções equilibradas e, sobretudo, escrupuloso cuidado com o interesse público primário.

Quanto ao tema da indenização (no caso de ser impossível composição "amigável"), escreve Celso Antônio: "Ante tal configuração do negócio travado entre os Governos, o mínimo que se espera de um hermeneuta assisado é que se precate para não incidir em inteligência restritiva quanto ao âmbito da indenização cabível, capaz de aportar no seguinte abstruso desenlace: inculcar à parte mais ... onerada pelos encargos atinentes à condução da obra e que não terá a propriedade de seu acervo nem o direito de explorá-la economicamente, o agravo de ficar *a descoberto em despesas oriundas de sua construção*; agraciar a parte ... menos onerada por encargos na gestão da obra, mas que irá absorvê-la para si e auferirá os proveitos econômicos ... de sua exploração, o benefício de lavar-se de parte dos dispêndios concernentes à construção...".

IV — As peculiaridades do caso

Embora esse trabalho tenha mais de uma década (1983), parece ter considerado o caso em estudo. Deveras, o Município está na cômoda posição de não ter dívidas, nem contratos de financiamento relativos a esse serviço; não fez investimentos nestes quase vinte anos e nada desembolsou para a manutenção, melhoria e ampliação do serviço.

Pretende agora — prevalecendo-se de sua posição de "concedente" — assumindo todo o acervo patrimonial, simplesmente prosseguir as atividades, usando a infra-estrutura física e administrativa existente e recolher as receitas geradas pelo serviço, sem a contrapartida de amortizar dívidas e assumir encargos passados. Enfim, pretende todos os cômodos, deixando para uma longa discussão judicial os ônus. Além de tudo, quer prevalecer-se do prazo previsto no parágrafo único do art. 293 da Carta Constitucional do Estado, manifestamente inconstitucional.

Ora, isso implica desconhecer ato jurídico perfeito, violar direitos adquiridos, agredir o instituto da concessão e suas implicações e dar ao Estado e à Sabesp prejuízo enorme de difícil reparação.

Ora, nenhuma equilibrada interpretação jurídica dos instrumentos contratuais e normas específicas concernentes às relações entre o Município de Diadema e a Sabesp — levando em conta os princípios constitucionais pertinentes —

poderá abonar qualquer postura simplista e apressada. Daí o ser razoável prever que o Judiciário não se inclinará por dispensar à questão tratamento sumário e convencional, abstraindo as exigências dos superiores princípios do sistema jurídico em jogo e os relevantes interesses públicos — mais do que "em cotejo" — exigentes de harmonização.

Enfim, o requintado cuidado postulado por convênios entre pessoas administrativas, à vista da concretização de interesses públicos relevantes — como os em consideração — impõe criteriosa e prudente busca de soluções. Não pode o interesse secundário, eventual, de uma entidade superar as inarredáveis exigências da harmonia preconizada pelo sistema constitucional.

É o de que se vai cuidar, subseqüentemente.

V — Necessária supremacia do interesse público primário

O insigne Celso Antônio introduziu entre nós a importantíssima distinção entre interesses públicos primários e secundários. Com isso, trouxe-nos categorias básicas de elaboração científica do mais amplo alcance para aplicação do direito público republicano. Inicia sua lição com frase lapidar: "Onde há função não há autonomia da vontade" (*Curso de Direito Administrativo*, 5ª ed., 1994, p. 46).

Resume magistralmente essa postura: "Aliás, exatamente porque são discerníveis o interesse público e o interesse meramente das pessoas estatais (ora coincidentes, ora antagônicos), os autores italianos fazem acepção entre *interesse público propriamente dito*, também denominado interesse primário, e interesse secundário. Interesse público ou *primário é o pertinente à sociedade como um todo* e só ele pode ser validamente objetivado, pois este é o interesse *que a lei consagra* e entrega à compita do Estado como representante do corpo social. Interesse *secundário* é aquele que atina *tão-só ao aparelho estatal* enquanto entidade personalizada e que por isso mesmo pode lhe ser referido e nele encarnar-se pelo simples fato de ser pessoa".

Para arrematar categoricamente: "... os interesses secundários só podem ser satisfeitos quando coincidirem com interesses primários".

Significa isso que o Estado — por qualquer de suas pessoas administrativas — só pode adotar decisões (legais ou administrativas) concernentes a interesses secundários se isso não prejudicar o primário, traduzido na estrita obediência ao direito positivo, por definição consagrador dos interesses públicos.

No caso do relacionamento Sabesp-Diadema, interesses públicos secundários estaduais e municipais põem-se em confronto e parecem conflitar.

Na verdade, o sistema jurídico não abriga contradições dessa monta. Deve ser prudentemente interpretado, de modo a fazer ser preservado o interesse primário (por definição harmônico), resolvendo-se, secundariamente, as questões concernentes aos interesses secundários.

Tanto o Município como o Estado (pela Sabesp, executora de sua legislação) devem, no caso, agir cônscios de suas "funções". Vale invocar, ainda aqui, Celso Antônio: "Visto que na idéia de *função* o dever é que é predominante; visto que o poder a ele ligado cumpre papel *instrumental, ancilar*, percebe-se também que os 'poderes' administrativos, em cada caso, não têm porque comparecer além da medida necessária para o suprimento da finalidade que os justifica" (ob. cit., p. 47).

Está-se a ver que a reverência às funções de cada qual e o respeito aos interesses públicos primários impõem prudente condução do conflito (aparente) no que toca aos interesses secundários.

VI — Impossibilidade jurídica de rotura pura e simples

O Município de Diadema não pode e não deve — sem antes negociar pacientemente com a Sabesp — romper unilateralmente os liames com ela, atingindo, com isso, os demais contratantes envolvidos nesse relacionamento complexo abrangente de organismos internacionais de financiamento, a União, entidades financeiras federais, o Estado, o Banespa etc.

Parece evidente que o interesse público primário — apurável pela correta interpretação do sistema de direito positivo — aponta no sentido da harmônica, prudente e suave conciliação de todos esses direitos e interesses. E contém a diretriz última e suprema determinante das decisões a serem adotadas.

Se a segurança jurídica — condicional da estabilidade institucional em todos os planos e setores — é o supremo bem de qualquer ordenação jurídica civilizada (Seabra Fagundes) está-se a ver que legisladores e administradores devem saber hierarquizar os interesses públicos em cada deliberação, cada ato, cada decisão, sob pena de comprometer a inteireza do tecido social. E o Judiciário é o garantidor máximo e derradeiro da observância dos critérios formais concernentes a esse *desideratum*. Aí o significado último e mais profundo do princípio básico da legalidade.

É o que recomenda a lição sábia de Celso Antônio: "Em suma: os 'poderes' administrativos — na realidade deveres-poderes — só existirão e portanto só poderão ser validamente exercidos na extensão e intensidade proporcionais ao que seja irrecusavelmente requerido para o atendimento do *escopo legal* a que estão vinculados. Todo excesso, em qualquer sentido, é extravasamento de sua configuração jurídica. É, a final, extralimitação da competência (nome que se dá, na esfera pública, aos 'poderes' de quem titulariza função). É abuso, ou seja, *uso além do permitido* e, como tal, comportamento inválido que o Judiciário deve fulminar a requerimento do interessado" (p. 47).

Destas fecundas elaborações decorre inexoravelmente que a questão do relacionamento jurídico entre o Município de Diadema e o Estado de S.Paulo, mediante a Sabesp (com as implicações emergentes dos contratos de financiamentos e obras com terceiros, públicos e privados e institucionais) não pode ter solução simplista, rápida e fácil, há de revestir-se de cautela jurídica e prudência hermenêutica, de forma a garantir integral respeito aos valores maiores da ordenação jurídica, inclusive e principalmente a segurança jurídica e a harmonia institucional, traduzidos na supremacia dos interesses públicos primários sobre os secundários.

De toda forma, não pode o deslinde de questões emergentes desse relacionamento ser obtido como se somente interesses patrimoniais estivessem envolvidos, ou como se simplesmente estivessem em confronto pessoa privada e poder público (o Município).

VII — Supremacia do interesse público — ininvocabilidade, no caso, em detrimento do Estado (Sabesp)

Celso Antônio ensina, a propósito do princípio da supremacia do interesse público: "Trata-se de verdadeiro axioma reconhecível no moderno direito público. Proclama a superioridade do interesse da coletividade, firmando a prevalência dele sobre o do particular, como condição, até mesmo, da sobrevivência e asseguramento deste último. É pressuposto de uma ordem social estável, em que todos e cada um possam sentir-se garantidos e resguardados".

Subseqüentemente, aplica-o à administração pública: "No campo da administração, deste princípio procedem as seguintes conseqüências ou princípios subordinados:

"a) posição privilegiada do órgão encarregado de zelar pelo interesse público e de exprimi-lo, *nas relações com os particulares*;

"b) posição de supremacia do órgão *nas mesmas relações*" (*Curso de Direito Administrativo*, 5ª ed., Malheiros Editores, p. 19).

Fica aí claro que a indispensável "supremacia" é *relativa*, ou seja, opera "em relação a" particulares. Atua em confronto com particulares. Esse o seu alcance, essa sua dimensão: não pode ser invocada ou aplicada diante de outros interesses públicos, como decorre da universal colocação da doutrina.

E dá Celso Antônio, exemplos reveladores desse seu alcance: "Convém, entretanto, lembrar, sem comentários e precisões maiores, alguns exemplos: a presunção de veracidade e legitimidade dos atos administrativos; o benefício de prazos maiores para intervenção ao longo de processo judicial; a posição de ré, fruída pela Administração, na maior parte dos feitos, transferindo-se *ao particular* a situação de autor com os correlatos ônus, inclusive os de prova; prazos especiais para prescrição das ações em que é parte o Poder Público etc" (ob. cit., p. 20).

Prazos "maiores" — é óbvio — do que os do particular. Inversão dos ônus da prova, claramente, em confronto com privados — é claro!

Logo depois, explica: "A posição de supremacia, extremamente importante, é muitas vezes metaforicamente expressada através da afirmação de que vigora a verticalidade nas relações entre Administração e particulares; ao contrário da horizontalidade, típica das relações entre estes últimos" (idem).

Deixa claro que tal supremacia aparece quando em confronto interesse privado e público. Robora o asserto a afirmação da "horizontalidade" das relações entre exercentes de funções administrativas.

Arremata o professor Celso Antônio: "Significa que o Poder Público se encontra em situação de autoridade, de comando, *relativamente aos particulares*, como indispensável condição para gerir os interesses públicos postos em confronto. Compreende, em face da sua desigualdade, a possibilidade, em favor da Administração, de constituir *os privados* em obrigações por meio de ato unilateral daquela. Implica, outrossim, muitas vezes, o direito de modificar, também unilateralmente, relações já estabelecidas" (idem).

Destarte, deixa claramente sublinhado que tal "situação" comparece quando a outra parte é um particular. E não permite dúvida quanto a que tal "situação" é necessária para bem gerir interesses públicos.

Esse notável administrativista — por todos acatado e respeitado — também é inequívoco, no texto supratranscrito, ao dizer que o direito de modificar unilateralmente relações já estabelecidas (aplicável conspicuamente à concessão de serviço público) existe e atua quando em confronto o interesse público no serviço e o interesse de *lucro* do privado.

Basta leitura despreconcebida dessas lições para ver-se da inaplicabilidade *tout court* do princípio a casos — como o da consulta — de confronto entre Município e Estado; de contenda entre interesse público municipal e estadual.

É clara sua ininvocabilidade ao caso da consulta.

VIII — Interesse local ou estadual?

Para que uma questão recaia inteiramente na competência do Município, ensejando-lhe plena titularidade sobre ela, é necessário que uma série de condições objetivas se configurem. Caso exemplar é o do saneamento básico. Consideremos o Município de Diadema, inserido na Região Metropolitana designada "Grande São Paulo". Esse Município não tem, em seu território, fontes de captação de água, nem locais para disposição de esgoto. Conurbado que está, dentro da área metropolitana, tem meio ambiente comum, indissociável de seus vizinhos contíguos ou mediatos.

Esse serviço público "essencial" — assim considerado pela Constituição Federal (arts. 21, XIX e XX; 22, IV; 23, II, VI e XI; 24, VI e XII) — é objeto de legislação federal e estadual e ação administrativa (obediente àquela legislação) comum à União, Estados e Municípios (art. 23).

As águas, em geral, são "bens dos Estados" (art. 26, I) o que lhes permite delas dispor, tendo em vista o interesse geral, que não pode ser prejudicado, nem superado por conveniências particulares de um Município. O Estado é obrigado a usá-lo criteriosamente, com visão global e superior, transcendente a interesses localizados.

Nenhuma atribuição específica concede a Constituição Federal aos Municípios, em matéria de saneamento básico. Deixa aos aplicadores — à vista das circunstâncias objetivas de cada caso — a determinação, *in concretu*, da configuração de qualquer competência e suas dimensões.

Logo, os Municípios assumirão esse serviço público, quando ele inserir-se no "interesse local" a que alude o art. 30, I, da Constituição Federal, como fórmula genérica, a aplicar-se, em cada caso, segundo circunstâncias objetivas e peculiaridades de cada Município.

Ora, no caso de Diadema, os condicionamentos decorrentes da conurbação e outros já aludidos, põem em cotejo o interesse local com o estadual. Daí que Diadema não possa fazer prevalecer o seu, que — por falta de condições objetivas — ressente-se da falta de suporte na realidade. Não só as águas são "bens do Estado" (art. 26, I), como o interesse público predominante (e decisivo), no caso, não é o "local" (como qualificado pelo art. 30, CF), mas sim o estadual.

Adílson Dallari abona a tese de que configura interesse metropolitano e já não municipal, "o atingimento de condições-limites de utilização econômica de recursos naturais, tais como a *água*, terrenos para recreação etc." ("Uso do solo urbano, in *RDP* 14, p. 288).

Estudando a questão das Regiões Metropolitanas, sustenta que "... a solução dos problemas de poluição ambiental, habitação, abastecimento, transportes públicos, sistemas viários, *captação, tratamento e adução de água, emissários, tratamento e disposição final de esgoto*, proteção contra enchentes etc., depende quase que inteiramente da possibilidade de controlar, coordenar e promover a utilização ordenada do solo metropolitano" (p. 288).

Em conseqüência, atribui a regência dessas matérias a normas estaduais ou, pelo menos, convencionais de que participe o Estado. E argumenta: "Como poderia, pois, a entidade metropolitana estadual fixar qualquer diretriz de planejamento se o controle e a disciplinação do uso do solo urbano ficasse inteiramente ao *arbítrio das autoridades municipais*?" (p. 288).

Com isso, reforça a conceituação — pressuposta pela Constituição — de um interesse metropolitano, transcendente ao restritamente local, do Município.

Como que antevendo — com 24 anos de antecipação — a presente questão, J. Afonso da Silva expõe doutrina perfeitamente consentânea com os princípios constitucionais, que foram reforçadas pela Carta Magna de 1988: "Sucede que a dinâmica social e as mutações econômicas *modificam* constantemente *a dimensão dos interesses*. Aquilo que em determinado momento histórico é de interesse tipicamente local, amanhã pode transcender as raias municipais, para abranger um círculo mais amplo, como é o fenômeno urbano de nossos dias, que dada a função das cidades, ou de cada cidade em particular, vincula *várias cidades*, influindo mutuamente, umas em outras, com repercussões naturais na vida das várias comunidades envolvidas no processo" ("Normas urbanísticas na legislação federal", *Boletim informativo do Senam*, n. 17, p. 22).

Adílson Dallari caminha em direção correta e prestigiada, ulteriormente, pela Constituição de 1988 — ao demonstrar que as condições objetivas e subjetivas engendradas pela história, pela geografia, pela demografia etc. influem na compreensão, em cada momento e lugar, do conteúdo e alcance do "interesse local" (art. 30, I), demarcador da competência municipal, constituindo necessária evolução do tradicional conceito de "peculiar interesse" dos textos anteriores. Escreve: "Diante do exposto, não haveria nem ousadia, nem temeridade na inferência de que a esfera de governo *competente sobre determinado campo* de atividades será aquela que, num determinado momento histórico, tiver *maior interesse*, puder dispor de maiores recursos e estiver institucionalmente melhor aparelhada para resolver os problemas inerentes a tais atividades" (pp. 289-290).

Aponta, claramente, para a competência do Estado, em casos, como o da consulta, em que o Município está encravado na Região Metropolitana.

Daí o afirmar, antecipatoriamente: "... não há dúvida, finalmente, de que *só o Estado dispõe de uma situação institucional* que, estritamente de acordo com a distribuição de competência feita pela Carta Constitucional em vigor, permite a elaboração de um sistema integrado de normas jurídicas disciplinadoras das atividades urbanas *de repercussão metropolitana*" ("Uso do solo urbano", *RDP* 14, p. 290).

Culmina o prof. Adílson Dallari sua fecunda (e profética) elaboração, demonstrando que o resultado da progressiva superação do estrito conceito de autonomia municipal da nossa tradição seria (como terminou sendo) a necessidade de inovadora (e mais realista) afirmação: "... em tempo relativamente curto, deverá receber a devida e necessária consagração: o conceito de 'peculiar interesse metropolitano'" (p. 290).

O lento processo culminou — em 1988 — por levar à disposição do "Art. 25. (...) § 3º. Os Estados poderão, mediante lei complementar, instituir regiões metropolitanas, aglomerações urbanas e microrregiões, constituídas por agrupamentos de municípios limítrofes, para integrar a organização, o planejamento e a *execução de funções públicas de interesse comum*".

Que saneamento básico é de "interesse comum" — nas conurbações da Região Metropolitana de S.Paulo — é indiscutível. No caso específico de Diadema, a circunstância do Município não dispor de água em seu território, nem de locais adequados para deitar seus esgotos — ao lado do preceito do art. 26, I, da Constituição — mais acentua, no plano da realidade concreta (sobre a qual se aplica o direito), o esvaziamento do "interesse local" (quanto à matéria em questão), com conseqüente "reforço do interesse metropolitano" (que é estadual, conforme o preceito Constitucional transcrito).

Recepcionada que foi — isso parece não padecer dúvida de ninguém — a legislação estadual sobre saneamento básico (inclusive instituidora da Sabesp), pela Constituição de 1988, vê-se que, melhor do que antes, o Estado está legitimado a cuidar do saneamento básico, por sua delegada, a Sabesp, na perseguição de um interesse metropolitano (pelo qual é responsável) e que não pode ser ultrapassado, nem menoscabado por um tênue interesse público local, como é o de Diadema, pelas circunstâncias aqui apontadas.

IX — Relação não ordinária — exigências hermenêuticas

A relação entre o Município de Diadema e a Sabesp não é ordinária, corrente, comum. Não é contrato entre poder público e particular. Não põe em confronto o público e o privado. Não implica a tensão — próprio das concessões correntes — entre o serviço público e o lucro empresarial da empresa capitalista.

Por isso, as lições da doutrina sobre a concessão de serviço público não se adequam integralmente a essa relação. Um dos mais conceituados administrativistas brasileiros, o professor Celso Antônio Bandeira de Mello, sobre o tema da concessão, escreveu: "Há uma necessária relação entre os encargos fixados no ato concessivo e o *lucro* então propiciado ao concessionário. Uns e outro, segundo os termos compostos na época, como pesos distribuídos entre dois pratos da balança, fixam uma igualdade de equilíbrio. É este equilíbrio que o Estado não pode romper unilateralmente" (*Curso de Direito Administrativo*, 4ª ed. revista e ampliada, Malheiros Editores, 1993).

Pôs aí o *lucro*, como a contrapartida do contratado. Ora, essa colocação — perfeita para qualquer concessionário privado — é inadequada à Sabesp. Esta tem o dever legal de exercer o serviço público que a lei lhe impôs como dever, independentemente da idéia de lucro. Como "pessoa administrativa" (Ruy Cirne Lima) a Sabesp cumpre a lei.

Isso já o dissemos há um lustro (1989) em estudo específico sobre o regime jurídico da Sabesp (*RDP* 92, pp. 70 e ss.). Aí acentuamos: "A legislação concernente à Sabesp deixa claro que suas atividades nada têm de exploração, *com fito de lucro*, de atividade econômica. Por isso assumiu-as o Estado, criando a Sabesp e encarregando-a de desempenhá-las. Por isso que é serviço público, a Sabesp tem sua atividade superiormente dirigida pelo Estado (lei 119); é beneficiada com recursos estaduais e, por isso também, suas receitas são públicas e decorrem da autoridade da lei" (ob. cit., p. 71).

Qualquer jurista reconhecerá o perfil "publicístico" da entidade (para usar expressão tão cara aos publicistas italianos). E completamos: "Esse conjunto de características da lei que criou tal *instrumento de execução* do serviço *público* de 'abastecimento de água, coleta e disposição de esgotos sanitários' — numa palavra: *saneamento básico* — revela por si só o cunho de *entidade substancialmente pública*, delegada do Estado, para prestar serviço público (dever, função) estadual".

Advertimos o intérprete contra as aparências enganosas; a circunstância de a roupagem ser de sociedade mista não despubliciza a entidade: "A forma, roupagem e revestimento de 'sociedade' não lhe retira a essencial e *substancial natureza pública* de 'instrumentalidade' do Estado, assim implicitamente qualificada por toda a legislação. Deveras, a circunstância de assumir a forma de sociedade por ações não altera nem nega as precedentes afirmações. Todas as considerações que — a respeito desta forma escolhida pelo legislador — possam ser desenvolvidas não enfraquecem, nem retiram a plenitude das conseqüências da afirmação de que ela *é entidade pública (substancialmente)*, prestadora de nítido, rigoroso e indiscutível serviço público. Serviços que jamais os privados assumiriam, a não ser se contratados, como concessionários ou permissionários, pelo estado".

Daí que o lucro, como móvel da Sabesp, deva ser peremptoriamente excluído. Dissemos: "A remuneração por tarifas (no sentido por nós ressalvado, de preço contratual) adequadas — que decorre de princípio constitucional e dá feição ao instituto da concessão — é absolutamente *inaplicável à Sabesp*. Esta é obrigada a funcionar, desempenhar suas atividades e, exaustivamente, envidar todos os esforços no sentido de prestar os seus serviços *por força* do que dispõe inexoravelmente *a lei e não porque receba qualquer remuneração*. Até recebendo remuneração insuficiente, ou mesmo nenhuma (o que depende da lei), a Sabesp continua integralmente, inteiramente, inexoravelmente, inafastavelmente *obrigada a prosseguir as suas finalidades legalmente estabelecidas*. Enquanto vigente a lei que a criou, ela deve cumpri-la, isto é: prestar esse serviço público, sem a menor possibilidade de invocar em benefício de qualquer idéia de resistência, as características (e principalmente esta) do instituto da concessão" (*RDP* 92/78).

E a razão jurídica da exclusão do lucro, como móvel da Sabesp está no seu cunho de "pessoa administrativa": "As entidades públicas *cumprem suas funções porque a lei assim ordena e não porque são remuneradas*. Em outras palavras: a causa eficiente jurídica do funcionamento das pessoas constitucionais e legais é a lei e não o posterior e conseqüente eventual pagamento (a fls. 152 e ss. do meu *Hipótese de Incidência Tributária*, 3ª ed., Ed. RT, transcrevo as robustas observações de Marco Aurélio Greco, a respeito do tema). Toda criatura estatal, instrumento de funções públicas, obedece a este regime".

A essência do instituto da concessão está na equação serviço-lucro. A compreensão disso condiciona a intelecção da concessão. Celso Antônio assinalou: "Há uma *necessária relação* entre os encargos fixados no *ato concessivo e o lucro* então propiciado ao concessionário. (...) O que, de direito, aspira é o *resguardo* de sua *pretensão econômica*" (*Curso de Direito Administrativo*, 5ª ed., Malheiros Editores, pp. 375-376).

Basta ler essa lição, para dar-se conta o intérprete de que não pode ela ser aplicada à Sabesp. Seu *animus*, evidentemente — ao relacionar-se com Diadema (ou com qualquer outro Município) — não foi a obtenção de lucro; nem pode assim ser entendido por nenhum jurista.

Isso demonstra não qualquer "erro" da lição de Celso Antônio, mas sim, a sua inaplicabilidade *tout court* à Sabesp.

O único móvel de sua ação e de seus engajamentos, contratuais ou não, é a prestação do serviço público estadual que ela exerce por *determinação legal*.

X — Direitos patrimoniais da Sabesp

Evidentemente, estas considerações não conduzem a invalidar ou excluir os direitos de cunho patrimonial da Sabesp. Não!

Levam, isso sim, a afirmar que — não se estando em presença de vera concessão, nos moldes típicos e tradicionais — não pode o Município contratante da Sabesp agir como se esta fosse uma empresa privada, que se satisfaz em seus direitos *meramente* com "adequada composição financeira". Mostra que os direitos e deveres envolvidos são mais complexos e mais altos, porque dizem com o interesse público estadual, tão digno de consideração e respeitoso tratamento jurídico (e, pois, tutela normativa especial) como os do Município.

Daí o não ser possível à Municipalidade de Diadema agir — relativamente à relação contratual e institucional complexa em que se envolveu, quando contratou a Sabesp — como se estivesse diante de entidade privada com exclusivo interesse no lucro.

Na verdade, não pode o Município de Diadema olvidar-se de que o seu engajamento contratual com o Estado — mediante sua criatura, a Sabesp — tendo por objeto um serviço público, engendra situação jurídica diferente, mais delicada, mais complexa e sofisticada, que não pode ser manejada como se estivesse diante de simples particular em busca de mero lucro. Com sua notória pontualidade, Pontes de Miranda põe bem a distinção de situações: "Mas serviço público é inconfundível com o serviço particular prestado ao público, ao *ex publico*. Fritz Fleiner disse muito bem: na exploração desses serviços, o Estado e as Comunas procuram levar aos indivíduos certas utilidades. Se se considera o resultado econômico, a administração pública faz exatamente a mesma coisa que o particular que explora empresa semelhante. Todavia, o fim é diferente. Para o *particular*, a exploração da empresa em questão é *meio de obter lucros*; a administração pública, ao contrário, procede *no interesse público*. Essa diferença reage naturalmente sobre a natureza de toda a empresa. E Fritz Fleiner deu-nos o exemplo dizendo: Um só exemplo bastará: os seguros sociais do Estado. Os seguros sociais têm fim econômico: trata-se de segurar (*securum facere*) a pessoa que deve rendas a outrem, contra as conseqüências econômicas da moléstia, dos acidentes e da invalidez. Exteriormente, parece, pois, que o trabalhador segurado obtém pelo serviço de Estado dos seguros sociais o que obteria pela conclusão de contrato privado de seguros com alguma Companhia privada de seguros. Não obstante, os grupos de direito público, obrigados pelo direito do *Reich* a certas prestações de seguros, são *órgãos de seguros*, não se substituíram só, juridicamente, às instituições privadas de seguro. O seguro social público é ato de assistência praticado pelo Estado a favor dos seus adsritos (*Institutionen*, Parte especial, cap. I, § 19)" (*Comentários à Constituição de 1967*, t. II, 2ª ed., Ed. RT, 1970).

Em face dessas autorizadas lições, não parece ser possível restar dúvida no espírito do intérprete: o tratamento a ser dispensado à questão do relacionamento da Sabesp com qualquer Município impõe, inexoravelmente a recolocação da postura exegética, em atenção aos valores constitucionais e legais em jogo, banindo peremptoriamente o trato da questão como se de concessão ordinária se tratasse.

A relação jurídica entre o Município de Diadema e a Sabesp, na verdade, envolucra-se numa teia mais ampla e muito mais complexa. É um mero seguimento de uma vasta trama contratual — envolvendo Estado, União, BNH (depois CEF) e organismos internacionais (com aval da União) — realizadora de interesses públicos relevantíssimos que:

a) não se circunscrevem ao puro aspecto patrimonial, nem

b) cingem-se ao âmbito puro e simples do âmbito municipal.

Não é mera "concessão" e não pode ser tratado como se o fora.

XI — Da necessidade de instauração de procedimento administrativo

As Leis 1.254/93 e 1.375/94 autorizaram o Prefeito a rescindir o contrato com a Sabesp. Não obrigou. Simplesmente "autorizou". Deixou a avaliação do mérito da decisão — e, acima de tudo, a oportunidade e formas de sua implementação — ao Executivo. Recebeu ele, assim, uma competência discricionária. Esta, na magnífica definição em M. S. Zanella Di Pietro, é a: "faculdade que a lei confere à Administração para apreciar o caso concreto, segundo critérios de oportunidade e conveniência, e escolher uma dentre duas ou mais soluções, todas válidas perante o direito" (*Discricio-*

nariedade administrativa na Constituição de 1988, Atlas, SP, 1991, p. 41).

É de responsabilidade plena do chefe do Executivo, assim, a escolha da ocasião e dos modos de operar. Esta deve, prudentemente, conduzir o necessariamente complexo, delicado, lento e difícil processo de negociação, tendente a tornar a "encampação" a mais suave possível.

Vale a pena ler as magníficas lições dessa conceituada publicista, para ver-se que, aplicadas ao caso em estudo, o Município deveria:

a) instaurar procedimento;

b) convidar a Sabesp a dele participar;

c) fazer saber de sua existência e objetivos aos demais interessados e entidades da sociedade civil;

d) produzir provas e demonstrações:

1. dos motivos da rotura pretendida

2. da certeza de benefício para o interesse público, na nova solução.

Tudo isso atenderá ao postulado por Seabra Fagundes como requisito formal e substancial da validade do ato.

Como conclusão, esse procedimento deveria deixar demonstrado o cuidado em cumprir-se cabalmente os deveres e satisfazer as obrigações do Município, tanto contratuais como legais e, ainda, a certeza de, no futuro, não restarem encargos e responsabilidades financeiras danosas ao correto e adequado atendimento dessa necessidade vital do povo, que é o saneamento básico.

Deveras, um serviço tão vital para a comunidade e uma decisão de tão amplas e graves repercussões — atingindo inclusive outras pessoas públicas — requerem toda cautela e o máximo cuidado, com rigorosa observância de estritas pautas legais, expressas ou implícitas.

Um dos mais celebrados publicistas brasileiros, consagrado pela notável contribuição que deu à ciência do direito, o prof. Caio Tácito — estudando monograficamente o abuso de poder — escreveu: "Nos regimes absolutos a administração era apenas uma técnica a serviço do príncipe. O Estado de Direito, ao contrário, submete o Poder ao domínio da Lei: a atividade arbitrária se transforma em atividade jurídica" (*O abuso de poder administrativo no Brasil* (*conceito e remédios*), RJ, 1959, p. 9).

Mostra que a administração pública, pela qual é responsável e Chefe do Executivo — hoje sob o expresso regime do art. 37 da Constituição de 1988 — não age arbitrariamente, mas *sob* a lei. Isso quer dizer: sob a Lei Magna, seus princípios, normas e sob a legislação que os desdobra e aplica.

Todo delírio dessas pautas é arbítrio, gerador de responsabilidade para os agentes e nulidades dos atos praticados. É abuso de poder a ser coartado pelo Judiciário.

Em suma, de modo transparente e impessoal, a Administração daria cabal satisfação pública de sua decisão e respectivos motivos, tornando respeitável e inquestionável a lisura de seu proceder e a plena *legalidade* material e formal que deve caracterizar decisão tão relevante e de tão graves conseqüências.

Se atento às diretrizes da doutrina e da jurisprudência — tão bem expostas pela magistral M. S. Zanella Di Pietro — dar-se-ia conta de que: "Quando a atividade é vinculada, o legislador já definiu, na norma jurídica, os meios de ação aptos ao atendimento adequado daquele objetivo. Porém, quando o legislador não faz essa opção, *cabe à Administração Pública fazê-lo* diante do caso concreto; a sua liberdade, nesse caso, *nunca é total* na escolha dos meios de ação, pois estará limitada não apenas por normas legais sobre competência, finalidade e forma, como também pelos princípios da *razoabilidade, moralidade, motivação*: a autoridade competente deverá demonstrar, mediante a necessária motivação, que a sua escolha atenda a este ou àquele interesse público. A discricionariedade que, aparentemente, é ampla, pode *reduzir-se sensivelmente diante do caso concreto*'' (ob. cit., p. 169).

E cita Celso Antônio para mostrar que ''ele parte da idéia de que, se a lei dá à Administração certa margem de discricionariedade, é precisamente porque quer que ela escolha, para cada caso concreto, a solução mais adequada para atingir os objetivos fixados pelo legislador, 'é a certeza de que os objetivos almejados, para serem efetivamente atendidos em concreto, dependeriam de um *juízo mais acertado das circunstâncias fáticas*, aquilo que leva a lei — em nome destes mesmos objetivos — a deferir discricionariedade' '' (M. S. Zanella, p. 170).

A professora titular de Direito Administrativo da Faculdade de Direito da Universidade de São Paulo acentua, citando Celso Antônio: ''... a idéia de que *o interesse público*, ao invés de implicar, necessariamente, discricionariedade administrativa constitui um dos princípios limitadores dessa discricionariedade''.

Daí ser lícito concluir que o correto cumprimento da lei, no caso, exige cautelas e cuidados, ponderação, prudência e paciente esforço para prevenir futuros encargos ao Município, evitar danos a terceiros e atender às necessidades de correta satisfação da produção do serviço, realizando, assim, excelentemente os interesses públicos em jogo.

XII — A ''garantia'' do ICMS

A Lei Municipal 1.328 ''autoriza'' o Município a oferecer, em garantia das indenizações devidas (e, assim, solenemente reconhecidas pelo Município de Diadema) à Sabesp, a parcela do Município no produto da arrecadação do ICMS, de que cuida o art. 158, IV, da Constituição.

O Decreto 4.560/94 pretende (art. 6º), com isso, estar cumprindo a obrigação constante da cláusula 18ª do contrato de concessão (e o princípio, a isso superior, irresistível, da indenizabilidade prévia — assim qualificada por Seabra Fagundes — do concessionário).

Entretanto, essa ''garantia'' nada garante. Inconstitucional a lei que a autoriza e nulo o decreto que pretende — inovando a trama contratual, na sua substância — aplicá-la, como se, assim, estivesse implementando seu dever legal e contratual.

Celso Antônio demonstrou-o de modo irrefutável, em primoroso parecer (publicado na *RDP* 91/87), com solidez e abundância de argumentos.

Ora, se é inconstitucional a lei que autoriza a oferecer a garantia, esta é *nula. Nullum est quod nullum effectum producit*.

Não fossem outros os motivos de nulidade do referido decreto, bastaria este para tornar juridicamente impossível a rescisão do contrato, pela forma como o pretende a Prefeitura.

Havendo, como demonstrou Celso Antônio, nulidade da garantia, não está cumprida a cláusula 18ª do contrato administrativo entre Sabesp e Diadema e ficam inobservados os requisitos para regularidade substancial da pretendida retomada imediata do serviço.

XIII — Simplificação repugante ao Direito

Ensina Hely Lopes Meirelles que o ''contrato de concessão é ajuste de direito administrativo bilateral, oneroso, comutativo e realizado *intuitu personae* (*Direito Administrativo Brasileiro*, Ed. RT, 15ª ed., p. 235).

Ora, em sendo um contrato oneroso, bilateral, comutativo e *intuitu personae*, não pode ser alterado no seu conteúdo financeiro, nem rescindido unilateralmente pelo concedente, sem a instauração de *procedimento* próprio, em que se assegure a ampla defesa ao concessionário, e que se avalie a indenização devida e os prejuízos econômicos que essa alteração ou rescisão possa acarretar.

Direito a esse contraditório prévio tem qualquer pessoa privada, em atenção a seus direitos de cunho patrimonial. Não é difícil perceber que, *além* desse direito elementar, de que desfruta, no caso a Sabesp, esta, como entidade delegada de serviço público — e, pois, representante de relevante interesse público estadual — tem, mais que isso, direito a tratamento parificado com o Município e defende interesses mais amplos, vastos e profundos que o meramente financeiro.

XIV — Impossibilidade, no caso, de encampação pura e simples

Ao cuidar da encampação nas Concessões de Serviços Públicos, Seabra Fagundes, ressalta que: "A concessão supõe um prazo de vigência, o que, aliás, é fator a distingui-la da permissão (Miguel S. Marienhoff, *Tratado de Derecho Administrativo*, Abeledo Perrot, t. III-b, p. 610). Esse lapso de tempo, quase sempre longo para que a exploração do serviço, durante ele, possa ensejar a amortização do capital investido, se prende, obviamente, à economia do contrato. Pelo que o resgate ou encampação, que mutila o tempo de duração acertado, há de ser visto em termos de vinculação de ambas as partes ao acerto, *não podendo exercitar-se ao arbítrio de uma das duas partes* contratantes — o concedente. Este o há de exercer com sujeição às regras contratadas" (*RDP* 74/39).

Ora, no caso, a "contratação" resultou numa trama de relações jurídicas multilaterais de extrema complexidade, porque envolveu — por exigência da expansão e melhoria do serviço e sua coordenação com obras de envergadura transcendente ao tamanho e aos limites municipais — vínculos contratuais com o Estado, organismos financeiros federais e internacionais (e a própria União, como sua garante). O distrato puro e simples, no caso, torna-se imensamente delicado e complexo. Não é impossível, mas é difícil e trabalhoso. De todo modo, não pode ser decidido — e, menos ainda, implementado — açodadamente.

Lembra Seabra Fagundes a lição de Renato Alessi que — admitindo a rescisão unilateral da concessão — restringe essa faculdade à existência de "um real e *bem demonstrado* interesse público, em que o serviço público de que se trate não prossiga prestado na forma prevista no ato de concessão..." (*Instituciones de Derecho Administrativo*, versão espanhola de Buenaventura Pellisé Prats, Bosch, Barcelona, vol. I, pp. 178-179, in ob. cit.).

Ora, a "demonstração" requerida — exigível quando o concessionário é mera pessoa privada — torna-se muito mais indispensável quando o caso seja (como é) de *contrato entre pessoas administrativas*. E não pode o Município valer-se do *privilège du préalable*, porque este só existe diante de relação entre poder público e pessoa privada. Não atua, quando em confronto duas pessoas administrativas.

Nessa linha de raciocínio, com esteio em Forsthoff, Jèze e Marienhoff, conclui o saudoso Seabra Fagundes: "... O resgate ou encampação é um ato expropriatório... e, como tal, está sujeito, nos termos da Lei Maior, a pressupostos de *motivação* e *composição* do desfalque patrimonial. Dessarte, a encampação só se pode dar quando ocorrente algum dos *motivos* constitucionalmente referidos (interesse social, ou necessidade ou utilidade pública) (Emenda 1, art. 153, § 22, 1.ª parte) e indenizados, *previamente e em dinheiro*, tanto o valor econômico do objeto da concessão, como o valor atribuído aos bens investidos na exploração do serviço (Emenda 1, art. 153, § 22, 2ª parte)" (ob. cit., p. 43).

Se isso é direito de qualquer particular, que dizer quando o concessionário é pessoa administrativa?

XV — Da impossibilidade de rescisão unilateral no caso presente — da concessionária

A Sabesp (Companhia de Saneamento Básico do Estado de S. Paulo) foi criada pelo Estado de S. Paulo (Lei Estadual 119/73) com a finalidade de exercer o serviço público estadual de saneamento básico, que se coordenou com o planejamento global tendente a realizar as condições exigidas pelo antigo Plano Nacional de Saneamento — Planasa.

Este partiu da verificação atualizada da realidade, então percebida, de que o saneamento básico, na maioria dos casos, vai deixando de ser questão local, para alçar-se à categoria de problema regional, melhor situada no plano estadual. Para tal concepção concorrem, certamente, não só fatores econômicos, mas administrativos, operacionais, demográficos e técnicos.

Por esse plano (Planasa) o Governo Federal concentrou a aplicação de recursos financeiros nos Estados e não mais nos Municípios, estimulando a realização de programas integrados de saneamento básico.

Nesse sentido, foi instituído um Programa de Financiamento para o Saneamento (Finansa), por intermédio do Banco Nacional de Habitação (BNH) — hoje conduzido pela Caixa Econômica Federal (Lei 6.528, de 11 de maio de 1978 e Dec. 82.587, de 6 de novembro de 1978).

A Sabesp — em cumprimento às suas finalidades — celebrou com quase trezentos Municípios, que haviam aderido ao Planasa, contratos de concessão para prestação dos serviços de água e esgoto, dentre os quais o Município de Diadema.

Para atender às obrigações assumidas, a Sabesp contratou financiamentos com o BNH (hoje CEF), o Banespa (agente financeiro da CEF) e o Estado de São Paulo (na qualidade de fiador) e contratos de empréstimo (entre Banespa e Sabesp), como repasses de financiamentos internacionais (Banco Mundial — BIRD) com aval da União.

Ora, com a rescisão unilateral e desmotivada da concessão celebrada, deverá assumir o Município de Diadema todas as obrigações e empréstimos realizados pela Sabesp. Mas, deve fazê-lo antecipadamente, sob pena de paralisação de todos esses contratos, com conseqüências danosas aos inúmeros interesses públicos em jogo, ou prosseguimento de algumas das suas conseqüências financeiras, onerosas para a Sabesp, o Estado de São Paulo e o Banespa.

É impossível a esse Município assumir as dívidas e obrigações arcadas pela Sabesp, visto que todas elas estão inseridas no bojo de financiamentos amplos e globais, concedidos à Sabesp, em função do Planasa, para o *conjunto* de obras, em benefício de toda a Região. A sub-rogação de Diadema nos encargos correspondentes ao seu direto interesse depende de consentimento prévio dos credores, a ser obtido negocialmente.

XVI — Boa fé no Direito, na interpretação e na aplicação

O caso em estudo é complexo. Envolve o atendimento a exigências de inúmeros princípios constitucionais e legais na realização do instituto da concessão de serviço público, como instrumento de realização dos desígnios constitucionais de promoção do interesse público.

Seu fulcro está no contrato firmado entre Diadema e a Sabesp. A interpretação deste — no contexto dos princípios e normas incidentes inexoravelmente na sua elaboração e aplicação (inclusive no distrato) — impõe a consideração adequada da boa fé. O melhor tratadista na matéria ensina: "El principio de la buena fe es exigible en los actos jurídicos, en el ejercicio de los derechos y en el *cumplimiento de las obligaciones*" Jesus Gonzalez Peres, *El principio general de la buena fe en el derecho administrativo*, Madri, 1983, p. 16).

E prossegue: "La buena fe como principio general constituye una regla de conducta a que han de ajustarse *todas las personas* en sus respectivas relaciones. Lo que significa, como dice Diez-Picazzo: 'que deben adoptar un comportamiento leal en toda la fase previa a la constitución de tales relaciones; y que deben también comportarse lealmente en el *desenvolvimiento de las relaciones jurídicas ya constituidas* entre ellas. Este deber de comportarse según buena fe se proyecta a sua vez en las dos direcciones en que se diversifican todas las relaciones jurídicas: derechos y deberes. Los *derechos deben ejercitarse de buena fe; las obligaciones deben cumplirse de buena fe*'" (p. 21).

Gonzalez Peres ilumina, com seu agudo talento, a mente do intérprete: "Tanto la equidad como el principio general de la buena fe comportan la necesidad de examinar las circunstancias que cuncurren en el acto concreto. Las diferencias entre una y otro radican, simplemente, en los distintos planos en que operan: la equidad opera en relación con la norma que se aplica y es interpretada; el principio general de la buena fe en relación con los *actos jurídicos, con los derechos que se ejercitan y las obligaciones que se cumplen*. La primera atenuará la aplicación de la norma en función de circunstancias fundamentalmente objetivas; el principio general de la buena fe, en función de la conducta del sujeto" (p. 25).

Tudo isso porque, adverte Gonzalez Peres: "Con independencia de su reconocimiento legislativo, *el principio de buena fe*, en cuanto principio general del Derecho, *cumple una función informadora del ordeamiento jurídico*, y, como tal, las distintas normas deben ser *interpretadas en armonia con él*" (p. 48).

A consideração dessas lições reforça — mostrando a coerência do sistema jurídico — os demais princípios e critérios expostos neste estudo. E conduz a modular adequadamente os raciocínios exegéticos, dando ao aplicador diretrizes segundo as quais conduzir-se no intrincado emaranhado de normas e princípios a que a questão em estudo se submete.

Essa situação não é nova para os nossos Tribunais. A complexidade que, neste estudo, vimos tentando demonstrar, já foi captada e aplicada pela jurisprudência.

XVII — Peculiaridades do caso concreto e precedente jurisprudencial

Vale a pena transcrever, pela plena aplicabilidade ao caso presente, decisão do Tribunal de Justiça de Minas Gerais que tratou a questão com exemplar acuidade (*RDP* 26/152): "Concessão. Serviço de abastecimento de água. Contrato entre a Prefeitura e a Comag. Entidades públicas. Rescisão unilateral pelo Prefeito. Ilegalidade. Segurança concedida.

"*Não se pode legitimar* a caducidade do contrato de concessão de serviço público com prazo certo, *nem sua rescisão* por ato unilateral quando o mesmo venha a ser avençado *entre um Poder Público e outro*, pois aplicar, em tal situação, o *jus imperium* seria entrar em antagonismo, com menoscabo ainda ao princípio do federalismo cooperativo."

Esse conceituado Tribunal tomou como ponto básico de sua apreciação a circunstância de estarem em cotejo duas pessoas administrativas: o Município e a companhia estadual de águas, similar à Sabesp. E — o que é mais importante — reconheceu a ambas a representação de interesses coletivos, que não podem ser tratados pura e simplesmente como interesses que se esgotam na sua dimensão patrimonial.

Prossegue o acórdão declarando nulo ato do Prefeito pretendendo rescindir unilateralmente — sem a devida atenção aos interesses públicos em causa — a concessão (exatamente como no caso objeto também deste estudo).

"Na hipótese de conflito de interesses coletivos, ao Judiciário deve ficar reservada a posição ou faculdade de dirimir o caso de cabimento ou não de uma rescisão ou caducidade declarada por ato unilateral com base no *jus imperium*.

"É *ilegal o ato do Prefeito* de Itajubá declarando caduco o contrato de concessão celebrado entre a Prefeitura e a *Comag, sociedade de economia mista*, para a concessionária executar e explorar serviços de abastecimento de água" (*RDP* 26/152).

Do voto do desembargador relator deste acórdão transcrevemos os seguintes trechos, por sua integral aplicabilidade ao caso *sub examinem*: "... a espécie não podia ser decidida mediante o *exame isolado do contrato de concessão*, para execução e exploração de serviços de abastecimento de água celebrado entre o município de Itajubá e a Cia. Mineira de Águas e Esgotos ... É que o referido *contrato foi o último ato de uma série de atos* administrativos praticados por várias entidades de Direito Público, todos integrantes de esforços governamentais destinados à efetivação do Plano Nacional de Saneamento (Planasa), formulado pelo Banco Nacional de Habitação, e do Plano Trienal de Saneamento, formulado pela Secretaria de Viação e Obras Públicas do Estado de Minas Gerais. Explicam o contrato mencionado (*sic*), vieram logo provados com a inicial e são eles: 1) convênio de promessa de financiamento celebrado *entre o BNH*, o Governo do *Estado* de Minas Gerais, o *Banco do Desenvolvimento* de Minas Gerais, a *Comag*, e o *Banco de Crédito Real*, ficando as condições gerais para o *financiamento e refinanciamento* da implantação, ampliação e melhoria de sistemas de abastecimento de água em Municípios do Estado; 2) *Termo de re-ratificação* do mesmo convênio (...); 4) contrato de *financiamento* destinado a sistema de abastecimento de água da cidade de Itajubá, concluído entre o Banco de Crédito Real de Minas Gerais e a Comag, com a *interveniência* da Secretaria de Viação e Obras Públicas, representando o Governo do Estado ... (Abro parênteses, aqui, para lembrar que a *tomada de água* é feita no Rio Sapucaí, que, como todos sabem, é *público*, relacionado entre os bens da *União*. Tem nascente no Município de S. Bento do Sapucaí — Estado de S. Paulo e vai desaguar entre os municípios de Guapé e Carmo do Rio Claro, no estado de Minas Gerais)".

Exatamente como na questão em estudo, a concessão nada tinha de ordinária ou comum. Nem remotamente se assemelha a um contrato envolvendo simplesmente, de um lado, um titular de interesse público (o Município) e, doutro, pessoa privada com singelo fito de lucro. O Tribunal verificou que o caso era complexo e envolvia o entrelaçamento coordenado de diversas pessoas administrativas, cada qual perseguindo — *ex vi legis* — um interesse público. Daí a impostergável necessidade de sua consideração harmônica.

É que a satisfação judicial de um direito expressivo de interesse público não pode ter por efeito o ferimento de outros interesses públicos. A Constituição e as leis — elaboradas para promoverem e protegerem os interesses públicos — não podem abrigar contradição dessa monta. Desvendar, no caso concreto, a necessária congruência entre eles, é tarefa típica do Poder Judiciário.

Prossegue o acórdão: "A simples enumeração de todos estes atos administrativos, em muitos dos quais participaram o Governo do Estado de Minas Gerais, o Governo Federal, autarquias federais e a sociedade de economia mista, ora, agravante, basta para evidenciar que aquele contrato de concessão, único considerado na decisão agravada, *não podia ser — para o efeito de poder a Prefeitura concedente, decretar a sua caducidade — examinado como um contrato de concessão do Poder Público com uma sociedade comercial*, tal como a agravante foi conceituada pela ilustre autoridade coatora nas informações de fls. E a conceituou assim para justificar o decreto de caducidade *com base no 'jus imperium'*. Entendo que os referidos atos administrativos, inclusive o contrato objeto do decreto de caducidade, *integram um processo de cooperação constitucional entre as várias entidades de Direito Público que deles participaram*".

E o Tribunal de Justiça de Minas Gerais põe adequada e rigorosamente a questão dos interesses públicos envolvidos, como fator jurídico decisivo a determinar reorientação da postura hermenêutica, na hipótese: "E também se compreende que *não há falar aqui de interesse do Poder Público em contraste com o interesse privado, de uma simples sociedade comercial* ... A agravante é uma sociedade de economia mista estadual, dotada de plasticidade na ação pela forma de sua constituição, mas agindo em nome do Poder Público, para melhor realização de um 'Plano Governamental' e, por isso mesmo, integrante da Administração indireta, como está expressamente declarado no art. 4º do Decreto-lei 200/67. No caso em julgamento, acrescente-se que ela atuou e atua como agente promotor credenciado do BNH...".

E culmina com claro, inequívoco e firme decisório: "Assim ... penso que *não se pode legitimar a caducidade do contrato de concessão do serviço público*, com prazo certo, *nem a sua rescisão por ato unilateral de uma das pessoas de Direito Público nele comprometida, fundada no alegado 'jus imperium'*. É que esse imponente Direito estaria em contradição com o do Estado federado, e até com o mais amplo da própria União Federal. *Todos três participaram*, por órgãos da administração direta ou indireta, dos convênios e dos contratos concluídos como instrumentos eficientes da ação administrativa, desenvolvida à luz do princípio do federalismo cooperativo. (...). Permitir o rompimento, assim unilateral, de atos administrativos que têm por objetivo a realização prática de planos do Governo, quer federal, quer estaduais, quer municipais, será negar o estado de Direito nesta matéria, entregando o destino daqueles planos e a eficiência das administrações ao arbítrio exclusivo de um só dos entes públicos neles empenhados" (*RDP* 26/152).

XVIII — Conclusão

À vista de todo o exposto — especialmente da sólida doutrina e do incisivo e autorizado pronunciamento judicial transcrito — pensamos ser lícito afirmar, não só:

a) a impossibilidade de imediata e simplista rotura do contrato complexo em que inserida a "concessão" de que trata a consulta, como

b) a inarredável necessidade de instauração de amplo processo de negociação com a presença de todas as partes interessadas ou, à sua falta,

c) intervenção judicial para condução equilibrada desse processo.

É o parecer, s.m.j.

São Paulo, 19 de agosto de 1994

TETO DE REMUNERAÇÃO DE SERVIDORES

EROS ROBERTO GRAU
Professor Titular da Faculdade de Direito da Universidade de S. Paulo

Encaminhou-se a Fundação de Amparo à Pesquisa do Estado de São Paulo — Fapesp a seguinte

Consulta

O Decreto Estadual 35.265, de 8 de julho de 1992, dispõe sobre o limite máximo de remuneração nas entidades que especifica.

Define seu artigo 1º: "Art. 1º. A remuneração, a qualquer título, dos empregados e dos dirigentes das empresas públicas, sociedades de economia mista, fundações instituídas ou mantidas pelo Poder Público e das empresas controladas direta ou indiretamente pelo Estado, tem como limite máximo a remuneração, a qualquer título, de Secretário de Estado, nos termos do artigo 37, inciso XI, da Constituição da República Federativa do Brasil, e artigo 115, inciso XII, da Constituição do Estado de São Paulo".

A Fundação de Amparo à Pesquisa do Estado de São Paulo, regida pela Lei Estadual 5.918, de 18 de outubro de 1960, é fundação instituída e mantida pelo poder público estadual (art. 271 da Constituição do Estado de São Paulo).

Indaga-se:

Aplicam-se à Fundação do Amparo à Pesquisa no Estado de São Paulo as disposições contidas no Decreto Estadual 35.265/92?

Parecer

1. Dispõe o art. 115, XII, da Constituição do Estado de São Paulo: "Art. 115. Para a organização da administração pública direta e indireta, inclusive as fundações instituídas ou mantidas por qualquer dos Poderes (sic) do Estado, é obrigatório o cumprimento das seguintes normas: (...) XII — a lei fixará o limite máximo e a relação de valores entre a maior e a menor remuneração dos servidores públicos, observados, como limites máximos, no âmbito dos Poderes Legislativo, Executivo e Judiciário, bem como no âmbito do Ministério Público, os valores recebidos como remuneração, em espécie, a qualquer título, respectivamente, pelos Deputados à Assembléia Legislativa, Secretários de Estado, Desembargadores do Tribunal de Justiça e pelo Procurador-Geral de Justiça".

A norma inscrita neste inc. XII do art. 115 da Constituição paulista diz, além do mais: que o limite máximo de remuneração dos servidores públicos, no âmbito do Poder Executivo, corresponde aos valores recebidos como remuneração, em espécie, a qualquer título, pelos Secretários de Estado.

Por outro lado, o art. 1º do Decreto Estadual 35.265/92, transcrito na consulta, define, em relação aos empregados e aos dirigentes das empresas públicas, sociedades de economia mista, fundações instituídas ou mantidas pelo Poder Público e das empresas controladas direta ou indiretamente pelo Estado: que a sua remuneração, a qualquer título, tem como limite máximo a remuneração, a qualquer título, de Secretário de Estado — nos termos do art. 37, inc. XI, da Constituição da República Federativa do Brasil, e art. 115, inc. XII, da Constituição do Estado de São Paulo.

Note-se que o inc. XII do art. 115 da Constituição paulista não discrepa do quanto enunciado no inc. XI do art. 37 da Constituição de 1988; o sentido normativo de ambos é idêntico, apenas substituindo, no caso, o preceito da Constituição estadual, a expressão "Ministros de Estado" por "Secretário de Estado".

Assim, assumido sejam entendidos como servidores públicos os empregados e os dirigentes das empresas públicas, sociedades de economia mista, fundações instituídas ou mantidas pelo Poder Público e das empresas controladas direta ou indiretamente pelo Estado, teríamos que o Decreto Estadual 35.265/92, no quanto dispõe a respeito do limite de remuneração que estipula (dos empregados e dos dirigentes das empresas públicas, sociedades de economia mista, fundações instituídas ou mantidas pelo Poder Público e das empresas controladas direta ou indiretamente pelo Estado) — mas exclusivamente quanto a isso — em nada inova o ordenamento jurídico: o inc. XII do art. 115 da Constituição paulista já dispunha no sentido de que a remuneração desses servidores públicos teria como limite máximo os valores recebidos como remuneração, em espécie, a qualquer título, pelos Secretários de Estado.

2. Não resta dúvida quanto à inclusão dos empregados e dos dirigentes das empresas públicas, sociedades de economia mista, fundações instituídas ou mantidas pelo Poder Público e das empresas controladas direta ou indiretamente pelo Estado no conceito de servidor público.[1]

Assim, a conclusão acima ensaiada, sob a condição de que fossem eles entendidos como servidores públicos, poderia ser peremptoriamente afirmada: o Decreto Estadual 35.265/92, no quanto dispõe a respeito do limite de remuneração que estipula (dos empregados e dos dirigentes das empresas públicas, sociedades de economia mista, fundações instituídas ou mantidas pelo Poder Público e das empresas controladas direta ou indiretamente pelo Estado) — mas exclusivamente quanto a isso, insisto neste ponto — em nada inova o ordenamento jurídico.

Assim, cumpre-nos indagar que inovações no ordenamento jurídico reclama o inciso XII do art. 115 da Constituição paulista.

3. Não será demasiado novamente transcrevermos o preceito: "Art. 115. Para a organização da administração pública direta e indireta, inclusive as fundações instituídas ou mantidas por qualquer dos Poderes (sic) do Estado, é obrigatório o cumprimento das seguintes normas: (...) XII — a lei fixará o limite máximo e a relação de valores entre a maior e a menor remuneração dos servidores públicos, observados, como limites máximos, no âmbito dos Poderes Legislativo, Executivo e Judiciário, bem como no âmbito do Ministério Público, os valores recebidos como remuneração, em espécie, a qualquer título, respectivamente, pelos Deputados à Assembléia Legislativa, Secretários de Estado, Desembar-

1. Vide, por todos, Celso Antônio Bandeira de Mello, *Regime constitucional dos servidores da Administração direta e indireta*, 2ª ed., RT, São Paulo, 1991, pp. 12/13 e 50/51.

gadores do Tribunal de Justiça e pelo Procurador-Geral de Justiça".

Diz o texto, não na ordem do enunciado, que:

(*a*) deverá ser fixado o limite máximo e a relação de valores entre a maior e a menor remuneração dos servidores públicos;

(*b*) serão observados como limites máximos, no âmbito dos Poderes Legislativo, Executivo e Judiciário, bem como no âmbito do Ministério Público, os valores recebidos como remuneração, em espécie, a qualquer título, respectivamente, pelos Deputados à Assembléia Legislativa, Secretários de Estado, Desembargadores do Tribunal de Justiça e pelo Procurador-Geral de Justiça;

(*c*) essa fixação deverá ser estabelecida em lei ("a lei fixará...).

O preceito, aparentemente, determina sejam aportadas apenas duas inovações ao ordenamento jurídico: (*1*) a fixação de relação de valores entre a maior e a menor remuneração dos servidores públicos, (*2*) através de lei; os limites máximos de remuneração, como vimos, já são definidos pelo preceito da Constituição estadual.

Sucede, não obstante, que a norma veiculada pelo preceito é dotada de *eficácia deferida*, o que impõe o detido exame do preceito.

4. Um dos mais delicados problemas do direito constitucional é o relativo a *eficácia* de suas normas.

A doutrina clássica, inspirada em autores norte-americanos, distinguia entre normas constitucionais auto-aplicáveis ou auto-executáveis (*self-executing provisions*) — normas preceptivas — e normas constitucionais não auto-aplicáveis ou não auto-executáveis (*not self-executing provisions*) — normas programáticas.

A evolução do pensamento doutrinário, no entanto, em especial a partir de autores italianos, fez com que a bipartição das normas constitucionais viesse a ser substituída por novas classificações.[2]

O pensamento mais atual a respeito da matéria, parece-me ter sido ele adequadamente exposto por Gustavo Zagrebelsky,[3] para quem cumpre inicialmente distinguirmos entre *normas de eficácia direta e normas de eficácia indireta*, entre estas últimas nova distinção sendo operada, mediante a sua tripartição em *normas de eficácia deferida, normas de princípio* e *normas programáticas*.

Normas constitucionais de eficácia direta são aquelas cuja estrutura é suficientemente completa para que possam valer como regra de casos concretos. Trata-se, então, de *normas exeqüíveis por si mesmas*, que dispensam complementação por normas legislativas.[4]

Normas constitucionais de eficácia indireta, prossegue Zagrebelsky,[5] são aquelas cuja estrutura não é suficientemente completa, a ponto de poderem valer como regra de casos concretos; sua operatividade reclama uma ulterior atuação normativa da parte de fontes subordinadas.

Normas de eficácia deferida são aquelas que, para que adquiram eficácia, necessitam de uma disciplina normativa ulterior, em relação à posta pela Constituição. A eficácia da disposição constitucional resulta assim deferida, até o momento em que essa disciplina normativa ulterior seja posta pela fonte normativa prevista.[6]

2. Vide Paulo Bonavides, *Direito Constitucional*, 2ª ed., Forense, Rio de Janeiro, 1986, pp. 183 e ss. e José Afonso da Silva, *Aplicabilidade das normas constitucionais*, 2ª ed., Ed. RT, São Paulo, 1982, especialmente pp. 63 e ss.

3. *Manuale di Diritto Costituzionale*, I, ristampa aggiornata, UTET, Torino, 1990, pp. 104 e ss.

4. Vide Jorge Miranda, *Manual de Direito Constitucional*, tomo II, 2ª ed. (reimpressão), Coimbra Editora, Coimbra, 1987, pp. 222/223.

5. Ob. cit., p. 105.

6. Cf. Zagrebelsky, ob. cit., p. 106.

Normas constitucionais de princípio são aquelas que, contendo a formulação de *princípios jurídicos*, reclamam uma ulterior atividade de *concretização*, que relacione o princípio a casos específicos. Diz Zagrebelsky:[7] "L'attività di concretizzazione dei principi è un'attività positiva, di posizione di nuove norme conformi al principio, in relazione ai casi particolari in cui il principio stesso può essere invocato. Così, ad esempio, il principio del diritto di difesa, nel processo risulta operativo solo nell'ambito delle strutture particolari processuali, determinate dal legislatore. Se non si considera un processo concreto, il principio del diritto di difesa è una pura espressione verbale. Ecco allora la necessità della *interpositio* di una ulteriore attività normativa, nell'ambito della quale il valore contenuto nel principio possa manifestarsi operativamente". Essa *concretização* é em regra operada pelo legislador, nada impedindo porém que a opere o Poder Judiciário.[8]

Zagrebelsky distingue *as normas constitucionais de princípio* das *normas constitucionais programáticas* desde a observação de que as primeiras são dotadas de eficácia genericamente programática, na medida em que implicam uma certa linha de desenvolvimento do ordenamento, ao passo que cada programa implica a assunção de um certo critério como princípio de ação — "le norme programmatiche si riferiscono essenzialmente agli esiti politico-sociali, mentre i principi si riferiscono alla coerenza interna dell'ordenamento, rispetto a certa matrici iniziali: i programmi riguardono il fine, i principi l'inizio di una azione normativa".[9] E, discorrendo sobre as *normas constitucionais programáticas*, observa ainda Zagrebelsky[10] que as normas jurídicas podem cumprir diversas funções, não exclusivamente a de criar posições subjetivas perfeitas — isto é, direito e deveres — em relação à solução de conflitos; elas podem cumprir a função de meio de agilização (*mezzi di alleggerimento*) do processo político e de ampliação da base de participação e consenso; as normas jurídicas, especialmente as programáticas, operam a redução do espaço da controvérsia preliminar ao confronto político, estabelecendo um quadro de orientação posto preliminarmente fora de discussão; as prescrições constitucionais programáticas, não sendo diretamente aplicáveis, desenvolvem esse papel de redução, direcionando o debate político; significam um primeiro passo no sentido de encaminhamento da regra, suficientemente concreta, a ser aplicada na solução de controvérsias específicas; não dizem como se deverá decidir, mas em que direção deverá buscar-se a decisão; o fato de serem imediatamente dirigidas ao legislador (e não ao juiz) não as distingue das demais normas jurídicas, apenas respeitando ao grau de "redução" que delas decorre; não há diferença substancial entre o "normativo" e o "programático" — há apenas uma diferença de grau, não porém de função.

5. A norma veiculada pelo art. 115, XII da Constituição paulista consubstancia, como anteriormente observei, *norma de eficácia deferida*. Estas, relembre-se, são aquelas que, para que adquiram eficácia, necessitam de uma disciplina normativa ulterior, em relação à posta pela Constituição: sua eficácia resulta assim deferida, até o momento em que es-

7. Ob. cit., p. 107.

8. Zagrebelsky (ob. cit., pp. 107/108) admite que, em certos casos, a *concretização* do princípio seja operada pelo intérprete. Sobre a *concretização da Constituição* como *construção de uma norma jurídica*, vide José Joaquim Gomes Canotilho, *Direito Constitucional*, 5ª ed., Almedina, Coimbra, 1991, especialmente pp. 208-209 e 228-231.

9. Ob. cit., p. 109. Para a distinção entre "programas" (policies) e princípios, vide Ronald Dworkin, *Taking rights seriously*, 5ª impressão, Duckworth, Londres, 1987, pp. 22-23.

10. Ob. cit., pp. 111-112.

sa disciplina normativa ulterior, seja posta pela fonte normativa prevista.

Neste passo será útil ao recurso ao critério do *destinatário* das normas, que parte da doutrina usa para identificar as *normas programáticas* — genericamente consideradas — não obstante estejamos plenamente cientes do quanto de críticas acesas essa utilização suscita.[11]

O destinatário imediato das *normas de eficácia deferida* é o *legislador*; elas não estabelecem *programas*, porém o que Canotilho[12] designa por *ordens de legislar*; a exigência de ação normativa que complete a sua eficácia decorre da imposição de um dever ao legislador. Vale dizer: aqui o legislador atua vinculadamente, produzindo a disciplina normativa ulterior cuja produção configura dever que lhe é imposto pela norma constitucional; no caso das *normas constitucionais programáticas*, ao contrário, essa atuação não é vinculada.[13]

A matéria a que respeitam as *normas constitucionais de eficácia deferida* está já regulada pela Constituição, reclamando apenas, a completude de sua eficácia, que o legislador — a "fonte normativa prevista", na dicção de Zagrebelsky — a instrumente. A disciplina normativa ulterior, cuja produção é demandada, no plano infraconstitucional, é instrumental dessa eficácia.

Assim — e então retomo o tema do destinatário das normas constitucionais — embora as normas constitucionais de eficácia deferida não se dirijam unicamente ao legislador, alcançando também os particulares e o poder público (pois é certo que a matéria de que tratam está já regulada pela Constituição), apenas e tão somente adquirem eficácia integral, vinculando esses últimos, quando completada a sua eficácia mediante a produção daquela normatividade ulterior (pela fonte normativa prevista na própria norma de eficácia deferida).[14/15]

6. As observações que enunciei nos itens 4 e 5, acima, permitem-nos dar correção ao equívoco consubstanciado na seguinte afirmação, alinhada no item 3, *in fine*, acima:

"O preceito, aparentemente, determina sejam aportadas apenas duas inovações ao ordenamento jurídico: (*1*) a fixação de relação de valores entre a maior e a menor remuneração dos servidores públicos, (*2*) através de lei; os limites máximos de remuneração, como vimos, já são definidos pelo preceito da Constituição estadual".

O preceito inscrito no art. 115, XII da Constituição paulista, de modo diverso, em verdade determina seja aportada uma inovação ao ordenamento jurídico, ou seja: a produção de lei que fixe o li-

11. Vide, a esse respeito, Paulo Bonavides, ob. cit., pp. 200-202.

12. Ob. cit., p. 193.

13. Diz Paulo Bonavides (ob. cit., p. 216): "As normas de eficácia deferida trazem já definida, intacta e *regulada pela Constituição*, a matéria que lhe serve de objeto, a qual depois será efetivada na prática mediante atos legislativos de aplicação. Não são promessas cujo conteúdo há de ser ministrado ou estabelecido *a posteriori* pela autoridade legislativa interposta, como ocorre com as normas programáticas *stricto sensu*".

14. Vide Paulo Bonavides, ob. cit., p. 219.

15. Não se confunda *normas constitucionais de eficácia deferida* com *normas constitucionais de eficácia contida*, que José Afonso da Silva (ob. cit., p. 105) define como "aquelas em que o legislador constituinte regulou suficientemente os interesses relativos a determinada matéria, mas deixou margem à atuação restritiva por parte da competência discricionária do poder público, nos termos que a lei estabelecer ou nos termos de conceitos gerais nelas enunciados". Aqui não há deferimento de eficácia; as *normas constitucionais de eficácia contida* são espécie do gênero *normas de eficácia direta*; apenas, no caso delas, o legislador poderá restringir o seu âmbito de aplicação, sendo ele pleno, contudo, até que sobrevenha legislação que o faça. De norma como tal (de eficácia contida) — o artigo 9º, II da Emenda Constitucional n. 1/69 — tratei em texto publicado pela *Revista da Faculdade de Direito da USP* (vol. LXXVI, 1981, pp. 255 e ss.), "Doação a instituição religiosa e a Emenda Constitucional n. 1/69".

mite máximo e a relação de valores entre a maior e a menor remuneração dos servidores públicos, observados como limites máximos, no âmbito dos Poderes Legislativo, Executivo e Judiciário, bem como no âmbito do Ministério Público, os valores recebidos como remuneração, em espécie, a qualquer título, respectivamente, pelos Deputados à Assembléia Legislativa, Secretários de Estado, Desembargadores do Tribunal de Justiça e pelo Procurador-Geral de Justiça.

Sem que essa lei seja produzida — e até que ela seja produzida — a norma veiculada pelo art. 115, XII da Constituição paulista *remanescerá despida de eficácia*. Essa *lei* consubstancia a disciplina normativa ulterior, cuja produção é demandada, no plano infraconstitucional, como instrumental, a completá-la, da eficácia daquela norma.

7. Ora, como não há *lei estadual*, senão mero decreto, fixando o limite máximo e a relação de valores entre a maior e a menor remuneração dos servidores públicos, observados como limites máximos, no âmbito dos Poderes Legislativo, Executivo e Judiciário, bem como no âmbito do Ministério Público, os valores recebidos como remuneração, em espécie, a qualquer título, respectivamente, pelos Deputados à Assembléia Legislativa, Secretários de Estado, Desembargadores do Tribunal de Justiça e pelo Procurador-Geral de Justiça, como não há *lei* que o faça — dizia — a eficácia da norma veiculada pelo art. 115, XII da Constituição paulista permanece deferida.

O Decreto Estadual 35.265/92 é juridicamente insignificante. Como decreto não é lei e somente a lei (fonte prevista na própria norma de eficácia deferida) poderia instrumentar, completando-a, a eficácia da *norma constitucional de eficácia deferida*, o Decreto 35.265/92 não serve para nada; é imprestável. Se e quando tiver importado a redução de remuneração de qualquer servidor público, nos termos do que estabelece o seu artigo 3º, essa redução terá consubstanciado agressão à Constituição estadual.

Por certo que, se *lei* houvesse, a instrumentar a eficácia da norma de que cogitamos, caberia — porque de fato, como vimos, os empregados e os dirigentes das empresas públicas, sociedades de economia mista, fundações instituídas ou mantidas pelo Poder Público e das empresas controladas direta ou indiretamente pelo Estado incluem-se no conceito de servidor público — indagarmos da vinculação dos empregados e dirigentes da Fundação do Amparo à Pesquisa do Estado de São Paulo pelo limite máximo de remuneração que, aliás, já está definido no art. 115, XII, da Constituição paulista. Não havendo porém a lei reclamada pelo próprio preceito constitucional — e juridicamente imprestável o Decreto 35.265/92 — a indagação é descabida.

8. Ao quesito proposto na consulta dou resposta na afirmação de que as disposições contidas no Decreto Estadual 35.265/92, vê-se nitidamente, *não se aplicam à Fundação do Amparo à Pesquisa do Estado de São Paulo*. E não apenas a ela não se aplicam essas disposições, mas também a qualquer empresa pública, sociedade de economia mista, fundação instituída ou mantida pelo Poder Público ou empresa controlada direta ou indiretamente pelo Estado de São Paulo.

Assim — insisto — tanto aos empregados e dirigentes da Fundação de Amparo à Pesquisa do Estado de São Paulo, quanto aos empregados e dirigentes daquelas entidades *não se aplica o limite máximo de remuneração estabelecido pelo decreto*. E, mais, por se tratar de *norma de eficácia deferida*, a eles também não se aplica, na inexistência de *lei* que a complete, o preceito inscrito no artigo 115, XII da Constituição do Estado de São Paulo.

É o que me parece.

São Paulo, 5 de outubro de 1992

INCENTIVO FISCAL — CONFLITO ENTRE ESTADOS

PAULO DE BARROS CARVALHO
Advogado Professor Titular de Direito Tributário da Universidade Católica de S. Paulo

Parecer

I — Da consulta

O Estado de São Paulo, pelo Excelentíssimo Senhor Secretário da Justiça — Dr. Antonio Corrêia Meyer — solicita-me a elaboração de parecer sobre tema jurídico que envolve elevados interesses dos Estados de São Paulo e do Espírito Santo, oferecendo farto material de esclarecimento e formulando perguntas para as quais pede resposta objetiva.

A questão é antiga e remonta à implantação do sistema Fundap (Fundo para o Desenvolvimento das Atividades Portuárias), autorizada pela Lei 2.508, de 2.6.70, do Estado do Espírito Santo. Em face dos benefícios atribuídos por tal sistema aos importadores ou exportadores que operem pelo porto de Vitória (ES), em negócios sujeitos a incidência do antigo ICM e atual ICMS, surgiu forte resistência por parte do Estado de São Paulo, ao entender que o esquema de funcionamento do plano estabelecido pelo governo capixaba provocava sensível desvio de operações de importação do Estado paulista para o do Espírito Santo, com significativa evasão de impostos. Sobremais, reforçando a política de incentivo àqueles contribuintes, o governo estadual insiste em dilargar o prazo para recolhimento do imposto, circunstância que provoca novo e sensível desequilíbrio no inter-relacionamento dessas unidades federadas.

O governo paulista, por seu turno, editou portarias que pudessem evitar a apropriação de créditos do imposto, por entendê-los incabíveis diante da sistemática constitucional vigente.

Estabelecida a divergência entre as duas entidades políticas e encontrando-se o assuto no Supremo Tribunal Federal, em ação de mandado de segurança impetrado pelo Estado do Espírito Santo, a Secretaria de Justiça de São Paulo, ao submeter-nos a matéria discutida, preparou os seguintes quesitos:

1. Queira V.Exª esclarecer em que consiste o sistema Fundap, criado pelo Estado do Espírito Santo e quais os benefícios fiscais a que faz jus importador que realize importações por aquele Estado da Federação. Tais benefícios aplicam-se, também, a importações realizadas pelo Porto de Santos, desde que sejam destinadas simbolicamente a um estabelecimento no Estado do Espírito Santo, mas que na realidade, vão diretamente para um estabelecimento de empresa em São Paulo?

2. Os benefícios fiscais decorrentes do Fundap, especialmente a ampliação do prazo de pagamento em até sessenta dias após o mês em que tenha sido realizada a importação, e que tenha saído, real ou simbolicamente, de um estabelecimento no Estado do Espírito Santo, estão previstos na Lei Complementar 24/75 como sendo aqueles que dependam, para sua criação, da anuência dos demais Estados, pela via do Convênio?

3. Em caso positivo, V.Exª poderia esclarecer se a fonte normativa de criação dos referidos benefícios e, especialmente da ampliação do prazo para pagamento do ICMS para as importações realizadas no sistema Fundap, é compatível com a via eleita pela citada lei complementar?

3.1 As condições de financiamento pelo sistema Fundap, concedido às empresas contribuintes do ICMS, pelas suas peculiaridades (juros reduzidos, ausência de correção monetária, prazo de pagamento dilatado) consistem em verdadeira devolução total ou parcial, direta ou indireta, condicionada ou não, do tributo ao contribuinte, adequando-se à hipótese do art. 1º, parágrafo único, II, da Lei Complementar 24/75?

3.2 O financiamento concedido pelo sistema Fundap, no que toca ao pagamento do ICMS, pode ser considerado também um incentivo ou favor financeiro-fiscal, do qual resulta redução ou eliminação, direta ou indireta, do respectivo ônus, incidindo na hipótese do art. 1º, parágrafo único, IV, da Lei Complementar 24/75?

4. A Lei Complementar 24/75 foi recepcionada pelo art. 155, inc. XII, alínea *g*, da Constituição Federal de 1988? Qual é o objetivo da norma constitucional, ao cometer à lei complementar a função de regular a forma pela qual os Estados e Distrito Federal, mediante deliberação, concederão e revogarão incentivos e benefícios fiscais?

5. Na hipótese de ter sido a Lei Complementar 24/75 recepcionada pela CF/88 e atendendo ela função outorgada pela Constituição de 1988, poderia V.Exª esclarecer se a mesma é auto-aplicável, podendo, independentemente de qualquer norma jurídica inferior, regular as relações jurídico-tributárias decorrentes do comércio de mercadorias entre estabelecimentos sediados nos diversos Estados da Federação?

6. No comércio interestadual, o Estado que for prejudicado pelo descumprimento das regras estabelecidas na Lei Complementar 24/75, pode dar aplicação, dentro de seu território, às sanções nela previstas? Estará ele, assim agindo, cometendo alguma violência contra o pacto federativo?

II — Do Parecer

1. O Direito como objeto de conhecimento — A "interpretação"

Na teoria dos objetos, de E. Husserl, o direito está na região ôntica dos entes culturais, como algo produzido pelo homem que, ao modificar a natureza circunstante, visa à realização de um fim (estético, utilitário, de segurança etc.). Caracteriza-se, portanto, como todo o objeto cultural, por submeter-se à experiência, estando no tempo e no espaço, e por ser sempre valioso, positiva ou negativamente. Ali onde houver objeto cultural haverá valores, que o homem implanta para concretizá-lo. Por isso o ato gnosiológico que lhe é próprio, diferentemente dos objetos naturais (explicação) e ideais (demonstração), é a *compreensão*, que pressupõe a análise experimental de fenômenos reais e o *plus* axiológico, razão pela qual o método que lhe convém seja o empírico-dialético, que implica o confronto inevitável do resultado da experiência com os valores do sujeito do conhecimento. Nessas idas e vindas, o ser cognoscente vai *compreendendo* o objeto que pretende conhecer.

Mas, dentre os muitos traços que lhe são peculiares, o direito oferece ainda o dado da linguagem como seu integrante constitutivo. A linguagem não só fala do objeto (Ciência do Direito), como participa de sua constituição (direito positivo). Se é verdade que não há fenômeno jurídico onde não encontrarmos normas, escritas ou não escritas; também é certo que não podemos cogitar de normas sem uma linguagem, idiomática ou não, que lhes sirva de veículo de expressão. E esse elemento entitativo vem trazer nova sorte de problemas à compreensão do direito, pois enquanto nos fenômenos naturais a linguagem comparece para simplesmente descrever o objeto do conhecimento, neutro em termos axiológicos, aqui, diante do fenômeno jurídico, temos a linguagem em dois níveis: integrando o direito posto, como instrumento da comunicação normativa, e descrevendo, crítico-explicativamente, as regras positivas válidas em certas condições de espaço e em determinado intervalo de tempo. É a linguagem descritiva da Ciência falando da linguagem prescritiva do direito em vigor: sobrelinguagem, a primeira; linguagem-objeto, a segunda. Ora, a linguagem, como conjunto de signos utilizados para a comunicação entre os homens, é também um objeto cultural, entrando na composição ontológica daquel'outro objeto cultural que é o direito. Dessa confluência de aspectos deriva a complexidade na compreensão do jurídico, que a despeito de movimentar valores, se apresenta também como fenômeno de linguagem, reivindicando uma específica forma de aproximação.

São grandes as vicissitudes de quem se propõe a aventura do conhecimento na área do social (objetos culturais). Se acrescentarmos a elas toda sorte de dificuldades que acompanham o emprego da linguagem, poderemos antever o enorme desafio que representa a interpretação do direito, se empreendida, naturalmente, com assomos de seriedade científica.

De fato, esse produto objetivo da cultura, plasmado num sistema de linguagem, envolve a dualidade fundamental irredutível: ato e significação; processos reais e conteúdos ideais. É que as unidades normativas selecionam fatos e regulam condutas intersubjetivas, fatos e condutas colhidas no campo social. Ora, o fato social, como processo de relação, é um fenômemo com sentido e, sem ele, sentido, que imprime direção aos fatos sociais, não há como compreendê-los. Lembremo-nos de que os fatos jurídicos, quer os previstos nos antecedentes das normas, quer os prescritos na fórmula relacional dos conseqüentes, apresentam-se como fenômenos físicos (relação de causa e efeito) mais o sentido, isto é, o fim jurídico que os permeia. Sem a significação que presidiu a escolha do evento e inspirou a regulação da conduta, não há falar-se em fatos jurídicos e relações jurídicas. Entretanto, essa porção do mundo empírico requer tratamento especial, que a considere no quadro de suas ações e reações, no esquema de causa e efeito, mas que também leve em conta aquilo que ela tem de significação, de sentido.

Quem se dispuser a conhecer o direito positivo não pode aproximar-se dele na condição de sujeito puro, despojado de atitudes axiológicas, como se estivesse perante um objeto da natureza. A neutralidade ideológica impediria, desde o início, a compreensão do sentido das normas, tolhendo a investigação. Magistral, a propósito, a lição de Lourival Vilanova: o homem é demasiado humano para contemplar as realidades humanas, sem tomar posição, sem decidir-se positiva ou negativamente, num estado de adiáfora purificação e neutralidade ante o dever-ser de um dado ser que é inseparável do homem.

Desta maneira, o procedimento de quem se põe diante do direito com pretensões cognoscitivas há de ser orientado pela compreensão e, numa atividade dialética, deve perceber a compostura material do fato, recoberta com os conteúdos de significação dos textos normativos, tudo inspirado pelos valores que o legislador depositou em sua linguagem prescritiva.

Se retivermos a observação de que o direito, como objeto cultural que é, carrega sempre valores; e se pensarmos que todo nosso empenho se dirige para extrair as significações contidas num estrato de linguagem; não será difícil verificar a gama imensa de obstáculos que se levantam no percurso da interpretação. De um lado, os valores, cambiantes em função da ideologia de quem interpreta; de outro os ingentes problemas que cercam a metalinguagem, invariavelmente penetrada por dúvidas sintáticas e por questões semânticas e pragmáticas.

Conhecer o direito é, em última análise, compreendê-lo, interpretá-lo, extraindo o conteúdo, sentido e alcance da mensagem legislada. Tal empresa, contudo, nada tem de singela. Requer o envolvimento do exegeta com as proporções inteiras do todo sistemático, incursionado pelos escalões mais altos e de lá regressando com os vetores axiológicos ditados por certas normas que chamamos de "princípios".

Os estudos convencionais de Teoria Geral do Direito nos apontam técnicas específicas de exegese, como objeto material de uma ciência denominada "Hermenêutica". São os conhecidos caminhos para atingirmos a plenitude significativa da prescrição jurídica. Temos para nós, porém, que as conquistas filosóficas que os estudos de Lingüística proporcionaram à moderna Ciência do Direito superam aquelas orientações tradicionalistas, aparecendo hoje a Semiótica como instrumento indispensável ao conhecimento da linguagem do direito positivo. Cremos que "interpretar o direito", nos dias atuais, significa analisar a linguagem normativa, percorrendo os três planos semióticos: o sintático, o semântico e o pragmático. Recordemo-nos de que a linguagem normativa é composta pelos *signos jurídicos* e que no plano sintático indagamos das relações dos signos com os signos; no plano semântico, dos signos com as entidades que eles significam; e no plano pragmático, examinamos as relações dos signos com seus usuários. A análise exaustiva de uma linguagem qualquer reclama a preocupação com os três níveis semióticos já mencionados.

Interessa aduzir que todas as técnicas preconizadas pela doutrina exegética tradicional, vale dizer, a interpretação literal, a histórica ou histórico-evolutiva, a lógica, a teleológica e a sistemática encontram-se abrangidas pelas três dimensões semióticas.

2. O imposto sobre operações relativas à circulação de mercadorias e sobre prestações de serviços de transporte interestadual e intermunicipal e de comunicação — competência para sua instituição

Tributo não vinculado à atuação do poder público, o ICMS foi adjudicado pelo constituinte de 1988 à competência dos Estados e do Distrito Federal, sendo hoje o principal instrumento da autonomia financeira das unidades federadas. Quando se diz tratar-se de um imposto novo, a proposição é de cunho histórico, porquanto, juridicamente, todas as figuras impositivas do sistema brasileiro datam do mesmo instante, qual seja a fundação da ordem normativa vigente: 5 de outubro de 1988. E, ao empregarmos o termo "competência" convém advertir que é signo específico do vocabulário técnico-jurídico, ao menos com as acepções que encontramos no direito positivo (incluindo-se aqui a jurisprudência) e na doutrina. Na dicção da Lei Suprema, é utilizado para credenciar as pessoas políticas de direito constitucional interno a legislar sobre, por exemplo, matéria tributária. Falamos, então, em competência tributária, o que nos sugere, desde logo, a faculdade (Fp), vale dizer, a permissão de cumprir a ação (Pp) e de omití-la (P-p). A ação mencionada é o legislar, que em outras palavras significa produzir normas jurídicas gerais e abstratas, inovando o ordenamento positivo. Isto se faz mediante a observância de uma série de atos, cujo conjunto caracteriza o chamado "procedimento legislativo".

Por força do princípio da legalidade (CF, art. 5º, II), a ponência de normas jurídicas inaugurais no sistema há de ser feita, exclusivamente, por intermédio de lei, compreendida a palavra no sentido lato. A esse vetor axiológico que se esparrama por todas as porções do direito posto, o constituinte fez corresponder outro valor, particular ao campo das exações tributárias, e que se encontra contido no art. 150, I, da CF. Desse modo, o legislador infra-constitucional, investido de sua competência ou do plexo de faculdades legislativas que lhe permitem editar regras jurídicas, pode perfeitamente operar no segmento das atividades tributárias do Estado, elaborando as normas que contemplem o próprio fenômeno da incidência e também aquelas que dispõem a propósito de uma ampla série de providências, circundando o núcleo da regra-matriz, e que tornam possível a realização concreta dos direitos subjetivos de que é titular o sujeito ativo, bem como dos deveres cometidos ao sujeito passivo.

A competência tributária, em síntese, é uma das parcelas entre as prerrogativas legiferantes de que são portadoras as pessoas políticas, consubstanciada na faculdade de legislar para a produção de normas jurídicas sobre tributos.

Como tributo que é, a legislação sobre o ICMS está premida pela observância dos grandes princípios constitucionais, tanto os gerais (igualdade, legalidade, universalidade da jurisdição, irretroatividade etc.), quanto os específicos (legalidade tributária, igualdade tributária, irretroatividade tributária, não-cumulatividade, seletividade, anterioridade etc.), diretrizes expressas na Lei Fundamental. Para mais, a esquematização jurídica deste imposto deverá atender aos chamados "princípios implícitos", com a mesma força dos explícitos, obtidos, todavia, pela análise sistemática do conjunto de normas postas (isonomia das pessoas políticas de direito constitucional interno, supremacia do interesse público ao do particular, princípio da tipologia tributária, da indisponibilidade dos interesses públicos, da indelegabilidade das competências tributárias etc.).

Em termos de direito positivo, princípios são normas jurídicas portadoras de intensa carga axiológica, de tal forma que a compreensão de outras unidades do sistema fica na dependência da boa aplicação daqueles indicadores. Acatando-se o enunciado, preserva-se a uniformidade do objeto, permanecendo o direito posto como um conjunto de regras jurídicas: todas com a mesma estrutura sintática (homogeneidade sintática), porém diversas semanticamente (heterogeneidade semântica). E, assim como existe hierarquia sintática, podemos falar numa distribuição hierárquica dos valores jurídicos, dispostos também de maneira escalonada. Os princípios estariam ocupando posições privilegiadas nos patamares do ordenamento e, ainda que haja, em muitas circunstâncias, coincidência entre supremacia sintática e superioridade axiológica, a relação de correspondência não é necessária.

Não é preciso assinalar que ao submeter-se a tais primados, gerais e especiais, explícitos ou implícitos, estarão as entidades competentes operando para realizar os "sobreprincípios" da segurança jurídica, da certeza do direito e da Justiça, valores supremos que a ordem jurídica persegue para ver implantados com a regulação das condutas intersubjetivas.

Muito bem. Entre os princípios implícitos que falam mais de perto ao ICMS importa salientar o da "tipologia tributária" e o do "caráter nacional do imposto".

De fato, no direito brasileiro o tipo tributário é definido pela integração lógica de dois fatores: hipótese de incidência e base de cálculo. Ao binômio, o legislador constitucional atribuiu a propriedade de diferençar as espécies de tributos entre si, sendo também operativo dentro das próprias subespécies. Uma vez isolados esses dois fatores, estaremos credenciados a dizer, sem hesitações, se um tributo é imposto, taxa ou contribuição de melhoria, bem como anunciar que tipo de imposto ou que modalidade de taxa.

O vulto constitucional do princípio advém da linguagem empregada no art. 154, I, figurando, desse modo, entre os inexpressos. Tudo por entendermos que a disjunção "ou" há de ser substituída pelo conjuntor "e", como imperativo da estrutura sistemática.

Insinua desmentir a procedência dessa assertiva o teor do art. 4º., do Código Tributário Nacional, ao firmar que a natureza jurídica específica do tributo é determinada pelo fato gerador da respectiva obrigação, fazendo crer que a singularidade de um único elemento (a hipótese de incidência) teria o condão de decidir sobre o tipo do gravame fiscal. A contrariedade, porém, é facilmente contornável, bastando atinar à distribuição hierárquica das normas nos escalões do sistema e à inconteste superioridade do critério constitucional com relação a qualquer outro veiculado por proposições normativas subalternas, como é o caso da regra posta pelo citado art. 4º., da Lei 5.172/66.

Não é suficiente a descrição hipotética do fato jurídico tributário para que conheçamos a planta fundamental do tributo. Torna-se preciso examinar, antes de mais nada por imposição hierárquica, a base de cálculo, a fim de que a natureza particular da exação se apresente na complexidade de seu esquematismo formal. É o que preceitua o constituinte brasileiro no art. 145, § 2º.: "As taxas não poderão ter base de cálculo própria de impostos".

A despeito da sua implicitude, a mensagem constitucional é clara: faz-se mister analisarmos a hipótese de incidência e a base de cálculo, conjuntamente, para que possamos ingressar na intimidade estrutural da figura tributária. Não fora assim, e não encontraríamos critério para diferençar impostos de impostos e desses as taxas, entregando-nos, imbeles, aos desacertos assíduos do político. A experiência brasileira é rica de tributos cujos nomes sugerem realidades bem distintas, mas que o legislador usou para burlar a rígida discriminação de competências impositivas. Estão aí para comprová-lo a taxa de melhoramento dos portos, o salário educação, os depósitos, os empréstimos compulsórios e uma grande messe de outras denominações seguidamente empregadas para introduzir espécies de impostos em nosso ordenamento jurídico, sem a devida autorização constitucional.

E foi para esse fim, qual seja a imediata verificação da entidade, enquanto tributo, que o constituinte fez inserir a base de cálculo na compostura do tipo tributário. O cotejo entre as duas realidades denunciará, logo no primeiro instante, a existência de um imposto, de uma taxa ou de uma contribuição de melhoria, aplicando-se, subseqüentemente, às várias espécies de cada qual.

Dois argumentos muitos fortes recomendam a adoção desse critério: *a*) trata-se de diretriz constitucional, firmada num momento em que o legislador realizava o delicado trabalho de esboçar as linhas da rígida discriminação de competências tributárias, preocupadíssimo em preservar o princípio maior da Federação, mantendo incólume a autonomia municipal; e *b*) para além disso, é algo simples e operativo, que permite o reconhecimento da índole tributária, sem a necessidade de considerações retóricas e até alheias ao assunto.

Finalizemos para dizer que, no direito brasileiro, o tipo tributário se acha integrado pela associação lógica e harmônica da hipótese de incidência e da base de cálculo. O binômio, adequadamente identificado, com revelar a natureza própria do tributo que investigamos, tem a excelsa virtude de nos proteger da linguagem imprecisa do legislador.

Ora, como são múltiplas as dificuldades que ocorrem na compreensão da hipótese de incidência do ICMS, no exato momento em que com ela confrontamos a base de cálculo, enquanto grandeza apta para dimensionar o critério material do suposto normativo, estaremos circunscrevendo a análise da autêntica natureza da exação, surpreendida no eixo daquele binômio. Daí entendermos imprescindível a consideração desse princípio implícito para a boa exegese da figura tributária.

3. ICMS — princípio da solidariedade nacional, da equiponderância ou homogeneidade de sua incidência

O caráter nacional do ICMS é outra máxima que sobressai do sistema com grande vigor de juridicidade. Não se aloja na formulação expressa de qualquer dos dispositivos constitucionais tributários, mas está presente nas dobras de inúmeros preceitos, irradiando sua força por toda a extensão da geografia normativa desse imposto. Sua importância é tal que, sem atinarmos a ele, fica praticamente impossível a compreensão da regra-matriz do ICMS em sua plenitude sintática e em sua projeção semântica. Os conceitos de operação interna, interestadual e de exportação; de consumidor final, de contribuinte, de responsável e de substituição tributária; de compensação do imposto, de base de cálculo e de alíquota, bem como o de isenção, estão diretamente relacionados com diplomas normativos de âmbito nacional, válidos para todo o território brasileiro. Lembremo-nos de que nosso direito positivo abrange quatro distintos plexos normativos: a ordem total, a das regras federais, a das regras estaduais e o feixe dos preceitos jurídicos dos Municípios. Sim, porque os Municípios são também pessoas políticas de direito constitucional interno. Não integram a Federação, mas desfrutam de autonomia política, extraindo o fundamento de validade de suas normas diretamente no Texto Supremo, o que lhes confere o mesmo *status* jurídico que a União, os Estados e o Distrito Federal.

É verdade que não é isso o que diz o art. 1º da Constituição brasileira. Entretanto, se analisarmos o sistema na sua inteireza, veremos que os Municípios não integram o Senado da República, onde as unidades federadas estão paritariamente representadas, nem elegem representantes para a Câmara Federal, o que significa reconhecer que não participam da vontade nacional.

Em suma, os Municípios são pessoas dotadas de personalidade política; receberam competências constitucionais; mantêm relações de isonomia com a União, Estados e Distrito Federal, porém não integram o pacto federativo.

Retornando aos quatro conjuntos integrados de normas que formam a complexidade do sistema jurídico nacional, ponderemos que as três primeiras são próprias do esquema federativo, ao passo que a última revela peculiaridade do regime constitucional brasileiro. Tudo, aliás, pode ser resumido na coalescência de quatro sistemas: *a*) o sistema nacional; *b*) o sistema federal; *c*) os sistemas estaduais; e *d*) os sistemas municipais. Se as diferenças entre a ordem federal, a estadual e a municipal são claramente perceptíveis, fato idêntico não sucede entre a organização jurídica do Estado Federal (sistema nacional) e a da União (sistema federal). Para tanto, em trabalho inexcedível, Oswaldo Aranha Bandeira de Mello (*Natureza Jurídica do Estado Federal*, Ed. RT, 1937, pp. 40-51) apresenta os sinais correspondentes aos dois arranjos, de forma precisa e juridicamente escorreita, dizendo que são ordens jurídicas especiais, posto que as respectivas competências se circunscrevem aos campos materiais que lhes são indicados pela ordem jurídica total. Esta, a ordem jurídica total, está na Constituição Federal e sua complementação no contexto da legislação nacional. "A chamada Constituição Federal pode ser desdobrada em duas Cartas distintas: a Constituição total e a Constituição da União".

Pois bem. Há um significativo número de preceitos normativos sobre o ICMS que pertencem ao "sistema nacional", já que valem, indistintamente, em todo o território brasileiro. Agora, como esse subconjunto, dispõe a respeito de pontos da intimidade estrutural do gravame, claro está que o conhecimento apurado da regra-matriz do imposto depende da consideração daquelas normas nacionais.

Acrescentemos também que a preservação da rigorosa discriminação de competências impositivas se dá pela ação das "normas gerais de direito tributário", seja regulando as limitações constitucionais ao poder de tributar, seja dispondo sobre conflitos de competência entre as entidades tributantes, modo pelo qual o constituinte amarrou os domínios da possibilidade legiferante de cada um, num dispositivo apto para ser acionado, tão logo apareçam sinais de violação do sistema.

A trama normativa das regras de caráter nacional sobre impostos federais, estaduais e municipais é hoje, verdadeiramente, densa e numerosa. Alcança todos os impostos, além das taxas e das contribuições, mas com relação ao ICMS excede os limites da tradição legislativa brasileira. Não há setor do quadro positivo desse tributo que não experimente forte e decidida influência de preceitos do sistema nacional. Sua própria instituição não é faculdade dos Estados e do Distrito Federal: é procedimento regulado com o modal "O" (obrigatório), ao contrário do que sucede com as demais figuras de tributos. O imposto sobre grandes fortunas, previsto no inciso VII, do art. 153, da Constituição Federal, por exemplo, até agora simplesmente não foi instituído, ainda que a União possa fazê-lo a qualquer instante. São muitos os Municípios que não criaram o ISS, a despeito de terem competência para tanto. Se isso mostra, por um lado, que as competências se exprimem como faculdades (F) outorgadas às pessoas políticas, por outro fica evidente a posição do ICMS, em que o titular da competência impositiva não pode deixar de legislar, ficando tolhido a disciplinar o imposto consoante os traços que o constituinte esboçou. Nesse sentido, o comando da uniformização vem de cima para baixo, de tal sorte que as regras matrizes de incidência, expedidas pelos Estados e pelo Distrito Federal, terão que manter praticamente os mesmos conteúdos semânticos. Não há como admitir legislações discrepantes, no que concerne ao núcleo da incidência, de modo que ao lado da homogeneidade sintática, qualidade de todas as normas jurídicas do sistema, constituídas da mesma forma lógica (juízo condicional), encontraremos uma pronunciada coincidência de significações, que não atinge padrões absolutos, mas que não pode deixar de ser registrada pelo descritor do direito posto. Falando pela via ordinária, os titulares da competência para instituir o ICMS não podem deixar de fazê-lo e, além disso, terão que seguir os termos estritos que as leis complementares e as resoluções do Senado prescrevem, por virtude de mandamentos constitucionais. Está aí, bem nítido, pintado com tintas fortes, em regime de severa gravidade, o caráter nacional de que falamos, surpreendido no plano da linguagem-objeto, que é a linguagem do direito positivo. São normas jurídicas válidas no sistema vigente que, entrelaçadas organicamente, apontam para a existência desse valor, exibindo-o de modo inequívoco. Sua verificação salta aos olhos do menos impertinente dos pesquisadores, pelo vigor e pela freqüência com que se manifesta.

Acontece que esse tributo, recolhido historicamente em países de estrutura unitária, onde gravam, de forma não-cumulativa, operações sobre mercadorias e serviços, foi transportado pura e simplesmente para a realidade brasileira e entregue às ordens normativas estaduais. Tratou-se, então, de preservar a uniformidade indispensável para o bom funcionamento de um imposto que se pretendia sobre o valor acrescentado, técnica difícil de ser implantada fora das peculiares condições de um país de administração centralizada. Sucederam-se medidas generalizadoras, numa tentativa de padronizar o fenômeno da incidência e evitar que a autonomia das pessoas competentes pusesse em risco a sistemática impositiva. Isso explica a expressiva participação da União no processo de elaboração normativa do ICMS, mediante regras de legislação complementar, ao lado de preceitos emanados do Senado da República, igualmente órgão legislativo daquela pessoa política. Como se vê, tudo foi produto de um ingente esforço de adaptação, para atender às exigências de nossa particularíssima organização jurídico-constitucional. E o custo dessa movimentação veio em detrimento do poder jurídico das entidades federadas que, ao menos nesse setor, ficaram sensivelmente diminuídas. Sacha Calmon Navarro Coelho chega até a falar em "massacre da competência estadual, já que o imposto teve que submeter-se a um regramento unitário pela União através de leis complementares e resoluções do Senado" (*Comentários à Constituição de 1988 — Sistema Tributário*, Forense, pp. 221-222). Os traços, porém, estão assinalados como marcas indeléveis, incisões profundas que dão uma fisionomia singular a esse tributo, seja em confronto com os demais impostos do Brasil, seja em padrões de direito comparado. É assim que os autores proclamam o princípio da uniformidade, da solidariedade nacional, da eqüiponderância ou da harmonia global da incidência, para indicar a propriedade que o imposto tem de manter-se o mesmo, com idênticas proporções semânticas, com uma e somente uma projeção significante para todo o território brasileiro. Firmado o modelo comum, não se concebe que nenhuma das entidades políticas venha a dele discrepar, intrometendo modificações de qualquer ordem. Por tratar-se de requisito indispensável em termos de concepção econômica, pois as várias operações de circulação hão de integrar-se em bloco para que o gravame atinja, verdadeiramente, o valor acrescido, o esquema de uma regra-matriz fixa, imutável, requer-se observado pela comunidade dos Estados e do Distrito Federal. E não é por outra razão que no antigo ICM se proibia, terminantemente, a concessão de isenções que não fossem plurilaterais, mercê de convênios celebrados e ratificados pelos Estados, na forma da lei complementar (art. 23, § 6º, da CF/67), ou concedidas pela União, também por meio de lei complementar e atendendo a relevante interesse social ou econômico nacional — isenções heterônomas — (art. 19, § 2º, da CF/67). Nos dias de hoje, desapareceram aquelas últimas, entretanto é à lei complementar que cabe "regular a forma como, mediante deliberação dos Estados e do Distrito Federal, isenções, incentivos e benefícios fiscais serão concedidos e revogados" (art. 155, § 2º, inc. XII, letra *g*, da CF/88).

Essa lei complementar tão solicitada, tão requerida pelo constituinte de 1967 e, com maior empenho ainda, pelo de 1988, é a Lei 24/75, anterior à ordem vigente, mas por ela *recepcionada* para reger a temática das isenções e de quaisquer outros incentivos ou benefícios, totais ou parciais, concedidos com base no imposto sobre operações relativas à circulação de mercadorias e de serviços, dos quais resulte redução ou eliminação, direta ou indireta do respectivo ônus.

Não parece ser este o momento mais adequado para dizer do absurdo que a prática dos convênios vem suscitando, amparado por um entendimento estreito das palavras, que o legislador complementar utilizou no art. 1º da mencionada Lei. Obviamente, num país onde exista o princípio da legalidade, irradiado com tanta força e insistência, a locução "celebrados e ratificados pelos Estados e pelo Distrito Federal" não poderia jamais significar "celebrados pelos Secretários de Fazenda e ratificados pelos Governadores dos Estados e do Distrito Federal". Só o despropósito de uma interpretação meramente literal, repudiada hoje, quase que à unanimidade, pelos estudiosos de Teoria Geral do Direito, haveria de ter o condão de suportar esse entendimento. A atinência ao valor da legalidade impõe exegese diferente, com a submissão dos atos de convênio às respectivas Assembléias Legislativas, procedimento, aliás, a que se subordina o Presidente da República, quando celebra tratados ou convenções internacionais.

Sobre o assunto, que transpõe os limites deste trabalho, nutro a esperança de que o meio jurídico brasileiro venha a despertar, refletindo um pouco, para depois reconsiderar a posição atual, inconsistente e abusiva.

Retornemos, contudo, ao tema que faz aqui os nossos cuidados, para focalizar a proposição afirmativa segundo a qual a Lei 24/75, ao disciplinar a matéria das isenções e outros quaisquer incentivos ou benefícios, tomados com base no ICMS, consubstancia uma decorrência pronta e imediata do princípio da solidariedade nacional, da uniformidade, da eqüiponderância ou da harmonia que esse tributo deve manter em toda a extensão do território brasileiro. Corolário daquele princípio, o modo como a indigitada Lei regula o assunto permite ver que a implantação do imposto segue uma linha diretiva constante e determinada, assecuratória do modelo econômico proposto e obediente aos comandos normativos que lhe dão fundamento de validade. Como imaginar a organização de um tributo plurifásico, não incidente na forma de cascata, que se projetasse apenas sobre o valor aumentado (conceitos muito valiosos para a Economia), sem uma forma jurídica que garantisse tais mecanismos? O processo hermenêutico que nos conduz ao sentido e alcance do conteúdo da Lei 24/75 está atrelado a toda essa gama de considerações, levando o estudioso a percorrer os quadrantes do sistema positivo, sopesando valores, promovendo associações e tentando compor o arranjo normativo na estrita conformidade dos vetores axiológicos que logrou extrair.

Quanto se expôs, até aqui, já é suficiente para assegurar que a interpretação do art. 155, § 2º, XII, *g*, como um comando que visa à harmonização política entre os Estados-membros, para evitar a "guerra tributária", se afigura extremamente redutora. Por sem dúvida que também desempenha esse mister, sendo esse um dos efeitos para os quais foi concebido. Outro, que me parece o principal, é estabelecer um ICMS uniforme e homogêneo em todo o território nacional.

Com efeito, no *caput* do art. 1º o legislador se refere a isenções, mas logo no parágrafo único arrola outras cinco situações em que os Estados e o Distrito Federal deverão firmar convênios: redução da base de cálculo (I); devolução total ou parcial, direta ou indireta, condicionada ou não, do tributo, ao contribuinte, a responsável ou a terceiros (II); concessão de créditos presumidos (III); quaisquer outros incentivos ou favores fiscais ou financeiros-fiscais, concedidos com base no ICMS, dos quais resulte redução ou eliminação, direta ou indireta, do respectivo ônus (IV); e prorrogações e extensões das isenções vigentes na data da Lei (V).

É bem de ver que o referido Diploma dá um passo importante no sentido de promover a implantação jurídica do imposto, acentuando, marcando, assinalando, com muita determinação, sua índole nacional. Os acontecimentos factuais relacionados se agrupam numa única direção, representada pela comunhão de interesses das entidades políticas que participam do acordo multilateral de vontades, enquanto o legislador mostra, à evidência, que não quis deixar escapar qualquer possibilidade infringente da diretriz fundamental, procurando fechar todas as brechas que anteviram perigosas. Sua disposição está fixada, claramente, na linguagem do art. 1º e seu parágrafo único, reiterando o objetivo ao exigir unanimidade para a concessão de benefícios (art. 2º, § 2º, da mesma Lei).

De evidência que a mensagem prescritiva não é perfeita, deixando lacunas que vão sendo descobertas numa análise mais atenta do observador interessado e paciente. Sabemos, ainda mais, dos percalços que acompanham a atividade legislativa, tendo em vista a necessária heterogeneidade cultural, social, econômica, religiosa, moral etc. dos Parlamentos que se queiram representativos. Impõe-se esclarecer, entretanto, que o produto legislado não opera com exceções a uma regra geral, de tal arte que sua interpretação devesse ser restritiva. Trabalhou o legislador complementar com uma classe infinita de eventos, entre os quais salientou os que lhe acudiram à mente. Mas a providência que estipula há de aplicar-se a todas as ocorrências contidas no conjunto, instalando-se, assim, decididamente, o timbre jurídico da *solidariedade nacional*, sem o que a percussão do gravame não se daria consoante o modelo concebido. De nada valem, portanto, as construções de ilustres juristas que, num esforço retórico, procuram demonstrar o esboço de favores que não se qualificam como fiscais ou incentivos que não têm o sainete próprio dos financeiros-fiscais. Não é esse o problema. A comunicação normativa se estabelece para dizer, peremptoriamente, que tudo quanto possa interferir no *quantum* devido a título de ICMS, tenha a configuração que tiver, se apresentar efeitos redutores, ficará sujeito à dinâmica dos convênios. Sucede que o político que legisla, criando normas gerais e abstratas, lida com palavras e todas elas são vagas, além de potencialmente ambíguas, o que impede uma manifestação abrangente, completa, livre daquelas manobras persuasivas que o advogado tão bem domina. A linguagem do legislador jamais será um discurso unívoco, com símbolos que tenham uma e somente uma significação. Isso é apanágio das linguagens formalizadas e a do direito positivo dista de apresentar-se como tal. Resta a compreensão, ato gnosiológico inerente ao conhecimento dos objetos culturais, de que faz parte o fenômeno jurídico. Daí termos insistido tanto com as noções que introduziram estes pensamentos, não simplesmente como base teórica para o desenvolvimento do estudo, porém na condição de processo inafastável de obter-se proximidade com o objeto. Sobre o assunto, nunca é demais recordar a posição de Pontes de Miranda: "Não há diferença entre teoria e prática. Aquilo que existe é o conhecimento do objeto: ou se conhece o objeto ou não se conhece o objeto". Ou a lição magistral de Lourival Vilanova: "o jurista é o ponto de intersecção entre a teoria e a prática; entre a Ciência e a experiência".

4. Respostas aos quesitos formulados

Para facilitar a compreensão das respostas aos vários quesitos, permito-me repetir cada um, antes das elucidações correspondentes.

1. Queira V.Exª esclarecer em que consiste o sistema Fundap, criado pelo Estado do Espírito Santo e quais os benefícios fiscais a que faz jus importador que realize importações por aquele Estado da Federação. Tais benefícios aplicam-se, também, a importações realizadas pelo Porto de Santos, desde que sejam destinadas simbolicamente a um estabelecimento no Estado do Espírito Santo, mas que, na realidade, vão diretamente para um estabelecimento de empresa em São Paulo?

Resposta: O Fundo para o Desenvolvimento das Atividades Portuárias (Fundap), criado pela Lei Estadual (ES) 2.508/70, tem seus recursos destinados a promover o incremento das importações e das exportações por intermédio do Porto de Vitória (ES). Como fundo de financiamento, sua gestão financeira foi atribuída ao Banco de Desenvolvimento do Estado do Espírito Santo (Bandes), conforme disposição do art. 3º, daquele Estatuto, credenciado para financiar programas e projetos dirigidos à promoção do aumento do nível quantitativo e qualitativo das atividades desenvolvidas no âmbito do Estado. O sistema financia valores que poderão ir até 10% da parcela do custo da operação de importação ou de exportação pelo Porto de Vitória, com prazo máximo de amortização previsto para 20 anos, sendo 5 o período de carência. Nesse intervalo, os juros serão de 3% ao ano e, no tempo da amortização, de 6%, sem correção monetária. Do montante financiado, metade há de destinar-se ao financiamento de projetos industriais, de pesca, turismo ou agropecuários, dentro dos limites geográficos do Estado.

A sistemática instituída para a atuação do Fundap verte-se para o apoio e estímulo da iniciativa privada, tomando o Porto de Vitória como índice de referência. As peculiaridades da natureza jurídica dos fundos estruturam-nos como dinamismos aptos para esse fim, onde se procura implantar valores de política econômica regional. Ao mesmo tempo, outorgando ao Bandes a gestão financeira do Fundo, o Estado do Espírito Santo deu forma e conteúdo operacional ao sistema, enquanto organização jurídica e econômico-financeira apta para a realização dos fins propostos.

Seguindo as linhas diretoras com que foi planejado, o Fundap vem cumprindo sua trajetória, levando estímulo ao setor privado, com os favores, incentivos e benefícios que seu estatuto jurídico prevê. E convém assinalar que as condições de financiamento com que opera permitem situações altamente favoráveis aos contribuintes do ICMS, porquanto o prazo de amortização é longo e, antes dele, há prazo de carência. De outra parte, os juros são baixíssimos e os valores não são corrigidos monetariamente. Ora, num país que sofre há longos anos o processo corrosivo de uma inflação elevada e persistente, tais concessões tornam qualquer negócio lucrativo, representando uma ajuda considerável e expressiva por parte do Poder Público.

Visto com olhos mais atentos, o Fundo foi instituído e se mantém voltado para operações sujeitas ao ICMS (ICM, até a Constituição de 1988), o que há de ter o seu significado. Por que as operações do Fundap não alcançam qualquer importação ou exportação que se dê pelo Porto de Vitória, mas tão somente aquelas realizadas por contribuintes do ICMS? As normas jurídicas que compuseram o Fundo assim prescreveram e a quem pretender interpretá-lo juridicamente cabe analisar essa escolha, buscando saber a razão pela qual, do universo de possíveis destinatários, foi escolhida a subclasse desses sujeitos passivos de obrigações tributárias.

Creio que apenas uma explicação satisfaz: o Estado do Espírito Santo deliberou incentivar os contribuintes do seu ICMS, ao menos no que tange às operações de importação e de exportação, outorgando-lhes tratamento privilegiado.

Não discuto as boas intenções das autoridades daquele Estado, reconhecendo que, em princípio, toda ajuda a porções sadias da economia regional deve ser aplaudida. Vejo, tão somente, que o campo material eleito para a realização desse fim tem especificidades jurídicas que tornam problemática sua escolha. O plexo normativo do ICMS não é imutável, sendo passível de alterações em múltiplos sentidos. Contudo, aquilo que se pretende asseverar é o feito delicado que o tributo ostenta, enquanto organização jurídica, tornando difíceis modificações sumárias, transformações apressadas, variações irrefletidas que, em atropelo, descumpram os paradigmas constitucionais.

A legislação aprovada pelo Estado do Espírito Santo, ao circunscrever o domínio dos seus destinatários aos contribuintes do ICMS, timbrou os incentivos e favores com o qualificativo de "fiscais". São prerrogativas exclusivas de quem pratique operações sujeitas àquele imposto. Ninguém mais poderá reivindicá-las.

Sobre a segunda parte da pergunta, cumpre dizer que, na evolução normativa do sistema Fundap, tornaram-se possíveis operações de importação realizadas pelo Porto de Santos, desde que as mercadorias importadas fossem destinadas, simbolicamente, a um estabelecimento no Espírito Santo, a despeito de terem como destinação real empresa situada no Estado de São Paulo. Obviamente, é uma aberração que o entrelaçamento das regras do sistema foi gradativamente propiciando. Abre espaço a enorme evasão de tributos para o Estado de São Paulo, uma vez que os benefícios são da empresa capixaba, cabendo ao estabelecimento paulista o "direito" de desfrutar o prazo dilargado.

2. Os benefícios fiscais decorrentes do Fundap, especialmente a ampliação do prazo de pagamento em até sessenta dias após o mês em que tenha sido realizada a importação, e que tenha saído, real ou simbolicamente, de um estabelecimento no Estado do Espírito Santo, estão previstos na Lei Complementar 24/75 como sendo aqueles que dependam, para sua criação, da anuência dos demais Estados, pela via do Convênio?

Resposta: Os benefícios decorrentes do sistema Fundap interferem, concretamente, no conteúdo patrimonial da obrigação tributária do ICMS. Com um financiamento tão longo, juros insignificantes e sem correção monetária, a parcela do imposto tomada como referência fica literalmente pulverizada. Impõe-se que tais medidas sejam aprovadas por convênio, na forma da Lei Complementar que rege o assunto. Acontece que o quadro se agravou, quando o governo capixaba ampliou o prazo de recolhimento do ICMS, nas operações de importação, fixando-o em 60 (sessenta) dias fora o mês em que ocorreu o fato jurídico tributário representado pela saída, real ou simbólica, de um estabelecimento situado no Estado do Espírito Santo.

Se em algum instante houve dúvida a respeito do procedimento político daquele Estado, com relação ao sistema Fundap, tudo agora fica mais claro. Sem discutir as boas intenções da pessoa política e a sadia determinação de proteger as forças vivas de sua economia, fomentando o desenvolvimento e o progresso nos limites de seu território, aquilo que convoca a nossa atenção é o modo abrupto, a forma sumária e o processo radical com que preceitos constitucionais da mais elevada relevância são singelamente ignorados ou, em atropelo, transgredidos pela dinâmica normativa do aludido sistema.

Até o presente momento, o Estado vizinho foi expedindo regras jurídicas, assim pelo Legislativo que pelo Executivo, voltado unicamente aos interesses que lhe são próprios, como se um punhado de valores sequer existissem no Texto Supremo. Nesse processo de positivação de normas não se vê qualquer reverência às diretrizes básicas relativas ao ICMS, como não se encontra, também, o cuidado que há de estar presente quando se trata do princípio federativo e, por corolário, dos delicados contornos da autonomia dos Estados e do Distrito Federal. Se meditarmos um pouco a respeito do procedimento adotado por aquele Estado podemos notar que, desde a criação do Fundap, estabeleceu-se um regime diferençado para alguns contribuintes do ICMS, tudo em detrimento do paradigma vigente. E a alteração do prazo para pagamento do tributo é mais um passo que confirma essa tendência.

Tenho para mim que o deslocamento do termo final para a extinção da dívida tributária, pelo pagamento, oferece a possibilidade de dois argumentos importantes: *a*) antes de mais nada confirma o caráter fiscal dos incentivos da Lei Estadual 2.508/70; e, além disso, *b*) viola o prescrito no inc. IV, do parágrafo único, do art. 1º., da Lei Complementar 24/75, que é um desdobramento do princípio do caráter nacional que o ICMS deve ter (e manter!).

Expliquemos, rapidamente, o conteúdo dessas duas conclusões.

Quanto à primeira (*a*), vínhamos sustentando que a circunscrição da área de incidência das operações contempladas com os benefícios do sistema Fundap, apenas àquelas submetidas ao ICMS, só por si já imprimia natureza jurídico-fiscal aos incentivos e favores instituídos. Pois bem, com o expediente de ampliar o período de pagamento do imposto, as autoridades governamentais mexeram diretamente no ônus do gravame incidente naquela classe de operações. Até então o caminho das manipulações normativas era indireto, mediato, concedendo-se financiamentos com juros muito baixos, sem correção monetária e a prazo longo. Aqui, já se toca na própria obrigação tributária e, aumentando o intervalo para a prestação do dever, se reduz drasticamente o *quantum debeatur*. Atente-se que os dois campos de manobra estão canalizados, exclusivamente, para um conjunto de operações caracterizadas por estarem sujeitas à incidência do ICMS. Isto me parece o bastante para cunhar os benefícios com o qualificativo de "fiscais".

Quanto à segunda (*b*), a simples leitura do inc. IV, do parágrafo único, do art. 1º., da Lei 24/75, denuncia a flagrante transgressão. Senão, vejamos:

"Art. 1º.. As isenções do imposto sobre operações relativas à circulação de mercadorias serão concedidas ou revogadas nos termos de convênios celebrados e ratificados pelos Estados e pelo Distrito Federal, segundo esta Lei.

"Parágrafo único. O disposto neste artigo também se aplica:

"(...)

"IV — A quaisquer outros incentivos ou favores fiscais ou financeiros-fiscais, concedidos com base no imposto de circulação de mercadorias, dos quais resulte redução ou eliminação, direta ou indireta, do respectivo ônus".

O instituto da isenção é por demais conhecido. A doutrina jurídica demorou para compreender-lhe o perfil, mas hoje em dia os ânimos estão quase pacificados. Não se postula mais a condição de dispensa do pagamento devido, enquanto a corrente contrária que reivindicava tratar-se de hipótese de não incidência legalmente qualificada, percebendo que incorrera no mesmo engano que a primeira, foi também esmorecendo. E, de fato, ambas tropeçam no mesmo obstáculo: não há velocidade no campo das incidências, de modo que nem a regra de tributação chega primeiro (posição tradicional), nem a de isenção que antecipa para proteger o fato contra percussão ulterior ("a norma de isenção incide para que a de tributação não possa incidir").

Advogamos a tese segundo a qual o acontecimento das isenções é fenômeno que se processa no plano exclusivamente normativo. Guardando a sua autonomia, a regra de isenção investe contra um ou mais dos critérios da norma padrão de incidência, mutilando-os parcialmente. O que o preceito de isenção faz é subtrair parcela do campo de abrangência do critério do antecedente ou do conseqüente, impedindo, com isso, a propagação dos efeitos da norma de tributação. Vejamos um modelo: estão isentos do imposto sobre a renda e proventos de qualquer natureza os rendimentos do trabalho assalariado dos servidores diplomáticos de governos estrangeiros. É fácil notar que a norma jurídica de isenção do IR (pessoa física) vai de encontro à regra-matriz de incidência daquele imposto, alcançando-lhe o critério pessoal do conseqüente, no ponto exato do sujeito passivo. Mas não o exclui totalmente, subtraindo apenas, no domínio dos possíveis sujeitos passivos, o subdomínio dos servidores diplomáticos de governos estrangeiros, e mesmo assim quanto aos rendimentos do trabalho assalariado. Houve uma diminuição do universo dos sujeitos passivos, que ficou desfalcado de uma pequena subclasse.

Consoante entendimento que adotamos, a regra de isenção pode inibir a funcionalidade da regra-matriz tributária, comprometendo-a para certos casos, de oito maneiras distintas: quatro pela hipótese e quatro pelo conseqüente.

Dentro daquilo que muitos chamam de quadro genérico das exonerações tributárias, porém, há outras figuras, todas provocando o mesmo resultado econômico: redução dos valores devidos a título de tributo.

Com efeito, a formulação prescritiva do art. 1º, da Lei Complementar 24/75, ao lado das isenções, refere-se também a incentivos ou favores fiscais ou financeiros-fiscais, subordinando-os igualmente à força vinculante do convênio.

De outra parte, é um dado da realidade social brasileira que a inflação existe entre certos patamares, assumindo proporções preocupantes. Essa afirmação, que até o presente não experimentou contestações, não pertence apenas ao discurso do economista, do sociólogo ou do cientista político. É também uma situação juridicizada pelo direito, na medida em que muitas e muitas regras jurídicas a contemplam, quer no antecedente, como no conseqüente, tomando-a entre os fatores que interferem na disciplina das condutas intersubjetivas. Desse modo, a inflação é um estado-de-fato amplamente tipificado pelo direito positivo brasileiro, que se dá o mister até de mensurá-lo, dia a dia, mês a mês, ano a ano, para avaliar os casos concretos, aplicando seus índices. A própria instituição da correção monetária, como entidade jurídica, tem como pressuposto um processo interativo de corrosão da moeda, a que chamamos de inflação. E no campo da atividade de gestão tributária não há exemplo de gravame que não seja cobrado com observância estrita dos padrões que corrigem o valor da prestação pecuniária, objeto da obrigação.

Ora, se assim é, o mais leve deslocamento do átimo previsto para vencimento da dívida representa alteração do quantum devido. Se o prazo for reduzido, aumenta-se o débito; na hipótese de ser ampliado, diminui-se o valor da quantia devida. Não há por onde escapar.

É da tradição do nosso direito que alterações na regra-matriz de incidência subordinem-se ao princípio da estrita legalidade, pois tocam no próprio fenômeno da percussão tributária. Por esse modo, não faria senso admitir que manipulação tão incisiva e com efeitos tão drásticos sobre o valor da dívida estivesse à margem desse controle de natureza jurídico-constitucional, verdadeira garantia conquistada pelos povos civilizados. Todavia, em se tratando de modificações na regra-matriz de incidência do ICMS, entram em jogo outras medidas que a ordem vigente exige sejam observadas e, entre elas, para o fim que examinamos, está a providência da celebração de convênios entre as pessoas tributantes.

3. Em caso positivo, V.Ex.ª poderia esclarecer se a fonte normativa de criação dos referidos benefícios e, especialmente da ampliação do prazo para pagamento do ICMS para as importações realizadas no sistema Fundap, é compatível com a via eleita pela citada lei complementar?

Resposta: Como tive a oportunidade de salientar, a fonte dos benefícios já mencionados, bem como o aumento do prazo de pagamento do imposto, hão de ser matérias de convênio. Não tem sido esse o procedimento do Estado do Espírito Santo, o que evidencia frontal desrespeito ao princípio da uniformidade nacional do ICMS, por violação de dispositivos expressos da Lei 24/75, que indica caminhos bem diferentes.

Além do mais, infringe o disposto no art. 152 da Constituição Federal, porquanto não há negar que assumindo essa postura a pessoa política de que falamos incorre no estabelecimento de diferença tributária entre bens e serviços, de qualquer natureza, em razão de sua procedência ou destino. A diferença se consubstancia no favorecimento de uns em detrimento de outros.

3.1 As condições de financiamento pelo sistema Fundap, concedido às empresas contribuintes do ICMS, pelas suas peculiaridades (juros reduzidos, ausência de correção monetária, prazo de pagamento dilatado) consistem em verdadeira devolução total ou parcial, direta ou indireta, condicionada ou não, do tributo ao contribuinte, adequando-se à hipótese do art. 1º., parágrafo único, II, da Lei Complementar 24/75?

Resposta: Penso que sim. Reflitamos: que significa, hoje, um empréstimo com tempo de amortização previsto para 20 (vinte) anos, mais 5 (cinco) de carência, juros insignificantes e sem correção monetária? Em termos reais, uma devolução. Se o ponto de referência é, entre outros, o de ser contribuinte do ICMS do Espírito Santo, então estaremos diante de devolução parcial desse tributo.

Quem se detiver para analisar a mensagem legislada, sem outros interesses que não seja extrair o conteúdo, sentido e alcance do comando normativo, certamente passará à margem daqueles argumentos segundo os quais está caracterizado um contrato de financiamento, em que o ônus é pequeno, mas existe, o prazo de pagamento é amplo, mas igualmente compõe as condições da avença, tudo para concluir que não se caracterizaria a singela devolução. A boa exegese do texto, porém, nos leva para outra direção; seus vetores indicam outra sorte de efeitos; sua teleologia aponta para algo bem diverso: são expedientes que se armam para possibilitar uma *devolução de fato*, revestida de discreta roupagem jurídica. Não é preciso muito boa vontade para perceber que o objetivo do inc. IV, parágrafo único, do art. 1º, da indigitada Lei Complementar, foi o de fechar todas as portas, no que concerne a concessões dessa natureza, único meio de preservar o decantado princípio da solidariedade nacional que identifica juridicamente o imposto.

3.2 O financiamento concedido pelo sistema Fundap, no que toca ao pagamento do ICMS, pode ser considerado também um incentivo ou favor financeiro-fiscal, do qual resulta redução ou eliminação, direta ou indireta, do respectivo ônus, incidindo na hipótese do art. 1º, parágrafo único, IV, da Lei Complementar 24/75?

Resposta: Perfeitamente. Da forma como foi instituído, o financiamento assume as dimensões jurídicas de um incentivo ou favor financeiro-fiscal. Aliás, quanto a qualificá-lo como incentivo ou favor financeiro, seus próprios defensores o admitem, mesmo porque o sistema foi criado exatamente para estimular, favorecer, incentivar. Rejeitam, contudo, classificá-lo como fiscal, sabedores das graves implicações que o adjetivo acarretaria.

Seja como for, está configurada a natureza fiscal desse financiamento pela circunstância de que seus únicos e exclusivos destinatários foram recolhidos no universo de contribuintes do ICMS. A razão é suficiente para que lhe outorguemos o atributo.

4. A Lei Complementar 24/75 foi recepcionada pelo art. 155, inc. XII, alínea *g*, da Constituição Federal de 1988? Qual é o objetivo da norma constitucional, ao cometer à lei complementar a função de regular a forma pela qual os Estados e Distrito Federal, mediante deliberação, concederão e revogarão incentivos e benefícios fiscais?

Resposta: O advento de nova ordem jurídica suscita sempre considerações em torno do chamado "princípio da recepção", decorrência da racionalidade ínsita a todo o sistema de linguagem normativa. Instaurada a novel organização, seria absurdo reescrever o direito pretérito que com ela não fosse incompatível. Daí a absorção de todos os preceitos da ordenação anterior que possam encaixar-se no conjunto atual. Nem sempre é fácil, porém, demonstrar que determinada regra do direito revogado pode ser acolhida pela orientação do novo sistema. É quando se multiplicam os recursos retóricos, no empenho de que se dê o convencimento desejado.

Com a Lei Complementar 24/75, entretanto, isso não ocorre. Em manifestação explícita, o constituinte de 1988 a ela se referiu, prescrevendo-a como fundamento de validade para as legislações dos Estados e do Distrito Federal, no campo próprio de seu conteúdo material. Eis a fórmula prescritiva do § 8º, do art. 34, do Ato das Disposições Transitórias:

"Se, no prazo de sessenta dias contados da promulgação da Constituição, não for editada a lei complementar necessária à instituição do imposto de que trata o art. 155, I, *b*, os Estados e o Distrito Federal, mediante convênio celebrado nos termos da Lei Complementar 24, de 7 de janeiro de 1975, fixarão normas para regular provisoriamente a matéria".

A alusão exprime inequívoca conciliabilidade.

Quanto à outra questão que a pergunta encerra, já tive o ensejo de consignar, linhas acima, que o objetivo da norma constitucional é assegurar o caráter uniforme do ICMS, em todo o território brasileiro. Esse perfil de homogeneidade, de eqüiponderância, de solidariedade nacional, traço peculiar da exação, certamente não seria obtido, caso as unidades federadas e o Distrito Federal pudessem dispor livremente sobre hipóteses de isenção, incentivos, benefícios ou outras exonerações. O constituinte de 1988 amarrou de tal modo a regra-matriz de incidência desse tributo, que não pode ser mexida unilateralmente pelos titulares de sua competência, os quais haverão de curvar-se aos termos estritos da legislação complementar.

5. Na hipótese de ter sido a Lei Complementar 24/75 recepcionada pela CF/88 e atendendo ela função outorgada pela Constituição de 1988, poderia V.Ex.ª esclarecer se a mesma é auto-aplicável, podendo, independentemente de qualquer norma jurídica inferior, regular as relações jurídico-tributárias decorrentes do comércio de mercadorias entre estabelecimentos sediados nos diversos Estados da Federação?

Resposta: A Lei Complementar de que tratamos, não só é auto-aplicável, na condição de diploma recepcionado pela ordem jurídica em vigor, como sempre o foi, desde seu advento, sob o pálio da Constituição de 1967. Ser auto-aplicável quer significar ser bastante-em-si para irradiar os efeitos que lhe são imanentes, isto é, acontecidos os pressupostos de fato previstos nos antecedentes normativos, as conseqüências jurídicas se propagarão, automática e infalivelmente (Becker), entre dois ou mais sujeitos de direito.

A temática da auto-aplicabilidade merece algumas reflexões, uma vez que aquele ''bastante-em-si'' não quer expressar que a norma geral e abstrata auto-aplicável prescinda de outras regras inferiores para chegar ao campo material da conduta. Aliás, não há norma geral e abstrata que toque diretamente o campo dos comportamentos interpessoais, requerendo sempre a intermediação de norma individual e concreta. Tão somente estas últimas, na condição de preceitos terminais de cadeias normativas, projetam-se sobre a conduta mesma, regulando-a efetivamente e sem a necessidade de qualquer outra. Quando se emprega a locução ''auto-aplicável'' pretende-se exprimir a circunstância de uma norma que pode atingir suas finalidades disciplinadoras, sem que qualquer outra se faça necessária para tal objetivo. As normas que adjudicam competência, por exemplo, realizam-se simplesmente com o ''atribuir competência'', ao passo que a outorga pressupõe a expedição de outras regras jurídicas. Dizemos, por isso, que aquelas primeiras são auto-aplicáveis, na medida em que, para o fim de conferir competência, não precisam da concorrência de qualquer outro preceito.

Sobre a Lei Complementar 24/75, veiculando normas gerais e abstratas, não necessita da expedição de outras regras de lei complementar ou de qualquer outro estatuto normativo para que alcance suas finalidades. A mencionada Lei visa à instrumentalizar os Estados e o Distrito Federal, no sentido de dar-lhes competência para, mediante normas gerais e abstratas ou individuais e concretas, realizarem as matérias sobre que dispõe. Sendo assim é auto-aplicável.

6. No comércio interestadual, o Estado que for prejudicado pelo descumprimento das regras estabelecidas na Lei Complementar 24/75, pode dar aplicação, dentro de seu território, às sanções nela previstas? Estará ele, assim agindo, cometendo alguma violência contra o pacto federativo?

Resposta: Compete aos Estados e ao Distrito Federal, nos limites da autorização constitucional, produzir as normas do ICMS, criando a regra-padrão de incidência e todas as demais que a implantação do gravame requisitar. A instituição do imposto, como plexo de unidades normativas (Nomoestática), porém, não é suficiente para realizar os desígnios da entidade que tributa. Sabemos que o imposto cumpre finalidades sócio-econômicas, devendo ser administrado. Desencadeia-se agora novo processo de positivação de normas, em que os sujeitos ativos da pretensão fiscal tratam de zelar pelos seus interesses, de controlar as situações tributadas, vigiando a conduta dos sujeitos passivos, tudo com vistas à arrecadação de seus créditos. Esse trabalho se implementa por via de atos administrativos, às vezes veiculadores de normas gerais e abstratas, mas, predominantemente, por intermédio de normas individuais e concretas. É o que se chama "administrar o tributo" (Nomodinâmica).

Reiteramos aqui a necessidade premente de que todas as pessoas políticas, titulares de competência com relação ao ICMS, mobilizem seus órgãos para tornar efetiva a planta fundamental desse imposto. Não se trata de mera autorização; não se cogita de singela faculdade, em que se permite a ação e a omissão: os Estados e o Distrito Federal estão compelidos a legislar, e do mesmo modo, no mesmo diapasão. Somente assim a tributação será uniforme em todo o território nacional. Mas essa proposição afirmativa é tão forte que se pode dizer, com a mesma naturalidade, que os destinatários desse poder legiferante não só estão obrigados a criar o imposto, quanto a produzir, incessantemente, as normas gerais e abstratas e individuais e concretas imprescindíveis à sua realização operacional. Daí a expressão "dever-poder", tão em voga entre os autores.

Sobre a locução, ainda que suscite a coima de pleonástica, porquanto a noção de "dever" supõe necessariamente a de "poder" (em linguagem formalizada: Op — Pp), creio que semanticamente se justifica para ressaltar, de modo bem enfático, que a Administração não dispõe apenas do "poder" de fiscalizar, mas que, antes dele, tem o "dever" de promovê-lo.

E nessa linha de pensamento respondo, peremptoriamente, que o Estado, sentindo-se ou não prejudicado, no comércio interestadual, deve seguir produzindo as normas que entender cabíveis à boa administração do tributo. Quando perceber que as regras superiores estão sendo transgredidas ou simplesmente ameaçadas, cabe-lhe aplicar a legislação pertinente, preservando a ordem que ele mesmo instituiu, debaixo de valores constitucionais. Ora, as sanções do art. 8º, da Lei Complementar 24/75, lá estão para serem aplicadas. Entendeu o legislador complementar que tais cominações seriam adequadas para manter a integridade de seus desígnios, motivo pelo qual os entes tributantes devem fazê-las incidir, toda vez que se verificarem infrações. Esses argumentos me autorizam a concluir que não somente podem ser aplicados pelos Estados, como estes deverão realizá-los, com o intento de preservar a organização uniforme desse tributo. Tenho para mim que o procedimento omissivo, estando bem caracterizada a transgressão, implicaria até ofensa ao princípio da indisponibilidade do interesse público, provocando sérias lesões ao erário.

E na mesma direção o asserto: violência contra o pacto federativo seria cometida se o Estado, sentindo-se prejudicado no comércio interestadual e tendo à sua disposição aqueles preceitos sancionatórios, deles não se servisse, mantendo-se inerte. Comportamento dessa natureza provocaria um desequilíbrio na relação entre as unidades federadas, com sérios detrimentos para o pacto federativo. Sobremais, não fora aos Estados e ao Distrito Federal, a quem seria cometido o poder jurídico de fazer incidir as normas secundárias estabelecidas naquela Lei Complementar? Excluímos, desde logo, os Municípios; a União tem poderes apenas para legislar sobre a matéria, não dispondo de competência administrativa. Remanescem os Estados e o Distrito Federal, nos limites em que as respectivas legislações têm eficácia.

É o meu parecer.

São Paulo, 11 de abril de 1994

LICITAÇÃO — COMPROVAÇÃO DE CAPACIDADE TÉCNICO-OPERACIONAL

ADÍLSON ABREU DALLARI
Professor Titular de Direito Administrativo
da Faculdade de Direito da Universidade Católica de S. Paulo

Consulta

Empresas que operam na área da execução de obras públicas, preocupadas com o risco de um aviltamento do mercado, com o ingresso de aventureiros, em decorrência das deficiências da Lei 8.666/93, formularam consulta a respeito da possibilidade de se continuar exigindo comprovação de capacidade técnico-operacional, indagando, ainda, mais especificamente se pode o Administrador Público exigir, através do edital, que o licitante comprove a execução anterior de obras e serviços em quantidades previstas em edital através de um único contrato?

Parecer

Respondendo à consulta, assinalamos, inicialmente, que a Constituição Federal, em seu art. 37, XXI, autoriza, expressamente o estabelecimento de "exigências de qualificação técnica e econômica indispensáveis à garantia do cumprimento das obrigações".

É certo, pois, que a Constituição não autoriza nem estimula o aventureirismo, a concorrência selvagem, em detrimento da qualidade do objeto contratado e da segurança do contrato.

Assim sendo, é de inquestionável constitucionalidade o art. 30 da Lei 8.666/93, que estabelece o que pode ser exigido como elemento comprobatório da qualificação técnica de cada proponente.

Merece especial destaque, para efeito do presente estudo, o disposto no inc. II desse artigo, que se passa a transcrever: "II — comprovação de aptidão para desempenho de atividade pertinente e compatível em características, quantidades e prazos com o objeto da licitação e indicação das instalações e do aparelhamento e do pessoal técnico adequados e disponíveis para a realização do objeto da licitação, bem como da qualificação de cada um dos membros da equipe técnica que se responsabilizar pelos trabalhos".

Este dispositivo já faz referência a um complexo de elementos de cuja articulação harmônica depende o êxito na execução de uma obra pública.

O § 3º do mesmo referido art. 30 faz menção expressa a "complexidade tecnológica e operacional", revelando, claramente, que distingue uma coisa da outra. Uma obra pode exigir tecnologia altamente sofisticada, mas ser de fácil operacionalização. Por outro lado, uma outra obra pode requerer tecnologia usual, mas apresentar grande dificuldade operacional, seja por fatores dimensionais, locacionais ou administrativos.

O ponto incontestável é a possibilidade de formular exigências no tocante à capacidade técnico-operacional.

Entretanto, convém transcrever o § 1º do mesmo art. 30: "§ 1º. A comprovação de aptidão referida no inciso II deste artigo, no caso de licitações pertinentes a obras e serviços, será feita por atestados fornecidos por pessoas jurídicas de direito público ou privado, devidamente certificados pela entidade profissional competente, limitadas as exigências a:".

Esse parágrafo, inicialmente, reafirma a possibilidade de formular exigências de capacidade tanto técnico-profissional quanto técnico-operacional. Em seus desdobramentos, nas letras *a* e *b* estariam as *limitações* à reafirmada possibilidade de formular exigências a respeito de cada um desses aspectos.

Realmente, não se confundem a experiência técnica do profissional (pessoa física), com a capacidade gerencial da empresa, para conjugar, harmonicamente, a multiplicidade de fatores essenciais à realização de uma obra pública.

Ocorre, entretanto, como já é sabido, que o disposto na letra *b* do projeto aprovado pelo Legislativo, onde estavam as limitações à possibilidade de formular exigências de capacidade técnico-operacional, foi objeto de um incoerente veto presidencial.

Esse desastrado veto, de redação verdadeiramente lastimável (confira-se *DOU* de 22.6.93) pretendia eliminar a possibilidade de exigência de requisitos de capacidade técnico-operacional, mas, acabou produzindo o efeito contrário: eliminou os *limites* a essa possibilidade. Ou seja, manteve a possibilidade de exigir, que ficou *aparentemente* ilimitada.

Não cabe aqui discutir o mérito da decisão adotada pelo Presidente da República. O fato inquestionável é que o veto foi mantido e que a Lei 8.666/93 continuou vigorando sem limites expressos à possibilidade de se exigir requisitos comprobatórios da capacidade técnico-operacional.

Aqui começa o problema que é objeto do quesito complementar: a falta de limites expressos significaria que qualquer coisa, tudo, pode ser exigido?

A resposta está no supra transcrito inc. II do art. 30.

Corrigindo-se o erro de redação (o correto seria dizer: comprovação de aptidão *pelo* desempenho de atividade...), pode-se entender que somente se pode exigir algo compatível com o futuro contrato, algo que seja "pertinente e compatível em características quantidades e prazos com o objeto da licitação".

Obviamente, não se podem formular exigências desmedidas, exageradas, impertinentes, destinadas apenas a afastar possíveis licitantes.

A supressão dos limites expressos não autoriza a formulação de toda e qualquer exigência, mas, sim, apenas daquilo que for pertinente e razoável, o que somente pode ser apurado diante de cada caso concreto.

É indispensável a utilização, para o deslinde da questão, de um conceito ainda pouco difundido e conhecido no Brasil, qual seja o conceito de *razoabilidade*, que, no fundo é um aperfeiçoamento ou um aprofundamento da noção de discricionariedade.

Celso Antônio Bandeira de Mello (*Curso de Direito Administrativo*, Malheiros Editores, 5ª ed., 1994, p. 54) ao discorrer sobre os princípios fundamentais da Administração, destaca e assim comenta o princípio da razoabilidade: "Enuncia-se com este princípio que a Administração, ao atuar no exercício de discrição, terá de obedecer a critérios aceitáveis do ponto de vista racional, em sintonia com o senso normal de pessoas equilibradas e respeitosas das finalidades que presidiram a outorga da competência exercida. Vale dizer: pretende-se colocar em claro que não serão apenas inconvenientes, mas também ilegítimas — e portanto jurisdicionalmente invalidáveis — as condutas desarrazoadas, bizarras, incoerentes ou praticadas com desconsideração às situações e circunstâncias que seriam atendidas por quem tivesse atributos normais de prudência, sensatez e disposição de acatamento às finalidades da lei atributiva da discrição manejada.

"Com efeito, o fato da lei conferir ao administrador certa liberdade (margem de discrição) significa que lhe deferiu o encargo de adotar, ante a diversidade de situações a serem enfrentadas, a providência mais adequada a cada qual delas. Não significa, como é evidente, que lhe haja outorgado o poder de agir ao sabor exclusivo de seu líbito, de seus humores, paixões pessoais, excentricidades ou critérios personalíssimos e muito menos significa que liberou a Administração para manipular a regra de direito de maneira sacar dela efeitos não pretendidos nem assumidos pela lei aplicanda. Em outras palavras: ninguém poderia aceitar como critério exegético de uma lei que esta sufrague as providências insensatas que o Administrador queira tomar; é dizer, que avalize previamente condutas desarrazoadas, pois isto corresponderia a irrogar dislates à própria regra de direito".

Lúcia Valle Figueiredo (*Curso de Direito Administrativo*, Malheiros Editores, 1994, p. 42) dá um passo adiante na solução do problema aqui apresentado, dizendo: "Em síntese: a razoabilidade vai se atrelar à congruência lógica entre as situações postas e as decisões administrativas. Vai se atrelar às necessidades da coletividade, à legitimidade, à economicidade.

"Ao lado da razoabilidade traz-se à colação, também como princípio importantíssimo, o da proporcionalidade. Com efeito, resume-se o princípio da proporcionalidade em que as medidas tomadas pela Administração estejam na direta adequação das necessidades administrativas. Vale dizer: só se sacrificam interesses individuais em função de interesses coletivos, de interesses primários, na medida da estrita necessidade, não se desbordando do que seja realmente indispensável para a implementação da necessidade pública.

"Traduz o princípio da razoabilidade, pois, a relação de congruência lógica entre o fato (o motivo) e a atuação concreta da Administração".

Resta, portanto, apenas saber se é ou não razoável exigir-se que a comprovação de aptidão técnico-operacional se faça através de um único contrato.

A resposta é positiva.

Para demonstrá-lo seja permitido retomar um ensinamento de Geraldo Ataliba (*RDP* 41/42, pp. 127 e ss.), que, discorrendo sobre acervo ou cabedal técnico de engenharia, há quase vinte anos passados, já dizia o seguinte: "Já pertence ao passado a engenharia que se traduzia concretamente no exercício de um artesanato. Não há mais, modernamente, a possibilidade da realização da profissão de engenharia de modo individual. Assim como em todos os demais setores de atividade e produção, na engenharia se verifica o fenômeno do associacionismo ou cooperativismo.

"Já não são mais profissionais que individualmente se dedicam a um trabalho e sim grupos de profissionais que se organizam, coordenando o próprio trabalho, assessorando-se, inclusive do auxílio de terceiros, não pertencentes ao mesmo ramo: '... L'équipe d'aujord'hui est inséparable de l'équipement' (René Savatier, *L'origine et le développement su droit des professions libérales*, Archives de Philosofie du Droit, Deontologie et Discipline Professionelle).

"Também isto quis significar o mestre Hely Lopes Meirelles ao enfatizar a conjugação de 'processos científicos e artísticos ... com os recursos do capital e do trabalho leigo, para a concepção do projeto e sua econômica execução, que é o resultado da simbiose entre o exercício da profissão liberal e a indústria da construção civil' (*Direito de Construir*, p. 177).

"A engenharia, modernamente, não é mais, em regra, realizada por engenheiros e sim por empresas de engenharia. Predomina a organização empresarial, a mentalidade empresarial, com todos os requisitos e características dessa forma de atuação.

"Hoje, a empresa de engenharia é uma entidade produtora de utilidades, igualada no mercado econômico-financeiro — às demais empresas produtoras de utilidades em outros setores.

"A realização de obras públicas, atualmente, requer não só a técnica e a arte-peculiares ao exercício da engenharia — mas também um suporte empresarial compatível com as sofisticadas exigências do mundo moderno. Não basta, portanto, um quadro de profissionais, para realização de uma obra de engenharia. Há necessidade de que o trabalho — na forma do estilo exigido pelas organizações modernas — seja cooperativo. Isto quer dizer que se haverão de combinar os trabalhos de diversos profissionais, de variadas áreas para, somados, produzirem o resultado final da obra, e no nosso caso, obras públicas".

Desde então, e cada vez mais, especialmente agora com os recursos da informática, a infra-estrutura empresarial passou a ser cada vez mais fundamental na execução de obras públicas.

O porte da infra-estrutura empresarial é que vai determinar qual volume de obras uma empresa pode suportar.

Entretanto, do ponto de vista da capacidade técnico-operacional, a soma das parcelas não é igual ao produto. Dizendo melhor: uma empresa apta para realizar diversas obras pequenas, nem por isso está capacitada para enfrentar uma grande obra, de porte equivalente à somatória do volume das diversas pequenas obras.

São diferentes os meios para comprovar aptidão para executar diversas obras simultaneamente, dos meios necessários para enfrentar uma obra de porte considerável.

A complexidade técnico-operacional de uma grande obra é muito maior. Tal complexidade cresce em progressão geométrica.

Um eventual erro cometido em uma das pequenas obras não compromete as demais, mas o erro cometido no desenvolvimento de uma obra de grande vulto pode comprometer todo o trabalho.

Portanto, para demonstrar efetiva capacidade técnico-operacional para executar uma determinada obra, é perfeitamente razoável exigir comprovação de já haver executado anteriormente um outro contrato assemelhado.

Cabe repetir; quem geriu diversos pequenos contratos, não evidencia capacidade técnico-operacional para levar a bom termo um grande contrato. São realidades distintas.

O que a Constituição autoriza e determina ao legislador que exija não é a comprovação de uma qualificação técnica hipotética ou abstrata, mas, sim, de qualificação técnica (tanto profissional quanto operacional) necessária para garantir a fiel execução de uma determinada obra que é posta em disputa por meio de uma determinada e específica licitação.

Em resumo, respondendo objetivamente ao que foi indagado:

Para efeito de demonstração de capacidade técnico-operacional, pode a Administração Pública, no edital, exigir que o licitante comprove a execução anterior de obras e serviços em quantidades compatíveis com o objeto do futuro contrato em disputa e através de um único contrato.

São Paulo, 10 de setembro de 1993

MUNICÍPIO E AUTARQUIA FEDERAL — RELAÇÕES — CONFLITOS — IMPOSSIBILIDADE DE MULTAS A PESSOAS PÚBLICAS

TOSHIO MUKAI
Doutor em Direito pela Universidade de S. Paulo

A Consulta

O Dr. Albertino de Almeida Baptista, ilustre Procurador do Município de Itanhaém — SP, encaminha-nos a seguinte Consulta:

Solicito vossa apreciação e parecer quanto ao auto de infração aplicado pelo INSS contra o Senhor Prefeito, para instruir mandado de segurança e declaratória de inconstitucionalidade da Lei Federal 8.212/91, art. 50.

Pergunta-se, para esse fim:

1. É a Administração Municipal obrigada a fazer exigências de negativas do INSS para apreciação de pedidos de alvarás para aprovação de projetos de construções em seu Município ou aprovação de loteamentos?

Essa exigência caracteriza ingerência indevida na competência e autonomia do Município quanto às suas questões peculiares?

2. É admissível que o agente político, na qualidade de Prefeito, seja autuado por infração cometida pela Administração do Município?

3. Cabe imposição de multa entre pessoas jurídicas de Direito Público, por inexistência de poder de polícia para tais casos? (vide: ''Cota de Previdência e Autonomia Municipal'', Prof. Geraldo Ataliba, Publicação da Prefeitura Municipal de Santo André, 1966, pp. 37 a 41 e Acórdão do TJSP na Ap. Civ. 191.648-2/4 — anexo).

Dada a urgência que nos é requerida nas respostas a tais quesitos, dispensamo-nos de efetuar considerações preliminares de ordem doutrinária e/ou jurisprudencial, passando diretamente às suas soluções.

É o que faremos a seguir.

Parecer

Resposta ao quesito n. 1

Não. Absolutamente não. A Administração Municipal é autônoma, constitucionalmente e, a não ser mediante convênio, não pode ser obrigada pela União ou por autarquia federal (como é o INSS) a se constituir em agente arrecadador de tributos ou contribuições federais.

Uma lei federal que a tanto obrigasse o Município seria, às escâncaras, inconstitucional, por ofensiva do princípio da autonomia municipal.

No caso em espécie, o Auto de Infração n. 04822, datado de 12.8.94, no quadro 16 — Descrição dos fatos e enquadramento legal, reza o seguinte: "Deixar de *exigir* a apresentação dos documentos comprobatórios de inexistência de débito para concessão de 'habite-se' (art. 84, II do ROCSS) infringindo o art. 50 da Lei 8.212/91. Juntamos em anexo, xerox do Alvará de Habitabilidade n. 139/94-A, datado de 11.5.94, concedido em desacordo com os dispositivos legais supracitados".

E, junto ao referido Auto, encontra-se Folha de Informação ou Despacho, onde o Sr. Fiscal do INSS escreve o seguinte: "Tendo esta Fiscalização constatado que *a Prefeitura Municipal de Itanhaém infringiu o art. 50 da Lei 8.212, de 24 de julho de 1991, ao deixar de exigir a apresentação* dos documentos comprobatórios de existência de débito para concessão do 'habite-se' para obras localizadas em Itanhaém, na Av. São Paulo, n. 55, Quadra 7, Lotes 5, 6 e 7 — Jardim Cibratel, de propriedade de Hilton Morbin, *lavramos o presente auto de infração, em nome do dirigente daquele órgão, Edson Baptista de Andrade*, CPF n. 003.595.808-15, Prefeito Municipal, na forma da OS/INSS/DAF 081, de 4.8.93".

Tal documento e datado de 12 de agosto de 1994.

Verifica-se, pois, que a fiscalização do INSS, ao impor o Auto de Infração n. 04822, o fez sob o fundamento de que a Administração Municipal, ao expedir o alvará de Habitabilidade n. 139/94-A, deixou de exigir a documentação comprobatória de negativas de débitos perante o INSS, por parte do proprietário, o que seria de rigor, em face do art. 50 da Lei 8.212/91.

O referido art. 50 reza o seguinte: "É obrigatória a *apresentação de comprovante de matrícula no Instituto Nacional do Seguro Social (INSS)* no caso de obra de construção civil, quando do fornecimento de 'alvará', bem como de comprovante de inexistência de débito para com a Seguridade Social, quando da concessão de 'habite-se', por parte das Prefeituras Municipais, salvo o disposto no inc. VIII do art. 30 desta Lei".

Como se pode verificar, essa disposição não obriga as Prefeituras Municipais a exigirem, nem a matricula no INSS, do proprietário, por ocasião da expedição do alvará de construção, nem a certidão de inexistência de débito para com a seguridade social, por ocasião da concessão do "habite-se". O que ela obriga é que os proprietários, ao requererem o alvará de construção *apresentem* o comprovante de matricula, e ao requererem o "habite-se", *apresentarão* certidão negativa de débito perante o INSS, à Prefeitura Municipal.

Mas, em nenhum momento, exige que as Prefeituras Municipais condicionem a expedição do alvará e do "habite-se" a apresentação daqueles documentos.

A Lei, ao empregar a expressão "quando do" apenas está a indicar os momentos das apresentações, pelo proprietário, daqueles documentos. Não esta a obrigar que as Prefeituras os exijam.

Assim, o art. 50 da Lei 8.212/91 não pode, a rigor, ser acoimado de inconstitucional, já que não obriga o Município a fazer algo e a ser fiscal de contribuições federais, caso em que, se assim dispusesse, seria flagrantemente inconstitucional, por ofensa ao princípio da autonomia municipal.

Ocorre que essa errônea interpretação, no sentido de que seria legal que a União obrigasse o Município a exigir a documentação comprobatória relativa ao INSS, como condição da expedição de alvará de construção ou do "habite-se", veio contemplada em simples Ordem de Serviço do Diretor de Arrecadação e Fiscalização do INSS (OS/INSS/DAF n. 81/93, *DOU* de 17.9.93), no seu subitem 3.1, *in verbis*: "A concessão de alvará de construção *sem* matricula no INSS e a expedição de habite-se *sem* Certidão Negativa de Débito (CND) *constituem infrações distintas*, devendo constar do AI tanto o dispositivo da lei quanto do ROCSS, podendo para cada um dos casos ser lavrado apenas um AI, desde que em seu campo 16 ou em relatório complementar seja relacionada individualmente a ocorrência".

E mais, no subitem 3.5, a famigerada Ordem de Serviço dispôs: "Nos órgãos ou entidades da Administração direta e indireta federal, estadual, do Distrito Federal ou *Municipal*, o AI deverá ser lavrado na pessoa do dirigente, em relação ao período de sua gestão".

Portanto, a Ordem de Serviço, deixando claro que a Administração Municipal deve exigir dos proprietários os documentos mencionados relativos à sua situação perante o INSS, complementa a disposição apontando os órgãos ou entidades da Administração Pública, dentre eles os Municipais, que poderão sofrer autuações, evidentemente, se não fizerem aquelas exigências.

E, nesse ponto, sem dúvida nenhuma, a Ordem de Serviço DAF n. 81/93 é absolutamente inconstitucional por violar, flagrantemente, o princípio da autonomia Municipal, posto que obriga o Município a fazer algo que somente a Constituição Federal poderia efetuar.

E, no caso, configura-se uma situação exdrúxula e inaceitável, em que o Diretor de uma autarquia federal manda que todos os Municípios do País sejam órgãos fiscalizadores do INSS, extrapolando a Constituição Federal e o art. 50 da Lei 8.212/91.

Destarte, aplicam-se ao caso, as assertivas sempre presentes, feitas pelo ínclito Geraldo Ataliba, nos idos de 1966 ("Cota de Previdência e Autonomia Municipal", — publicação da Prefeitura Municipal de Santo André):

"a) Legitimidade de autuação contra a consulente: Como demonstrado a fls. 25 e seguintes (Cap. V do parecer) é abusiva e ilegítima a atuação contra a consulente. É que o Município se situa em plano jurídico superior a qualquer autarquia, ainda que esta seja federal, não podendo portanto, se submeter, de forma juridicamente válida, a manifestação fiscal de qualquer espécie. É que, principalmente, a autuação fiscal é ato de 'poder', que supõe sujeição do autuado à esfera de competência do autuante. Ora, as entidades políticas não estão sujeitas a ninguém, somente estando vinculadas à Constituição, fonte única de suas obrigações.

"b) cabimento da cobrança de cota de previdência, pela consulente, aos seus munícipes: Não deve a consulente cobrar a cota de previdência de seus munícipes. É que, não se pode fazer instrumento de arrecadação de dinheiro arbitrariamente exigido.

"O Município só pode recolher tributos para outras pessoas públicas, de seus súditos, quando na forma explícita ou implícita na Constituição Federal. No caso, a solução é implícita na Constituição que, supondo a competência da pessoa titular do exercício da tributação, exige a assinatura de convênio, livremente assinado pela Prefeitura que, então se vincula — não por virtude de qualquer mandamento jurídico superior, mas pela própria vontade" (p. 37).

O mesmo autor, examinando a possibilidade de compulsão da Prefeitura por autarquia federal, é peremptório: "De tudo que aqui e exposto, fica evidente a absoluta impossibilidade jurídica de qualquer medida coativa, por parte do IAPFESP, contra a Prefeitura Municipal de Santo André. É que só exercita manifestações de poder aquele que detém a soberania ou, dentro de certa competência, exercita determinada faixa de soberania'' (p. 39).

Por isso, conclui: ''O IAPFESP não pode exercer atividades fiscalizatórias sobre a Prefeitura Municipal, porque não tem competência para o exercício de tal atividade, com relação a qualquer órgão público, principalmente de natureza constitucional.

''Não pode, também, autuá-la, como foi respondido na letra 'a' dos quesitos.''

E mais: ''Os casos de arrecadação de um tributo, por pessoa diversa do titular do poder tributário, são somente aqueles expressamente previstos pela Constituição. Não é, em absoluto, a hipótese em discussão. (...) *Por todo o exposto, não deve a consulente cobrar a cota de previdência dos munícipes: alias, agirá em flagrante infração da Constituição, se pretender fazê-lo*'' (grifamos, p. 40).

Finalizando seu parecer, o Prof. Geraldo Ataliba deixa claro que: ''Não pode, pois, ser 'contribuinte' da União nem de qualquer autarquia sua. *Da mesma forma, não deve servir de órgão de arrecadação da União ou suas autarquias, a não ser na hipótese de explicito mandamento constitucional, que no caso, não existe*.

''*Em conseqüência, não pode ser submetido a constrangimento ou fiscalização, ou compulsão de espécie nenhuma, pela União, pelo Estado, por outro Município, ou por autarquia deste*'' (grifamos, p. 41).

Portanto, no caso presente, onde essas lições do ilustre jurista caem como luva, não pode, validamente, a inspetoria fiscal do INSS, como o fez, pretender, com base em Ordem de Serviço (DAF n. 81/93) inconstitucional (por ofensa ao princípio da autonomia municipal) e ilegal (posto que extrapola o previsto no art. 50 da Lei 8.212/91, que em nenhum momento obriga o Município a exigir os comprovantes relativos ao INSS do proprietário, quando este requer ou o alvará de construção ou quando requer o ''habite-se'') autuar a Prefeitura na pessoa do Sr. *Prefeito de Itanhaém*.

Destarte, a Administração Municipal, pela Lei 8.212/91 e/ou pela Constituição Federal, não está obrigada a fazer exigências de negativas do INSS (o proprietário é que está obrigado a apresentar os documentos referidos no art. 50 da Lei) para apreciação de pedidos de alvarás e de ''habite-se''.

Tais exigências, sem dúvida nenhuma, caracterizam ingerências indevidas na autonomia e na competência do Município.

A Ordem de Serviço n. DAF 81/93, nesse sentido, é absoluta e flagrantemente inconstitucional e ilegal, pois os seus subitens 3.1 e 3.5 autorizam, o primeiro, tais ingerências, quando obriga, ilegalmente, o Município a fazer aquelas exigências e o segundo autoriza a lavratura de auto de infração contra a Administração Municipal, na pessoa do seu dirigente (*sic*).

O item 3.1 se constitui em disposição inconstitucional e ilegal, representando a manifestação de um simples Diretor de Arrecadação e Fiscalização de autarquia federal, que viola a Constituição Federal (princípio da autonomia municipal) e a Lei 8.212/91, que não obriga a Administração Municipal a exigir dos proprietários aqueles documentos, quando das aprovações de alvarás de construções e/ou da expedição de ''habite-se''; os proprietários é que tem a obrigação de apresentá-los à Administração Municipal; se não o fizerem, devem ser autuados (estes sim) pela fiscalização do INSS.

No caso, a Ordem de Serviço referida equivocou-se completamente. Daí a sua ilegalidade e inconstitucionalidade.

Resposta ao quesito n. 2

A par das disposições dos subitens 3.5 e 3.5.1 da Ordem de Serviço DAF n. 81/93, cuja inconstitucionalidade já foram demonstradas quando da resposta ao quesito n. 1, afirmamos que a lavratura do auto de infração na pessoa do Prefeito do Município é absolutamente inadmissível, posto que, a infração, na hipótese de sua existência (já evidenciamos a sua inexistência *in casu*) teria sido cometida por agente da administração e não pelo Prefeito, sendo, portanto, descabida e inadequada a lavratura do auto de infração na pessoa do Prefeito.

Respondemos, pois, que na hipótese de existência de infração, como também na hipótese de possibilidade de aplicação de multa, hipóteses que não se verificam *in casu*, a lavratura do auto de infração deveria ser em nome do ente administrativo, e não em nome do Prefeito.

Resposta ao quesito n. 3

A resposta ao quesito impõe que examinemos os traços principais do Poder de Polícia.

Para tal recorremos aos ensinamentos do saudoso Mestre Hely Lopes Meirelles: "Poder de Polícia é a faculdade de que dispõe a Administração Pública para condicionar e restringir o uso e gozo de bens, atividades e direitos individuais em benefício da coletividade ou do próprio Estado.

"Em linguagem menos técnica, podemos dizer que o poder de polícia é o mecanismo de frenagem de que dispõe a Administração Pública para combater *abusos do direito individual*. Por esse mecanismo, que faz parte de toda a Administração, *o Estado detém a atividade dos particulares que se revelar contrária, nociva ou inconveniente ao bem-estar social, ao desenvolvimento e à segurança nacional*" (*Direito Administrativo Brasileiro*, Malheiros Editores, 19ª ed., p. 115 (grifamos).

A sábia lição do Mestre Hely Lopes Meirelles nos conduz à importante conclusão: o poder de polícia será exercido sobre os particulares, e, como veremos adiante, em decorrência da supremacia da Administração:

"A razão do poder de polícia é o interesse social e o seu fundamento está na *supremacia geral que o Estado exerce em seu território sobre todas as pessoas, bens e atividades*, supremacia que se revela nos mandamentos constitucionais e nas normas de ordem pública, que a cada passo opõem condicionamentos e restrições individuais em favor da coletividade, incumbindo ao Poder Público o seu policiamento (Hely Lopes Meirelles, ob. cit. p.116, grifos nossos).

Verificados o conceito e os fundamentos do poder de polícia, analisemos as preciosas considerações doutrinárias a respeito da possibilidade ou não, da aplicação de multa entre pessoas de direito público.

Celso Antônio Bandeira de Mello, em precioso artigo, cujo tema é "Impossibilidade de o INPS multar Municípios", tece considerações indispensáveis à solução da questão posta.

Inicia seu artigo conceituando a multa, no campo do Direito Público: "Multa, no campo do Direito Público, é sanção de ordem pecuniária, cabível quando prevista em lei, imposta pelo poder público aos que descumprem deveres para com ele. Seu fundamento, obviamente é o *imperium* do Estado, é a *supremacia*, sobre os que lhe estão sujeitos, assim como seu pressuposto é a inadimplência de um dever" (*RDP* 11/298, grifos do autor).

Prossegue, nas suas bem traçadas palavras, dedicando-se a supremacia do Estado: "A polícia administrativa, o direito do expropriatório, a constituição de servidões, servem de exemplo da supremacia geral. O Estado exercita tais poderes, sobre pessoas e bens estribado apenas em sua posição altaneira, de autoridade guardiã do interesse público (...). Do exposto, segue-se que só pode impor multa quem desfruta de superioridade sobre outrem e só pode sofrê-la quem padeça de inferioridade em relação ao impositor dela.

"Inexistindo um desnivelamento de planos, revelador da supremacia jurídica de uma das partes é despropositado cogitar de multa.

"Daí, ser rematado dislate, *data venia*, admitir-se a hipótese que uma pessoa meramente administrativa possa onerar com multas uma entidade política, de dignidade constitucional, como é o município (...). Este é o motivo pelo qual o INPS — simples autarquia — não pode multar municípios (...). Como pois, imaginar possa um município estar colocado em situação de inferioridade, sujeito a um *imperium* de que a multa é expressão?

"Como supô-lo alcançável pelo guante punitivo de uma simples entidade autárquica como o INPS?"

Finaliza, o eminente Administrativista, de maneira jocosa e taxativa: "No dia em que o motorista particular multar a autoridade de trânsito, no dia em que o cidadão tributar o Estado, em que o município decretar intervenção municipal no Estado e este intervenção estadual na União, talvez se possa cogitar de multa do Instituto Nacional de Previdência sobre o município".

Como diria o próprio Prof. Celso Antônio Bandeira de Mello, o conteúdo deste artigo "calha a fiveleta". Não abandonemos, todavia, as considerações de outros autores sobre o tema.

O Prof. Geraldo Ataliba, indagado a este mesmo respeito no XII Curso de Direito Municipal, realizado em Itanhaém, respondeu enfaticamente asseverando que: "A multa é sempre uma punição. As entidades públicas não se podem punir umas às outras e, por isso, não pode nenhuma pessoa pública, seja ela autárquica ou pessoa política, pagar multa a outra pessoa pública" (*RDP* 21/283).

A Consultoria Geral da República, em parecer de lavra do Dr. Adroaldo Mesquita da Costa, sob o título "Cobrança de multas e mora entre pessoas de Direito Público — Inviabilidade", cita *decisão unânime* da Egrégia Segunda Turma do Tribunal Federal de Recursos, em julgamento da apelação cível n. 14.168, de São Paulo: "Às autarquias, órgãos delegados da União, *falece autoridade para exercer poder de polícia administrativa*, impondo multas a outras entidades de direito público" (*RDP* 5/175, destaques nossos).

Conveniente se faz extrair deste mesmo parecer o erudito voto do eminente Ministro Oscar Saraiva, proferido na supramencionada apelação: "... na hierarquia dos privilégios, o da União prefere ao de suas autarquias, e seria inteiramente descabido que uma autarquia, órgão delegado da União, tivesse poderes disciplinares para impor multas a outras pessoas de direito público, o que é manifestação do poder de polícia administrativa" (*RDP* 5/175).

Cabe-nos, por derradeiro, trazer à lume trecho elucidativo do Acórdão do Tribunal de Justiça do Estado de São Paulo em apelação cível n. 191.648-2/4, da Comarca de Itanhaém: "Assim sendo, a aplicação de sanção administrativa por um ente de direito público a outro ente de direito público, se constitui em intervenção não prevista na Constituição, por um ente de direito público na esfera de atribuições administrativas de outro ente de direito público, cerceando a autonomia administrativa estabelecida pela Constituição para o ente de direito público interno".

No corpo desse acórdão é citado

ainda parecer da lavra do Ex-Consultor Geral da República, Luiz Rafael Mayer, que conclui: "Não cabe imposição de multa entre pessoas jurídicas de direito público, por inexistência de poder de polícia em tais casos, no qual se faz menção a parecer no mesmo sentido emitido pelo jurisconsulto Adroaldo Mesquita da Costa, bem como a um voto do Ministro Oscar Saraiva no TFR que teria concluído que 'seria inteiramente *descabido que uma autarquia*, um órgão delegado da União, tivesse poderes disciplinares para impor multa a outras pessoas de direito público, o que é manifestação de poder de polícia administrativa''' (*RDA* 119/393-398).

Com efeito, ante as considerações de ordem doutrinária e jurisprudencial trazidas à exaustão, coloca-se de maneira incontestável a conclusão pela impossibilidade absoluta de imposição de multa entre pessoas de direito público, posto que a supremacia entre o aplicador da multa e aquele que irá sofrê-la é requisito essencial para a sua legalidade. E assim o é, pois, a imposição de multa nada mais é do que o exercício do poder de polícia administrativa, que conforme colocou-se inicialmente, tem como fundamento a supremacia do administrador sobre o administrado.

In casu, podemos afirmar com segurança que a aplicação de multa pelo INSS ao Prefeito de Itanhaém reveste-se não de ilegalidade, mas sim de inconstitucionalidade, posto que a inexistência de supremacia entre o INSS e o Município, importa na desconsideração da autonomia política do Município de Itanhaém, pelo INSS, de maneira flagrante.

Diante de todo o exposto, em resposta objetiva ao quesito, asseveramos que é inadmissível a imposição de multa, e conseqüente mora, entre pessoas de direito público, dada a inexistência de poder de polícia entre os mesmos.

É o nosso parecer, s.m.j.

São Paulo, 24 de agosto de 1994

SECRETÁRIO MUNICIPAL

Indiciamento por ato praticado no exercício da função, e no interesse da Administração. Direito e dever, por parte desta, de promover-lhe a defesa

SÉRGIO SÉRVULO DA CUNHA
Advogado

1. Os fatos

O advogado Arlindo da Fonseca Antônio solicitou-me parecer sobre o tema que assim propõe:

"*F*, Secretário Municipal de Finanças na gestão Telma de Souza, divulgou, no mês de setembro de 1992, relação dos principais devedores do ISS, entre os quais se encontrava *T*. Essa relação veio a ser publicada no jornal *A Tribuna*, no dia 28.9.90.

"Sentindo-se prejudicado por essa publicação, o sr. *B*, sócio majoritário da *T*, vereador e candidato a deputado federal, representou ao Ministério Público. Instaurando-se inquérito policial, a Prefeitura de Santos contratou advogados a fim de impetrarem *habeas corpus* em favor de seu Secretário de Finanças.

"O Ministério Público, agora, move ação civil pública contra a ex-prefeita Telma de Souza, contra o ex-secretário *F*, e contra os advogados contratados para aquele fim. Alegando que 'não existe, em Direito Administrativo, contrato em benefício de particular' requer seja 'anulado' o contrato entre a Prefeitura e os advogados, e condenados os réus a devolver as quantias dispendidas com a sua execução.

"Daí as indagações, a cujo respeito solicito o seu parecer:

"a) Agiu licitamente a Prefeitura de Santos ao contratar advogados para impetrar *habeas corpus* em favor de seu Secretário de Finanças, indiciado pela prática de atos no exercício do seu cargo, e no interesse da Administração? b) Sendo negativa a resposta, quais as regras ou princípios, jurídicos ou éticos, que teriam sido infringidos?"

Assim postos os fatos e a consulta, examinemos em primeiro lugar os princípios a cuja luz devem ser considerados.

2. Os princípios

2.1 Discute-se sobre a natureza do cargo de Secretário de Governo Municipal, análogo aos cargos de Secretário de

Estado e Ministros, em nível estadual e federal, respectivamente. Sustentam alguns que temos, a ocupá-los, agentes políticos e não funcionários públicos. Os Ministros de Estado, no sistema presidencialista brasileiro, são, mesmo, sujeitos a *impeachment*, como o Presidente da República e os Ministros do Supremo Tribunal Federal (Constituição da República, art. 52, I; Lei 1.079/50, arts. 13 e ss.). Contra Ministro de Estado, assim como contra o Presidente da República, só se instaura processo mediante autorização da Câmara dos Deputados, por dois terços dos seus membros (Constituição da República, art. 51, I).

Afirmei, a propósito, em outra oportunidade: "agente político é o agente público que, no exercício de sua função, não se subordina a nenhuma outra autoridade, senão a da lei. Ou, por outra, é aquele cuja discricionariedade só encontra limite na lei, não na discricionariedade de outrem. Esse critério exclui, da categoria de agentes políticos, Ministros e Secretários de Estado, que nela costumam ser incluídos; eles são agentes de confiança, aos quais podem ser estendidas, eventualmente, as regras da responsabilização dos agentes políticos" ("Responsabilidade Administrativa e Impeachment", in *A OAB e o Impeachment*, Conselho Federal da OAB, Brasília, 1993, p. 186).

Aos Ministros de Estado compete, segundo a Constituição da República, art. 87: "I — exercer a orientação, coordenação e supervisão dos órgãos e entidades da administração federal na área de sua competência e referendar os atos e decretos assinados pelo Presidente da República;

"II — expedir instruções para a execução das leis, decretos e regulamentos;

"III — apresentar ao Presidente da República relatório anual de sua gestão no Ministério;

"IV — praticar os atos pertinentes às atribuições que lhe forem outorgadas ou delegadas pelo Presidente da República."

Podem, por isso, ser convocados, independentemente de qualquer autorização superior, para prestar informações, pessoalmente, à Câmara dos Deputados ou ao Senado Federal (Constituição da República, art. 50 e ss.).

É semelhante o *status* dos Secretários Municipais. A Lei Orgânica do Município de Santos, por exemplo, designando-os como "agentes públicos" (art. 60), entrega-lhes "a orientação, coordenação e supervisão dos órgãos e entidades da Administração Municipal, na área de sua competência" (art. 60, inc. I). É com seu "auxílio" que o Prefeito exerce a direção superior da Administração Municipal (art. 58, II).

2.2 Independentemente da discussão teórica sobre a natureza de seus cargos, Secretários e Ministros, na linguagem comum, consideram-se como servidores "de primeiro escalão"; praticam não somente — como todos os demais servidores — atos administrativos, mas atos de governo, nos quais se materializam diretrizes políticas da Administração. Não se põe em dúvida que um Ministro ou Secretário, ao falar sobre assuntos de sua pasta, fala em nome do governo. Nem se põe em dúvida que o governo seja responsável, jurídica ou politicamente, por atos de seus Ministros ou Secretários.

São indissociáveis da Administração os atos praticados por Ministros, ou por Secretários, no exercício e no interesse de suas funções. Esses atos, que do ponto de vista psicológico, profissional ou biográfico podem ser considerados como do servidor, são, do ponto de vista administrativo, atos da Administração.

Sempre que sustentar, em juízo ou fora dele, a legalidade de seus procedimentos, estará a Administração sustentando, simultaneamente, a legalidade do ato que lhes deu suporte material: ato de servidor, ou servidores. Está-se aqui, plenamente, no seio da ficção jurídica, que abstrai da materialidade física desses atos, para conceituá-los como atos de pessoa jurídica.

Rompe-se a inteireza dessa ficção apenas no caso em que houver ilícito por parte do servidor.

Quando a Administração responde por ato ilícito, responde por ato de outrem, agente ou servidor seu. Sendo conatural ao exercício do poder público o respeito à lei, dada a incompatibilidade lógica entre Administração pública e ilegalidade, só se concebe seu ilícito subjetivo como desvio de finalidade ou desvio de poder, praticado por servidor público. Assim, a Administração responde objetivamente por esses atos, sendo meros ilícitos civis, ou mesmo delitos, mas pode voltar-se, regressivamente, contra o autor do ilícito (CR, art. 37, § 6º); como pode, também, impor-lhe sanção administrativa.

2.3 É vedado, à Administração pública, presumir a prática de ilícito por parte de servidor; e, assim fazendo, submetê-lo a gravame, ônus, ou pena. Não têm esse caráter (de gravame, ônus ou pena) afastamentos provisórios ou cautelares, determinados no interesse dos inquéritos ou sindicâncias. Procedimento disciplinar, objetivando a apuração de irregularidades, precede necessariamente a imposição de pena, em decisão motivada, e após assegurar-se, ao acusado, ampla defesa.

Abre-se exceção a essa regra tratando-se de ocupante de cargo em comissão, que pode ser exonerado "a juízo da autoridade competente" (*v.g.* Lei 8.112, de 11.12.90, art. 35, I). Mas aí já não se cuida propriamente de pena. As relações entre o servidor de confiança e seu superior hierárquico (*v.g.* entre o Secretário Municipal e o Prefeito) são predominantemente políticas, marcadas pela discricionariedade. Assim, a exoneração "a juízo da autoridade competente" dispensa inclusive qualquer motivação. A expressão *ad nutum* diz melhor a respeito. Essa é a sanção, de natureza política, aplicada aos Secretários ou Ministros que, afastando-se das diretrizes do governo, decaem da sua confiança. A permanência ou continuidade do Secretário em seu posto, após ser acusado da prática de atos irregulares, é sinal objetivo de que continua a merecer a mesma confiança; de que seus atos, antes de serem havidos como desvios individuais, devem ser considerados como genuínos atos da Administração.

As tintas são mais fortes quando o ato, praticado por servidor publico, constitui ilícito penal.

Tem-se como certo que, visto não corresponder às funções do cargo ou às finalidades da Administração, a autoria de delito, por parte de servidor público, refoge à atividade administrativa. Em razão disso está impedida a Administração não só de haver esse ato — ou de qualquer modo caracterizá-lo — como próprio; bem ao contrário, tem o dever de aplicar, ao faltoso, as sanções administrativas pertinentes.

Entretanto, é também induvidoso que o indiciamento em inquérito policial não basta a caracterização da existência de um delito, e de sua autoria (apenas a sentença transitada em julgado tem esse condão); e que a presunção de inocência impõe-se como de rigor, inclusive como direito fundamental (Constituição da República, art. 5º, LVII). Avalie-se a universalidade da regra, que tem fonte mais próxima nas Constituições da Espanha (art. 24,2), de Portugal (art. 32,2) e da Itália (art. 27, segunda parte); e que se encontra na Declaração dos Direitos do Homem e do Cidadão (Paris, 1789, inc. XIII), na Declaração Universal dos Direitos Humanos (Paris, 1948, art. 11, 1), na Convenção de Salvaguarda dos Direitos do Homem e das Liberdades Fundamentais (Roma, 1950, art. 6º, 2), no

Pacto dos Direitos Civis e Políticos (Nova York, 1966, art. 14,2), e na Convenção Americana sobre Direitos Humanos (Costa Rica, 1970, art. 8º, 2) (René Ariel Dotti, "Princípios de Processo Penal", *Rev. de Inf. Legislativa*, 117/89, jan./mar. 1993).

2.4 Deduzidas essas premissas, e já avançando em direção às respostas, vemos sem esforço que em tal caso: *a*) a Administração tem o dever de defender-se; *b*) a Administração tem o direito de defender-se; *c*) o servidor de confiança, que agiu no exercício de suas funções e no interesse da Administração, tem o direito de ser defendido por esta; e sendo assim, *d*) a Administração tem o dever de promover os meios para defesa do servidor.

a. A Administração tem o dever de defender-se

São irrenunciáveis os direitos da Administração. O particular pode, sem embaraço, deixar de perseguir seus próprios interesses; presidem seu comportamento, do ponto de vista privado, e se plenamente capaz, os princípios da disponibilidade e da autonomia da vontade.

O mesmo já não ocorre com a Administração; sua atividade é predominantemente vinculada; seus bens são em regra indisponíveis. A gestão da coisa pública impõe, ao Administrador, toda diligência na preservação do patrimônio material e moral cuja guarda lhe foi entregue. Esse dever, que se visualiza com mais facilidade sob o prisma do mandato político, desdobra-se nas obrigações de prestar contas aos órgãos de controle interno e externo, de prestar esclarecimentos e de estar em juízo, ativa ou passivamente.

Acusada, não pode a Administração deixar de defender-se. Como calar-se perante a opinião pública, sem que se tome o silêncio por confissão? Deve por isso empenhar-se com todos os seus meios, necessários e suficientes, para afastar as acusações que lhe podem causar dano e desprestígio. Deixar de defender-se representaria intolerável omissão, para a qual sob nenhum título esta autorizada.

b. A Administração tem o direito de defender-se

É universal o direito de defesa. E mais imperioso ainda, quando existe o dever de defender-se.

Ninguém, que tenha dever de defender-se, pode ser impedido de se defender.

Esse direito não é meramente retórico, ou abstrato. Inclui, na dicção constitucional (CR, art. 5º, LV), "todos os meios e recursos" inerentes a ampla defesa. Entre esses meios e recursos, assegurados "aos acusados em geral", encontra-se obviamente a contratação de advogado. Direito à defesa significa direito a defesa eficaz, ou, no mínimo, a melhor possível. Onde há dever de defender-se, há, com mais razão, o dever de buscar-se a defesa mais eficaz. Vedar, impedir ou dificultar a contratação de advogado, por parte daquele que tem o direito de se defender, constitui atentado contra a administração da justiça.

c. O servidor de confiança, que agiu no exercício de suas funções e no interesse da Administração, tem o direito de ser defendido por esta

Agindo o servidor licitamente, no exercício de suas funções, e no interesse desta, seu ato é ato da Administração. Ação para a responsabilização da Administração ou para a desconstituição de seu ato apontado como ilegal tem necessariamente a Administração, e não o servidor, no polo passivo. A presença do servidor como parte, nesse caso, não é necessária à responsabilização da Administração, nem à desconstituição do ato;

justifica-se apenas no interesse da Administração, para que possa exercer eventual direito de regresso.

Se o mesmo ato objeto da ação civil é apontado como ilícito penal a Administração, que não figura no polo passivo do procedimento penal, nem por isso deixa de possuir legítimo interesse no seu desate. Mesmo porque a malícia de seus adversários, interessados menos na produção do Direito do que em desmoralizá-la, pode deixar de promover a ação civil contra a Administração, e promover a ação penal contra o servidor na suposição de que, tendo este insuficiência de meios de defesa, será mais fácil enfraquecer, derrotar e desmoralizar a Administração, por essa via.

Nas relações administrativas e estatutárias não se aplica plenamente o princípio da comutatividade, que rege os contratos civis. Mas ninguém estará disposto a exercer função pública havendo tal desproporção entre as suas vantagens e as suas perdas. Em qualquer município de porte médio um Secretário — digamos o de Finanças — autor de atos de governo, esta exposto a dezenas ou centenas de ações, em razão do exercício de suas funções. Equivaleria a inviabilizar a Administração pretender que sua defesa, nesses casos, dependesse de seus meios e recursos individuais.

O servidor de confiança que, no exercício de sua função e no interesse da Administração, pratica ato que vem a ser impugnado em juízo, não tem a obrigação de suportar as despesas com a respectiva defesa; esse ônus excede qualquer dever, funcional ou administrativo. Porque agiu licitamente, no exercício de suas funções e no interesse da Administração, ele tem o direito de exigir, desta, os meios necessários a sua defesa, sob pena de promover-lhe a responsabilização. Incidirá, na espécie, o art. 159 do Código Civil.

d. A Administração, nesse caso, tem o dever de promover os meios para defesa do seu servidor

O enunciado já se demonstrou; se a Administração tem o dever e o direito de defender-se; se existe ato da Administração, impugnado em juízo; se esse ato só pode ser tido como ilícito após sentença que assim o considere, transitada em julgado; se não obstante não sendo parte no processo a Administração tem interesse no resultado da lide; se ao servidor, que agiu no interesse da Administração e no exercício de suas funções, não podem ser carregadas as despesas com a sua defesa; se o servidor, em tal caso, pode exigir da Administração que suporte essas despesas, e certo que a Administração tem o dever de promover os meios para a defesa do servidor.

3. Assim postos os princípios, passamos às respostas

Quesito 1:

"Agiu licitamente a Prefeitura de Santos ao contratar advogados para impetrar *habeas corpus* em favor de seu Secretário de Finanças, indiciado pela prática de atos no exercício do seu cargo e no interesse da Administração?"

Resposta:

Sim. O Secretário Municipal de Finanças, em setembro de 1992, divulgou relação dos principais devedores do ISS. Por esse fato, a Administração Municipal não lhe aplicou qualquer sanção, seja política, seja administrativa. Ao contrário, assumiu-o como ato perfeitamente lícito, praticado no interesse público, e destarte, como ato próprio da Administração. Nessa circunstância, tinha a

Prefeitura o dever e o direito de sustentar a legitimidade desse ato, promovendo-lhe a defesa, em juízo ou fora dele; se não o fizesse, estaria: *a*) faltando a dever primordial, concernente à sua honorabilidade; *b*) expondo-se a ação de indenização, por parte da vítima; ou *c*) expondo-se a ação de indenização, por parte do servidor. Este comportamento é juridicamente correto, visto estar a Administração convencida da licitude do ato, e jungida à presunção de inocência do servidor. E é também o mais adequado; com ele, conserva-se o direito de responsabilizar o servidor, civil e administrativamente, caso o ato venha a ser julgado ilícito, por sentença transitada em julgado. Evidentemente não podem ser consideradas "benefícios a particular" despesas efetuadas pela Administração no interesse próprio, dentre elas, por exemplo, pagamentos a fornecedores ou salários de funcionários.

Esses direitos e deveres têm maior visibilidade em países que embora com organização administrativa e judiciária diversa da nossa, possuem um Código Administrativo. Vêm a propósito as linhas de Marcello Caetano, em seu *Manual de Direito Administrativo* (Almedina, Coimbra, 1991, 1/38-39: "Finalmente, desta concepção do sistema administrativo resulta um instituto que o Direito português tem admitido, embora com intermitências, desde 1853: a chamada garantia administrativa, que o Código Administrativo consagra no artigo 412 e o Estatuto do Funcionalismo Ultramarino regula no artigo 145. Essa garantia consiste no privilégio, excepcionalmente concedido pela lei a determinadas hierarquias ou categorias de agentes administrativos, de as ações criminais nascidas de factos praticados no exercício das suas funções e com elas relacionados não poderem prosseguir contra eles sem prévia autorização do Governo. (...) Surgida a eventualidade da ação criminal, é ao Ministério Público que cabe, em primeiro lugar, verificar se o facto imputado ao argüido foi ou não praticado no exercício das funções públicas. No caso afirmativo o processo é enviado ao Ministro do Interior, que verificará se o procedimento do agente da autoridade foi tal que deva ser considerado como actuação da própria Administração (caso em que denegará a autorização para o agente ser julgado nos tribunais judiciais) ou se ele se afastou da actuação funcional da Administração, agindo em termos tais que devam ser por esta repudiados — e então autorizará o prosseguimento do processo. (...) A garantia administrativa assenta em razões de ordem teórica e de ordem prática. As razões de ordem teórica são extraídas do princípio da separação das duas funções, administrativa e judiciária. O acto que o funcionário praticou no exercício do seu cargo pode ter carácter funcional ou pessoal, conforme represente o legítimo exercício da competência para fins de interesse público, ou um abuso de autoridade, em que tenha excedido o que naquele caso exigia o cumprimento das suas funções. Nesta última hipótese — a do acto pessoal — bem esta que o funcionário seja relaxado à justiça ordinária; mas não assim na primeira".

A propósito da garantia administrativa, veja-se também o *Novíssimo Digesto Italiano*, Utet, 1957, e extensa bibliografia que menciona.

Quesito 2:

"Sendo negativa a resposta, quais as regras ou princípios, jurídicos ou éticos, que teriam sido infringidos?"

Resposta:

Prejudicado. Na verdade, é impossível indicar qualquer artigo de lei que tenha sido infringido, no caso, pela Prefeitura de Santos, ou qualquer princípio que tenha sido violado.

É o que me parece, s.m.j.

Santos, 24 de agosto de 1993

ESTUDOS & COMENTÁRIOS

LEGITIMIDADE DO PODER DE REFORMA CONSTITUCIONAL*

FÁBIO KONDER COMPARATO
Professor Titular da Faculdade de Direito da Universidade de São Paulo
Doutor em Direito da Universidade de Paris

Por ocasião do XI Encontro de Advogados, realizado em 1982 em Garanhuns, sob o patrocínio da Secção de Pernambuco da Ordem dos Advogados do Brasil, Miguel Seabra Fagundes proferiu notável palestra sobre a legitimidade do poder político na experiência brasileira. Sustentou, então, com a clareza de idéias que sempre o caracterizou, que a disfuncionalidade do sistema político instalado no País em 1964, com a grave e sistemática violação dos direitos humanos, só poderia ser corrigida caso se lograsse fazer voltar a ordem constitucional para o campo de sua legitimidade democrática, com a convocação de uma Assembléia Nacional Constituinte.

Os dirigentes políticos não tiveram a sabedoria de seguir essa lição do mestre. Transformaram o Congresso Nacional em órgão constituinte, produziram uma Carta Política incoerente e emperradora do processo decisório, para em seguida enlearem-se numa confusa disputa a respeito da revisão constitucional, prevista no art. 3º do Ato das Disposições Constitucionais Transitórias.

Parece, pois, oportuno e adequado, em homenagem à memória do grande Seabra Fagundes, ensaiar agora uma reflexão crítica e construtiva sobre a legitimidade do poder de reforma constitucional.

A legitimidade em matéria política

Se toda a teoria do poder constituinte, como bem salientou o Professor Paulo Bonavides,[1] é, basicamente, uma teo-

* Estudo a ser publicado em obra coletiva, em memória de Miguel Seabra Fagundes.

1. *Curso de Direito Constitucional*, 5ª ed., São Paulo, Malheiros Editores, 1994, p. 120.

ria da legitimidade do poder, é de se perguntar até que ponto o processo de reforma constitucional obedece aos mesmos parâmetros de legitimidade do poder constituinte originário, ou se se trata de outro instituto, sujeito a princípios diversos.

Hoje, já ninguém põe em dúvida que a reforma ou revisão de uma Constituição em vigor distingue-se, nitidamente, do poder de instituir *ex novo* uma ordem constitucional completa. Toda Constituição nova resulta de uma vontade política livre de qualquer vinculação constitucional anterior, vontade essa que representa o mais importante atributo da soberania.[2] O poder de reforma constitucional, diversamente, só existe quando previsto ou regulado pela própria Constituição reformanda e aparece, por isso mesmo, como autêntico poder constituído.[3] Mais precisamente, trata-se de uma função pública, isto é, um poder-dever delimitado normativamente e vinculado a uma finalidade de interesse comum a todos os que a ele se submetem. Em síntese, cuida-se aí de uma competência constitucional extraordinária, bem diversa da normal competência de legislar, praticar atos administrativos ou julgar de acordo com o sistema jurídico em vigor.[4]

Ora, justamente pelo fato de se tratar de uma competência constitucional, o âmbito da discussão jurídico-política, a respeito, não se limita à questão de se saber qual o sentido e alcance das normas do direito positivo que a regulam (matéria de hermenêutica constitucional), mas compreende também a de se determinar se, e em que medida, a atribuição subjetiva dessa competência é congruente com o regime político adotado e a consciência política dominante; ou seja, uma indagação de legitimidade.

Podemos falar de legitimidade política a respeito de governantes ou de regimes políticos. Foi em relação a legitimidade dos governantes, por exemplo, que Max Weber desenvolveu a sua conhecida classificação tripartida dos tipos puros do que ele chamou "dominação": racional com base na lei, carismática e tradicional.[5]

2. Contrapondo-se ao normativismo de Hans Kelsen e seus sequazes, Carl Schmitt enfatizou, com ironia (*das ist eine phantastische Redensart*), que nenhuma norma jurídica, menos ainda uma Constituição, põe-se a si mesma. O poder constituinte é um só: "é a vontade política, cujo poder ou autoridade é capaz de tomar a decisão coletiva sobre a espécie e forma da própria existência política; portanto, de determinar a existência da unidade política em sua inteireza" (*Verfassungslehre*, 7ª ed., Berlim, Duncker/Umblot, 1989, § 8º).

3. A doutrina alemã parece concorde nesse particular, distinguindo as figuras do constituinte (*Verfassunggeber*) do legislador constituinte (*Verfassungsgesetzgeber*). Cf. Klaus Stern, *Das Staatsrecht der Bundesrepublik Deutschland*, 2ª ed., t. I, Munique, Beck, p. 152; Theodor Maunz e Reinhold Zippelius, *Deutsches Staatsrecht*, 28ª ed., Munique, Beck, 1991, pp. 38-39. Carl Schmitt já afirmara, peremptoriamente, que "tudo o que se faz com base na Constituição e segundo as suas normas, ou com base nas regras das leis constitucionais no quadro das competências por estas fixadas, é essencialmente de natureza diversa da de um ato do poder constituinte" (ob. cit., p. 98).

4. *Sic*, Carl Schmitt, *Verfassungslehre*, ob. cit., p. 102. Entre nós, recentemente, Maurício Antonio Ribeiro Lopes propôs distinguir entre poder constituinte e função constituinte, relativamente à reforma constitucional, conforme a importância de cada decisão reformadora (*Poder Constituinte Reformador — Limites da revisão constitucional brasileira*, São Paulo, Ed. RT, 1993, pp. 133/134).

5. *Economia e Sociedade*, vol. 1, Ed. UnB, primeira parte, cap. III, pp. 139 e ss. Os conceitos de "dominação" (*Herrschaft*) e "poder" (*Gewalt*), em Weber, são contraditórios com o uso semântico comum. Para ele, "poder significa toda probabilidade de impor a própria vontade numa relação social, mesmo contra resistências, seja qual for o fundamento dessa probabilidade"; enquanto "dominação é a probabilidade de encontrar obediência a uma ordem de determinado conteúdo, entre determinadas pessoas indicáveis" (ibidem, p. 33). Ora, dominação ou senhorio é relação originalmente fundada no domínio, que é um direito real; portanto, a forma mais forte de poder jurídico, uma vez que tem por objeto coisas. Politicamente, ao senhor (*dominus, Herr*) corresponde um servo.

Já no tocante aos regimes políticos, deve-se a Talleyrand a elaboração de uma noção ampla, abarcando todos eles e não apenas as monarquias. Até então, com efeito, a idéia de legitimidade política dizia respeito, tão só, a linha de sucessão dinástica. "Um governo legítimo", escreveu ele em suas memórias,[6] "seja monárquico ou republicano, hereditário ou eletivo, aristocrático ou democrático, é sempre aquele cuja existência, forma e modo de ação estão consolidados e consagrados por uma longa sucessão de anos; eu diria mesmo por uma prescrição secular. A legitimidade da potência soberana resulta do antigo estado de posse, assim como sucede, para os particulares, com a legitimidade do direito de propriedade".

Foi com esse raciocínio que o notável diplomata procurou justificar o fato de, após apoiar a Revolução Francesa e servir durante anos como ministro das relações exteriores de Napoleão, ter acabado como principal intermediário na restauração dos Bourbon no trono da França. O poder monárquico na posse dessa família, sustentou Talleyrand, era o único regime que contava a seu favor com a mais longeva tradição e, por conseguinte, com a aprovação majoritária do povo francês e a aceitação da *comitas gentium* no plano europeu.

Não há dúvida que essa concepção corresponde, substancialmente, ao pensamento político grego da época clássica.

A noção de *politéia*, como sabido, abrangia todas as relações, públicas ou privadas, dos cidadãos (*politai*) ou sujeitos da *polis* entre si, e não apenas as relações propriamente políticas, isto é, de governo da cidade.[7] A cidade antiga, de resto, desconhecia a separação entre Estado e sociedade civil. A *polis* nada mais era do que o conjunto dos *politai*, assim como a *res publica* confundia-se com o *populus romanus*. Tanto os regimes políticos e as formas de governo, quanto os costumes da vida familiar e religiosa, eram respeitados e obedecidos na medida em que correspondiam a tradição comum, juridicamente organizada, ou seja, na medida em que faziam parte da vida constitucional do povo. A *politéia*, disse Isócrates em definição célebre, "é a alma da cidade", vale dizer, o que ela tem de mais íntimo e pessoal.

Sob esse aspecto, por conseguinte, os governantes aparecem, para o grego clássico, como verdadeiros guardiães da tradição comum, que não precisa ser escrita para merecer o respeito religioso de todos. Na civilização grega, a lei escrita é sempre prezada, não porque se sobrepõe aos costumes dos ancestrais e serve como instrumento de mudança social, como ocorre no mundo moderno, mas simplesmente porque exprime com mais clareza os valores imemoriais da *polis*, o que permite ao cidadão comum apreender diretamente o seu conteúdo, sem ter que passar pela mediação hermenêutica dos doutos.[8]

É exatamente sobre o trágico conflito entre um decreto oficial do governante e a legítima piedade tradicional, ainda que não expressa em lei escrita, que Sófocles elaborou a sua *Antígona*. A decisão de Creonte de impedir o sepultamento de Polinice podia ser legal, porque emanada do poder competente, mas não era certamente constitucional, pois opunha-se, frontalmente, à mais legítima tradição conformadora da *politéia*.

No mundo moderno, ao contrário, o principal vetor da legitimidade política já não aponta para o passado e sim

6. *Mémoires, 1754-1815*, Paris, Plon, 1982, p. 632.

7. Veja-se, por exemplo, o sólido estudo de Jacqueline Bordes, *Politeia dans la pensée grecque jusqu'à Aristote*, Paris, Société d'Edition "Les Belles Lettres", 1982.

8. Cf. Jacqueline de Romilly, *La loi dans la pensée grecque, des origines à Aristote*, Paris, Société d'Edition "Les Belles Lettres", 1971.

para o futuro. A ordem constitucional não encontra seu fundamento valorativo apenas na conservação das tradições, mas, sobretudo, na transformação da sociedade, conforme as tendências históricas dominantes.

Essa nova concepção, que veio à luz no século XVIII europeu, o grande século fundador da era moderna, encontrou em Tocqueville o seu principal sistematizador. Na introdução à sua grande obra de 1835, após sumariar as transformações ingentes por que passara a sociedade européia nos séculos anteriores, até desaguar na Revolução Francesa, e externando a impressão profunda que lhe causara a descoberta da igualdade democrática nos Estados Unidos, indagou incisivamente: "Seria sábio crer que um movimento social que vem de tão longe poderá ser suspenso pelos esforços de uma geração? Pensa-se que após haver destruído a feudalidade e vencido os reis, a democracia recuará diante dos burgueses e dos ricos? Irá ela estacionar, agora que se tornou tão forte e seus adversários tão fracos?"[9]

Da mesma forma, ao redigir em 1847 um manifesto que seria apresentado à sessão legislativa do ano seguinte, cancelada pela revolução de fevereiro de 1848, Tocqueville voltou ao tema, mostrando agora, mais claramente, a inelutável passagem da democracia política à democracia social: "Virá o tempo em que o país ver-se-á de novo dividido entre dois grandes partidos. A Revolução Francesa, que aboliu todos os privilégios e destruiu os direitos exclusivos, deixou no entanto subsistir um, o da propriedade. Os proprietários não podem se iludir sobre a força de sua situação, nem imaginar que o direito de propriedade é uma barreira intransponível, pelo fato de que em lugar algum, até o presente momento, ela ainda não foi transposta, pois o nosso tempo não se assemelha a nenhum outro. (...) Hoje, quando o direito de propriedade já não aparece senão como o último recurso de um mundo aristocrático destruído, quando ele permanece de pé, privilégio isolado em meio a uma sociedade nivelada, quando ele já não se encontra ao abrigo por trás de outros direitos mais contestáveis e mais odiados, seu perigo avulta; é contra ele que chofra agora, todos os dias, o embate direto e incessante das opiniões democráticas". E concluiu, profeticamente: "Dentro em pouco, é entre os que possuem e os que não possuem que se estabelecerá a luta política; o grande campo de batalha será a propriedade, e as principais questões da política passarão pelas modificações mais ou menos profundas a trazer ao direito dos proprietários" [10]

Acontece que a marcha da História não é tão retilínea quanto se supunha no século XIX, de Saint-Simon e Augusto Comte a Karl Marx, mas avança com recuos e desvios. É mesmo freqüente, sobretudo com o advento do direito positivo como normatividade posta pelos governantes acima dos costumes e tradições ancestrais, e com a concepção da lei como instrumento de governo ou mecanismo de transformação social, em suma, com a dicotomia entre Estado e sociedade civil, é freqüente que os regimes políticos se encontrem defasados em relação à vida política, ora em avanço, ora em recuo. Em países subdesenvolvidos, sobretudo, é comum haver duas Constituições em vigor, entre si contrapostas: uma Carta oficial, promulgada pelos órgãos estatais competentes, e uma "Constituição real", largamente sedimentada na mentalidade e nos costumes sociais. Nenhuma delas terá o monopólio do *imperium* e a sua coexistência nunca será de todo pacífica.

9. *De la Démocratie en Amérique*, t. I, Paris, Librairie de Médicis, p. 8.

10. *Oeuvres Complètes*, t. XII, "Souvenirs", Paris, Gallimard, pp. 36/37.

Onde essa dicotomia constitucional se manifesta — porque, por exemplo, a sociedade ainda é largamente oligárquica e a Constituição oficial, democrática — a efetividade das normas constitucionais depende, em grande medida, da sua coincidência com a organização política tradicional, ainda ancorada na alma popular.[11] A legitimidade democrática da Constituição oficial irá depender então, inteiramente, da capacidade do Estado de fazer evoluir, em tempo razoável, a mentalidade e os costumes sociais em direção a democracia.

Convém não esquecer, aliás, que a idéia de legitimidade política, fundada na tradição, foi enfatizada por Talleyrand justamente em oposição à ideologia revolucionária, segundo a qual era possível e mesmo indispensável, para vencer a tirania, fazer tábua rasa de todo o passado e desconsiderar as convicções e fidelidades tradicionais, ancoradas na alma popular. Daí a tendência — dominante entre os revolucionários franceses — de redigir Constituições com base no modelo utópico das instituições da antigüidade clássica.[12]

Poder constituinte e legitimidade

Ora, a legitimidade de uma Constituição, no sentido de sua adequação à predominante idéia de justiça e dever-se da organização política, no seio da sociedade, depende também, decisivamente, da legitimidade do constituinte, ou seja, do fato de que o seu poder de impor coercitivamente as normas que adota (*suprema potestas* ou *imperium*) encontra-se justificado, aos olhos do povo, pelo prestígio pessoal ou grupal de que se reveste (*auctoritas*).[13]

Um exame comparativo, nesse particular, entre a Constituição norte-americana e a primeira Constituição francesa, de 1791, é revelador quanto às razões do seu êxito ou fracasso.

Os constituintes de Filadélfia, apesar da solene declaração preambular da Constituição de 1787 (We the people of the United States...) nunca se apresentaram, de fato, entre si e perante o povo ou os demais países, como representantes do povo norte-americano e, sim, como representantes dos 13 Estados confederados. A Convenção de Filadélfia, de resto, fora convocada para alterar o texto dos *Articles of Confederation*, não para votar uma nova Constituição. Daí porque, durante os trabalhos convencionais, cada Estado tinha um voto, na exata conformidade do que dispunha o texto confederativo (article V, penúltima alínea): "In determining questions in the United States in Congress assembled, each state shall have one vote".

Aliás, quando se discutiu a forma de composição da *House of Representatives*, uma maioria inicial de oito contra dois manifestou-se contra a eleição popular dos deputados federais. Houve mesmo quem declarasse que "os males que sofremos decorrem do excesso de democracia. O povo não quer virtude; mas vem sendo enganado por pretensos patriotas". Outro convencional observou, laconicamente, que o povo "deve ter o mínimo possível a ver com o Governo. O povo quer informação, mas está constantemente sujeito a ser desorientado".

11. É o problema da "realização" das Constituições ("*Verwirklichung*" *der Verfassungen*), largamente discutido por Konrad Hesse (*Grundzuege des Verfassungsrechts der Bundesrepublik Deutschland*, 15ª ed., Heidelberg, C.F. Mueller, 1985, n. 41 e ss.).

12. É conhecido o episódio de Hérault de Séchelles, principal redator da Constituição jacobina de 1793, requisitando do Conservador da Biblioteca Nacional um exemplar das leis de Minos.

13. Como bem disse Carl Schmitt, "*eine Verfassung ist legitim d.h. nicht nur als factischer Zustand sondern auch als rechtmaessige Ordnung anerkannt, wenn die Macht und Autoritaet der verfassunggebenden Gewalt, auf deren Entscheidung sie beruht, anerkannt ist*" (ob. cit., p. 87).

Propôs-se, em substituição à eleição popular, a indicação dos deputados federais pelas assembléias legislativas dos Estados, sob argumento de que *the people were less fit judges*. Foi somente em outra sessão e ao cabo de longas discussões que se chegou, afinal, a admitir por maioria a eleição pelo povo dos deputados federais, segundo o princípio da representação proporcional ao tamanho da população.[14]

Uma vez votada a Constituição, discutiu-se sobre quem teria competência para ratificá-la. O projeto original, elaborado pelos representantes de Virgínia, previra a ratificação por *assemblies of Representatives... expressly chosen by the people*. Mas, na verdade, o referendo popular era totalmente desconhecido dos Estados confederados, com exceção de Massachusetts e New Hampshire.[15]

Madison manifestou-se, claramente, em favor de uma ratificação popular, assim argumentando: "Considero a diferença entre um sistema fundado nos Legislativos, tão somente, e um fundado no povo como sendo a verdadeira diferença entre uma *liga* ou *tratado* e uma *constituição*". De seu lado, Madison enfatizou que o povo "era, de fato, a fonte de todo poder, de modo que, recorrendo a ele, todas as dificuldades serão vencidas". O povo "podia alterar as Constituições como lhe aprouvesse".[16]

Essas idéias radicalmente democráticas não agradaram, porém, a todos os convencionais. Luther Martin, representante de Maryland, declarou ser manifestamente perigoso recorrer ao povo, pois em matéria de princípios políticos "o governo pode ficar de um lado e o povo de outro". Elbridge Gerry, de Massachusetts, por sua vez, salientou que seria altamente impróprio destruir a Confederação sem o consentimento unânime dos que a haviam criado.

Chegou-se mesmo a propor a convocação de uma nova Convenção, a fim de resolver pontos considerados mal regulados naquela assembléia. Diante dessa proposta, que semeou o pânico entre a maior parte dos convencionais, todos voltaram-se então para a idéia de uma ratificação pelos Estados e não pelo povo, discutindo-se apenas o *quorum* de decisão, pois a unanimidade, àquela altura, era impossível de obter-se.

Efetivamente, portanto, os constituintes de Filadélfia foram os antigos Estados confederados e não o povo norte-americano, que de fato não existia como unidade política. Daí porque todo o sistema de eleição e representação política fundou-se nos Estados e não no povo. O Senado, criado como uma espécie de poder ponderador, representa igualitariamente os Estados, e seus integrantes, até a promulgação da 7ª Emenda, eram escolhidos pelos Legislativos estaduais. Os deputados são eleitos em circunscrições estaduais, proporcionalmente a população respectiva. E, finalmente, o Presidente da República não é eleito diretamente pelo povo, mas por um colégio de grandes eleitores estaduais.

O princípio legitimador da Constituição de 1787 é, pois, muito mais a idéia federativa do que a idéia democrática. O princípio igualitário só vigorou, de início, para o homem branco. E o conflito entre a legitimidade federativa original e aquela fundada no alargamento democrático ulterior só veio a ser resolvido, em favor da soberania popular, com a mais sangrenta guerra civil do século XIX.

14. Sobre esse assunto, cf. Catherine Drinker Bowen, *Miracle at Philadelphia, The Story of the Constitucional Convention — May to September 1787* (The Atlantic Press Book), 1986, caps. VI e VII; e Charles L. Mee, Jr., *A História da Constituição Americana*, Expressão e Cultura, cap. 7.

15. Cf. Catherine Drinker Bowen, ob. cit., p. 228.

16. Catherine Drinker Bowen, cit., ibidem. É interessante lembrar que essa mesma fórmula foi retomada pela Constituição jacobina de 1793: "Un peuple a toujours le droit de révoir, de réformer et de changer sa constitution" (art. 28).

Seja como for, porém, a legitimidade profunda do princípio federativo atuou decisivamente, na história constitucional norte-americana, como o elemento direcionador do sistema político, no sentido democrático.

Na França revolucionária, ao contrário, não se conseguiu encontrar um seguro elemento institucional de transição, do regime monárquico absoluto para a democracia. Produziu-se uma "queima de etapas", com persistente instabilidade institucional. Uma vez convocados e instalados os *États Généraux du Royaume*, os representantes do *Tiers État*, que constituíam grosso modo a classe burguesa, decidiram seguir à risca as idéias de Sieyes, para se considerarem — somente eles — os representantes da nação francesa. A idéia de nação, pelo seu sentido abstrato e impreciso, em contraposição à realidade concreta do povo, serviu admiravelmente aos seus interesses.

Houve, assim, uma dupla quebra de legitimidade. Em primeiro lugar, os *États Généraux* não tinham sido convocados, escusa lembrá-lo, como assembléia constituinte, mas, simplesmente, como assembléia revisora das leis fundamentais do reino. Em segundo lugar, a Assembléia Nacional, como assim se proclamou, ainda que reduzida unicamente aos deputados do *Tiers État*, não podia considerar-se como representante legítima do povo francês.

Ora, o único elemento político capaz de assegurar uma transição pacífica e estável, entre o absolutismo revogado e a soberania popular do processo revolucionário, ou seja, a monarquia constitucional, desapareceu em muito pouco tempo. O regime francês passou então a oscilar, violentamente, entre a ditadura napoleônica, fundada no êxito bélico, e a restauração da realeza bourbônica, doravante revestida de uma carta constitucional outorgada. Foi somente no último quartel do século XIX que se logrou assentar, de modo incontestável, a legitimidade da democracia burguesa sob a forma republicana.

A legitimidade de um regime político depende, portanto, da sábia combinação de passado e futuro, com a progressiva transformação dos elementos tradicionais da vida política, pela ação dos valores correspondentes às novas tendências históricas.

Legitimidade das reformas constitucionais na experiência brasileira

Se, como vimos, a legitimidade de uma nova ordem constitucional depende da legitimidade do poder constituinte, para que a reforma de uma Constituição em vigor seja considerada legítima — e não apenas formalmente regular — é preciso que ela se revista do mesmo título de legitimidade da Constituição reformanda, vale dizer, que ela se acente na vontade política do sujeito constituinte.

A esse respeito, é curioso verificar a desarmonia existente entre as bases da ordem constitucional em vigor e o poder de reforma, na evolução de nosso direito.

Na Constituição de 1824, cujo título de legitimidade era, incontestavelmente, a preponderância monárquica para a manutenção da unidade nacional, o poder de reforma constitucional tinha um caráter curiosamente democrático. "Se passados quatro anos, depois de jurada a Constituição do Brasil", rezava o seu art. 174, "se conhecer que algum dos seus artigos merece reforma, se fará a proposição por escrito, a qual deve ter origem na Câmara dos Deputados e ser apoiada pela terça parte deles". A proposição seria discutida e votada de acordo com o processo legislativo normal (art. 175) e, se vitoriosa, "se expedirá Lei, que será sancionada e promulgada pelo Imperador em forma ordinária; e na qual se ordenará aos Eleitores dos Deputados para a seguinte Legislatura que nas Procurações lhes confiram especial faculdade para a pretendida alteração, ou reforma'' (art. 176). Seria somente na seguinte legislatura que a matéria seria efetivamente discutida e votada para efeito de se reformar a Constituição (art. 177).

A Constituição imperial trouxe, porém, uma sensível atenuação ao princípio da sua rigidez formal, ao declarar que "é só Constitucional o que diz respeito aos limites e atribuições respectivas dos Poderes Públicos e aos Direitos Políticos e individuais dos Cidadãos. Tudo o que não é Constitucional pode ser alterado sem as formalidades referidas, pelas Legislaturas ordinárias'' (art. 178). Consagrávamos por esta forma, já no início do século passado, a distinção entre Constituição em sentido material e em sentido formal,[17] ou entre um conceito absoluto e outro relativo de Constituição, distinção essa à qual a doutrina publicista estrangeira somente logrou chegar no curso deste século.

Justificando o sistema de reforma constitucional assim adotado, Pimenta Bueno observou que "a opinião pública tem tempo de pronunciar-se com inteiro conhecimento de causa, e por outro lado limitam-se os poderes da nova câmara para que não exceda o voto nacional claramente manifestado; sua missão é assim circunscrita. Sem isso seria possível efetuar reformas inesperadas, surpreender a expectativa nacional, adotar inspirações súbitas ou movimentos inconsiderados de paixões políticas. Todo o artigo que não foi declarado reformável não pode ser reformado''. E acrescentou: "A necessidade do mandato ou procuração especial para a reforma é intuitiva. O poder legislativo ordinário não tem faculdade para modificar de maneira alguma nenhuma disposição constitucional, sua autoridade legislativa não compreende senão a esfera da legislação ordinária, a lei fundamental está acima do seu domínio, é pois essencial que a nação dê-lhe essa missão constituinte, especial e limitada''.[18]

Não se poderia, certamente, dizer melhor à luz da autêntica teoria democrática. Mas o sistema assim consagrado de reforma constitucional não encontrava, escusa dizê-lo, o menor amparo na realidade político social, de caráter oligárquico-patrimonialista. A instituição básica de nossa organização social, até o presente século, era o grande domínio rural, fundado no trabalho escravo. A Constituição imperial não impedia o voto dos analfabetos, nas eleições primárias ou de paróquia. Mas a prática política encarregou-se de fazê-lo ainda na primeira metade do século, quando a Lei de 19 de agosto de 1846 passou a exigir que o eleitor assinasse as atas eleitorais.

A verdade é que a única reforma constitucional que obedeceu ao regime determinado pela Carta Política de 1824 foi a que introduziu o Ato Adicional de 1834. Quando se quis introduzir o sistema de eleições diretas, a pressão oligárquica foi mais forte do que a ordem normativa constitucional.

As discussões a respeito iniciaram-se logo após o término da guerra do Paraguai, mas a proposta política somente veio à luz, por iniciativa do monarca, com o Gabinete chefiado por Cansanção de Sinimbu, nomeado em 5 de janeiro de 1878. A questão jurídica fundamental era a de se saber se os artigos da Constituição a serem alterados, com essa reforma eleitoral, eram *constitucionais* ou não, no sentido do art. 178. Um deputado baiano que estreava na Câmara, de

17. São os qualificativos usados por Carl Schmitt, ob. cit., cap. I, §§ 1º e 2º.

18. Dr. José Antonio Pimenta Bueno, *Direito Público Brasileiro e Análise da Constituição do Império*, Ministério da Justiça e Negócios Interiores, Serviço de Documentação, 1958, p. 478.

nome Rui Barbosa, entendia que não. O novo primeiro ministro, porém, tomou o partido contrário, por uma razão de ordem puramente política: no processo de reforma de normas materialmente constitucionais, a Câmara transformava-se em Constituinte e o Senado não votava. Ora, a maior oposição à introdução das eleições diretas, no país, concentrava-se entre os senadores vitalícios.

Tratando-se de reforma de normas materialmente constitucionais, a lei prevista no art. 174 deveria tão só indicar quais os artigos a serem alterados. O ministério Sinimbu, contudo, entendeu de apresentar projeto de lei contendo toda a regulação da matéria a ser votada na legislatura ulterior pela câmara transformada em Constituinte, notadamente a supressão do voto dos analfabetos e a elevação do censo, de 200$000 para 400$000. A oposição, liderada *ad hoc* por José Bonifácio, o Moço, não tardou em estigmatizar a proposta governamental, com um epigrama destruidor: "a Constituinte constituída".[19] O projeto de lei foi largamente aprovado na câmara, mas acabou rejeitado no Senado.

Com a queda do Gabinete Sinimbu, a questão foi retomada pelo novo Primeiro Ministro, o Conselheiro Saraiva, que decidiu, mais prudentemente, fazer a reforma através de lei ordinária, logrando afinal obtê-la, em 9 de janeiro de 1881.[20]

Patenteou-se, no episódio, a ilegitimidade do sistema de reformas constitucionais de nossa primeira Carta Política, pela sua completa discrepância em relação à realidade social então vigorante. A Constituição imperial revelava-se, nessa parte, absurdamente democrática para uma sociedade intolerantemente oligárquica.

Os constituintes de 1891 não tiveram dúvida alguma em repudiar, nessa parte, o sistema de 1824, para perfilhar em parte o modelo norte-americano. O art. 90 de nossa primeira Carta Constitucional atribuiu exclusivamente ao Congresso Nacional, em legislatura ordinária, o poder de *emendar* a Constituição (a nova terminologia foi transposta do documento-modelo), com a admissibilidade, no entanto, da iniciativa concorrente de dois terços dos Estados.

Assinale-se a discrepância em relação à Constituição americana. Nesta, o *article five* prevê dois titulares distintos do poder constituinte reformador: o Congresso, mediante iniciativa de dois terços dos membros de ambas as Casas, ou uma Convenção Constitucional, convocada por iniciativa de dois terços dos Estados federados. As emendas assim aprovadas devem, no entanto, ser ratificadas pelos órgãos legislativos, ou por convenções constitucionais, em três quartos dos Estados.

As convenções constitucionais jamais foram convocadas. Todas as 36 emendas à Constituição americana foram votadas pelo Congresso.

Os norte-americanos acabaram, assim, por dar razão às críticas que Madi-

19. Em famosíssimo discurso na Câmara, o grande tribuno paulista levou ao extremo ridículo a proposta de supressão do voto dos analfabetos: "Os sustentadores do projeto, depois de meio século de governo constitucional, repudiam os que nos mandaram a esta câmara (apoiados), aqueles que são os verdadeiros criadores da representação nacional (apoiados, muito bem). Por que? Porque não sabem ler, porque são analfabetos! Realmente, a descoberta é de pasmar! Esta soberania de gramáticos é um erro de sintaxe política (*apoiados e risos*). Quem é o sujeito da oração? (*hilaridade prolongada*). Não é o povo? Quem é o verbo? Quem é o paciente? Ah! descobriram uma nova regra: é não empregar o sujeito (*hilaridade*). Dividem o povo, fazem-se eleger por uma pequena minoria, e depois bradam com entusiasmo: Eis aqui a representação nacional!"

20. Sobre todo esse assunto, é fascinante o relato que Sérgio Buarque de Holanda fez dos debates parlamentares, em *Do Império à República*, na coleção "História Geral da Civilização Brasileira", São Paulo, Difusão Européia do Livro, 1972, pp. 183 e ss.

son dirigiu ao processo de emenda constitucional por um órgão eletivo, dotado dessa atribuição exclusiva.[21]

Em suas *Notes on the State of Virginia*, Jefferson havia proposto que, todas as vezes em que houvesse um litígio entre os Poderes do Estado, deveria ser convocada, por iniciativa de dois terços dos membros de qualquer desses Poderes, uma convenção constitucional, eleita pelo povo.

Madison começa por reconhecer que, "como o povo é a única fonte de toda a autoridade legítima, e como só a sua vontade pode estabelecer a carta constitucional que dá existência e poder aos diferentes ramos do governo,[22] a esta única fonte é que se deve recorrer, não só para estendê-los, restringi-los e alterá-los, mas ainda para corrigir o efeito das usurpações recíprocas que tiverem alterado os seus direito constitucionais".

Alinha a seguir, no entanto, várias objeções a essa forma de proceder. Afirma que a proposta de Jefferson seria um meio "inteiramente inútil no caso em que dois dos Poderes se coalizassem contra o terceiro". Aduz, em seguida, que "todo o recurso ao povo supõe algum defeito no governo (*rectius*, organização do Estado); e a freqüência de semelhante meio tenderia a privá-lo daquela veneração que o tempo imprime a tudo, e sem a qual não é possível que o melhor dos governos adquira a estabilidade de que precisa". Avança, ainda, "uma objeção mais séria contra a freqüência do recurso ao povo para decisão das questões constitucionais", e que "é o perigo de comprometer a tranqüilidade pública, dando demasiada atividade às paixões da multidão". Finalmente, como "a mais forte de todas as objeções", assevera que "este remédio de apelar para o povo não corresponderia ao intento de manter o equilíbrio constitucional no governo", pois "nos governos republicanos o Poder Legislativo tende a aumentar-se à custa dos outros"; assim, "não só o corpo legislativo há de advogar a sua causa com mais fortuna perante o povo, mas há de fazer-se dela juiz; porque a mesma influência que levou os seus membros à legislatura há de conduzi-los à Convenção; se lá não forem ter todos, hão de ir muitos; e esses hão de ser precisamente os que dirigem à sua vontade as assembléias políticas". E concluía: "Numa palavra, a Convenção há de ser principalmente composta de homens que ou foram, ou são, ou tem esperanças de ser membros do corpo, cujo procedimento se oferece para ser julgado; e por conseqüência vem a ser partes na mesma demanda para cuja decisão foram nomeados juízes".

Não se sabe se essas objeções de Madison à convocação do povo para o processo de reforma constitucional influíram no pensamento dos constituintes de 1891. Nos Anais do Congresso, registra-se que a maior parte das discussões teve por objeto as vedações de emenda, previstas no § 4º do art. 90. Fora desse tema, o Deputado Virgílio Damásio propôs que se adotasse a norma do art. 178 da Constituição imperial, para declarar que somente seriam constitucionais, para efeito de revisão, as disposições que se referissem a atribuições e limites dos poderes políticos e aos direitos individuais e políticos dos cidadãos. E Francisco Veiga defendeu a proposta de que o Congresso, em sua terceira legislatura ordinária, poderia, fora do processo normal de emenda, "modificar esta Constituição, se assim aconselhar a experiência e for requerido por alguma das Câmaras".[23]

21. *The Federalist Papers*, n. 49. Passo a citar da preciosa tradução anônima, publicada no Rio de Janeiro em 1840, por impressão da Typ. Imp. e Const. de J. Villeneuve e Comp., estabelecida na Rua do Ouvidor n. 65.

22. *Governo*, aí, está evidentemente por *Estado*, que seria, nesta passagem, a correta tradução de *government*.

23. Cf. Agenor de Roure, *A Constituinte Republicana*, ed. do Senado Federal, Brasília, 1979, t. I, cap. X.

Seja como for, é evidente que o sistema de emendas constitucionais afinal adotado, e que permanece substancialmente em vigor até hoje, através de mais cinco Constituições, serviu admiravelmente como garantia adicional à prática do regime oligárquico, que sempre existiu entre nós.

A participação do povo, titular proclamado da soberania, é sistematicamente afastada de todo processo constituinte, sem que ninguém se dê ao trabalho de justificar essa incoerência, que deve, afinal, fazer parte do ''lamentável mal-entendido'', já hoje tacitamente admitido por todos.[24]

Não é difícil, contudo, perceber que a continuidade oligárquica encontra-se, hoje, seriamente ameaçada, diante da progressiva e inevitável afirmação da democracia de massas. Os dois recursos políticos de que o poder oligárquico tem se valido, nos últimos tempos — o autoritarismo institucional e a prática populista — parecem claramente exauridos.

A ilegitimidade do processo de reforma constitucional, adotado pelas nossas Constituições republicanas, tornou-se evidente com o episódio da malograda revisão, prevista no art. 3º das Disposições Transitórias da Carta Constitucional de 1988. Não nos resta, agora, outro recurso senão reencontrar a fonte de toda legitimidade democrática: a própria vontade popular.

24. Não resisto à tentação de reproduzir, uma vez mais, a famosa observação de Sérgio Buarque de Holanda: ''A democracia no Brasil foi sempre um lamentável mal-entendido. Uma aristocracia rural e semifeudal importou-a e tratou de acomodá-la, onde fosse possível, aos seus direitos ou privilégios, os mesmos privilégios que tinham sido, no Velho Mundo, o alvo da luta da burguesia contra os aristocratas. E assim puderam incorporar à situação tradicional, ao menos como fachada ou decoração externa, alguns lemas que pareciam os mais acertados para a época e eram exaltados nos livros e discursos'' (*Raízes do Brasil*, 5ª ed., Rio de Janeiro, Livraria José Olympio, p. 119).

A recuperação da legitimidade democrática

A historia das instituições republicanas, no Brasil, tem sido um exemplo conspícuo de dualismo entre as Cartas oficiais e a ''Constituição real'', aquelas formalmente democráticas e esta indefectivelmente oligárquica. Se se quiser apontar um símile no ordenamento jurídico, para efeito de comparação, não hesitaria em dizer que a instituição do controle minoritário, nas sociedades anônimas é o fenômeno que mais se aproxima da organização do poder político entre nós. Formalmente, a soberania societária é atribuída à assembléia geral, assim como a soberania política pertence ao povo. Em ambas as situações, o soberano se manifesta pelo voto majoritário em reuniões solenemente convocadas. Efetivamente, porém, o verdadeiro poder de decisão em última instância pertence a uma minoria organizada que, graças a dispersão dos votos no colégio eleitoral, consegue sempre a maioria.

No plano político, o poder oligárquico logrou impor-se entre nós sobre a maioria popular pela utilização preferencial de três processos: a fraude eleitoral, o autoritarismo e o populismo.

A fraude eleitoral vigorou como regra sem exceção durante toda a República Velha. A Revolução de 1930 não introduziu o sistema da verdade eleitoral, mas sim o autoritarismo puro e simples.

É importante assinalar que a noção de regime autoritário, como meio-termo entre as realidades antipódicas de democracia e totalitarismo, foi elaborada pela primeira vez na ciência política por Karl Löewenstein, ao analisar justamente o fenômeno do nosso Estado novo.[25] Tal como os totalitarismo, os regimes autoritários opõem-se à democracia pelo fato evidente de que o poder emana do

25. *Brazil under Vargas*, Nova York, The Macmillan Company, 1942.

próprio governante e não do povo. Mas enquanto o autoritarismo diz respeito, exclusivamente, à forma de governo e ao tipo e à técnica de exercício do poder, ou seja, limita-se ao plano da vida política, o totalitarismo implica uma clara invasão do governo na esfera da vida privada. Um regime totalitário é sempre por definição autoritário; mas a recíproca não é verdadeira. O autoritarismo pode conviver, facilmente, com um certo grau de liberdade na vida econômica, cultural, ou familiar.[26]

O que Karl Löewenstein, no entanto, deixou de perceber é que Getúlio Vargas deu origem, em nossa história política, não só ao poder autoritário, mas também ao populismo, que tem sido, desde então, a outra grande forma de superação oligárquica da democracia constitucional entre nós. O populismo não repudia as regras formais da democracia representativa, mas consegue falseá-las por completo. Entre o povo soberano e os oligarcas, o político populista atua como intermediário de dupla face. Ele é o líder popular que lisonjeia as massas e arrebata as maiorias eleitorais. Mas também é o mandatário de confiança dos oligarcas, encarregado de distribuir favores às massas, sob a forma de "conquistas populares", mantendo intocado o núcleo de supremacia sócio-econômica sobre o qual se apoia a classe oligárquica.

A política populista exige, obviamente, muito mais talento do que o exercício do governo autoritário. O jogo de intermediação entre as massas e os oligarcas supõe a manutenção de um equilíbrio, sempre precária, entre a satisfação daquelas e a confiança destes. Rompido esse equilíbrio, como ocorreu em 1964, o regime pode bascular por inteiro no autoritarismo.

Não parece errôneo considerar que a persistência da estagnação econômica, acompanhada de crônico descontrole inflacionário, desde o início da década de 80, pode determinar a superação definitiva da supremacia oligárquica, entre nós, pelo esgotamento sucessivo dos expedientes autoritários ou populistas, de que ela se tem sistematicamente servido.

Ora, para que a transição rumo à democracia chegue a bom porto, é indispensável vencer alguns núcleos de resistência oligárquica, enquistados na própria Constituição, a começar pelo próprio sistema de reforma da ordem Constitucional.

Rumo à democratização das reformas constitucionais

É preciso, aqui como em tudo mais, começar do princípio. A legitimidade de uma constituição, como foi acima lembrado, repousa, em última instância, na legitimidade dos que a produziram, ou seja, no fato de que os constituintes encarnavam, no juízo ético de todos, os verdadeiros titulares da soberania.

Ora, deixando de lado a tradicional e brilhante querela a respeito da excelência dos regimes políticos mistos,[27] nin-

26. O conceito de totalitarismo foi reanalisado e desenvolvido em profundidade por Hannah Arendt, em *The Origins of Totalitarianism*, parte III, "Totalitarianism", A Harvest/HBJ Book, 1985 (1ª ed., 1951). Para ela, "no matter what the specifically national tradition or the particular spiritual source of its ideology, totalitarian government always transformed classes into masses, supplanted the party system, not by one-party dictatorships, but by a mass movement, shifted the center of power from the army to the police, and established a foreign policy openly directed toward world domination" (p. 158). Na verdade, a dominação (autêntica, não aquela encontrada na sociologia de Max Weber) sobre toda a vida privada deriva do fato de que os regimes totalitários conseguem, pela ideologização completa da vida humana, penetrar no campo sagrado da liberdade pessoal, que é a consciência moral. Nesse sentido, as tiranias religiosas foram, historicamente, as matrizes do totalitarismo moderno.

27. É sabido que, para Aristóteles, o melhor regime político seria um misto de democracia e oligarquia (*Política* IV, 6 e 7; 1293b e 1294a). Polí-

guém jamais pôs em dúvida que, nas democracias, o titular da soberania é um só: o povo, entendido como o conjunto dos cidadãos, isto é, dos sujeitos de direitos cívicos ou políticos.

Sob o aspecto lógico, e sem chegar aos extremos do radicalismo rousseauista, não pode haver dúvida de que a soberania é inalienável, muito embora o seu exercício — e somente ele — possa ser delegado. Mas essa delegação do poder constituinte *quo ad usum*, para ser juridicamente reconhecida, há de ser expressa segundo a forma política própria, isto é, por meio da eleição de representantes populares para uma finalidade específica.

Nesse sentido, a persistência da atribuição ao órgão legislativo ordinário do poder de reforma constitucional representa indiscutível contradição, no seio de regimes que se pretendem democráticos. A filiação desse mal denominado "poder constituinte derivado" à Constituição norte-americana representa — esta sim — um lamentável mal-entendido. Os constituintes de Filadélfia, como salientei, não podiam considerar-se representantes do povo norte-americano, que naquele momento histórico não existia como sujeito político unitário. Eles se apresentaram à Convenção como legítimos representantes dos Estados americanos confederados, estes sim existentes como unidades políticas soberanas. Daí por que foi previsto que toda e qualquer emenda constitucional haveria de ser ratificada por uma maioria dos Estados federados.

Dentre as Constituições recentes, a francesa de 1958 foi uma das poucas a procurar inovar na matéria (art. 89). A iniciativa de reforma pertence, concorrentemente, ao Presidente da República e aos parlamentares. Quando o projeto de revisão é apresentado por parlamentar, ele deve ser votado, sem discrepância, pelas duas Casas do Legislativo e, em seguida, confirmado por referendo popular. Mas o Presidente da República tem a opção de submeter um projeto de reforma constitucional unicamente ao Parlamento, sem necessidade de referendo, desde que o Parlamento seja convocado para a circunstância como Congresso, isto é, sob a forma unicameral. Nesta última hipótese, o projeto não se considera aprovado senão quando reúne três quintos dos sufrágios expressos.

O sistema francês é, sem dúvida, defeituoso no fundo e na forma. Ele não deixa claro se, antes de se transformar em Congresso, o Parlamento deve ter se pronunciado sobre o projeto de reforma constitucional, nem se o Presidente da República tem o poder de fazer cessar o processo revisional já iniciado. O fato é que o Presidente Georges Pompidou, em 1973, e o Presidente Valéry Giscard d'Estaing, em 1974, decidiram pôr termo a processos de reforma em curso, depois que o Parlamento já se havia pronunciado favoravelmente ao projeto apresentado.

Por outro lado, a transformação do Parlamento em Congresso revisor da Constituição ocorre sem nova manifestação eleitoral do povo, contrapondo-se portanto à natureza essencialmente democrática da outra via de solução: o referendo popular.

Finalmente, essa alternativa de reforma constitucional, que parece obviamente fechada, não impediu que o General de Gaulle submetesse diretamente ao referendo popular, sem manifestação do Parlamento, em 1962, o seu projeto de eleição do Presidente da República; ou seja, foi escolhida uma terceira via de reforma, diversa das duas previstas no art. 89.[28]

bio retomou essa idéia, em seu elogio da constituição romana (*História*, Livro VI, 3); para ele, o paradigma dos regimes mistos era o espartano (Livro VI, 10).

28. Sobre a inconstitucionalidade dessa reforma, cf. a súmula dos argumentos, de um e de outro lado, exposta no *Manuel de Droit Constitutionnel* de Georges Burdeau, Francis Hamon e Michel Troper, 22ª ed., Paris, LGDJ, 1991, p. 408 e ss.

Obviamente, o caráter democrático de uma reforma constitucional só se afirma quando o povo participa, decisivamente, do processo. Essa participação popular pode dar-se alternativamente, quer pelo referendo, quer pela eleição de uma assembléia revisora.

Tratando-se de votação de normas constitucionais, e não apenas da aprovação de diretrizes ou programas de ação, parece mais adequado exigir-se que o referendo suceda a uma votação parlamentar afirmativa. Mas esta não precisa ocorrer com um quorum deliberativo mais forte que o da maioria absoluta dos parlamentares. Por outro lado, mantendo-se a dualidade das Casas Legislativas, no Congresso Nacional, essa aprovação parlamentar inicial deveria ser dada separadamente, em cada uma delas.

Para a eleição de uma assembléia revisora da Constituição, a iniciativa deveria caber, concorrentemente, ao Presidente da República ou a uma fração do povo. Parece escusado precisar que a assembléia revisora, como órgão delegado para a reforma da Constituição, deve ser composta de representantes populares, em número rigorosamente proporcional ao total de eleitores inscritos, em cada circunscrição.

A iniciativa popular de convocação de uma assembléia revisora constitucional deve ser dirigida ao Presidente do Tribunal Superior Eleitoral, que se encarregará das providências convocatórias.

Por medida de prudência, no entanto, a possibilidade jurídica de reforma da Constituição, por via de uma assembléia especialmente eleita para tanto, deveria ser submetida a um interstício de 5 anos, no mínimo, a fim de se não quebrar o princípio da rigidez relativa da ordem constitucional.

Questão delicada, entre todas, é a da fixação dos limites materiais a uma reforma constitucional. No sistema atualmente em vigor, em que se afasta o povo do processo decisório, é mais do que razoável que tais limites sejam bem amplos, de modo a se evitar que o órgão legislativo fraude a soberania popular. Mas desde que se associe o povo de alguma forma às reformas, o estabelecimento de pontos intocáveis muito numerosos pode representar a mesma fraude em sentido contrário.

A rigor, a única matéria insucetível de revogação pela vontade popular é a dos direitos humanos, pois só este princípio sobrepõe-se, na democracia moderna, à soberania do povo. A questão crucial, porém, reside em se saber quem pode, legitimamente, definir quais sejam os direitos humanos. Seria razoável, por exemplo, admitir, sem maior reflexão, que todos os direitos assim catalogados por uma Constituição seriam insuscetíveis de reforma?

Vem a propósito a distinção, assentada na doutrina alemã,[29] entre "direitos fundamentais definidos por norma estatal" (*staalichgesetzte Grundrechte*) e "direitos humanos pré-estatais" (*vorstaatliche Menschenrechte*). Desenvolvendo essa diferenciação sob o aspecto da força de validade, proporia que se distinguissem dois tipos de direitos fundamentais: aqueles que se sobrepõem, nitidamente, à vontade popular, porque constituem emanações da própria dignidade transcendental da pessoa humana — são os veros e próprios direitos humanos —, e os que representam um amplo consenso do povo quanto à forma de organização da sociedade, em certo momento histórico. Os direitos humanos propriamente ditos, que podem ser reconhecidos pelas declarações internacionais, são evidentemente insuscetíveis de limitação ou abolição por qualquer instância decisória nacional. Já quanto aos

29. Cf. Klaus Stern, ob. cit., t. III/I, *Allgemeine Lehren der Grundrechte*, 1988, pp. 458 e ss.; Maunz-Zippelius, ob. cit., § 18, I, 5.

segundos, que poderíamos denominar direitos fundamentais de organização social, a sua inviolabilidade é meramente relativa, ou seja, ela existe em relação ao legislador ordinário, não perante a manifestação do povo soberano, segundo as formas constitucionalmente prescritas.

Por outro lado, é mister, também aqui, operar outra distinção de grande importância, no que diz respeito à determinação de conteúdo dos direitos fundamentais. Alguns deles, com efeito, tem o seu conteúdo determinado pela lei de forma mais ou menos extensa, enquanto outros valem por si mesmos sem necessidade de uma determinação ou explicitação legal. Assim, por exemplo, quando a Constituição declara que "ninguém será submetido a tortura nem a tratamento desumano ou degradante" (art. 5º, III), a determinação do conteúdo desse direito fundamental independe de lei que venha explicitar o que se deva entender por "tratamento desumano ou degradante". Diferentemente, quando o texto constitucional declara "plena a liberdade de associação para fins lícitos" (art. 5º, XVII), ele está, evidentemente, pressupondo, para sua aplicação, uma prévia definição legal dos fins associativos admissíveis em nosso Direito. Da mesma forma, o conteúdo do direito social de proteção à maternidade e à infância (art. 6º) é concretizado por meio de lei. Nestas últimas hipóteses, a alteração da lei, que não represente uma negação prática do direito fundamental, não contraria a Constituição. É a aplicação da teoria do "conteúdo essencial" dos direitos humanos, consagrada no art. 19, alínea 2, da Constituição alemã.

São essas, em linhas fundamentais, as sugestões que me parece oportuno fazer para a adaptação do vigente sistema de reforma constitucional, no momento em que a nossa vida política dá sinais de clara passagem, da oligarquia tradicional à democracia de massas montante.

AÇÃO DECLARATÓRIA DE CONSTITUCIONALIDADE — INOVAÇÃO INFELIZ E INCONSTITUCIONAL

MARCELO FIGUEIREDO
Assistente de Direito Constitucional da Faculdade de Direito
da Universidade Católica de São Paulo

1.1 As alterações na ordem constitucional veiculadas através da Emenda Constitucional 3/93. 1.2 Legitimidade e interesse dos titulares e excluídos. 1.3 Síntese do controle da constitucionalidade das leis no Brasil. 2. Panorama Geral do controle da constitucionalidade no direito comparado. 3.1 A Suprema Corte brasileira no contexto do controle da constitucionalidade. A diversidade dos outros modelos. 3.2 Os limites do poder reformador. Algumas reflexões a propósito da Emenda 3/93. O equilíbrio dos "poderes". 3.3 A presunção de constitucionalidade das leis e a inversão completa na teoria constitucional causada pela Emenda 3/93. 4.1 O futuro previsível das garantias constitucionais individuais em face da Emenda. O esvaziamento do mandado de segurança e remédios similares em detrimento da cidadania. 4.2 Os efeitos do julgamento no STF. Algumas apreensões e vícios da Emenda. A necessidade do "devido processo legal". 5.1 Algumas questões processuais; a ADIN e a declaratória-incompatibilidade? retrocesso ou avanço na jurisprudência constitucional? 5.2 As restrições regimentais. 6. A análise dos modelos europeu e americano e a ausência de paralelo ou similar no Brasil. 7. Conclusões: Inconstitucionalidades.

1.1 As alterações na ordem constitucional veiculadas através da Emenda Constitucional 3/93

A Emenda Constitucional n. 3, de 1993 (*DOU*, 18 de março de 1993) trouxe uma série de importantes inovações no cenário constitucional brasileiro.

Interessa-nos dentre as várias alterações havidas, a relativa à "ação declaratória de constitucionalidade" e temas correlatos.

Os arts. 102 e 103 da Constituição da República, por força da citada Emenda, ficaram com a seguinte redação:

"Art. 102. Compete ao Supremo Tribunal Federal, precipuamente, a guarda da Constituição, cabendo-lhe:

"I — processar e julgar, originariamente:

"a) a ação direta de inconstitucionalidade de lei ou ato normativo federal ou estadual e a ação declaratória de constitucionalidade de lei ou ato normativo federal;

"(...)

§ 1º. A argüição de descumprimento de preceito fundamental, decorrente desta Constituição, será apreciada pelo Supremo Tribunal Federal, na forma da lei.

"§ 2º. As decisões definitivas de mérito, proferidas pelo Supremo Tribunal Federal, nas ações declaratórias de constitucionalidade de lei ou ato normativo federal, produzirão eficácia contra todos e efeito vinculante, relativamente aos demais órgãos do Poder Judiciário e ao Poder Executivo.

"Art. 103. Podem propor a ação de inconstitucionalidade:

"(...)

"§ 4º. A ação declaratória de constitucionalidade poderá ser proposta pelo Presidente da República, pela Mesa do Senado Federal, pela Mesa da Câmara dos Deputados ou pelo Procurador Geral da República."

Estas as principais inovações no que tange ao tema ora abordado.

1.2 Legitimidade e interesse dos titulares e excluídos

Criou-se assim uma nova modalidade de ação constitucional, a "ação declaratória de constitucionalidade de lei ou ato normativo federal". Conferiu-se ainda legitimidade para ajuizá-la ao Presidente da República, às Mesas do Senado Federal e da Câmara dos Deputados e ao Procurador Geral da República. Desde logo, verifica-se que estão excluídos da legitimação ativa, a Mesa de Assembléia Legislativa, o Governador de Estado, o Conselho Federal da Ordem dos Advogados do Brasil, partido político com representação no Congresso Nacional e confederação sindical ou entidade de classe de âmbito nacional. Essas entidades podem propor a ação direta de inconstitucionalidade, o mesmo não ocorrendo com a ação declaratória de constitucionalidade. A ausência de legitimidade dessas entidades é incompreensível, já que o controle da constitucionalidade por simetria e equilíbrio do sistema, deveria ser equitativo. As mesmas pessoas legitimadas a promover a ação direta de inconstitucionalidade, deveriam poder ingressar com a ação declaratória de constitucionalidade. Não vislumbramos razão alguma para a distinção havida. Afinal, o controle desejável é de interesse de todos, (refiro-me ao interesse global ao controle, e não ao interesse de agir individualizado, inexistente no controle abstrato da constitucionalidade, segundo ponderável doutrina e jurisprudência) em especial das pessoas e entidades arroladas no artigo 103, incs. IV, V, VII e IX. Se essa a lógica do constituinte de 1988, dever-se-ia manter a tradição dos legitimados, não rompendo com o sistema. Interesse jurídico não faltaria a nenhum dos excluídos. O fato da declaratória voltar-se contra lei ou ato normativo *federal*, não implica ausência de interesse jurídico das demais entidades do art. 103, ora excluídas da legitimação. Eis o primeiro desequilíbrio jurídico detectado, no que tange aos legitimados.

As modificações (ou inserções) operadas pela Emenda Constitucional 3, de 1993, tocam fundo em um dos pontos cruciais da Constituição: a jurisdição constitucional. Modifica-se a competência atribuída ao Poder Judiciário (Capítulo III, Seção II) criando-se nova ação. Este o tema central: alterou-se tema ligado à *Jurisdição*, restringiu-se como pretendemos demonstrar, em última análise, o acesso à Justiça, garantia fundamental, dentre outras repercussões importantes.

A introdução da ação declaratória, sem dúvida altera em última análise aspectos do controle da constitucionalidade das leis no sistema constitucional. Sendo assim, parece útil verificarmos rapidamente, como ele se processa no Brasil e no direito comparado e quais os paralelos (se é que existem) nos modelos alienígenas.

1.3 Síntese do controle da constitucionalidade das leis no Brasil

No Brasil, como sabemos, é possível controlar a constitucionalidade das leis e atos normativos federais ou estaduais por intermédio de dois caminhos jurídicos distintos. O primeiro, conhecido por "via de exceção", "via indireta", "controle difuso", que traduz em larga medida a adoção da experiência norte-americana. Através dele, qualquer juiz ou Tribunal (v. art. 97 da CF) pode reconhecer a alegação de inconstitucionalidade e, portanto, deixar de aplicar o ato impugnado com o vício da inconstitucionalidade. É o controle incidental, com efeito "inter partes". Após a interposição do recurso cabível e com a decisão definitiva da Suprema Corte, há necessidade do pronunciamento do Senado Federal para o fim da extensão de efeitos a todos, do contrário, resta a eficácia do julgado "inter-partes".

Temos ainda o controle concentrado da constitucionalidade. Por seu intermédio, é possível deduzir a inconstitucionalidade de qualquer lei ou ato normativo federal ou estadual perante a Suprema Corte. Ataca-se no caso a norma em tese, a lei em tese: O objetivo central da ação é exatamente ver expungida do sistema a lei ou ato normativo federal ou estadual. Seu efeito é *erga omnes* e imediato.

Não abordaremos os aspectos polêmicos do controle de constitucionalidade, tais como o papel do Senado, os efeitos da decisão em um caso e no outro, os problemas da inconstitucionalidade parcial, etc. Isso porque não importa para o quanto desejamos dissertar e demonstrar.

Registre-se ainda o controle da constitucionalidade por omissão, novidade do constituinte de 1988 (cf. art. 103, § 2º da CF).

2. Panorama geral do controle da constitucionalidade no Direito Comparado

O direito comparado oferece-nos algumas linhas essenciais no que toca ao controle da constitucionalidade. De uma maneira geral, quanto às formas de controle, pode ser: preventivo ou repressivo. O primeiro ocorre antes que a norma ou lei se aperfeiçoe; o segundo, ao contrário, dá-se posteriormente.

Diz-se ainda que o controle pode ser político ou judiciário. A preocupação revela-se quanto à natureza do órgão controlador. Se de natureza jurisdicional, não há dúvida que o controle é balizado por critérios eminentemente jurídicos, técnicos. O julgamento dar-se-á com todas as garantias ou prerrogativas da magistratura de dado país. Já o controle político extrapola da competência de um órgão judiciário ou judicial. Sem embargo de existir de alguma forma, aplicação técnica do direito, há peculiaridade na qualidade do órgão controlador, órgão político. O critério de escolha dos membros do órgão político é diverso, normalmente é composto por pessoas indicadas pelos três poderes, com mandato de período determinado,[1] ou ainda entre ma-

1. Nelson Nery Junior a respeito do sistema alemão disserta: "Com efeito, em países que possuem tribunais constitucionais, como por exemplo a Alemanha, esse tribunal é órgão constitucional, de todos os poderes, situando-se no organograma do Estado ao lado do Executivo, Legislativo e Judiciário, não sendo, portanto, órgão do Poder Judiciário e nem se situando acima dos poderes executivo e legislativo. É formado por pessoas indicadas pelos três poderes, com mandato certo e transitório, vedada a contínua ou posterior recondução. O tribunal constitucional, é, ainda, suprapartidário. Nesse país, o Tribunal Federal Constitucional (*Bundesverfassungsgericht-BVerfG*), a mais alta corte do país, é composto por duas câmaras com oito juízes cada uma. Metade deles é eleita pelo Parlamento (*Bundestag*) e a outra metade pelo Conselho Federal (*Bundesrat*). Três juízes de cada câmara, no total, portanto de seis, devem ser eleitos dentre os magistrados que integram as mais altas cortes do país (um dos cinco tribunais superiores)

gistrados, fiscais, professores universitários, funcionários públicos, advogados (Espanha); a filosofia e estrutura de uma Corte Constitucional é diferente de um Tribunal essencialmente técnico, como veremos a seguir. Isso, certamente implica em uma modalidade e estrutura de um controle de constitucionalidade que opera diversamente, se comparado com uma Suprema Corte tradicional, nos moldes da brasileira, por exemplo. O controle político pode, ainda, ser feito por uma assembléia conselho ou comitê constitucional. É a lição de Bonavides[2] que traz Sieyès, Michel-Henry Fabres e outros autores de tomo. "A meta do controle político é, segundo Michel-Henry Fabre, assegurar a repartição constitucional de competências, relegando a segundo plano a proteção direta das liberdades individuais. O seu principal efeito, acrescenta o publicista, consiste em tolher o nascimento jurídico da lei inconstitucional" (ob. cit.). Distingue ainda o autor no controle político os seus momentos de incidência: prévio, a anteceder a votação da lei, e a posteriori, após sua votação.

O sistema de controle da constitucionalidade nos Estados Unidos da América do Norte surgiu especialmente do célebre caso "Marbury versus Madison". À ocasião o juiz Marshall sustentou com maestria a tese da supremacia da Constituição, dizendo que os atos do Congresso a ela contrários deveriam ser tidos por nulos, inválidos e ineficazes. Sendo assim, as leis que contrariassem a Constituição seriam nulas, não obrigando os particulares. A idéia central é esta: existindo lei em conflito com a Constituição, o juiz deve se recusar a aplicar a lei, aplicando a Constituição.

Sacha Calmon Navarro Coelho[3] ao estudar a evolução e o funcionamento do sistema americano, colecionando diversos autores de tomo, conclui que sua marca é de fato a declaração *incidenter tantum* da inconstitucionalidade. É necessário que haja uma dada situação conflituosa em termos fáticos para ensejar o aludido controle da constitucionalidade. Diz o autor: "O controle concentrado jamais foi intentado, por isso que contrário à evolução do sistema jurídico americano, como é da tradição do direito inglês, fiel aos precedentes. O sistema norte-americano, portanto, adota o controle difuso, incidenter tantum, da constitucionalidade das leis." (ob. cit., p. 86). Não discrepa desse entendimento Gilmar Ferreira Mendes,[4] acrescentando, todavia, que a partir do Judiciary Act, de 1937, o Governo Federal americano tem a faculdade de intervir na lide entre particulares, sempre que estiver em discussão a constitucionalidade de lei federal atinente ao interesse público." Confere-se, igualmente, o poder de apelar para Corte Suprema contra decisão que declara a inconstitucionalidade de lei federal, e se consagra vedação aos juízes singulares para conceder injunctions que afastem a aplicação de lei do Congresso, sob o fundamento de inconstitucionalidade" (ob. cit., p. 129). No mesmo sentido Lúcio Bittencourt[5] que, ao dissertar sobre a evolução do controle na Nação norte-americana, encarece a necessidade da "existência efetiva de um processo contraditório, envolvendo uma

e que tenham estado ativos, no mínimo, por três anos. O mandato dos juízes da corte constitucional federal alemã é de doze anos" (*Princípios do Processo Civil na Constituição Federal*, Ed. RT, SP, 1992, p. 18).

2. *Curso de Direito Constitucional*, Paulo Bonavides, Malheiros Editores, 4ª ed., São Paulo, p. 233.

3. Sacha Calmon Navarro Coelho, *O Controle da Constitucionalidade das Leis*, Ed. Del Rey, 1992.

4. Gilmar Ferreira Mendes, *Controle de Constitucionalidade*, Saraiva, SP, 1990. Do mesmo autor recomenda-se a leitura do artigo "O Apelo ao Legislador — *Appellentscheidung* — Na Práxis da Corte Constitucional Federal Alemã", in *Cadernos de Direito Constitucional e Ciência Política*, Ed. RT, 1992, p. 91 e ss.

5. C. A. Lúcio Bittencourt, *O Controle Jurisdicional da Constitucionalidade das Leis*, Forense, RJ, 1949.

controvérsia real e não simplesmente hipotética "an adversary proceeding, involving a real, not a hipothetical, controversy" (ob. cit., p. 25). Afasta assim o renomando jurista a possibilidade de ação "meramente declaratória", *sem tais requisitos, contraditório e uma dada controvérsia real.*

Vejamos agora o modelo concentrado. Tal modalidade foi consagrada inicialmente, na Constituição austríaca de 1920/29, fruto da genialidade de Kelsen. Quase toda a Europa o adotou, com exceção da França, como veremos mais adiante. Originária e essencialmente, o modelo precursor austríaco vedava aos juízes de primeiro grau apreciar inconstitucionalidades, permitindo, tão somente, aquilatar o cumprimento de formalidades da lei, *v.g.*, se o texto da publicação confere com o original aprovado pelo parlamento, se há algum vício de forma na lei, etc. Somente nestes casos, poderiam os *juízes* negar aplicação à lei, como se não houvesse sido publicada. Vê-se que o espectro de controle nesta modalidade pelos juízes, é ínfimo raríssimas hipóteses desse teor podemos imaginar no cotidiano jurídico. Os tribunais superiores (ou determinado Tribunal especial, designado como Tribunal ou *Corte Constitucional*) estes sim, detêm competência para declarar a inconstitucionalidade das leis. É o que ocorreu no passado com os tribunais de justiça constitucional da Alemanha (1919) e Áustria (1920). A matriz do modelo foi seguida até hoje nos países europeus, com adaptações.

Gilmar Ferreira Mendes (ob. cit.) disserta acerca do modelo austríaco e sua evolução. Afirma que outorgou-se então ao Tribunal Constitucional a competência para dirimir as questões constitucionais, mediante requerimento formulado pelo Governo Federal, com referência a leis estaduais, ou pelos Governos estaduais no tocante às leis federais; não se exigindo, porém, a demonstração de ofensa a qualquer interesse particular ou situação subjetiva. É o que denomina de "interesse da constitucionalidade da lei" (ob. cit., p. 130). Disserta sobre a evolução, para concluir afinal que em 1929 foi introduzido o controle concreto aos processos pendentes no "curso de pendência judicial" e, finalmente em 1975 foi introduzido o recurso individual, que permite a impugnação, perante a corte constitucional, de lei ou regulamento que lese, diretamente, direitos individuais. Averba o autor que a utilização e admissibilidade desse recurso é condicionada "ao princípio da subsidiariedade: essa providência é cabível se não houver outra via judicial adequada à defesa do alegado direito" (idem). Alude ainda a uma forma de controle preventivo "antes da conversão do projeto em lei". Por meio dele é possível o Governo Federal ou Estadual requerer a Corte Constitucional, no sentido de sindicar se a constitucionalidade de determinado ato concreto de soberania é da competência legislativa da União ou dos Estados.

Não é possível examinar todos os modelos europeus, contudo vejamos alguns deles. A Espanha, por exemplo, (artigo 161 de sua Constituição) é dotada de um Tribunal Constitucional que conhece de recursos de inconstitucionalidade contra leis e disposições normativas com força de lei; de recursos de "amparo" por violação aos direitos e liberdades; de conflitos de competência entre o Estado e as Comunidades Autônomas. Estão legitimados para ingressar com o recurso de inconstitucionalidade o Presidente do Governo, o Defensor do Povo, 50 Deputados, 50 Senadores, os órgãos colegiados executivos das Comunidades Autônomas e, neste último caso, as Assembléias das Comunidades Autônomas.

Para interpor o recurso de amparo, toda pessoa natural ou jurídica que invoque um interesse legítimo, assim como o Defensor do Povo e o Ministério Fiscal são legitimados. Há ainda o dever, segundo o art. 163 da Constituição espanhola, de envio da questão constitucional surgida em qualquer ação, ao Tribunal Constitucional, procedimento sem efeito suspensivo.

Em Portugal, ao lado do controle difuso (art. 280 da Constituição daquele País), há a fiscalização preventiva da constitucionalidade (art. 278 e seguintes). Através dela, o Presidente da República e os Ministros da República podem requerer ao Tribunal Constitucional a apreciação preventiva da constitucionalidade de qualquer norma constante de tratado internacional, de decreto ou lei enviado para promulgação, devendo o órgão julgador apreciar a consulta no prazo de cinco ou vinte dias (dependendo do tipo de controle) a contar da data da recepção do diploma. Caso o Tribunal pronuncie-se pela inconstitucionalidade, deverá o diploma ser vetado pelo Presidente ou Ministro. Proíbe-se ainda a aprovação do ato normativo julgado inconstitucional sem o expurgo da norma julgada inconstitucional ou, quando for o caso, a confirmação da mesma por maioria de dois terços dos Deputados (tudo conforme o art. 279 da Constituição daquele país).

O controle na Alemanha é bem mais sofisticado. Para fins de nosso estudo, basta consignar da existência do controle difuso restrito aos cidadãos nas questões vinculadas aos direitos fundamentais, desde que exauridas outras vias processuais e o controle abstrato da constitucionalidade. Registre-se ainda a possibilidade do controle *in concreto* da sustação do feito por um tribunal e o envio da questão ao Tribunal Constitucional. No controle abstrato, o Tribunal Constitucional aprecia representação formulada pelo Governo Federal, por Governo Estadual ou por um terço dos membros do Parlamento Federal, relativa à compatibilidade do direito federal ou estadual com a Constituição. Deixamos de lado outros mecanismos por não interessar ao estudo empreendido. Remarque-se finalmente que, segundo o atual quadro constitucional alemão, desconhecemos controle da constitucionalidade preventivo (antes de publicada a norma jurídica).

A França forjou um sistema de controle de constitucionalidade peculiar por força de sua História. Seu mecanismo de controle é essencialmente considerado "político", fruto da desconfiança e sentimento contra os tribunais do *ancien régime*. Ainda hoje, o artigo 56 da Constituição francesa contempla o Conselho Constitucional composto de nove membros com mandato de nove anos não renovável. O Conselho se renova por terços a cada três anos. Três de seus membros serão nomeados pelo Presidente da República, três pelo Presidente da Assembléia Nacional, três pelo Presidente do Senado. Os ex-Presidentes da República são membros vitalícios do Conselho Constitucional. Além das funções de zelar pela regularidade das eleições presidenciais e legislativas, o Conselho Constitucional ocupa papel decisivo como órgão de consulta obrigatória antes da promulgação das leis orgânicas, regulamentos das assembléias parlamentares, e leis em geral. O Presidente da República, Primeiro Ministro, Presidente da Assembléia Nacional, Presidente do Senado, sessenta deputados ou sessenta senadores têm legitimidade para remeter àquele órgão tais atos, o qual deverá decidir no prazo de um mês, podendo, se houver urgência, (a pedido) reduzir o prazo a oito dias. Declarada inconstitucional, não poderá a disposição ser promulgada ou posta em vigor. Suas decisões têm eficácia geral, *erga omnes* e são irrecorríveis.

Colecionamos alguns modelos de controle da constitucionalidade a fim de, como dissemos, tentarmos melhor compreender a inovação da ação declaratória. Em relação ao modelo francês, não vislumbramos hipótese de comparação por várias razões. A uma porque o sistema francês é classificado como "político", o que implica, no caso, em um controle da constitucionalidade prévio por órgão de idêntica natureza: "político". Bastaria tal razão para identificarmos a impossibilidade de paralelo entre aquele sistema e o brasileiro. Toda a estruturação (processo e procedimento) legislativa passa, de alguma forma, pelo Conselho Constitucional; a possibilidade de regulamentação e regulamentos autônomos é uma realidade na França. Por tudo isso os modelos não podem ser comparados.

A realidade constitucional espanhola, como vimos, igualmente não contempla a possibilidade da ação declaratória. Há, como de resto na maioria dos sistemas europeus, o controle concentrado típico, com adaptações, como por exemplo o recurso de amparo por violações a direitos fundamentais. Contudo, a constatação é correta. Não há ação declaratória no sentido da proposta brasileira.

Em Portugal a realidade é um pouco diversa, existe a "fiscalização preventiva da constitucionalidade". Sendo assim, o modelo constitucional já é totalmente estruturado com vistas a tal escopo: controlar previamente a constitucionalidade da norma, *competência regular do Tribunal Constitucional* (art. 278 e ss. da Constituição Portuguesa). É, assim, prática corrente, corriqueira no sistema português, o controle preventivo da constitucionalidade *pelo Tribunal Constitucional*. Não é nosso caso, "a fiscalização preventiva da constitucionalidade" no sistema constitucional brasileiro (se é que assim podemos denominá-la) é de competência do Legislativo, mediante a participação do Executivo (veto por motivo de inconstitucionalidade — o que não deixa de ser uma forma de controle preventivo). Registre-se ainda que, de acordo com a Lei portuguesa 28/82, mesmo nos casos de fiscalização preventiva, é requisito processual de admissibilidade a indicação e especificação das normas cuja apreciação se requer e quais são os princípios e normas constitucionais tidos como violados. Se assim é, não podemos considerar que tal procedimento possa ser equiparado a uma ação declaratória, a um salvo conduto de constitucionalidade, porque em qualquer declaratória, não há dispositivos "tidos como violados".

O sofisticado sistema alemão, no que tange ao controle abstrato de constitucionalidade, não pode ser tomado como parâmetro ou guia para a nova ação declaratória brasileira, essencialmente porque é "político". É dizer, como na grande maioria dos países europeus, o fato do controle ter a feição política, implica em diferentes resultados. É o que nos relata Gilmar Ferreira Mendes (ob. cit.), com apoio em Kelsen, Landfried e Tocqueville. Procurando aclarar o pensamento trazemos a citação do autor *in verbis*: "Efetivamente, a instauração do controle de constitucionalidade abstrato decorre, muitas vezes, da discussão política. E, não raras vezes diz Landfried, o Tribunal Constitucional atua como a longa manus da oposição. A propósito, anota Schlaich que a lei da co-gestão foi aprovada quase unanimemente pelo Parlamento, o que *inviabilizou a sua apreciação no âmbito do controle abstrato de normas*. Todavia, a constitucionalidade da lei foi submetida ao *Bundesverfassungsgericht* mediante recurso constitucional formulado por associação de empresas" (Gilmar, ob. cit., p. 157).

3.1 A Suprema Corte Brasileira no contexto do controle da constitucionalidade. A diversidade dos outros modelos

Não é o que ocorre no Brasil. A Suprema Corte Brasileira não foi moldada como Corte Constitucional exatamente nesse sentido de ser um Tribunal "político". Notem que não estou afirmando que suas decisões, por vezes, não possam ter um cunho ou caráter "político". Apenas desejo demonstrar que a estruturação, o recrutamento, o caráter, a finalidade de um Tribunal Constitucional é diverso de uma Suprema Corte como a brasileira. Socorre-nos José Afonso da Silva:[6] "O Brasil seguiu o sistema norte-americano, evoluindo para um sistema misto e peculiar que combina o critério de controle concentrado por via de ação direta de inconstitucionalidade, incorporado também agora timidamente a ação de inconstitucionalidade por omissão. A outra novidade está em ter reduzido a competência do Supremo Tribunal Federal à matéria constitucional. *Isso não o converte em Corte Constitucional*. Primeiro porque não é o único órgão jurisdicional competente para o exercício da jurisdição constitucional, já que o sistema perdura fundado no critério difuso, que autoriza qualquer tribunal e juiz a conhecer da prejudicial de inconstitucionalidade, por via de exceção. Segundo porque o modo de recrutamento de seus membros denuncia que continuará a ser um Tribunal que examinará a questão constitucional com critério puramente técnico-jurídico, mormente porque, como Tribunal, que ainda será, do recurso extraordinário, modo de levar a seu conhecimento e julgamento as questões constitucionais nos casos concretos, sua preocupação, como é de regra no sistema difuso, será dar primazia à solução do caso, e se possível, sem declarar inconstitucionalidades".

Endossamos totalmente a opinião do ilustre autor, ressaltando essa importante vertente. A Suprema Corte não é uma Corte Constitucional. Sérias implicações daí partem. Não está a Suprema Corte vocacionada, estruturada, idealizada a realizar julgamentos com tal sentido "político". Obviamente a questão é de fundo e não de forma. O figurino de uma Corte Constitucional, nos moldes europeus, é completamente diverso do brasileiro. É no mínimo lícito ao intérprete e ao jurisdicionado temer decisões de uma Corte que não está vocacionada a desempenhar papel que não tem. Obviamente não se trata de questionar a capacidade técnica, o notório saber jurídico de seus membros. Diverso é o ponto. Até aqui, já foi possível, segundo cremos, demonstrar que o recrutamento dos magistrados é diverso, a estruturação dos poderes é diversa, a competência é diversa, a feição dos julgamentos é diversa, enfim *o sistema foi concebido de outro modo*. Não se trata apenas, como à primeira vista poderia parecer, de mais uma ação constitucional criada pela emenda. Vislumbra-se um mecanismo "preventivo" (na ausência de melhor qualificativo) muito mais próximo dos países que adotaram um modelo fundado no controle concentrado de constitucionalidade. A *tônica* destes modelos é o controle concentrado. Não é o caso do Brasil, se bem apreendemos a lição de José Afonso. A simbiose de modelos e técnicas de controle da constitucionalidade requer muita cautela e uma estruturação mais completa. Poder-se-ia objetar afirmando que a ação declaratória não se constitui novidade de monta, pois o controle concentrado já existe, sendo aquela ação apenas um mero aperfeiçoamento do modelo concentrado. Não cremos que seja assim por tudo o quanto vimos e veremos.

3.2 Os limites do poder reformador

A primeira questão que se põe cifra-se no seguinte: As modificações são conforme o direito? O veículo, a forma e o conteúdo atendem ao procedimento constitucional do poder reformador? Em

6. José Afonso da Silva, *Curso de Direito Constitucional Positivo*, Malheiros Editores, São Paulo, 1992, 9ª ed., p. 484.

suma, tais modificações são legítimas em face da ordem constitucional? Ou, ao contrário, tais cogitações são despiciendas, pois o poder reformador detém plena capacidade para realizar tais modificações na ordem jurídica? Deixando de lado os aspectos de encaminhamento legislativo da Emenda que, ao que parece, atenderam à prescrição da Constituição, preocupa-nos a questão ligada aos limites materiais do poder reformador. As modificações poderiam ter sido feitas, nos moldes em que o foram? As indagações não são de ordem meramente acadêmica, pois, se por hipótese, as alterações forem contra o direito, deve haver meio correspondente para correção da distorção.[7] Qualquer discussão acerca do tema constitucional é, por natureza, relevantíssima.

A doutrina constitucional nunca esteve insensível ao problema. Ao contrário, há literatura valiosa a propósito.[8] Nélson de Sousa Sampaio, monografista do tema (ob. e art. cit.) especifica os limites do poder reformador, classificando-o do seguinte modo: "1) limites expressos, ou seja, que constam do texto constitucional; 2) limites implícitos, que se deduzem como conseqüência dos limites expressos; 3) limites inerentes, que se impõem pelo próprio conceito e natureza do poder reformador" (p. 35). É o autor ainda quem aponta as categorias de normas intangíveis: *a*) as relativas aos direitos fundamentais; *b*) as relativas ao titular do poder constituinte e *c*) as atinentes ao processo da própria Manoel Gonçalves Ferreira Filho (ob. cit.) alude a limitações temporais, circunstanciais e materiais. Celso Bastos (ob. cit.) ressalta dentre outros aspectos a polêmica em torno dos limites implícitos ao poder reformador, indicando a viabilidade da construção da barreira das "cláusulas pétreas" e suas dificuldades. Michel Temer (ob. cit.) vislumbra três limitações condicionadoras: *a*) procedimental; *b*) material; e *c*) circunstancial.

Seguindo a terminologia do monografista (Sampaio), quanto aos limites expressos não há maiores dificuldades, já que constam do texto constitucional.

7. A jurisprudência do Supremo Tribunal Federal igualmente já afirmou que a "impossibilidade jurídica de controle abstrato preventivo de propostas de emenda, *não obsta a sua fiscalização em tese quando transformadas em emendas à Constituição. Estas — que não são normas constitucionais originárias — não estão excluídas, por isso mesmo, do âmbito do controle sucessivo ou repressivo de constitucionalidade.* O Congresso Nacional, no exercício de sua atividade constituinte derivada e no desempenho de sua função reformadora, está juridicamente subordinado à decisão do poder constituinte originário que, a par de restrições de ordem circunstancial, inibitórias do poder reformador (CF, art. 60, § 1º), identificou, em nosso sistema constitucional, um núcleo temático intangível e imune à ação revisora da instituição parlamentar. As limitações materiais explícitas, definidas no § 4º do art. 60 da Constituição da República, incidem diretamente sobre o poder de reforma conferido ao Poder Legislativo da União, inibindo-lhe o exercício nos pontos ali discriminados. A irreformabilidade desse núcleo temático, acaso desrespeitada, pode legitimar o controle normativo abstrato, e mesmo a fiscalização jurisdicional concreta, de constitucionalidade" (ADIN 466-2-DF, Medida Liminar, Rel. Min. Celso de Mello, *DJU* 10.5.91, p. 5.930).

8. Vide: *Concetto, Limiti, Procedimento della Revisione Costituzionale*, de Constantino Mortati, in *Studi di Dir. Costituzionale in Memoria de Luigi Rossi*, 1952; *O Poder de Reforma Constitucional*, (monografia) de Nélson de Sousa Sampaio, Ed. Progresso, Bahia, 1954; do mesmo autor v. *Revista Forense* 159, *Os Limites da Reforma Constitucional*, *Poder Constituinte do Estado-Membro*, Ana Cândida da Cunha Ferraz, São Paulo, Ed. RT, 1979; *O Poder Constituinte*, Nelson Saldanha, Ed. RT, São Paulo, 1986; *Da Constituição*, Pinto Ferreira, José Konfino Ed. 1956, RJ. Os Manuais de direito constitucional igualmente versam o tema. Vide *Curso de Direito Constitucional*, Manoel Gonçalves Ferreira Filho, São Paulo, Saraiva, 1989; *Curso de Direito Constitucional Positivo*, José Afonso da Silva, Malheiros Editores, São Paulo, 1993; *Curso de Direito Constitucional*, Celso Ribeiro Bastos, Saraiva, São Paulo, 1989; *Elementos de Direito Constitucional*, Michel Temer, São Paulo, Malheiros Editores, 1992; Paulo Bonavides *Curso de Direito Constitucional*, Malheiros Editores, 1993.

É defeso alterar: a Federação; o voto direto, secreto, universal e periódico; a separação dos Poderes; bem como os direitos e garantias fundamentais (as liberdades públicas). Propostas de eliminação desses valores não podem sequer ser objeto de deliberação. São as chamadas ''cláusulas pétreas'' (art. 60, § 4º da Constituição).

Dentre as cláusulas arroladas, a modificação da competência da Suprema Corte por meio da citada Emenda, parece atritar com a separação dos Poderes e, em conseqüência, com os direitos e garantias individuais. A demonstração do confronto atinente à separação dos Poderes é de fato árdua. O ''figurino'' constitucional exige que os Poderes sejam ''independentes e harmônicos''. Tal equilíbrio, sempre afirmado doutrinariamente, é de difícil equacionamento prático. Independência quer significar, em palavras pobres, uma esfera de poder conferido pela constituição a este ou àquele ramo do Poder (função), com garantias ao seu exercício pleno e efetivo. Deseja-se o controle, através da cláusula original dos *checks and balances*. Aqui cabe a questão: a alteração da competência da Suprema Corte, com a introdução da ação declaratória, causa embaraços ao princípio da separação de poderes? À primeira vista o intérprete teria dificuldade em afirmar presente qualquer atrito. Afinal, como a criação de uma ação constitucional pode ter tal efeito? Em uma primeira análise poder-se-ía imaginar que a nova ação terá méritos incalculáveis. Afinal, todos conhecemos o congestionamento e as agruras dos foros brasileiros (em especial, dos federais), proporcionado, em grande parte, por medidas inconstitucionais que, a miúde vêm à tona. Seria, no mínimo útil que a Suprema Corte em curto espaço de tempo pudesse dizer que tal norma federal é constitucional, evitando, assim, milhares de ações individuais ou coletivas. Contudo, segundo cremos, e como tentamos demonstrar, esse não é o papel da Suprema Corte no Brasil. Tal controle é competência do Legislativo. Se aceita tal assertiva, atritou-se o princípio da separação de poderes, e, via de conseqüência, a competência do Legislativo. A nova previsão desfigura a idéia e função do Poder Legislativo, órgão naturalmente vocacionado a apreciar previamente a constitucionalidade. Em uma palavra, tal como vazada a ação declaratória, é autorizado o intérprete a obter a seguinte leitura global da ação: declarar a constitucionalidade, nos moldes previstos na ação é, em última análise, legislar. Instaura-se uma espécie de ''dependência'' entre Legislativo e Judiciário, pois o mesmo fará a lei sob condição; aguarda-se a chancela, o crivo do Judiciário. Acaso a possibilidade não fere o equilíbrio de poderes?

3.3 A presunção de constitucionalidade das leis e a inversão completa na teoria constitucional causada pela Emenda 3/93

A nova ação declaratória de constitucionalidade instaura, por assim dizer, como que um clima de desconfiança generalizado, invertendo por completo o princípio geral segundo o qual as normas constitucionais são presumidamente constitucionais, até que, por meio dos mecanismos previstos na própria Constituição, sejam expurgadas. A lição dos clássicos abona nosso entendimento. Lúcio Bittencourt[9] doutrina: ''É princípio assente entre os autores, reproduzindo a orientação pacífica da jurisprudência, que milita sempre em favor dos atos do Congresso a presunção de constitucionalidade. É que ao Parlamento, tanto quanto ao Judiciário, cabe a interpretação do texto constitucional, de sorte que, quando uma lei é posta em vigor, já o proble-

9. Lúcio Bittencourt, ob. cit. ant., p. 91.

ma de usa conformidade com o Estatuto Político foi objeto de exame e apreciação, devendo-se *presumir boa e válida a resolução adotada*".

A tradição de atos inconstitucionais produzidos, ora pelo Executivo, (sempre em maior número, pela experiência brasileira, segundo cremos) ora pelo Legislativo, fará com que em curtíssimo espaço de tempo haja um pronunciamento jurisdicional definitivo com eficácia *erga omnes* afirmando que tal ato normativo federal, x ou y, é constitucional. *Tollitur quaestio*. Alguns apressados por certo dirão que a medida é benéfica, porquanto se a teleologia do direito vem em abono dos valores "certeza e segurança", nada melhor que a recente previsão. Por certo a visão é distorcida. É distorcida porque em grande medida, o controle da constitucionalidade pela via de exceção fica muito prejudicado. De nada valerá existir o controle incidental se a Suprema Corte no "dia seguinte" à propositura, *v.g.* de um mandado de segurança, por jurisdicionado, venha a decidir que tal lei é constitucional. Imediatamente seu direito "não poderá" ser apreciado pelo Juiz Natural, garantia secular e importantíssima do direito constitucional e de seus jurisdicionados. Eis aí, igualmente uma inversão e invasão na teleologia do princípio da independência e harmonia dos poderes. A possibilidade de ingresso da declaratória, logo após a promulgação da lei (ou da vigência do ato normativo) configura uma "contradição", na medida em que o Judiciário passa a ser um "chancelador" dos atos e leis produzidas pelo Poder Legislativo. Vincula-se assim de alguma forma, a competência e função de poderes que, por imperativo constitucional, são "independentes e harmônicos".

4.1 O futuro previsível das garantias constitucionais individuais em face da emenda. O esvaziamento do mandado de segurança e remédios similares em detrimento da cidadania

Acaso o poder cautelar do Juiz não estaria maculado com a ação declaratória? Figuremos a seguinte hipótese: diversos mandados de segurança, ou ações cautelares são ajuizadas impugnando determinada exação tributária. Ato contínuo, o STF diz que a norma tributária objeto da discussão é constitucional. Previsível o que ocorrerá: a extinção dos mandados de segurança ou das ventiladas cautelares, pois a decisão da Suprema Corte "produzirá eficácia contra todos e efeito vinculante, relativamente aos demais órgãos do Poder Judiciário e ao Poder Executivo". Cremos que não é catastrófica a previsão. Atrita-se visivelmente as garantias constitucionais, pois de nada adianta ao jurisdicionado utilizar-se de tal ou qual ação constitucional (direito fundamental, protegido por cláusula pétrea), se logo a seguir seu acesso à Justiça é "barrado" pela ação declaratória. Poder-se-ia objetar com um exemplo familiar de nossa ordem jurídica: a ação direta de inconstitucionalidade (via de ação). Contudo, a hipótese é diversa. Tem-se uma norma que se reputa inconstitucional. Não são situações idênticas. Na hipótese da ação direta de inconstitucionalidade, há no mínimo forte presunção de que tal ou qual lei é inconstitucional. Será necessário demonstrar razoavelmente aonde está situado o ato inconstitucional, apontando quais os princípios e normas constitucionais tidos por violados. A lógica do sistema é diversa. Já na hipótese da declaratória, quer-se uma garantia de constitucionalidade passada pela Suprema Corte.[10]

10. Aliás o Supremo Tribunal Federal já decidiu que a ação declaratória é incabível para mera interpretação do direito em tese (*RTJ* 113/1.322). "Ação declaratória. Objeto. Trata-se de ação que não se presta para atender a mera pretensão à interpretação da lei em tese, mas a afastar estado de incerteza objetiva acerca da existência, ou não, de

Ademais, mesmo nos países europeus, onde a tônica do sistema dá-se na via direta (controle concentrado), há mecanismos compensatórios, de molde a preservar a intangibilidade dos direitos fundamentais. É o caso da Espanha (recurso de amparo por violação dos direitos e liberdades — art. 161, alínea *b*). Em Portugal, a fiscalização é preventiva. É dizer, ocorre antes da promulgação. Não é o caso da "novidade" brasileira. Os Estados Unidos da América, de outra parte, repelem de todas as maneiras a "consulta" à Suprema Corte sem que esteja associada a um dado caso concreto. As tentativas no sentido da "declaratória brasileira", somente são admissíveis na via de exceção, tônica daquele sistema americano. É dizer, é possível deduzir incidentalmente o tema constitucional, com foros de declaratividade. Não há qualquer novidade em tal ato, quer nos EUA, quer no Brasil.

Por todo o exposto, ao que parece a novidade brasileira não encontra precedentes no direito comparado, tal como vazada.

4.2 Os efeitos do julgamento no STF. Algumas apreensões e vícios da emenda. A necessidade do "devido processo legal"

Ao lado de todos os graves defeitos apontados, motivos de justa apreensão de todos quantos lidam com o Direito, outras questões constitucionais e processuais afloram. Uma delas é a relativa os efeitos do julgamento pela Suprema Corte. A redação do dispositivo é a que segue: "Art. 102. § 2º. As decisões definitivas de mérito, proferidas pelo Supremo Tribunal Federal, nas ações declaratórias de constitucionalidade de lei ou ato normativo federal, *produzirão eficácia contra todos e efeito vinculante, relativamente aos demais órgãos do Poder Judiciário e ao Poder Executivo"*.

Parece-nos que o dispositivo não pretende incluir a própria Suprema Corte em suas malhas. É dizer, uma vez julgada determinada norma ou lei federal x ou y constitucional, tal decisão não vincularia o próprio Supremo que, se provocado novamente em face de algum fato ou aspecto novo no tema, poderia decidir em outro sentido. O dispositivo, portanto, parece ter eficácia "erga alter omnes", em relação ao Supremo Tribunal Federal. Raciocinar contrariamente implicaria em impossibilitar a evolução do pensamento da Corte. A pergunta é a seguinte: o julgamento da declaratória impede a propositura da ação direta de inconstitucionalidade (obviamente sobre o mesmo tema)? Logicamente parece que sim. Se a lei x é constitucional não pode ser inconstitucional. Cumpre, todavia, refletir sobre o assunto à procura de caminhos que não impeçam a evolução do direito constitucional e de sua jurisprudência.

A questão de fundo do tema não é nova, e já foi objeto de preocupação dos constitucionalistas. Sempre que se discute as virtudes e defeitos dos sistemas de controle (concentrado e difuso), respectivamente, experiências européia e americana, o tema vem à tona. Bonavides (ob. cit), bem demonstra a questão, trazendo o magistério de Rui, Marshall, Castro Nunes e outros clássicos. Suas conclusões são preciosas, especialmente quando afirma acerca do controle concentrado (abstrato) e o papel atribuído ora aos Tribunais ordinários, ora às Cortes Constitucionais: "A teoria constitucional tem dado preferência a essa última modalidade de tribunais (refere-se aos constitucionais), atenta sem dúvida às objeções relativas ao reforço de po-

relação jurídica. Caso em que essa circunstância não foi demonstrada pela recorrente, a quem incumbia a prova de que a dúvida não reside puramente em sua consciência, traduzindo-se, ao revés, em atos exteriores que acarretam, ou podem vir a acarretar, prejuízo ao seu direito" (STJ-RT 672/228).

deres que o controle traria à jurisdição ordinária, fazendo assim avultar ainda mais o conflito dificilmente dissimulável entre o juiz e o legislador, com grave dano à pureza do princípio da separação de poderes.

"É de assinalar que os escrúpulos doutrinários a esse respeito têm inclinado em matéria de controle de constitucionalidade diversos publicistas a se manifestarem mais favoráveis ao controle por via de exceção que por via de ação. Reputam o primeiro por sua natureza um controle de essência mais jurídica do que política e por isso mesmo mais fácil de acomodar-se a um sistema de Estado de direito com base na teoria clássica de Montesquieu.

"*Demais, o controle por via de ação não parece ser aquele que melhor se presta a resguardar os direitos individuais, os quais encontrariam proteção bem superior, do ponto de vista da eficácia, no remédio jurisdicional da via de exceção.*" (ob. cit., p. 239, grifei).

O aludido princípio da separação de poderes, almeja que um poder exerça, em última análise, um controle sobre o outro. Quer-se evitar o arbítrio. Com a ação "declaratória", como já dissemos, e agora ratificamos, inverte-se o princípio, atribuindo ao Judiciário (STF) papel tradicionalmente vocacionado ao Legislativo. No mesmo passo, nem por isso, (conquanto desejável), em nome dos mesmos valores filosóficos maiores, não se encontrou ainda meio de prestar normalmente Justiça em curtíssimo espaço de tempo (salvo os provimentos cautelares, os "writs" constitucionais que, obviamente tem diversa natureza). Sabe-se que a demora das decisões e ações judiciais tem um sentido intrínseco de Justiça, por mais paradoxal que possa parecer a assertiva. Queremos afirmar que, por vezes, a fim de garantir amplamente o oferecimento de razões, de contra-razões, enfim, do "devido processo legal" (formal e substancial) não há outra alternativa, senão a demora. A demora, a delonga, muitas vezes é *garantia* de lisura nos procedimentos, porque inevitável ao pleno cumprimento da lei, dos prazos legais, do procedimento legal, da forma e do conteúdo em prol dos direitos agitados.[11] O processo é longo também como garantia das partes, possibilitando a "*ampla defesa, o contraditório*", etc. É dizer, o argumento da celeridade, por si só, vale muito pouco, nada justifica em prol dos destinatários, dos jurisdicionados.

Outro dado fático, e nem por tal razão desprezível, é o da complexidade de temas constitucionais aliado à necessidade de amadurecimento e debate. É notória a dificuldade na interpretação de temas constitucionais. Decisão "célere" pode ser vantajosa para uma das partes, mas por sua natureza (constitucional), deveria ser amplamente questionada, debatida, discutida, testada e afinal, julgada. Com a ação declaratória não há dúvida que nunca será possível chegar ao "amadurecimento" dos temas em foco. Aborta-se o desejável confronto nacional da jurisprudência. Agrego neste ponto, o que reputo mais grave: a fricção aos direitos individuais, ao acesso à Justiça, ao devido processo legal, à jurisdição. Ao amadurecimento se repõe um verdadeiro atestado de constitucionalidade, como se fora um diagnóstico geral de ausência de processo degenerativo "fi-

11. Absolutamente não estamos defendendo a morosidade do aparelho judiciário. Temos pleno conhecimento dos inconvenientes de uma justiça tardia, sempre falha, e no mais das vêzes incapaz de atender ou sustar atos ilegais no nascedouro. Queremos apenas chamar atenção para o fato de que a "demora" da máquina judiciária não é gratuita. Deve-se também à natureza intrínseca da ação, da necessidade do amplo contraditório e defesa, da ampla coleta de provas, etc. Conquanto no controle abstrato o "contraditório" apresente peculiaridades, (alguns dizem que ele nem sequer existe) é preocupante sua supressão total. Em outro giro, não aceitamos o frágil argumento que na declaratória do STF não há contraditório, opinião e juízo que por certo virá.

siológico" em essência, um absurdo no mundo jurídico.

Dúvida não paira a respeito da magnitude e importância da jurisdição. Sem ela não há liberdade, não há garantias, não há contrôle. Creio que aí reside a infelicidade maior do poder reformador. A emenda viola, com sua previsão, o Juiz Natural, princípio fundamental de qualquer Estado democrático de direito. Ao alterar a competência da Suprema Corte, não há dúvida que alterou-se igualmente (*por via reflexa*) direito individual, direito ao Juiz Natural, direito ao devido processo legal, direito à jurisdição livre. Em que medida? Alterou-se o sistema de jurisdição constitucional, adotando um modelo nunca visto no direito comparado, como cremos ter demonstrado. O sistema brasileiro de controle da constitucionalidade é misto (e não político em essencial), adota-se, como vimos, o controle concentrado e difuso. O Brasil adota ambos os sistemas com adaptações. Até agora, com o controle difuso, permite-se que o tema constitucional seja conhecido e julgado por qualquer juiz ou Tribunal do País, em qualquer ação (via indireta ou de exceção), ao lado da ação direta.

Com o advento da ação declaratória, na prática, segundo cremos, tem-se o esvaziamento da via indireta. Cremos que o empobrecimento doutrinário e jurisprudencial será de monta. A possibilidade do tema constitucional percorrer várias instâncias, ser visto e revisto, cede diante da ação declaratória, pois em face do pronunciamento da Suprema Corte aborta-se a discussão nacional de temas sempre relevantes. A declaratória não passa de uma avocatória travestida, diante dos efeitos produzidos.

Contraria-se assim uma tradição constitucional, impondo-se à Suprema Corte um papel de Tribunal de interpretação (de consulta) do direito constitucional, vocação aliás sempre afastada por seus julgamentos.

5.1 Algumas questões processuais. A ADIN e a declaratória — incompatibilidade? Retrocesso ou "avanço" na jurisprudência constitucional?

Volvendo às questões processuais, existem alguns pontos que por certo desafiam os especialistas.[12] Não é nosso caso. Por exemplo, onde estaria o contraditório na ação declaratória? Uma vez julgada a ação declaratória, há coisa julgada? Poderiam os legitimados propor ação direta de inconstitucionalidade após o julgamento da declaratória? São questões que deixamos aos processualistas, após algumas singelas especulações.

Cumpre esclarecer alguns pontos preliminares acerca do controle concentrado (abstrato). A doutrina (Gilmar F. Mendes, ob. cit., p. 260) afirma acerca da ação direta de inconstitucionalidade: "Embora o processo objetivo seja, normalmente, um processo unilateral e não contraditório, deve-se ressaltar que o que acaba por distinguí-lo de outras formas processuais é, exatamente, a não exigência ou a dispensabilidade de um interesse jurídico específico ou, se se quiser, de um interesse de agir (*Rechtsschutzbedurfnis*) de qualquer dos eventuais requerentes na questão submetida à jurisdição constitucional. Em verdade, a própria definição dos órgãos legitimados a provocar o tribunal já está a indicar que este direito — o direito de instaurar o processo de controle abstrato — não lhes foi outorgado tendo em vista a defesa de eventuais interesses ou de situações objetivas. Cuida-se de faculdade vinculada, tão-somente, a um interesse público de controle (*offentliches Kontrollbedurfnis*). À evidência, o art. 103, *caput*, da Constituição, não requer que, para a ins-

12. Vide o clássico trabalho de Celso Agrícola Barbi, *A Ação Declaratória no Processo Civil Brasileiro*, Belo Horizonte, 1962; Alfredo Buzaid, *Ação Declaratória*, São Paulo, 1943, dentre outros.

tauração do processo de controle abstrato de normas, deva qualquer dos entes legitimados demonstrar a existência de um interesse jurídico específico".

E mais adiante: "Convém notar que, como observa Schlaich, embora o controle abstrato de normas seja concebido, como processo unilateral, é certo que, em virtude do conteúdo político dos temas, *acabe por assemelhar-se a qualquer processo contraditório* (*streitahnlich*)" (idem).

Sendo assim, parece que não é lícito afirmar, como regra geral, a ausência de contraditório no modelo concentrado de controle da constitucionalidade (via direta) das leis. A questão relativa ao contraditório é sumamente importante na ação direta e, agora, na ação declaratória. Conquanto seja possível aceitar-se que a ação direta veicula um interesse público de natureza "política", quer-nos parecer que isso em absoluto não significa afastar o contraditório, imperativo constitucional (art. 5º., inc. LV). A advertência é importante na medida em que tem-se procurado de todas as formas estabelecer restrições processuais e procedimentais na ação direta, como, por exemplo, inadmitindo assistência.[13] A mesma prática pode ser esperada em relação à ação declaratória, infelizmente.

5.2 As restrições regimentais

A distorção é regimental. Como é possível o regimento da Suprema Corte estabelecer restrições processuais, não contempladas na Constituição da República? Desconhecemos o amparo jurídico da orientação. De qualquer forma, é importante assinalar e propugnar no sentido de que haja o contraditório na ação declaratória. É dizer, mesmo considerando, como o faz, parcela significativa da doutrina, que o controle abstrato da constitucionalidade é "peculiar", visa resguardar a incolumidade da Constituição e seu espírito, nem porisso, ao contrário, exatamente por tal razão, é que o contraditório é imperativo. Afirmar que neste tipo de declaratória não há lide no sentido tradicional não parece convincente. Afinal, a natureza da ação declaratória não desaparece somente porque é exercida perante a Suprema Corte. Nas ações declaratórias em geral, como é de curial conhecimento, temos a resposta, os recursos, etc.

O Pleno da Suprema Corte já decidiu timidamente: "O autor do ato normativo impugnado é parte legítima não só para figurar como requerido na demanda direta de inconstitucionalidade, como também para interpor recurso contra a decisão proferida. O interesse na manutenção do ato faz surgir, por construção jurisprudencial, a legitimidade" (*RTJ* 133/955).

De qualquer forma, podemos afirmar que sujeitos ativos, os titulares da ação direta de inconstitucionalidade, são os entes arrolados no artigo 103 da Constituição; já os sujeitos passivos, são os co-partícipes do ato impugnado (da produção da lei ou ato impugnado). Afastar a legitimidade de todos aqueles que participaram de alguma forma da produção da norma ou ato é incompreensível de inconstitucional. Sendo assim, plenamente legítima se nos afigura a possibilidade de assistência, do contrário, ferido restaria o contraditório e a ampla defesa. O Supremo Tribunal Federal não está acima da Constituição.

13. No passado, segundo nos informa José Celso de Mello Filho, admitia-se o litisconsórcio e a intervenção assistencial de terceiros nos processos de ação direta de declaração de inconstitucionalidade. Colaciona alguns julgados nesse sentido. *Constituição Federal Anotada*, 2ª ed., Saraiva, 1986, p. 349. Por força da Emenda Regimental n. 2 de 1985 vedou-se a possibilidade da assistência. Analisando a jurisprudência da Corte, mesmo após a promulgação da Constituição de 1988, curiosamente o Supremo tem mantido este entendimento. Não admite assistência.

Sérgio Ferraz,[14] acerca do processamento das ações diretas no Brasil, afirma: "Classicamente, a processualística das ações diretas, no Brasil, tem sido assentada na própria Constituição e, majoritariamente, no Regimento Interno do Supremo Tribunal Federal.

"No que diz respeito à primeira, das fontes formais acima referidas, cabe mencionar, além dos mandamentos já citados, os §§ 1º e 3º, do art. 3º, segundo os quais, respectivamente:

"a) o Procurador-Geral da República deverá manifestar-se, em todas elas, como *custos legis*;

"b) o Advogado-Geral da União (ou quem, por delegação, fizer seu papel) deverá ser citado, para defender o ato ou texto impugnado.

"Especificamente quanto à tutela do 'ato ou texto impugnado', há que se ter em consideração que, por *definição constitucional* (art. 131), o papel precípuo do Advogado-Geral é a defesa (além das tarefas de consultoria e assessoramento jurídico do Executivo) da União. Dessa sorte, sua *atribuição* de sustentação do ato ou texto impugnado só será exigível se e quando não se revelar conflitante com seu *dever-missão* de defesa da União. Trata-se, como se vê, de interpretar sistematicamente a Constituição."

Enfim, a questão tormentosa e importantíssima cifra-se no seguinte: deve-se garantir o contraditório em todas as ações declaratórias promovidas pelos legitimados.

De qualquer forma, retrocedendo à linha de raciocínio dantes exposta, no que tange à análise dos sistemas de controle de constitucionalidade no direito comparado, esse nosso objetivo central, parece inédita a previsão brasileira. De um lado, temos o modelo americano e, de outro, o europeu.

6. Análise dos modelos europeu e americano e a ausência de paralelo no Brasil

Sacha Calmon Navarro Coelho (ob. cit.), com apoio nas lições de Lúcio Bittencourt, George H. Jaffin e outros, nos oferece a evolução sintética do caminho percorrido pela Suprema Corte americana, sempre obstando a utilização da ação declaratória — "em que o interesse das partes limita-se a uma declaração de existência ou inexistência de relação jurídica — como meio processual idôneo para obter do Judiciário uma decisão sobre a inconstitucionalidade de alguma lei ou provimento administrativo contrário à Constituição" (ob. cit., p. 86). Remarca ainda o autor que, após algumas tentativas, finalmente foi possível alcançar por vários métodos, inclusive as *injunctions*, a admissão da declaração "*incidenter tantum* de inconstitucionalidade de lei ou ato normativo". "O controle difuso da constitucionalidade das leis fez-se mais completo" (idem). Vê-se que em nada apresenta de similar o modelo americano à alteração brasileira, ao contrário, distancia-se do modelo inspirador americano.[15]

De outra parte, os modelos de Corte Constitucional variam na forma, mé-

14. Sérgio Ferraz, "A Declaração de Inconstitucionalidade no Supremo Tribunal Federal", conferência proferida no Curso "O Panorama da Inconstitucionalidade no Direito Brasileiro", promovido pela Associação dos Advogados de São Paulo, que tivemos a honra de coordenar.

15. Pinto Ferreira doutrina: "A nossa Suprema Corte integrou na sua experiência algumas fórmulas e princípios mestres do Supremo Pretório norte-americano. Entre esses princípios se salientam: a) a Suprema Corte só aprecia causas pendentes, não é órgão de consultas; b) a Corte não julga questões puramente políticas; c) a Corte examina a constitucionalidade das leis, mas só declara essa inconstitucionalidade quando a lei não é conciliável com a Constituição; d) a Corte não revê questões alusivas à orientação da política legislativa" (*Curso de Direito Constitucional*, Saraiva, 1991, p. 484).

todo e procedimento de controle. De qualquer forma, não há paralelo como pretendeu o legislador constituído reformador. Houvesse uma efetiva Corte Constitucional no Brasil, com todas as alterações que tal modelo implica, aí sim, poderíamos cogitar de uma paralisação do feito no juízo ordinário, envio à Corte constitucional, para seu pronunciamento. Enfim, novas técnicas poderiam ser idealizadas e adaptadas à realidade brasileira. Mas não foi o que ocorreu. Violentou-se a tradição jurisdicional brasileira, a legitimidade constitucional, ao inserir uma modalidade de ação sem precedentes (para o modelo brasileiro misto-controle concentrado e difuso). Nem se diga que houve a aplicação do controle preventivo (C. Francesa de 58). Naquele caso há controle sobre o processo legislativo e mecanismos de aperfeiçoamento de modo a evitar-se inconstitucionalidades. Não se trata igualmente do "recurso de inconstitucionalidad" do modelo espanhol (art. 161, *a*, da Constituição daquele País). Porque naquele país, como em outros modelos europeus, há discussão constitucional, ela pode surgir no corpo dos autos. Ademais, outros mecanismos de ajuste existem, de modo que não há o paralelo com a "declaratória" brasileira.

Não foi nosso intento discutir modelos de controle prévio de constitucionalidade. Apenas pretendemos demonstrar a ausência de paralelos na solução ora adotada e o casuísmo presente na decisão do legislador reformador. Não cremos, ratificando, na existência de um paralelo legislativo no direito comparado.[16] Diversa seria a hipótese de uma ampla reforma na estrutura e na competência do Judiciário para se criar uma Corte Constitucional.

16. Para um estudo do sistema alemão, conferir Gilmar Ferreira Mendes, "Tribunal Constitucional Alemão" — O Apelo ao Legislador, "*Appellentscheidung*" — na Práxis da Corte Constitucional Federal Alemã", in *RDP* 99/32. Verifica-se que a técnica de controle naquele país é política, na acepção já verificada, sendo assim, não há paralelo nos sistemas brasileiro e alemão. Vide ainda Alfonso Pérez Gordo, *El Tribunal Constitucional Y Sus Funciones*, Bosch, Barcelona, 1983.

7. Conclusões: as modificações são inconstitucionais

Se aceitarmos que a Jurisdição constitucional, garantia fundamental, comparando e cotejando os dispositivos constitucionais que versam a matéria (especialmente artigo 5º, inc. XXXV, LIV e LV, c/c § 2º do mesmo artigo) é possível, ante todo o exposto, admitir que a modificação de competência em tema de Jurisdição, frustra o acesso à Justiça, garantia fundamental do Estado Democrático de Direito. É portanto inconstitucional a modificação operada.

Se ainda considerarmos que somente é autorizado ao poder constituinte reformador (emenda) realizar alterações pontuais na Constituição que não infrinjam as cláusulas pétreas (art. 60, § 4º); e, ainda, se considerarmos que a declaratória viola o princípio da separação de poderes, poderemos concluir que a alteração foi inconstitucional. Daí porque entendemos inconstitucional a inovação.

Segundo imaginamos, a nova "ação declaratória de constitucionalidade" viola o princípio *do equilíbrio e separação dos poderes* (art. 2º, CF), pois confere ao Supremo Tribunal Federal competência que resulta em atribuição "legislativa". Em outras palavras, o juízo prévio a respeito da constitucionalidade de uma norma jurídica é tradicionalmente competência do órgão incumbido de elaborar a lei (ato complexo). Para tanto, basta verificar o processo legislativo e lá encontraremos em suas fases, diversos exemplos de controle da constitucionalidade das normas jurídicas. Assim, *v.g.* o controle primeiro dá-se nas comissões legislativas de constituição e justiça, bem como por meio do veto do chefe do executivo. Poder-se-ia objetar a conclusão relativa ao veto. Por meio dele controla o Executivo atos "inconstitucionais" (ou contrários ao interesse público). Contudo, queremos demonstrar que, ao controlar a inconstitucionalidade, ainda antes da lei ser eficaz, na verdade, está o Chefe do Executivo controlando a "constitucionalidade" da lei. São como duas faces da mesma moeda. É dizer, já temos mecanismos de controle da mesma moeda. É dizer, já temos mecanismos de controle da "constitucionalidade". Tais mecanismos são, em verdade, tradicionalmente atribuídos ao Legislativo.

Ante todo o exposto cremos que a ação declaratória de constitucionalidade não encontra compatibilidade ou paralelo com o direito comparado ou mesmo com os princípios da Constituição Federal, sendo, portanto, inconstitucional.

A ausência do contraditório na ação desfigura a função jurisdicional como um todo, colocando o Poder Judiciário como "integrante do processo legislativo", conferindo a ele função política que não tem, segundo nosso modelo de controle adotado. Novamente vislumbramos a mácula da inconstitucionalidade.

A ação declaratória, tal como vazada, encontra resistências doutrinárias, históricas (na própria vocação da Suprema Corte) e jurisprudenciais, violando o direito dos cidadãos. Teremos a Suprema Corte como órgão supervisor da atividade legislativa, idéia e atuação que viola o princípio da separação dos poderes.

Em uma palavra: a emenda é inconstitucional.

DEPÓSITO COMPULSÓRIO DA LEI N. 4.595/64 (CIRCULAR N. 2.175/92 DO BACEN) — NATUREZA JURÍDICA — ASPECTOS LEGAIS E CONSTITUCIONAIS

JOÃO DÁCIO ROLIM

Advogado em Minas Gerais, Rio de Janeiro e São Paulo e
Diretor da Associação Brasileira de Consultores Tributários (ABCT) — MG.

I — Escorço legislativo. II — A Lei 4.595/64 como lei complementar e o art. 192 da CF/88. III — A natureza jurídica do encaixe obrigatório da Lei 4.595/64. Tributo da espécie empréstimo compulsório ou instrumento de direito monetário. IV — O desvio de finalidade do ato do Banco Central. V — Os princípios do devido processo legal, da inafastabilidade do controle judicial e da isonomia. VI — As alíquotas do compulsório da Lei 7.730/89 e a Circular n. 2.175/92. VII — Conclusões.

I — Escorço legislativo

A possibilidade de instituição do recolhimento compulsório sobre depósitos nos bancos comerciais junto ao Banco Central do Brasil surgiu com a Lei 4.595 de 31.12.64, a qual nos seus arts. 4º e 10, dispôs o seguinte, com alterações dadas pela Lei 6.045/74, e Decreto-lei 1.959/82:

"Art. 4º. Compete ao Conselho Monetário Nacional, segundo diretrizes estabelecidas pelo Presidente da República:

"(...)

"XIV — Determinar recolhimento de até 60% (sessenta por cento) do total dos depósitos e/ou outros títulos contábeis das instituições financeiras, seja na forma de subscrição de letras ou obrigações do Tesouro Nacional ou compra de Títulos da Dívida Pública Federal, seja através de recolhimento em espécie, em ambos os casos entregues ao Banco Central do Brasil, na forma e condições que o Conselho Monetário Nacional determinar, podendo este:

a) adotar percentagens diferentes em função:

— das regiões geo-econômicas

— das prioridades que atribui aplicações

— da natureza das instituições financeiras

b) determinar percentuais que não são recolhidos, desde que tenham sido reaplicados em financiamentos à agricultura, sob juros favorecidos e outras condições fixadas pelo Conselho Monetário Nacional.

"(...)

"Art. 10. Compete privativamente ao Banco Central do Brasil:

"III — receber os recolhimentos compulsórios de que trata o inciso XIV do art. 4º desta Lei, e também depósitos voluntários das instituições financeiras, aos termos do inciso III e § 2º art. 19 desta Lei."

De acordo com a referida lei, o Conselho Monetário Nacional determina o montante de encaixe obrigatório ao Banco Central sobre todo e qualquer tipo de depósito existentes nos bancos comerciais, ou sobre títulos contábeis relacionados com o controle da quantidade de moeda em circulação.

Entretanto, com a Lei 7.730/89, já na vigência da Constituição Federal de 1988, houve uma alteração na competência para sua instituição e na sua abrangência.

Com efeito, o art. 19 da Lei 7.730/89, modificando o art. 10 da Lei 4.595/64, acrescentou-lhe o inc. III, nos seguintes termos, alterando a competência do Banco Central, o qual de simples destinatário do compulsório instituído antes pelo Conselho Monetário Nacional, passou a ser o titular privativo para a sua instituição:

"Art. 19. O artigo 10 da Lei 4.595, de 31 de dezembro de 1964, fica acrescido do seguinte inciso III, remunerando-se os demais:

"Art. 10. Compete privativamente ao Banco Central do Brasil: (...)

"III — determinar o recolhimento de até 100% (cem por cento) do total dos depósitos a vista e de até 60% (sessenta por cento) de outros títulos contábeis das instituições financeiras, seja na forma de subscrição de letras ou obrigações do Tesouro Nacional ou compra de Títulos da Dívida Pública Federal, seja através de recolhimento em espécie, em ambos os casos entregues ao Banco Central do Brasil, a forma e condições por ele determinadas, podendo:

"a) Adotar percentuais diferentes em função;

1 — Das regiões geo-econômicas;

2 — Das prioridades que atribuir as aplicações;

3 — Da natureza das instituições financeiras.

"b) Determinar percentuais que não são recolhidos, desde que tenham sido reaplicados em financiamentos à agricultura sob juros favorecidos e outras condições por ele fixadas."

Assim sendo, o recolhimento compulsório passou a incidir até 100% somente sobre depósitos à vista (antes poderia ser de até 60%, mas inclusive sobre depósitos a prazo) e até 60% sobre outros títulos contábeis das instituições financeiras, englobando depósitos a prazo e toda e qualquer conta do seu passivo, uma vez que aquele encaixe obrigatório no Banco Central tem a finalidade de controlar os meios de pagamento, ou seja, basicamente a quantidade de moeda escritural (depósito nos bancos comerciais), a qual constitui obrigação (Passivo) para com terceiros, conforme se analisará na medida da sua utilidade para compreensão do objetivo do controle da moeda exercido pela autoridade monetária.

II — A Lei 4.595/64 como lei complementar e o art. 192 da CF/88

Portanto, como visto no item anterior, houve uma alteração da alíquota e da competência para instituição do recolhimento compulsório para controle da expansão monetária, após a CF/88, a qual regulando o Sistema Financeiro Nacional exigiu expressamente o veículo da Lei Complementar para disciplinar as atribuições do Banco Central *ex vi* do seu art. 192.

"Art. 192. *O sistema financeiro Nacional*, estruturado de forma a promover o desenvolvimento equilibrado do País e a servir aos interesses da coletividade, *será regulado em Lei Complementar, que disporá, inclusive, sobre*:

"(...)

"IV — A organização, o funcionamento e as atribuições do Banco Central e demais instituições financeiras."

Pelo princípio da recepção em direito constitucional, a lei ordinária anterior é recepcionada, desde que materialmente compatível com a nova ordem constitucional, com o *status* de lei complementar, quando a Carta Magna posterior exige-a para determinadas matérias anteriormente reguladas por simples lei ordinária.

Especificamente sobre o caso em concreto, isto é, sobre a natureza de lei complementar da Lei 4.595/64, após a CF/88, encontramos a lição do eminente professor Edvaldo Brito no seu excelente trabalho sobre "Sistema Financeiro Nacional — Aspectos Polêmicos na Nova Ordem Constitucional": "A esse propósito, cumpre se essa Lei 4.595/64 é, materialmente, a lei complementar integrativa. O resultado da verificação é afirmativo.

"Além do princípio da eficácia, a nova ordem constitucional enseja, para a sua utilização, a convivência com mais três outros, o da recepção, o da presunção de constitucionalidade das normas infraconstitucionais, o do direito adquirido.

"Se eficazes são todas as normas constitucionais, e se há o privado da Constituição no sistema jurídico, a conseqüência é a de que a nova ordem jurídica fundamental recebe apenas as normas infraconstitucionais compatíveis. De logo, afasta-se a compatibilidade formal, porque a norma preexistente é recebida, se compatível, ao nível requerido pela nova Constituição; daí por que o Decreto 22.626, de 7 de abril de 1993, foi recebido como Lei (lei de usura) pela Constituição de 1934. A Lei 4.595/64, que não cumpriu o processo legislativo previsto com o *quorum* do art. 69, nem por isso deixa de ser recebida como integrativa do art. 192 naquilo que com ele não conflitar. É que 'princípio da recepção' refere-se à compatibilidade material, por isso, as normas recebidas são ao nível, ao grau atribuído pela nova Constituição. Tal circunstância decorre do fato de o fundamento de validez jurídico-positiva do escalão superior ser regulado por essa mesma norma superior" (cf. Hans Kelsen, *Teoria Pura do Direito*, 3ª ed., trab. de João Baptista Machado, Armênio Amado Ed., Coimbra 1974, p. 323; Michel Temer, *Elementos de Direito Constitucional*, 3ª ed., Ed. RT, SP, 1985, p. 26) (*A Nova Ordem Constitucional — Aspectos Polêmicos*, Fundação Dom Cabral, Federação do Comércio do Estado de Minas Gerais, Academia Internacional de Direito e Economia, Forense, 1990, RJ, pp. 285-286).

Ora, havendo a Lei 7.730, de 31.1.89, lei ordinária, pretendido alterar a Lei 4.595/64, recepcionada esta como Lei Complementar, manifestamente nulas e írritas as suas modificações. Portanto, face à inconstitucionalidade formal da Lei 7.730/89, falece competência ao Banco Central do Brasil instituir depósitos compulsório à razão de 100% sobre depósitos à vista e de 60% sobre outros títulos contábeis das instituições financeiras, permanecendo válidas e intocáveis, até o advento da nova Lei Complementar, as disposições da Lei 4.595/64 referentes às atribuições da autoridade monetária para instituir o compulsório de até 60% sobre o total dos depósitos nas instituições financeiras, desde que determinadas pelo Conselho Monetário Nacional, órgão que tem esta competência expressa na Lei 4.595/64, restando ao Banco Central a atribuição para só receber o compulsório e de até somente

60%. Portanto, manifestamente ilegal a indigitada Circular 2.175/92 do Banco Central que pretendeu estabelecer recolhimento compulsório ou encaixe obrigatório sobre fiança bancária judicial das instituições financeiras, em confronto com a resolução do Conselho Monetário Nacional, a qual inexiste. Evidenciando mais ainda a necessidade da Lei complementar para alterar as disposições existentes referentes às atribuições do Banco Central ou para regulamentar a matéria prevista no art. 192 da CF/88 e não disciplinada na Lei 4.595/64, tramita na Câmara dos Deputados *Projeto de Lei Complementar*, cujo substitutivo do relator, datado de 31.5.92, dispõe no seu art. 7:"Art. 7º Compete privativamente ao Banco Central do Brasil: (...) I — determinar o recolhimento compulsório pelas instituições financeiras, nos limites estabelecidos pelo Senado Federal, do valor total ou parcial escrito em qualquer rubrica contábil das respectivas demonstrações financeiras, desde que relativas à captação de recursos, podendo adotar porcentuais diferentes em função da região de captação e do porte da instituição".

Por outro lado, não há que se invocar que houve expressa delegação do Conselho Monetário Nacional ao Banco Central para fazer as alterações pretendidas, sob vigência da Constituição anterior recepcionada pela atual, pois pela Resolução 1.108 de 6 de março de 1986, o Conselho Monetário Nacional somente havia autorizado o Banco Central a alterar as taxas de recolhimento compulsório sobre depósitos à vista e sob aviso nos seus exatos termos: "I — Autorizar o Banco Central a alterar: a) as taxas de recolhimento compulsório e de encaixe obrigatório *sobre depósito a vista e sob aviso*, a que se sujeitam os bancos comerciais e as caixas econômica; e b) a composição do recolhimento compulsório e do encaixe obrigatório de que trata a alínea anterior".

III — A natureza jurídica do encaixe obrigatório da Lei 4.595/64. Empréstimo compulsório (tributo) ou instrumento de controle da moeda

A finalidade única e essencial do mecanismo do recolhimento compulsório da Lei 4.595/64 é controlar a quantidade da moeda em circulação (meios de pagamento), instrumento este em perfeita sintonia com a competência exclusiva do Banco Central para a emissão de moeda, nos precisos termos do art. 164 da CF/88. Por outro lado, a lei complementar, a que se refere o art. 192 da Lei Maior, dispondo sobre as atribuições do Banco Central, explicou a sua finalidade de como órgão emissor da moeda e controlador da base monetária art. 3º, inc. I, e 9º da Lei 4.595/64), dando-lhe os instrumentos necessários, tais como o redesconto, atuação no mercado aberto e o encaixe obrigatório (recolhimento compulsório dos bancos), para regular a oferta de moeda ou a taxa de juros, mas sobre determinação Conselho Monetário Nacional. Sobre a natureza dos bancos centrais é unânime a doutrina no sentido de que devem ser os órgãos que controlem a moeda, sua emissão e sua expansão, visando não só à política de juros, como também a liquidez necessária à vida econômica.

Jean-Pierre Patat em sua obra *Les banques centrales* (Editions Sirey, 1972) ressalta a função primordial dos bancos centrais no exercício do poder monetário: "O serviço público da moeda consiste em ajustar a quantidade de moeda ao montante necessário ao bom funcionamento dos mecanismo econômicos e a manter o valor do câmbio da moeda nacional com as diversas moedas estrangeiras" (...) As linhas que se seguem têm por objeto a descrição da ação primordial, a mais pura e, poder-se-ia também dizer, a mais "nobre" do Banco Central, ação que consiste em regular em tempos normais o montante da liquidez necessária à vida econômica'' (ob. cit., pp. 83-84).

Esta digressão à função dos bancos centrais é útil para a constação de que pela Circular 2.175/92, o Banco Central do Brasil, deixando a sua missão precípua e mais nobre, imiscuiu-se em seara alheia às suas funções, de maneira absolutamente inconstitucional pela forma, pela substância do seu ato e pelo desvio de finalidade, ao tentar restringir ou anular na prática a utilização da fiança bancária, como instrumento legítimo para garantia em execuções fiscais e processos judiciais.

A fiança bancária como contrato acessório, pelo qual o Banco assume para com o credor a obrigação de pagar uma dívida, se esta for julgada devida e caso o devedor não o fizer, não representa um passivo (obrigatório) da instituição financeira, nem um ativo (direito), pois à obrigação futura e incerta de pagar o credor, corresponder-lhe-á o direito de se voltar contra o devedor, anulando-se o eventual passivo com o ativo decorrente. Por isso, como mera garantia, deve ser contabilizado em conta de compensação nas instituições financeiras, e não no Ativo nem no Passivo, conforme determina o próprio Plano Contábil das Instituições do Sistema Financeiro Nacional (Cosif — item 1.1.5.7): ''7. Contas de Compensação — utilizam-se Contas de Compensação para registro de quaisquer atos administrativos que possam transformar-se em direito, ganho, obrigação, risco ou ônus efetivos, decorrentes de acontecimentos futuros, previstos ou fortuitos'' (Circular 1.273).

Sobre a natureza das contas de compensação, que não registram fenômenos patrimoniais, e que, por conseqüência, não importam na transferência de recursos e utilização dos meios de pagamento (com exceção à remuneração pela garantia prestada, o que não é a hipótese da Circular 2.175/92 do BACEN), esclarece o boletim técnico ''Temática Contábil e Balanço'' da *IOB* — Informações Objetivas 48/92: ''O sistema de compensação difere totalmente do sistema patrimonial. Enquanto este último engloba as contas que compõem o patrimônio da empresa como um todo (Ativo, Passivo Exigível e Patrimônio Líquido), aquele abrange exclusivamente contas que servem para controle, sem fazer parte do patrimônio, ou então contas que poderão, ainda, no futuro, integrar o patrimônio. (...) Por exemplo, no caso de compromissos assumidos pela empresa com possíveis repercussões patrimoniais futuras, tais como avais dados e outras responsabilidades contingentes assumidas, nada melhor do que seu controle por tal sistema. Não é por menos que o próprio Banco Central, como já foi dito, obriga à utilização desse critério. As hipotecas feitas sobre os imóveis de uma empresa, as obrigações possíveis relativas a avais, as alienações fiduciárias, os estoques dados em garantia e outras possíveis repercussões futuras são exemplos de itens que podem e talvez devam mesmo ser sempre registrados e controlados em contas de compensação (pp. 414 e 416).

O conceito de meios de pagamento, por sua vez, refere-se tão somente à moeda em poder público e à moeda escritural, não havendo qualquer relação com a fiança bancária, a qual constitui uma simples garantia.

Após detalhar o conceito supra de meios de pagamento como a composição do papel moeda em poder do público (total emitido menos a caixa em moeda corrente dos bancos comerciais) e da moeda escritural (depósito nos bancos comerciais), Mário H. Simonsen exemplifica as séries distintas de meios de pagamento: ''Assim, publicam-se hoje no Brasil (pela revista *Conjuntura Econômica*, do IBREFGV) quatro séries distintas de meios de pagamento. A primeira (M1), mais usual, equivale àquela à qual vimos nos referindo até o presente momento, englobando o papel-moeda em poder do público e os depósitos à vista na rede bancária. A segunda (M2) adiciona a este montante os depósitos a prazo, enquanto que a terceira (M3) consiste em M2 mais os depósitos de poupança. Finalmente, a última (M4), mais abrangente, adiciona a M3 o saldo dos títulos públicos federais fora da carteira do Banco Central'' (*Macro Economia*, Mário Henrique Simonsen e Rubens Penha Cysne, 1989, Ao Livro Técnico, p. 16).

A relação entre expansão ou contração dos meios de pagamento e o recolhimento compulsório é a ainda ressaltado pelo douto economista, em consonância com razão de ser daquele instrumento previsto na Lei 4.595/64, uma vez que o controle direto sobre os meios de pagamento é muito difícil, restando a utilização muitas vezes salutar do referido encaixe obrigatório: ''A análise precedente nos mostra como as Autoridades Monetárias podem controlar a expansão ou a contração do volume de meios de pagamento. Deixando de lado a composição dos meios de pagamento, que é variável de difícil controle, as Autoridades Monetárias podem agir sobre a base monetária e sobre a relação encaixe/depósitos nos bancos. Assim para expandir o volume de meios de pagamento, as Autoridades Monetárias dispõem dos seguintes instrumentos:

''a) Expandir seus empréstimos ao Governo.

''b) Expandir seus empréstimos ao setor privado.

''c) Expandir os redescontos aos bancos comerciais.

''d) Comprar títulos da dívida pública em poder do público (operação de open-market'').

''e) Liberar recursos derivados do comércio com o exterior, reduzindo as quotas de retenção de café ou produtos de exportação.

''f) Aumentar as reservas cambiais.

''g) *Reduzir a relação encaixe/depósitos nos bancos comerciais, diminuindo as exigências de recolhimentos compulsórios à ordem do Banco Central. Estas são as providências destinadas a promover a expansão dos meios de pagamento. Naturalmente, as medidas inversas provocam a contração dos meios de pagamento''* (ob. cit., pp. 33-34, não destacado no original).

Ora, se o recolhimento compulsório é o instrumento existente para regular a quantidade de moeda em circulação, sua expansão ou retração, somente pode incidir diretamente sobre a base composta dos meios de pagamento, a que visa controlar, sob pena de se desnaturar a sua finalidade e acarrctar afrontas ao direito de propriedade, à capacidade contributiva e ao efeito não confiscatório de qualquer constrição patrimonial, exceto nos casos das permissões constitucionais, dentre as quais são se enquadra o encaixe obrigatório, a não ser na hipótese restrita prevista na lei complementar como atribuição do Conselho Monetário Nacional do Banco Central como órgão emissor e controlador da moeda.

''Dentre as principais funções do Banco Central avulta a faculdade de regular o volume adequado dos meios de pagamento às reais *necessidades da economia nacional, de forma a manter a expansão* do crédito em nível corrente com a programação financeira geral do Governo. Essa faculdade do Banco Central foi exercida através de dois instrumentos de *controle direto*: as operações de redescontos e o mecanismo dos depósitos compulsórios'' (*Bancos Centrais e Instituições Internacionais de Crédito*, Luiz Souza Gomes, FGV Serviços de Publicação, RJ, 1967, p. 123).

Abrir exceções, como a da Circular 2.175/92, representará também fazer tábula rasa das garantias constitucionais de limitação do poder do próprio Banco

Central com o órgão somente de controle da moeda. Daqui a pouco poderíamos ter a instituição do compulsório sobre bens do ativo imobilizado das instituições financeiras, ou até mesmo das próprias empresas comerciais e industriais, sob o "manto protetor" do encaixe obrigatório. Descaracterizada a sua finalidade, também por inadequação de sua base imponível, mascara a referida obrigação um empréstimo compulsório, evidentemente inconstitucional, pois não instituído por lei complementar e nem preencher os requisitos materiais do art. 148 da CF/88. Embora a tese do empréstimo compulsório pudesse ser tentadora para sempre qualificar juridicamente o encaixe obrigatório do Banco Central, não se adere a ela pelas razões jurídicas e econômicas já expostas, principalmente considerando a função precípua da autoridade monetária, das instituições financeiras, da necessidade de controle dos meios de pagamento, mas qualquer mínimo desvio de sua finalidade resvalará o referido depósito compulsório para o campo do art. 148 da CF/88, que trata do empréstimo compulsório, deixando de estar ao abrigo dos arts. 164 e 192 da CF/88.

IV — O desvio de finalidade do ato do Banco Central

Uma outra relevante ilicitude, já preconizada, foi cometida pela autoridade monetária, ao editar a indigitada Circular 2.175/92. Ilicitude esta que a fulmina também de forma absoluta, pois caracterizado restou o desvio de finalidade.

Hely Lopes Meirelles, a respeito do tema, leciona: "Desvios de finalidade. O desvio de finalidade ou de poder se verificar quando a autoridade, embora atuando nos limites de sua competência, pratica o ato por motivos ou com fins diversos dos objetivados pela lei ou exigidos pelo interesse público. O desvio de finalidade ou de poder é, assim, a violação ideológica da lei, ou, por outras palavras, a violação moral da lei, colimando o administrador público fins não queridos pelo legislador, ou utilizando motivos e meios imorais para a prática de um ato administrativo aparentemente legal" (*Direito Administrativo Brasileiro*, Ed. RT, p. 92).

Ainda que a autoridade tivesse atuado no limite de sua competência, o que se admite apenas para argumentar, a intenção foi diversa da constante da lei, ou seja, o que se desejou foi inviabilizar a utilização da fiança bancária como instrumento judicial de garantia e de acesso ao Judiciário. De resto, a prova é veemente pelos motivos jurídicos já analisados: natureza da fiança bancária, restrição somente à garantia judicial, conceito de meios de pagamento e controle da moeda em poder público, função precípua e constitucional da autoridade monetária, finalidade do recolhimento compulsório, a evidenciarem a total discordância e contradição do fundamento legal alegado com a prática do ato: "O ato praticado com desvio de finalidade — como todo ato ilícito ou imoral — ou é consumado às escondidas ou se apresenta disfarçado sob o capuz da legalidade e do interesse público. Diante disto, há que ser surpreendido e identificado por indícios e circunstâncias que revelem a distorção do fim legal, substituído habilidosamente por um fim ilegal ou imoral não desejado pelo legislador. A propósito já decidiu o STF que 'Indícios vários e concordantes são prova'. Dentre os elementos indiciários do desvio de finalidade está a falta de motivo ou a discordância dos motivos com o ato praticado" (ob. cit., Hely Lopes Meirelles, p. 92).

Conforme ainda notícia veiculada pela Gazeta Mercantil de 7 de maio de 1992 (p. 20), a intenção da autoridade "monetária" foi a seguinte: "A decisão do Banco Central atinge todas as instituições financeiras e estabelece em 100% o percentual da taxa de recolhimento compulsório sobre o acréscimo daquele tipo de garantia concedido ou de 60% sobre o saldo diário valendo o que for menor. A medida entra em vigor tão logo a circular saia publicada no *Diário Oficial* (*DO*) e a intenção do Banco Central foi acabar com a prática negociada entre bancos empresas e que procurava contornar o depósito judicial.

"Em vez do depósito, as empresas que estão brigando na Justiça para não pagar o Finsocial ou o Imposto de Renda (IR) usavam o dinheiro em uma aplicação de Certificado de Depósito Bancário (CDB) e recebiam do banco uma carta de fiança bancária garantindo que os recursos referentes ao depósito judicial estavam efetivamente aplicados com a instituição financeira. A operação era lucrativa tanto para os bancos, que garantiam assim um mercado cativo para seus CDB, como para as empresas que recebiam pela aplicação taxa mais elevada do que a que lhes era cobrada pela carta de fiança.

"O recolhimento terá que ser feito ao Banco Central na forma de dinheiro (em espécie) e diariamente o diretor de política monetária, Pedro Luiz Bodin de Moraes, vai determinar o índice de remuneração daquele compulsório. Segue abaixo a íntegra das medidas:"

A intensão é injustificável, para não dizer imoral, sob todos os pontos de vista de um Estado de Direito. Aliás, ela não precisava ser revelada explicitamente, pois pela própria restrição inconstitucional que fez, a Circular, ao atingir somente as fianças bancárias destinadas a garantias judiciais e tributos federais, expressamente a desvelou. Se os fatos são verdadeiros (aplicação do valor do tributo discutido em juízo em Certificado de Depósito Bancário em substituição ao depósito judicial), por que não instituir o recolhimento compulsório sobre os depósitos em CDB? Mais esta evidência desvenda a inteligência de qualquer incauto para captar o único propósito da tantas vezes citada Circular 2.175/92.

O desvio de finalidade, à sociedade, resta comprovado, não só pela literalidade dos arts. 1º e 2º do ato da autoridade monetária, mas pela sua intenção confessada, bem como pela adoção de uma base de cálculo absolutamente estranha ao conceito de meios de pagamento.

Conforme já transcrito neste trabalho, o projeto de lei complementar no ponto que altera a base de recolhimento compulsório, vem a explicar o que já era implícito por sua finalidade, ou seja, esclarece que a rubrica contábil das demonstrações financeiras das instituições financeiras sobre a qual é determinado o encaixe obrigatório é somente aquela relativa à *captação de recursos* (art. 5º, inc. V). Por todos os motivos de ordem constitucional e econômica já analisados, os meios de pagamento sujeitos ao controle da autoridade monetária via instituições financeiras somente podem ser representados pelo seu Passivo, nunca por seu Imobilizado ou por Contas de Compensação, como se pretendeu agora.

Caso fosse formalmente constitucional a Lei ordinária n. 7.730/89, que possibilitou ao Banco Central, sem prévia determinação do Conselho Monetário Nacional, a incidência do compulsório sobre outros títulos contábeis das instituições financeiras, esta expressão "outros títulos contábeis" deve ser interpretada com contas do Passivo, que possuam relação com a captação de recursos do público, tendo em vista a finalidade precípua e única do compulsório: controlar os meios de pagamento, contraindo-os ou expandindo-os. Sob este ponto de vista, a Circular 2.175/92 seria ilegal, pois conta de compensação, na qual é contabilizada a obrigação do fiador, não é título contábil relacionado com meios de pagamento, uma vez que a natureza jurídica da fiança bancária continua sendo a de mera garantia de uma outra obrigação. Suponhamos que o numerário correspondente ao valor afiançado esteja depositado num banco comercial, representando o capital de giro da empresa contribuinte, que questiona um tributo federal. Sobre o mesmo valor, sobre o único meio de pagamento incidirá duplamente o recolhimento compulsório, que, no caso, será de 200%, inviabilizando-se a utilização da fiança bancária, que não constitui uma multiplicação dos meios de pagamento (moeda escritural), pois — repete-se — constitui-se somente numa garantia.

V — Os princípios do devido processo legal, da inafastabilidade do controle judicial e da isonomia

Mas não são só estas evidentes inconstitucionalidades formais e materiais, em que incorreu a Circular 2.175/92, pois ao pretender fazer incidir o compulsório tão só sobre uma determinada espécie de fiança bancária — tão somente aquelas destinadas à garantia judicial de Tributos Federais — conseguiu violar material e concomitantemente três princípios constitucionais sagrados e fundamentais, que não podem ser alterados sequer por Emenda Constitucional: os princípios da isonomia, da não restrição da defesa de direito em juízo e do devido processo legal (art. 5º, *caput*, incs. XXXV e LV, respectivamente, da CF/88).

Conforme se depreende dos arts. 1º e 2º da malsinada Circular 2.175/92, a autoridade monetária determinou a criação de uma conta — a qual não é patrimonial, conforme já analisado, intitulada responsabilidades por garantias prestadas com subtítulo "Contribuição Social e Tributos Federais" e somente sobre este subtítulo determinou o recolhimento do compulsório dos bancos. Assim rezam os citados artigos:

"Art. 1º. Criar, no plano contábil das Instituições do Sistema Financeiro Nacional — COSIF, o subtítulo Contribuição Social e Tributos Federais, código 9.0.1.30.40-9, no título Responsabilidades por Garantias Prestadas, código 9.0.1.30.00-7, para *registrar* as fianças outorgadas para interposição de recursos fiscais e execuções fiscais, originários de Contribuição Social e Tributos Federais.

"§ 1º. Alterar a nomenclatura do subtítulo 'No País' para no 'No País — Outras', mantendo o mesmo código 9.0.30.10-0.

"§ 2º. Os valores registrados no título Responsabilidades por Garantias Prestadas devem ser objeto de adequada reclassificação.

"Art. 2º. Instituir recolhimento compulsório encaixe obrigatório sobre os saldos diários inscritos no subtítulo Contribuição Social e Tributos Federais, código 9.0.1.30.40-9 do título de Responsabilidades por Garantias Prestadas do COSIF. Parágrafo único as instituições financeiras devem manter recolhida no Banco Central importância equivalente a 100% (cem por cento) do acréscimo de garantia verificado em relação à data-base de publicação desta Circular ou a 60% (sessenta por cento) do saldo diário do subtítulo, o que for menor."

Evidente fraude à isonomia, à inafastabilidade de recorrer ao Judiciário e ao devido processo legal. Através deste mecanismo tupiniquim — utilização de compulsório sobre conta não patrimonial, que não serve para controlar a expansão dos meios de pagamentos, com único intuito de restringir a prestação de garantia em processos judiciários — ofende-se a inteligência jurídica de qualquer rábula de direito, bem como a inteligência econômica das próprias autoridades monetárias. Onde está a tão conclamada independência do Banco Central?

Fraude à isonomia porque sobre outros tipos de garantia fidejussória bancária não foi instituído o depósito compulsório. Para fiança bancária utilizada, por exemplo, nas licitações de obras públicas para garantia de execução de contrato com a Administração, conforme facultado expressamente pelo art. 135, inc. II, do Decreto Lei 200/67, não há recolhimento compulsório.

Sobre o princípio da isonomia, o qual exige que a legislação seja a mesma para hipóteses semelhantes, como aquelas em que se tem a mesma natureza jurídica ("Responsabilidade por Garantias Prestadas", hipóteses previstas neste mesmo título), ressalta Pontes de Miranda: "*O princípio dirige-se a todos os poderes do Estado. É cogente para a legislatura, para a administração*, e para a justiça, aliás, podem ser explicitados dois princípios: um a igualdade perante a lei feita, e outro, de igualdade na lei por fazer-se. Não só a incidência e aplicação que precisam ser iguais, *é preciso que seja igual a legislação*" (*Comentário à Constituição de 1967*, p. 698).

A discriminação é injustificável, ou melhor, somente teria uma "justificativa" ou "razão": cercear o direito da prestação de garantia judicial, o que a torna absolutamente injustificável e desarrazoada, pois sem observância das garantias constitucionais.

Ora, se há uma lei que possibilita a utilização da fiança bancária para garantir a execução fiscal, com os mesmos efeitos da penhora (art. 9º., inc. II e § 3º., da Lei 6.830/80) somente outra lei poderia derrogá-la. O efeito dentre outras ilegalidades e inconstitucionalidades do recolhimento compulsório da Circular 2.471/92 é anular o direito assegurado pela Lei 6.830/80, ainda vigente, bem como o art. 804 do Código de Processo Civil que prevê a possibilidade de caução fidejussória para concessão de medida liminar em ações cautelares.

Ora, para oferecimento de embargos à execução fiscal, é pré-requisito a garantia do juízo, mediante depósito, penhora de bens ou fiança bancária. Poderá ocorrer a hipótese de o contribuinte não ter bens suficientes e a fiança bancária, impossibilitada pelo depósito compulsório, sem imprestável, dificultando, restringindo, senão anulando a sua defesa em juízo.

Sobre a restrição à obtenção da prestação jurisdicional, o Supremo Tribunal Federal, em absoluta guarda do princípio constitucional, já decidiu: "Se a taxa judiciária, por excessiva, criar obstáculo capaz de impossibilitar a muitos a obtenção de prestação jurisdicional, é ela inconstitucional, por ofensa ao disposto na parte inicial do § 4º. do art. 153 da CF" (*RTJ* 112/34, José Celso de Mello Filho, *Constituição Federal Anotada*, Saraiva, SP, 1986, p. 435).

A garantia constitucional impede, ainda, que a lei e muito menos qualquer outro ato administrativo com conteúdo normativo delegado dificulte ou, na prática, impeça a entrega da prestação jurisdicional, como ocorre no caso em tela, em que o contribuinte encontra obstáculo sério, uma constrição confiscatória ao seu patrimônio ao não poder prestar como garantia o instrumento hábil e legítimo da fiança bancária. Com razão o douto juiz de direito Dr. Álvaro Erix Ferreira, em estudo sobre o assunto, quando afirmou: "Mas, se o mandamento legal, sem tocar no direito material que possa lhe servir de supedâneo, impede ou dificulta a entrega da prestação jurisdicional capaz de socorrer aquele direito, haverá, aí, inconstitucionalidade" (*Garantia Constitucional de Acesso à Tutela Jurisdicional*, *RT* 659, set./90, p. 46).

Ainda a garantia ao devido processo legal, assegurado no art. 5º., inc. IV, da CF/88 é arranhado por esta restrição ao direito de defesa processual. A fiança bancária constitui um instrumento legal e legítimo para evitar uma constrição patrimonial, via penhora de bens, ou depósito em espécie, o que a caracteriza como meio de defesa processual, conforme garantia ampla do referido dispositivo constitucional: "LV — aos litigantes, em processo judicial ou administrativo, e aos acusados em geral são assegurados o contraditório e ampla defesa, com os meios e recursos a ela inerente".

Interpretando este direito fundamental, o TRF da 1ª Região decidiu o seguinte: "A nosso entendimento, a exigência do depósito constitui verdadeiramente ofensa ao princípio da garantia de defesa, que por sua vez decorre do mandamento constitucional do devido processo legal (CF, art. 153, §§ 15, I, 36 e CF/88, art. 5º, inc. LV)" (REO em MS 90.01.15947-8/DF, *Rev. Tribunal Regional Federal*, 1ª Região, v. 3, n. 1, 1991, p. 90).

No caso em concreto, discutia-se a legalidade de uma Portaria, que exigia o depósito prévio da multa, para interposição de recurso administrativo, e *mutatis mutantis* na hipótese ora em comento discute-se a legalidade de uma Circular, que impossibilita a utilização da fiança bancária como instrumento de garantia judicial prevista em lei.

VI — As alíquotas do compulsório a Lei 7.730/89 e a Circular 2.175/82

Por fim, como se não bastasse, o ato praticado não observou os limites de alíquota do compulsório estabelecidos pela própria Lei ordinária 7.730/89. Como visto inicialmente, esta lei permitiu o compulsório de até 100% somente sobre depósitos a vista e de até 60% para outros títulos contábeis das instituições financeiras.

Dispôs o parágrafo único do art. 2º da Circular 2.175/92: "Art. 2º. (...) § único. As instituições financeiras devem manter recolhida ao Banco Central importância equivalente a 100% (cem por cento) do acréscimo de garantia verificado em relação à data-base de publicação desta circular ou a 60% (sessenta por cento) do saldo diário do subtítulo, o que for menor".

Enquanto que a Lei 7.730/89, caso fosse considerada constitucional, apenas para efeito de argumentação, dispôs: "Art. 19. (...) III — Determinar o recolhimento de até 100% (cem por cento) do total dos depósitos a vista e de até 60% (sessenta por cento) de outros títulos contábeis (...)".

A primeira opção de recolher 100% do acréscimo de garantia verificado após a publicação da Circular é manifestamente ilegal, pois este valor somente é aplicável aos depósitos a vista e a segunda hipótese de recolher 60% do saldo diário do subtítulo atinge o ato jurídico perfeito e acabado, pois colhe todas as fianças bancárias judiciais prestadas anteriormente à data da publicação da referida Circular. Não há execução ao princípio da irretroatividade, ainda que a lei retroativa seja de ordem pública, pois o princípio é de ordem constitucional e não há previsão de regra excepcionadora, a qual teria que ser expressa, conforme reiterado entendimento do Supremo Tribunal Federal.

VII — Conclusões

O depósito compulsório instituído pela Circular 2.175/92 sobre fianças bancárias em garantia de tributos federais é ilegal e inconstitucional pelos seguintes fundamentos, ora resumidos em tópicos:

1. A Lei 7.730/89, fundamento legal invocado pela Circular 2.175/92, é inconstitucional porque não é lei complementar, conforme exigência do art. 192 da CF/88;

2. A delegação do Conselho Monetário Nacional ao Banco Central é restrita para alterar o encaixe obrigatório sobre depósitos à vista e sob aviso (Resolução 1.108/86);

3. Com o compulsório sobre fianças judiciais há expressa restrição ao direito de acesso ao judiciário, especialmente em execuções fiscais (art. 5º., inc. XXXV, da CF/88);

4. O princípio da isonomia foi violado, pois não há compulsório sobre outras modalidades de fianças bancárias, ou seja, visou-se apenas aquelas que garantiam tributos federais discutidos judicialmente;

5. Não foi observado o devido processo legal, pois a fiança bancária é expressamente prevista na lei processual (art. 804 do CPC) e na lei de execução fiscal (Lei 6.830/80) como garantia idônea de tributos discutidos judicialmente, consistindo num meio de defesa processual e patrimonial do contribuinte (art. 5º., inc. LV, da CF/88);

6. Houve manifesto desvio de finalidade da autoridade monetária, a qual pretendeu com o compulsório não regular a moeda, mas sim restringir a utilização de uma garantia judicial;

7. A expressão "outros títulos contábeis", constantes da Lei 7.730/89, somente comporta itens constantes do Passivo, relacionados com a captação de recursos do mercado, em função da finalidade do compulsório da Lei 4.595/64: controlar os meios de pagamento;

8. A fiança bancária tem a natureza de simples garantia acessória de uma obrigação, não afetando os títulos contábeis patrimoniais e, por isso, contabilizada em conta de compensação, conforme orientação da própria autoridade monetária;

9. Qualquer mínimo desvio de finalidade do recolhimento/encaixe obrigatório da Lei 4.595/64 no sentido de não atender o seu fim precípuo de controlar a quantidade dos meios de pagamento (M1 a M4 e o seu efeito multiplicador) ou a adoção de uma base inadequada ao seu objeto (como fiança bancária) resvala-o para o campo do empréstimo compulsório do art. 148 da CF/88;

10. Caso fosse empréstimo compulsório a exação prevista na Circular 2.175/92, seria ela manifestamente inconstitucional, pois não há possibilidade mais de hipótese autorizadora "absorção temporária de poder aquisitivo", revogada pela Constituição de 1988, e nem se destina a atender calamidade pública, guerra externa ou investimento de caráter urgente e relevante interesse público (art. 148 da CF); e

11. Mesmo se fosse possível observar a Lei 7.730/89 quanto à alíquota, a Circular 2.175/92 seria ilegal, pois a autorização legislativa se refere alíquota de 100% (cem por cento) somente sobre depósitos à vista; e na hipótese de 60% (sessenta por cento), o ato da autoridade monetária quis atingir englobada e indiscriminadamente todas as fianças bancárias passadas também, ou seja, pela Circular a alíquota de 60% só é aplicável ao saldo global do subtítulo "fianças judiciais" — o que viola o princípio da irretroatividade — e para as fianças futuras separadamente há previsão específica somente da alíquota de 100%, não podendo o intérprete alterar o sentido literal inequívoco do ato normativo, para fazer incidir a alíquota de 60% sobre as fianças novas, o que tornaria o judiciário legislador, em substituição à autoridade, conforme entendimento do Supremo Tribunal Federal (RE 121.336-CE, *DJU* de 26 de junho de 1992).

CONFLITOS ENTRE PRINCÍPIOS DO DIREITO DO TRABALHO E DO DIREITO ADMINISTRATIVO

ANA RITA TAVARES TEIXEIRA
Advogada em Salvador

Cada ramo do direito é orientado por *princípios* próprios que definem suas peculiaridades, acabando por conferir-lhe autonomia.

Esses princípios, a despeito de sua especificidade e atinência a cada ramo jurídico, não se constituem absolutos e auto-suficientes para a tutela de uma situação jurídica.

Com efeito. Diante dos casos concretos a serem resolvidos, esses princípios por vezes se entrelaçam, por outras se conflitam.

Quando se entrelaçam, inexistem problemas, já que complementam-se entre si, convergindo para o mesmo ponto.

Os problemas surgem quando dois ramos da ciência jurídica disciplinam a mesma questão com óticas conflitantes. O impasse instala-se, ocasionando embaraços no seu equacionamento.

É bem o caso do Direito do Trabalho e do Direito Administrativo ao disciplinarem ambos as relações trabalhistas no âmbito da Administração Pública.

Dos princípios norteadores do Direito do Trabalho

A espinha dorsal dos princípios que regem o Direito do Trabalho é a *proteção ao hiposuficiente*, ou seja à parte mais fraca economicamente que é o trabalhador.

A Constituição Federal vigente consagra princípios trabalhistas, como o da não discriminação (art. 7º XXX, XXXI, XXXII); o da continuidade da relação de emprego, com as limitações impostas pela não previsão de estabilidade absoluta do trabalhador no emprego (art. 7º, I); o da irredutibilidade do salário, respeitadas disposições insertas em convenção ou acordo coletivo (art. 7º, VI).

O tema também foi tratado em sede doutrinária. Arnaldo Sussekind elenca como ''filhos legítimos'' do princípio protetor, outros tantos gerados por seus fundamentos jurídico-políticos e sociológicos,[1] a saber:

• *Princípio do ''in dubio pro operário''*: Por ele, deverá subsistir, dentre as interpretações existentes no caso, a mais favorável ao trabalhador — isso, evidentemente, sem que resulte agredida a expressa intenção do legislador e desde quando não se trate de matéria probatória.

1. In *Instituições de Direito do Trabalho*, vol. 1, 14ª ed., LTr, 1993, pp. 129-130.

• *Princípio da condição mais benéfica*. A tônica desse princípio é a "prevalência das condições mais vantajosas para o trabalhador, ajustadas no contrato de trabalho ou resultantes do regulamento de empresa, ainda que vigore ou sobrevenha norma jurídica imperativa prescrevendo menor nível de proteção e que com esta não sejam elas incompatíveis".

• *Princípio da integralidade e da intangibilidade*. Estabelece a proteção do salário contra descontos abusivos, assegurando a sua impenhorabilidade e posição privilegiada em casos de insolvência do empregador.

• *Princípio da primazia da realidade*. Consubstancia-se na lição de Plá Rodriguez que resume a sua essência, *in verbis*, assim: "importa o que ocorre na prática mais do que o que as partes pactuaram, em forma mais ou menos solene ou expressa, ou o que se insere em documentos, formulários e instrumentos de contrato".

Esses princípios formam o arcabouço sobre o qual se assenta o Direito do Trabalho. É, portanto, a *proteção ao empregado* o rumo inafastável da sua principiologia.

Aliás, as conhecidas origens históricas desse ramo do direito explicam essa postura.

Os princípios do Direito Administrativo

A imposição desses vetores principiológicos do Direito do Trabalho desestabiliza-se quando se apresentam ao caso os princípios impostergáveis do Direito Administrativo, de obrigatória observância nas lides travadas entre a Administração Pública e os seus servidores.

Prevê expressamente o art. 37, *caput*, da Carta Magna Federal de 1988, alguns dos princípios que regem a Administração Pública direta, indireta ou fundacional de qualquer dos Poderes da União, dos Estados, do Distrito Federal e dos Municípios. São os princípios da *Legalidade, Moralidade, Impessoalidade e Publicidade*.

O princípio da *legalidade* repousa no Estado de Direito. A lei, regra geral e abstrata, impõe-se igualmente a todos os seus destinatários. Por esse princípio resulta abolida a vontade própria do "Rei", curvando-se o administrador público à vontade da norma. Fica, por isto, o governante, ao menos no plano do dever-ser, limitado em suas potenciais possibilidades de gerenciar a coisa pública arbitrariamente.

No magistério de Celso Antônio B. de Mello "o princípio da legalidade é o antídoto natural do poder monocrático ou oligárquico, pois tem como raiz a idéia de soberania popular, de exaltação da cidadania".[2]

O princípio da *moralidade administrativa* determina o perfil da conduta da Administração: devem ser observados os princípios éticos, da lealdade, da boa fé, distinguindo o administrador público e seus agentes o bem do mal, o honesto do desonesto, o legal do ilegal, o justo do injusto e o oportuno do inoportuno.[3-4] Hely Lopes Meirelles, com apoio nos ensinamentos de Welter, diz que a moralidade administrativa "é composta pelas regras de boa administração, ou seja, pelo conjunto de regras finais e disciplinadoras suscitadas, não só pela distinção entre o Bem e o Mal, mas também pela

2. In *Curso de Direito Administrativo*, 5ª ed., 1994, Malheiros Editores, p. 48.

3. Houriou foi o sistematizador do princípio da moralidade administrativa.

4. Sobre o tema ver *Ética e Administração Pública*, Ed. RT, 1993, de Maurício Antonio Ribeiro Lopes.

idéia da função administrativa'' (*Direito Administrativo Brasileiro*, São Paulo, Malheiros Editores, 1992, 17ª ed., p. 84).

O princípio da *impessoalidade*, confundido na sua acepção com o da igualdade, prescreve à Administração a obrigatoriedade de dispensar ao administrado tratamento isento de preferencialismo, sem manifestação tendenciosa positiva ou negativa. Deve também a Administração executar os serviços de forma impessoal, evitando a negativa de acesso a arquivos, documentos e processos aos interessados que peçam informações e certidões a respeito — aplica-se essa última prescrição aos servidores que, tratando a coisa pública como sua própria coisa, ausentam-se da repartição e levam consigo a chave do arquivo relacionado com seu serviço.

O princípio da publicidade compele a Administração a dar ciência de seus atos aos administrados. O comportamento do Poder Público deverá guiar-se pela transparência, devendo, destarte, comunicados à coletividade os atos que pratica. Cabe ressaltar que a partir da publicidade dos atos abre-se a oportunidade para a apresentação de impugnações por quem entendê-los lesivos ao interesse público, começando também a fluir os prazos legais para a manifestação dos interessados em processos administrativos.

Em seguida ao *caput* citado do art. 37, o legislador alinha diversos incisos que encerram igualmente princípios coercitivos, disciplinando em sua grande maioria as relações do serviço público com seus servidores (acessibilidade aos cargos, empregos e funções públicas: sindicalização e direito de greve: remuneração, equiparação, vinculação, irredutibilidade de vencimentos; acumulação de cargos; responsabilidade patrimonial do Estado, etc.).

Residem, ainda, no Texto Constitucional outros tantos princípios que norteiam a ação administrativa pública, originados de dispositivos esparsos (arts. 39 a 42, 169; arts. 17 e 19 do Ato das Disposições Transitórias).*

A doutrina especializada dá uma tratativa sistemática aos princípios do Direito Administrativo implícitos, não mencionados no *caput* do art. 37, enumerando os seguintes:

a) supremacia do interesse público sobre o privado

b) finalidade

c) razoabilidade

d) proporcionalidade

e) motivação

f) controle judicial dos atos administrativos

g) responsabilidade do Estado por atos administrativos

O conflito entre os princípios

Surge, então, o confronto entre o *interesse do trabalhador*, protegido pelos princípios do Direito do Trabalho, e o *interesse público*, protegido pelos princípios do Direito Administrativo.

O que há de prevalecer? Indaga-se.

O problema esbarra sempre nas mãos do Poder Judiciário, na oportunidade da apreciação e julgamento dos litígios trabalhistas que lhe são submetidos.

A propósito, de logo, excluam-se da presente análise as contendas oriundas das relações estatutárias que, inclusive, têm seu foro competente nas varas das Fazendas Públicas Estaduais e Municipais, e na Justiça Federal para os funcionários da União.

* Acerca desses temas consulte-se a excelente obra do festejado mestre Adílson Abreu Dallari, *Regime Constitucional dos Servidores Públicos*, onde aborda com profundidade e habitual maestria a matéria.

Situemos, pois, o exame em torno das questões trabalhistas disciplinadas pelo regime celetista ou celetário, conforme preferem alguns doutrinadores.

Como resultado da esdrúxula existência de relações celetistas no terreno do Poder Público (para o pessoal permanente), vê-se que os empregados públicos batem às portas da Justiça do Trabalho com pleitos absolutamente incompatíveis com o interesse público que é o interesse da coletividade.

Nesse momento, sente-se a inquietação dos magistrados. Ficam entre a cruz e a espada.

A posição da Justiça do Trabalho

O tema aqui proposto não nasceu evidentemente do acaso. Seu enfrentamento adveio das ações trabalhistas propostas por celetários contra o Estado e Municípios. Os Reclamantes, nesses casos, ingressaram no serviço público *sem concurso*. Com as eleições, os novos Chefes do Executivo editaram decretos declarando a nulidade das contratações por inconstitucionalidade, e, por conseqüência, extintos os vínculos trabalhistas deles decorrentes.

Como é sabido, o princípio da acessibilidade aos cargos públicos está consubstanciado na disposição do art. 37, inc. II, da Constituição Federal: "A investidura em cargo ou emprego público depende de aprovação prévia em concurso público de provas ou de provas e títulos, ressalvadas as nomeações para cargo em comissão declarado em lei de livre nomeação e exoneração".

Esse princípio veio coibir os apadrinhamentos e as cortezias inconseqüentes. Com acerto, o legislador constitucional desintegrou os tão conhecidos cabides de emprego, utilizados pelos déspotas felizmente em compulsórias extinção na nossa sociedade.

Lamentavelmente, essa determinação tem sido letra morta nas Administrações municipais — é claro que não à unanimidade.

A cultura arraigada nos currais eleitorais dos pequenos municípios da grande maioria das nossas unidades federadas, pautam a ação inconstitucional dos Chefes do Executivo.

No particular, assumem "compromissos eleitoreiros" voltados sempre para a ocupação em empregos na Administração municipal.

Resultado: abarrotam os quadros do município, freqüentemente *sem concurso*, porque, via de regra, são pessoas desqualificadas para o ingresso através de seleção e, conseqüentemente, para o exercício das funções.

E há casos mais graves, em que, além de entrarem sem concurso, essas pessoas sequer prestam o serviço, figurando na folha de pagamento sem o efetivo cumprimento do contrato.

A princípio hilariante, mas afinal estarrecedor, é o exemplo ocorrido num determinado município. O prefeito, "honrando compromissos de campanha", colocou um balaio na sede da Prefeitura para que seus correligionários depositassem suas carteiras de trabalho e previdência social, a fim de serem "anotadas" com a admissão ao serviço público daquele município.

Esse é apenas um dado...

Pois bem. A Justiça do Trabalho vinha inicialmente posicionando-se contrariamente à tese da nulidade do contrato de trabalho em face da inexistência de prévio concurso público, em evidente apego aos princípios do Direito do Trabalho.

Na 5ª Região (Bahia) ainda são exaradas irrefletidas sentenças pelas Juntas de Conciliação e Julgamento, nesse sentido. São, porém, a minoria, desde quando aquele Tribunal Regional do Trabalho começou a reformar as decisões de primeira instância para declarar a inconstitucionalidade das contratações.

Em recente julgamento a 1ª Turma do TRT-5ª Região, ao apreciar recurso *ex-officio* e recurso voluntário de determinado Município (Reclamação Trabalhista n. 191.93.0828-50), concluiu, através do acórdão n. 5.268/94 que, *in verbis*:

"Razão assiste ao Recorrente quando nega a validade do vínculo laboral. Na realidade a contratação do Reclamante em 5.6.89, foi ilegal, não podendo este ato gerar conseqüências jurídicas, porque o reclamado, pessoa jurídica de direito público não estava autorizado a celebrar contrato de trabalho senão precedido de concurso público, conforme a imposição do art. 37, da CF de 88.

"Os autos não revelam atendimento deste requisito constitucional, nem que o cargo exercido pelo demandante era em comissão, declarado em lei de livre nomeação e exoneração.

"Assim, em face do § 2º do art. 37 já citado, o contrato é nulo, não gerando qualquer conseqüência jurídica, salvo o pagamento do salário em sentido estrito, diante da impossibilidade de restituição da força trabalho dispendida e somente para evitar o enriquecimento sem causa por parte da administração.

"Como não houve pedido de pagamento de salário retido, nada remanesce em favor do obreiro.

"Ante o exposto, dou provimento ao apelo para considerar ilegal a contratação, excluindo da condenação todas as parcelas deferidas. Invertido o ônus da sucumbência, dispensando o reclamante das custas na forma da lei."

Merece destaque o alcance da aplicação do princípio. É que não estão sendo acolhidos pedidos de pagamento de parcelas rescisórias, mas tão só de salário estrito sensu.

O TST também segue a orientação constitucional — aliás, antes mesmo da emissão de decisórios dos Tribunais Regionais do Trabalho, como se depreende da emenda a seguir: "O Concurso público é essencial para ingressar em qualquer serviço ou emprego público. Não se pode prestigiar o princípio da primazia da realidade de caráter geral, em detrimento de situação específica no resguardo da moralidade pública" (TST, 4ª T., Ac. n. 880/92, Rel. Min. Marcelo Pimentel, *DJU* de 21.5.93, p. 9.872, in *Ementário* CIC/julgo 1993, verbete 1).

Como visto, os conflitos principiológicos emergem em face das peculiaridades de cada ramo jurídico.

No seu equacionamento, porém, deve sempre prevalecer o respeito ao interesse público.

O interesse público é aquele que não abriga interesses menores, particulares, em detrimento daqueles voltados para o bem estar geral, o bem estar da coletividade.

No caso sob análise é muito simples identificar o interesse público.

Nós *contribuintes* retiramos da nossa receita parcelas expressivas de dinheiro destinados aos cofres públicos.

Com esse dinheiro, vertido das nossas energias, do nosso labor, o Poder Público *deve* executar o serviço público em prol do bem estar da sociedade.

Se, entretanto, esse Poder Público destina esses recursos financeiros para custear mão-de-obra incompetente, ilegítima e ilegalmente investida nos seus quadros, está ferindo, e de morte, o interesse público.

ESTUDOS & COMENTÁRIOS

TERRENOS RESERVADOS NAS MARGENS DOS RIOS NAVEGÁVEIS — BENS PÚBLICOS OU PARTICULARES?

MARTIM OUTEIRO PINTO

"As margens dos rios navegáveis são de domínio público, insuscetíveis de expropriação e, por isso mesmo, excluídas da indenização" (verbete 479 da Súmula do Supremo Tribunal Federal)

Introdução

Polêmica que vem surgindo junto aos nossos Tribunais, desafiando a perspicácia daqueles que a examinam, refere-se aos terrenos reservados situados nas margens dos rios navegáveis e a sua respectiva dominialidade.

Essa polêmica se configura, na prática de nossos Tribunais, na questão de saber se esses terrenos reservados constituem-se em bens públicos, a que entidade de direito público pertencem ou se pertencem ao particular e se, em razão disso, são passíveis de indenização quando desapropriados para a construção de obra pública (no mais das vezes, bacias de acumulação de usinas hidrelétricas).

Há juristas que sustentam a *inindenizabilidade dos terrenos reservados*, por pertencerem à União Federal, conforme arts. 11, 14 e 29 do "Código de Águas" (Decreto Federal 24.643 de 10.7.1934) e, conseqüentemente, por força das disposições contidas nas diversas Constituições Federais até à atual, a qual dispõe sobre a matéria em seu art. 20, I e III.

Outros, contudo, entendem que esses terrenos reservados não se constituem em *bem público*, mas sim em particular, devendo o titular do seu domínio ser indenizado pelo seu valor, quando necessários para a consecução de obra pública.

Uma terceira posição é defendida por aqueles que sustentam, com base em lição ministrada pelo eminente administrativista Hely Lopes Meirelles, que os terrenos reservados "são de propriedade do particular e são atingidos somente por uma *servidão administrativa*, nos termos dos arts. 11, 12 e 14 do Código de Águas (Decreto 24.643, de 10.7.34)".

Assim, o presente trabalho tem por finalidade analisar tais correntes, demonstrando que não assiste razão àqueles que propugnam pela natureza privada dos terrenos reservados e, conseqüentemente, que os mesmos se constituem em bem público dominial, pertencente à União Federal.

Caracterização do problema

Vários jugados vêm sendo proferidos pelos Tribunais pátrios, mormente pelo Tribunal de Justiça do Estado de São Paulo, com base no primeiro entendimento, determinando ao Poder Público que pague indenização ao particular pelo apossamento dos terrenos reservados marginais aos rios navegáveis e seus afluentes. Todavia, os acórdãos que assim determinam violam, flagrante e contundentemente, a norma constitucional acima indicada (art. 20, da CF de 1988), quer seja por entenderem que tais terrenos pertencem plenamente ao particular, inexistindo qualquer ônus em favor do Poder Público, quer seja por reconhecerem, sob a batuta do renomado mestre Hely Lopes Meirelles, a existência de tais terrenos reservados que estão sujeitos apenas à servidão administrativa em favor do Poder Público, o que não os retira do domínio particular.

Entendemos que não assiste razão ao famoso administrativista nesse ponto. Na verdade, os terrenos reservados constituem-se em bem público e o respectivo domínio pertence à União Federal, na condição de sucessora do Império do Brasil.

A demonstração dessa nossa afirmação, ante a complexidade e profundidade da análise do tema, exige seja feita uma retrospecção dos ordenamentos jurídicos pretéritos.

Essa análise tem o condão de demonstrar, *quantum sufficit*, que os terrenos reservados sempre foram do domínio da Coroa Imperial e, após, da União, desde a longínqua data em que foram instituídos e até os dias atuais, bem como sua *inindenizabilidade* (decorrência lógica do fato de serem bens dominiais da União) não afronta o princípio constitucional que agasalha e salvaguarda a propriedade privada.

Ao contrário, ressalta dessa análise que a determinação de se indenizar os terrenos reservados conflita com a norma constitucional que assegura a propriedade desses terrenos à União (art. 20, I e III, da CF de 1988) e, por conseguinte, também com a norma dessa Constituição que consagra o princípio da justa indenização (art. 5º, XXIV, da CF), vez que o conceito de *justa indenização*, ligado ao *ideal universal de justiça*, impõe o requisito da *bilateralidade*, vale dizer, requer que a indenização seja *justa* para ambas as partes litigantes, de modo que não cause o empobrecimento do particular desfalcado em seu patrimônio, no caso de ser ínfima, ou, em hipótese contrária, de modo a não compelir o Poder Público a pagar importância além da que realmente é devida ou a pagar ao particular por terras que lhe não pertencem.

Esse entendimento, não obstante alguns doutrinadores pretendam polemizar questão que nos parece de total clareza, é encampado pelo Colendo Supremo Tribunal Federal em diversos julgados que se cristalizaram no verbete 479 de sua Súmula, transcrita na epígrafe.

Não se deve deixar de aproveitar o ensejo para dizer que o Tribunal de Justiça do Estado de São Paulo, em julgado recentemente proferido em apelação cível, através da qual a expropriante pleiteava também fosse excluído da indenização o valor dos terrenos reservados, deu provimento ao recurso, determinando a exclusão do valor a eles relativo, tendo seu Relator, o Desembargador Accioli Freire, se expressado de forma contundente: "2. (...) O laudo de fls. 73/98 consubstancia perícia criteriosamente realizada pelo vistor de confiança do Juízo, pelo que sua conclusão poderia ser mantida, não fosse o equívoco de considerar como área indenizável as margens do Rio Tietê, *com sabido, áreas reservadas, insuscetíveis de expropriação e, por isso mesmo, excluídas de indenização* (Súmula 479 do Supremo Tribunal Federal)" (acórdão proferido pela 9ª Câmara Civil do TJSP, na Ap. Cível 182.764-2/2, da Comarca de Buritama-SP; CESP — Companhia Energética do

Estado de São Paulo *versus* F. S. Ferraz — Engenharia e Construções Ltda.; v.u., Rel. Des. Accioli Freire, j. em 3.12.92, *DOESP* em 18.1.93).

O nosso único desiderato, ao fazermos menção ao v. acórdão acima, é o de simplesmente demonstrar que órgãos do Tribunal de Justiça do Estado de São Paulo reconhecem a existência dos terrenos reservados às margens dos rios navegáveis e a natureza jurídica de bens públicos dominiais que cinge os mesmos, o que lhes confere a característica de serem insuscetíveis de expropriação.

Já o Relator da Apelação 192.787-2/5, também da Comarca de Buritama, Desembargador Scarance Fernandes, para fundamentar acórdão por ele lavrado, que nega aos terrenos reservados a natureza jurídica de bens públicos, toma a cautela de transcrever breve trecho da lição do renomado Mestre Hely Lopes Meirelles, contida na sua obra *Direito Administrativo Brasileiro*, Ed. RT, 12ª ed. atualizada, 1986, pp. 461/462: "Por outro lado, não merece acolhida a alegação de que devem ser excluídas da indenização as terras denominadas reservadas, como pretende a expropriante. É evidente que tais áreas são de propriedade dos expropriados, e são atingidos somente por uma servidão administrativa, nos termos dos artigos 11, 12 e 14 do Código de Águas (Decreto 24.643, de 10.7.34).

"Na lição do saudoso Professor Hely Lopes Meirelles, 'interpretar a reserva dessas faixas como transferência de domínio é desconhecer a natureza e a finalidade da servidão que as onera e que visa, única e exclusivamente, deixar livre as margens das águas públicas para o policiamento pelos agentes da Adminsitração. Por isso mesmo, em casos de desapropriação, indenizam-se também as terras reservadas. Nem poderia a lei despojar a propriedade particular sem indenização. Se o legislador assim agisse praticaria um confisco vedado pela nossa Constituição''' (acórdão proferido pela 12ª Câmara Civil do TJSP na Ap. Cível 192.787-2/5, da Comarca de Buritama-SP; CESP — Companhia Energética do Estado de São Paulo *versus* Luiz Mano Sanches e sua mulher; v.u., Rel. Des. Scarance Fernandes, j. em 1.12.92, *DOESP* em 5.1.93).

Todavia, o trecho transcrito, ao nosso ver, é insuficiente para demonstrar o ponto de vista do emérito administrativista que veio a influir no pensamento de inúmeros juristas, juízes e outros cultores do Direito. Isso prejudica não só a compreensão do tema, mas dificulta o trabalho de aferição do acerto ou não da tese defendida por aquele doutrinador. Assim, parece-nos ser necessário transcrever aqui todo o trecho citado, na íntegra.

Escreve Hely Lopes Meirelles: "*Terrenos reservados* — Terrenos reservados são as faixas de terras particulares, marginais dos rios, lagos e canais públicos, na largura de 15 m, oneradas com a servidão de trânsito, instituída pelo art. 39, da Lei Imperial 1.507, de 26.9.1867, revigorada pelos arts. 11, 12 e 14 do Decreto federal 24.643, de 10.7.1934 — Código de Águas. Essa servidão, como toda servidão, é ônus real sobre a propriedade alheia. Tratando-se, como se trata, de uma servidão pública ou administrativa, destina-se unicamente a possibilitar a realização de obras ou serviços públicos pela Administração, no interesse da melhor utilização das águas, do aproveitamento das suas riquezas e do seu policiamento, a exemplo das servidões de *halage* e de *marchepied* do direito francês, onde o nosso legislador se inspirou. Tal servidão, entretanto, não tem sido entendida corretamente por muitos dos nossos juristas, que a consideram como transferência da propriedade particular para o domínio público. O equívoco destes intérpretes é manifesto, pois as terras particulares atingidas por essa servidão administrativa não passaram para o domínio público, nem ficaram impedidas de ser utilizadas por seus proprietários, desde que nelas não façam construções ou quaisquer outras obras que prejudiquem o uso normal das águas públicas, ou impeçam o seu policiamento pelos agentes da Administração.

"Interpretar a reserva dessas faixas como transferências de domínio é desconhecer a natureza e finalidade da servidão que as onera, e que visa, única e exclusivamente, deixar livre as margens das águas públicas para o policiamento pelos agentes da Administração. Por isso mesmo, em caso de desapropriação, indenizam-se também as terras reservadas. Nem poderia a lei despojar a propriedade particular sem indenização. Se o legislador assim agisse praticaria um confisco vedado pela nossa Constituição.

"Desde que se trata de uma servidão, há de recair sobre o domínio alheio. E se é servidão pública só pode incidir sobre a propriedade privada, pois não se concebe que a Administração institua servidão sobre os seus próprios bens. E, realmente, a instituiu sobre a propriedade particular, limitando apenas o seu uso (Código de Águas, art. 11, § 2º) a benefício de futuras obras e serviços públicos que dependam das terras marginais para a sua realização. Outro não pode ser o conceito de terreno reservado (Código de Águas, arts. 12 e 14), sob pena de se desfigurar o instituto da servidão administrativa ou pública.

"Outra observação que se impõe é a de que a *faixa reservada* não se destina ao trânsito ou à utilização por particulares. A reserva é feita para obras e serviços públicos e para o trânsito dos agentes da Administração, no desempenho de suas funções. Servidão pública não significa 'servidão para o público', mas sim, servidão para o Poder Público. Se assim não fosse, ficariam as terras sujeitas à invasão de pescadores, garimpeiros e demais exploradores das riquezas fluviais, num perene atentado à propriedade privada. Não foi isso, entretanto, que a lei desejou ou permitiu ao instituir a servidão administrativa nas margens dos rios públicos. Tanto não foi, que o particular esbulhado ou turbado em sua posse, por obras ou pelo trânsito de particulares, poderá defendê-la judicialmente com os interditos possessórios adequados, ou reivindicar o domínio de quem o detenha injustamente" (Hely Lopes Meirelles, em *Direito Administrativo Brasileiro*, Ed. RT, 14ª ed. atualizada pela Constituição de 1988, 1989, pp. 459-460).

Em nosso entendimento, a conclusão do ilustre administrativista não é adequada, como também não o é a de todos os que o seguem irrestritamente, sem maiores análises e perquirições, bem como todos aqueles que se perfilham à tese acima exposta.

Além disso, parece-nos perfeitamente claro que o Professor Hely, no texto acima, comete um equívoco, qual seja, o de fundar o seu raciocínio no artigo 39, da Lei Imperial 1.507, de 26.9.1867 sem, contudo, transcrever o respectivo texto para que seus leitores e adeptos pudessem analisar seu teor, sua proposição jurídica, seus termos e outras circunstâncias mais, formando suas próprias convicções sobre a veracidade e acerto da sua conclusão. Limita-se, o Prof. Hely, a citar o artigo e a partir daí a tecer as suas ilações, as quais não se ajustam ao real teor das normas jurídicas vigentes ao tempo do Império, quando foram criados os terrenos reservados. Por isso, pode-se afirmar que suas conclusões são muito mais *argumentos de autoridade* do que argumentos lógico-jurídicos fundados nos estreitos rigores de hermenêutica que devem presidir o alcance e o real propósito da norma legal analisada.

Por outro lado, já aqui deve ser ressaltado que o ilustre Mestre, em nosso entender, confundiu a "servidão pública" mencionada na Lei Imperial e o instituto da servidão administrativa, bem como entrosa, de forma não adequada, as proposições jurídicas contidas nos artigos 11 e 12 do Código de Águas. Veja-se, *prima facie*, que o *primeiro* determina o domínio público dos terrenos marginais das correntes públicas de uso comum (correntes, canais, lagos e lagoas navegáveis ou flutuáveis e as correntes que fazem essas águas ou influam na navegabilidade ou flutuabilidade das mesmas, conforme art. 2º do mesmo Código, alíneas *b*, *c* e *f*), enquanto que o *segundo* institui servidão administrativa de trânsito sobre a faixa de dez metros a contar das margens das correntes que, não sendo navegáveis nem flutuáveis, concorrem apenas para formar outras simplesmente flutuáveis, e não navegáveis).

São, notoriamente, coisas e conceitos inconfundíveis entre si.

Assim, para demonstrar a veracidade e acerto do que se conclui aqui, mister se faz analisar o dispositivo legal criador dos terrenos reservados, de per si e a par do ordenamento jurídico vigente no Império, bem como a recepção desse instituto pela legislação republicana, constitucional e infraconstitucional.

Gênese dos terrenos reservados

O ordenamento jurídico reinícola, anterior à Independência, nenhuma referência faz aos terrenos reservados, limitando-se a disciplinar a propriedade dos rios navegáveis e dos rios que fazem os navegáveis, se caudais, que corram todo o tempo. Nenhuma referência é feita em relação às margens desses rios e muito menos aos terrenos reservados.

O Min. Costa Manso, em parecer contido na *RT* 157/561, ressalta que a *Ordenação do Livro II, Título XXVI, nº 8*, refere-se apenas aos rios, e não às suas margens externas, omissão que deixaria estas fora do domínio do Rei, como personificação do Estado. No caso do Brasil-Colônia, dar-se-ia dessa forma apenas em relação às terras lindeiras aos rios navegáveis e dos que o fazem, se caudais e perenes, se, por algum título legítimo, houvessem sido concedidas a particular e transferidas para o domínio privado. Caso contrário, continuariam pertencendo à Coroa por força da realidade fundiária com que se formou o nosso País. Convém ressaltar que todas as terras do Brasil pertenciam, a partir do Descobrimento, à Coroa portuguesa e que, à medida em que se dava o processo de colonização, apenas uma parcela dessas terras, por concessão do Rei ou de seus mandatários, gradativamente passou para o domínio particular. Veja-se como dispunha essa Ordenação: "E as estradas e ruas públicas, antigamente usadas, e os rios navegáveis, e os que de que se fazem os navegáveis, se são caudais, que corram em todo o tempo. E posto que o uso das estradas e ruas públicas, e os rios seja igualmente comum a toda a gente, e ainda a todos os animais, sempre a propriedade delas fica no Patrimônio Real".

Com o advento da Independência, o Império do Brasil arrecadou da Coroa Portuguesa o domínio das terras e de todos os bens do acervo lusitano situados no Brasil.

Os bens públicos, especificamente as terras públicas e as devolutas, passaram à Coroa Imperial com a mesma natureza jurídica histórica: bens patrimoniais e bens públicos, respectivamente.

Desta última classe de bens, o Império separou aqueles que por algum motivo interessava à Administração e destinou-os ao uso público aos quais passaram a ficar afetados, caracterizando-os, assim, como *bens patrimoniais*, de propriedade da Coroa Imperial.

As terras não ocupadas, vagas, desconhecidas e indiscriminadas, não destinadas a qualquer uso público e, porquanto, *indisponíveis*, continuaram com a natureza de *terras devolutas*, regidas pelas normas e princípios do Direito Público.

Essas terras da Coroa Imperial, enquanto não utilizadas e enquanto caracterizadas como devolutas, eram (e ainda hoje o são) indisponíveis e imprescritíveis, nos moldes dos bens públicos de uso comum tais como ruas, estradas, praças etc.

Há de se notar que as terras devolutas somente passam à categoria de terras públicas *stricto sensu*, ou seja, de natureza patrimonial, quando regularmente discriminadas, podendo, a partir daí, a critério exclusivo do Poder Público, serem destinadas à aquisição pelos particulares ou, então, destinadas ao uso público.

A Consolidação das Leis Civis, de Teixeira de Freitas, em consonância com a Constituição então vigente, já definia com clareza as diversas modalidades de bens públicos: "Art. 52. São do domínio nacional: § 1º. As coisas de uso público; § 2º. As coisas do domínio do Estado (...); § 3º. (...) são bens da Coroa os terrenos nacionais."

Nos primórdios do Império, a questão fundiária continuou, como tudo o mais, a ser regulado pelo direito reinícola, por falta de legislação nacional. De fato, a Lei Imperial de 20.10.1823 determinou que vigorassem e fossem aplicadas no território nacional as Ordenações do Reino, bem como leis e decretos lusitanos, até a elaboração e início de vigência das leis brasileiras.

A primeira lei de terras que surgiu entre nós, no período monárquico, foi a Lei 601, de 18.9.1850, que traz ínsita em si o germe dos *terrenos reservados*. Essa lei, após proibir a aquisição de terras devolutas por outro título que não o de compra (art. 1º), estipulou ônus para as terras assim transmitidas aos particulares, conforme se vê de seu art.16:

"Lei Imperial 601, de 18.9.1850:

"Art. 16. As terras devolutas que se venderem ficarão sempre sujeitas aos ônus seguintes:

"§ 1º. Ceder o terreno preciso para estradas públicas de uma povoação a outra ou algum porto de embarque, salvo o direito de indenização das benfeitorias e do terreno ocupado.

"§ 2º. Dar servidão gratuita aos vizinhos quando lhes for indispensável para saírem a uma estrada pública, povoação ou porto de embarque, e com indenização quando lhes for proveitosa por encurtamento de um quarto ou mais de caminho.

"§ 3º. Consentir a tirada de águas desaproveitadas e a passagem delas, precedendo à indenização das benfeitorias e terreno ocupado.

"§ 4º. Sujeitar às disposições das leis respectivas quaisquer minas que se descobrirem nas mesmas terras."

Todos os terrenos devolutos vendidos a partir dessa data ficaram gravados com os ônus acima. Mas, não se pode confundir as servidões decorrentes desse texto legal com os terrenos reservados. Note-se que o particular, adquirente de terras devolutas na forma dessa Lei, mesmo que sujeito ao encargo de ceder o terreno preciso a algum porto de embarque, caso estivessem situadas nas margens de um rio navegável, ou obrigado a suportar as servidões necessárias, tinha o direito de ser indenizado, o que lhe era assegurado pela própria lei em pauta que, por sinal, guarda obediência à ordem constitucoinal vigente à época. É que essas terras haviam passado ao *domínio do particular* e a Constituição Política do Império do Brasil, 24.3.1824, oferecida e jurada por Sua Majestade o Imperador através da Carta de Lei de 25.3.1824, em seu art. 179, inciso XXII, garantia o direito de propriedade, salvo expropriação por interesse público mediante o pagamento da respectiva indenização. Merece confirmar:

"Constituição Imperial de 25.3.1824:

"Art. 179. A inviolabilidade dos Direitos Civis e Políticos dos Cidadãos Brasileiros, que tem por base a liberdade, a segurança individual e a propriedade, é garantida pela Constituição do Império, pela maneira seguinte:

"I — (...)

"II — Nenhuma Lei será estabelecida sem utilidade pública.

"III — A sua disposição não terá efeito retroativo.

"(...)

"XXII — É garantido o Direito de Propriedade em toda a sua plenitude. Se o bem público legalmente verificado exigir o uso, e emprego da Propriedade do Cidadão, será ele previamente indenizado do valor dela. A Lei marcará os casos, em que terá lugar esta única exceção, e dará as regras para se determinar a indenização."

Ora, em termos administrativos e lógicos, constituía-se em verdadeiro absurdo alienar ao particular terras devolutas marginais aos rios, correntes, lagos e lagoas navegáveis para depois expropriá-las, mediante o pagamento das indenizações devidas, à mercê da necessidade de utilizá-las em atividades públicas, de interesse geral e, em especial, da Coroa.

Daí o advento da Lei Imperial 1.507, de 26.9.1867, cujo artigo 39 disciplinava: "Art. 39. Fica reservada para a servidão pública nas margens dos rios navegáveis e de que se fazem os navegáveis, fora do alcance das marés, salvas as concessões legítimas feitas até a data da publicação da presente lei, a zona de sete braças contadas do ponto médio das enchentes ordinárias para o interior, e o Governo autorizado para concedê-la em lotes razoáveis na forma das disposições sobre os terrenos de marinha".

Ora, é de se notar a clareza desse texto de lei. Nenhuma confusão pode o mesmo ensejar. Nada nele justifica as interpretações discrepantes dos dias atuais. Nenhum motivo existe que leve a concluir que os terrenos reservados se constituem numa *vexata quaestio*, como hoje apregoam alguns.

Em todo caso, para melhor elucidação dos entendimentos renitentes, convém fazer a dissecação desse texto, analisando melhormente os seus termos.

Campo de abrangência do citado art. 39

Há de se começar a análise fazendo a aferição do campo de abrangência do citado artigo 39, da Lei Imperial 1.507/1867, determinando quais as terras sujeitas à sua incidência.

Convém, pois, observar que estão sujeitas à norma imperativa do art. 39 as terras, numa faixa de sete (7) braças, craveiras, correspondente a quinze metros e quatro decímetros (15,4 metros), situadas nas margens dos rios navegáveis e dos que se fazem os navegáveis, fora do alcance das marés.

Todas as terras nessa situação? A resposta é negativa e é fornecida pelo próprio artigo 39: *Exceto todas as terras concedidas legitimamente até a data de publicação da Lei 1.507, ou seja, até 26.9.1867!*

De outro modo, pode ser enunciado, sem receio de erro, que a zona reservada pelo artigo 39 para a servidão pública: *Somente atinge as terras que até então eram públicas ou as que já se encontravam na situação de devolutas.*

Interessa demonstrar o que então se considerava como "terras devolutas". Mister se faz volver às disposições da Lei Imperial 601, de 18.9.1850, que fornece o conceito por exclusão.

"Art. 3º. São terras devolutas:

"§ 1º. As que não se acharem aplicadas a algum uso público nacional, provincial, municipal.

"§ 2º. As que se não acharem no domínio particular por qualquer título legítimo, nem forem havidas por sesmarias e outras concessões do Governo Geral ou Provincial, não incursas em comisso por falta de cumprimento das condições de medição, confirmação e cultura.

"§ 3º. As que não se acharem dadas por sesmarias, ou outras concessões do Governo, que, apesar de incursa em comisso, forem revalidadas por esta Lei.

"§ 4º. As que não se acharem ocupadas por posses, que, apesar de não se fundarem em título legal, forem legitimadas por esta Lei."

No enunciado do § 1º estão incluídas, na categoria de devolutas, as terras originariamente públicas, de início conceituadas como bens da Coroa Real portuguesa e, depois, bens da Coroa Imperial brasileira, as quais não chegaram a ser transferidas a particulares, exceto as que, continuando como públicas, tivessem alguma afetação pública, quer de âmbito nacional, provincial ou municipal.

Essa era a situação em 1850. Eram então consideradas como do domínio privado as seguintes classes de terras: *a*) terras que, por qualquer título legítimo, houvessem sido transferidas para o particular e que não estivessem incursas em comisso; *b*) terras já concedidas por qualquer título que, embora incursas em comisso, tiveram suas concessões revalidadas pela Lei 601/1850; *c*) terras ocupadas por posseiros desprovidos de título legal, cujas posses foram legitimadas na forma da lei acima.

A essas categorias de terras particulares não se aplicavam as disposições da lei subseqüente que criou os terrenos reservados.

A essas três categorias obviamente se ajunta outra, qual seja, as terras devolutas adquiridas por particulares entre 18.9.1850 e 26.9.1867 (datas do início de vigência das Leis 601 e 1.507), por título oneroso (compra) ou graciosamente, no caso das situadas na faixa de dez léguas contadas das fronteiras do Império com países vizinhos, na forma do art. 1º da Lei 601. Isso porque, obviamente, passaram para o domínio particular, sujeitas apenas aos ônus estipulados no art. 16, já transcrito.

Em síntese, os "terrenos reservados" não foram criados de forma incidente, sobreposta ou "em cima" dos terrenos que no ano de 1867 já eram do domínio particular.

A norma do artigo 39, da Lei 1.507, de 26.9.1867, abrange tão somente as terras então consideradas como devolutas, integrantes da coroa imperial.

Essa é a primeira conclusão lógica a que se chega pela simples análise do texto legal, o que contraria as assertivas do Prof. Hely Lopes Meirelles e de todos aqueles que perfilham semelhante tese.

Servidão administrativa ou para uso público?

Já de início é de se asseverar que a Lei 1.507 não criou e não instituiu qualquer servidão em favor do Poder Público, ao contrário do que sustenta o Prof. Hely e outros autores. O raciocínio é lógico e claro: se a zona de sete braças referida na Lei é aquela existente apenas nas terras devolutas, pertencentes à Coroa Imperial, a intenção do legislador jamais poderá ser tida como sendo a de sobre ela instituir qualquer servidão em favor do Poder Público, posto que este já detinha o domínio da mesma.

Confundir-se-ia aí o titular do domínio com o titular da servidão.

Não foi esse, à evidência, o desiderato do legislador de 1867. Não quis ele instituir servidão administrativa, para uso dos agentes da Administração Pública.

Muito ao contrário, a *mens legis* está no sentido de retirar a faixa marginal de sete braças do campo de incidência da

Lei 601, de 1850, vale dizer, tornar essa faixa indisponível à aquisição pelo particular. Somente os terrenos devolutos que sobejassem a essa faixa é que poderiam ser alienados ao particular.

Dai a expressão da lei: "*Fica reservada ..., nas margens dos rios navegáveis e de que se fazem os navegáveis ..., a zona de sete braças...*"

O que determina a lei é a *reserva do domínio imperial* sobre tal faixa marginal, a qual não mais poderia ser transferida ao domínio particular, devendo ser destinada à servidão pública, entendida esta como "servidão para o uso do público", vale dizer, destinada tanto aos agentes da Administração Pública, aos navegantes, barqueiros, viandantes, proprietários ribeirinhos, ao estabelecimento de logradouros públicos, como à concessão, por enfiteuse, a particulares, para aproveitamento individual ou em comum, o que está sem sentido diametralmente oposto ao asseverado pelo Prof. Hely e também por outros escritores que se filiam aos seus argumentos, não obstante os inconvenientes, as agruras, as mazelas e as dificuldades que isso pudesse trazer aos proprietários confrontantes.

Possibilidade de concessão da faixa reservada

Revela notar que a parte final do art. 39, da Lei 1.507, faculta ao Governo conceder a faixa dos terrenos reservados em lotes razoáveis, na forma das disposições sobre os terrenos de marinha.

Está aí mais uma inquestionável evidência de que os terrenos reservados foram criados apenas sobre as terras devolutas existentes à beira dos rios navegáveis e dos que os fazem! É claro que somente pode conceder o uso ou qualquer outro direito sobre uma coisa aquele que é o titular da propriedade dessa coisa.

No caso em tela, ficou o Governo autorizado a conceder a posse direta e o domínio útil de ditos terrenos, a título de enfiteuse, nos mesmos moldes aplicados aos terrenos de marinha, notória e incontestavelmente de domínio da Coroa.

Essa conclusão ressalta cristalina e límpida à vista do Decreto 4.105, de 22.2.1868, que regulamentou tais concessões. Não se pode perder de vista que esse Decreto Imperial encontra seu fundamento de validade e eficácia no artigo 102, inciso XII, da Constituição Imperial. É de se conferir: "Vistos os arts. 51, § 14 da Lei de 15.11.1831; 3º da de 12.10.1833; 37, § 2º da de 3.10.1834; 11, § 7º da de 27.9.1860; 34, §§ 33 e 39 da de 26.9.1867, relativos à concessão de terrenos de marinha e outros de domínio público, de acrescidos natural ou artificialmente, e para aterros ou obras particulares sobre o mar, rios navegáveis e seus braços:

"Reconhecendo quanto é importante semelhante concessão, a qual, além de conferir direitos de propriedade aos concessionários, torna os ditos terrenos produtivos e favorece, com o aumento das povoações, o das rendas públicas;

"Atendendo à necessidade de regular a forma da mesma concessão no interesse, não só do domínio nacional e privado, como no da defesa militar, alinhamento e regularidade dos cais e edificações, servidão pública, navegação e bom estado dos portos, rios navegáveis e seus braços;

"Tendo ouvido o parecer das seções reunidas de Fazenda e de Marinha e Guerra do Conselho de Estado; e

Usando da faculdade que me confere o art. 102, § 12 da Constituição;

"Hei por bem decretar o seguinte:

"Art. 1º.. A concessão direta ou em hasta pública dos terrenos de marinha, dos reservados para a servidão pública nas margens dos rios navegáveis e de que se fazem os navegáveis, e dos acrescidos natural ou artificialmente aos ditos terrenos, regular-se-á pelas disposições do presente decreto.

"§ 1º. (*omissis*)

"§ 2º. São terrenos reservados para a servidão pública nas margens dos rios navegáveis e de que se fazem os navegáveis, todos os que banhados pelas águas dos ditos rios, fora do alcance das marés, vão até a distância de 7 braças craveiras (15,4 metros) para a parte de terra, contadas desde o ponto médio das enchentes ordinárias" (Lei 1.507, de 26.9.1867, art. 39).

É claro que, embora este dispositivo do Decreto não fizesse a ressalva expressa no tocante às terras particulares, esta estava contida no artigo 39 da Lei 1.507, bem como no § 5º., desse mesmo artigo 1º.: "..., ficando todavia salvos os direitos de terceiro". Feita esta observação, há de se continuar:

"Art. 9º. As disposições dos artigos precedentes são extensivas aos requerimentos:

"1º. (...)

"2º. Para concessão de terrenos situados na zona de servidão pública dos rios navegáveis e de que fazem os navegáveis.

"Art. 10. Os aforamentos de terrenos de marinha...

"§ 1º. (...)

"§ 2º. Os títulos de aforamento dos referidos terrenos continuarão a ser expedidos pela Ilma. Câmara Municipal.

"Art. 11. A primeira transferência dos terrenos de marinha, ou nas margens dos rios, ou acrescidos situados na Corte e Províncias, que se tiver de efetuar depois da publicação do presente Decreto por título dependente de licença do senhorio direto, será precedida de apresentação da planta, de que trata o art. 2º. por ocasião de requerer-se a referida licença.

"Parágrafo único. Efetuando-se a transferência por título testamentário, ou sucessivo, ou outro, que não dependa da licença do senhorio direto, os terrenos não serão averbados em nome de quem os houver adquirido, sem a exibição da referida planta.

"Art. 12. As disposições deste Decreto, na parte relativa aos que empreenderem aterros e obras sobre o mar, rios navegáveis e seus braços, compreendem os que, tendo concessão legítima para os ditos aterros e obras, quiserem fazer uso dela depois da sua publicação.

"Parágrafo único. Nas concessões feitas sem ônus de foro, guarda-se-ão as cláusulas respectivas.

"(...)

"Art. 15. São da competência exclusiva da jurisdição administrativa as questões:

"1. Sobre a validade da concessão em relação às formalidades do presente Decreto, interpretação do título e cumprimento das condições impostas pela administração aos concessionários.

"2. Sobre o direito de preferência à concessão garantido aos posseiros e outros confrontantes dos terrenos (arts. 16, 17 e 18).

"3. Sobre a avaliação dos terrenos, feita por árbitros, para o pagamento de foro (Instruções de 14.11.1832, art. 10).

"(...)

"Art. 16. Têm preferência à concessão dos terrenos de marinha, e outros, a que se refere o presente decreto:

"1. Nas suas respectivas testadas e frentes, os que aí tiverem estabelecimentos de sua propriedade, como trapiches, armazéns, e outros semelhantes, dependentes de franco embarque e desembarque.

"2. Nas mesmas circunstâncias os posseiros, na suposição de lhes pertencerem os terrenos, e fazerem parte de suas fazendas, sítios, ou outras propriedades contíguas.

"3. Os que tiverem arrendado ou aforado os terrenos, como parte de sua propriedade, em concorrência com os arrendatários ou foreiros, ainda que estes tenham benfeitorias.

"4. Os posseiros de terrenos contíguos a terras devolutas, havendo benfeitorias.

"Parágrafo único. Se a forma do litoral do mar ou margem do rio por sua curvatura ou outra circunstância não permitir que a concessão seja da extensão correspondente à testada ou frente, poderá conceder-se o terreno proporcionalmente aos confinantes, ou reservar-se para uso comum dos mesmos confinantes ou para logradouro público, como for mais conveniente."

Somente estas disposições são suficientes para se aferir a veracidade do que se afirma. Como se vê, são várias as referências contidas no texto desse Decreto no tocante a serem foreiros, ou enfitêuticos, os terrenos reservados concedidos aos particulares.

Se os terrenos reservados eram aforados, é de se concluir, obviamente, que tinham eles um senhorio útil, no caso o particular-concessionário, e um senhorio direto que, então, somente poderia ser a Coroa Imperial.

Natureza jurídica dos terrenos reservados

Resta claro, pela exposição aqui feita, que a Lei Imperial 1.507, de 26.9.1867, não criou qualquer servidão que viesse a onerar o particular, seja qual for a sua modalidade, mas que apenas e tão somente, dentre as terras devolutas então existentes, discriminou e reservou para si os terrenos reservados, às margens dos rios navegáveis e seus respectivos braços, com o intuito de destiná-los à servidão pública. Não obstante essa finalidade, poderia a Administração Pública, caso fosse de seu interesse, concede essa faixa reservada aos particulares, concessão essa feita através de enfiteuse, o que, além de torná-la aproveitável e produtiva, proporcionaria renda ao Erário Público pelo recebimento do canon ou foro e ainda do laudêmio.

Nesse contexto, já no primeiro instante de vigência da Lei Imperial 1.507, os terrenos, que então ficaram reservados, tiveram transmudada a sua natureza jurídica de terras devolutas, bem público *lato sensu*, para terras integrantes do patrimônio do Império, ou seja, bem público *stricto sensu*, dominiais ou patrimoniais.

Fundamentos de validade e eficácia da Lei 1.507

Convém asseverar aqui que o citado artigo 39, da Lei 1.507, de 26.9.1867, tem seu fundamento de validade e eficácia na Lei 601, cujo artigo 12 permitia ao Governo Imperial: "Art. 12. O Governo reservará das terras devolutas as que julgar necessárias: 1º. para a colonização dos indígenas; 2º. para a fundação de povoações, aberturas de estradas, e quaisquer outras servidões, e assento de estabelecimentos públicos; 3º. para a construção naval".

Por sua vez, a Lei Imperial 601, de 1850, encontra respaldo no art. 15, n. 15, da Constituição Imperial de 25.3.1824, posto que acena com a possibilidade de serem alienados os bens nacionais a particulares.

Por outro lado, não se pode querer sustentar que ambas as leis afrontavam a garantia constitucional do direito de propriedade, garantia essa ínsita no art. 179, XXII, da Constituição de 1824, posto que se referiam, como já visto, às terras devolutas, unicamente.

Ante os antecedentes acima apresentados, é de se concluir, obrigatoriamente, que os terrenos reservados tem origem em norma legislada, cujo fundamento de validade e eficácia encontra-se na Constituição Imperial de 1824, não colidindo com nenhuma de suas normas.

Ordem jurídica superveniente — Período Republicano

Essa era a situação jurídica vigente durante o Império: as terras devolutas cabiam à Coroa, com a natureza de terras públicas *lato sensu*, enquanto que os terrenos reservados, destacados e escoimados daquelas, a ela também cabiam, a título de bens públicos *stricto sensu*, ou seja, bens patrimoniais ou dominiais.

Cabe, aqui, indagar se tal situação perdurou com a mudança do regime e com o advento da República, sob a luz das nossas diversas Constituições.

Constituição Republicana de 24.2.1891

Através da análise da Constituição Republicana de 24.2.1891, há de se consensar que a resposta é parcialmente negativa, especificamente no que tange às terras devolutas que, então, passaram a pertencer aos Estados-membros em que estavam localizadas. Convém reproduzir o texto constitucional, para que não pairem dúvidas: "Art. 64. Pertencem aos Estados as minas e terras devolutas situadas nos seus respectivos territórios, cabendo à União somente a porção do território que for indispensável para a defesa das fronteiras, fortificações, construções militares e estradas de ferro federais".

As terras devolutas, anteriormente pertencentes à Coroa Imperial, passaram a pertencer aos Estados em que se achavam localizadas. Tão somente as minas e as *terras devolutas*, diz o texto constitucional.

Há quem queira sustentar que, por esse dispositivo constitucional de 1891, também se operou a transferência aos Estados-membros dos terrenos reservados marginais de rios navegáveis e seus braços em seus respectivos territórios.

Contudo, tal não é verídico, a despeito de haver uma aparência de realmente ter existido essa transferência. Não raras são as leis, decretos, normas administrativas, julgados e opiniões de doutrinadores que abordam o assunto, supondo ter isso ocorrido. Mas isso não ocorreu. Confira-se mais uma vez: o art. 64, da Constituição de 1891, transfere aos Estados-membros apenas *as terras devolutas* situadas nos seus respectivos territórios. Não faz qualquer menção aos *terrenos reservados às margens dos rios navegáveis ou flutuáveis e dos que os fazem*. Estes já não mais se caracterizavam como terras devolutas, mas sim como bens integrantes do patrimônio da Coroa Imperial, ainda que cedidos por enfiteuse a particulares.

Se essa fosse a intenção do legislador constitucional de 1891, te-lo-ia dito expressamente no corpo do artigo 64, ou em outro dispositivo qualquer, o que, todavia, não foi feito.

Até o eminente Clóvis Bevilaqua incide nesse erro, ao nosso ver. Em obra intitulada *Teoria Geral do Direito Civil*, editada pela primeira vez em 1908 e posta, no ano de 1928, em harmonia com o Código Civil de 1916, diz ele no Parágrafo 42:

"Dos bens da União

"I — Não compete certamente ao direito civil fazer a distribuição dos bens públicos entre a União, os Estados e os Municípios. É matéria da competência do direito constitucional e administrativo.

"No direito pátrio, esta doutrina se reforça com a influência da organização federativa. A Constituição federal delimita os bens entre a União e os Estados; e as constituições estaduais discriminam as fontes de renda e os patrimônios dos respectivos Municípios.

"(...)

"II — São bens da União, pondo de lado as rendas que lhe atribui a Constituição:

"a) Patrimoniais:

1º. A zona que lhe reservou o art. 3º da Constituição;

2º. As ilhas que se formarem nos mares territoriais ou nos rios federais;

3º. As estradas de ferro, telégrafos, fábricas, oficinas e fazendas federais;

4º. Os terrenos devolutos, sitos no Distrito Federal, que não sejam, por qualquer título jurídico, do patrimônio do mesmo Distrito;

5º. Os terrenos de marinha e os acrescidos;

6º. Os bens que foram do domínio da Coroa;

7º. Os bens perdidos pelo criminoso condenado pela justiça federal ou do Distrito Federal;

8º. Os bens do evento no Distrito Federal, os bens vagos que aparecerem em território não incorporado aos Estados ou ao Distrito Federal, e os que provierem de associações civis extintas, quando não houver uma similar a quem passem os bens, e a extinta houver funcionado em mais de um Estado.

"b) De uso especial: (...)

"c) De uso comum: (...)" (ob. cit., Livraria Francisco Alves, 4ª ed., atualizada por Achilles Bevilaqua, 1949, pp. 247-249).

Clóvis Bevilaqua não inclui no rol dos bens da União, de qualquer categoria, os terrenos reservados, limitando-se a dizer que entre os patrimoniais que a ela cabem estão "os bens que foram do domínio da Coroa Imperial". Ora, entre os que pertenceram à Coroa estavam os terrenos reservados, como já demonstrado. Mas, ao discorrer, no § 45, sobre os bens dos Estados-membros, diz ele:

"Dos bens do Estado

"I — São bens dos Estados:

"a) Patrimoniais, além dos que constituírem o seu domínio financeiro:

"1º. Os que pertenciam às antigas Províncias;

"2º. As terras devolutas situadas nos seus respectivos territórios;

"3º. Os bens vagos e os do evento;

"4º. As margens dos rios navegáveis e dos seus afluentes caudais e perenes, destinadas ao uso público, *se por algum título legítimo não forem do domínio federal, municipal ou particular*. A zona marginal aplicada ao uso público é de 15 metros e 4 decímetros contados do ponto médio das enchentes ordinárias, e deve começar no ponto onde termina o domínio marítimo. Os acrescidos conquistados ao leito do rio público estadual pertencem ao Estado, desde que a margem esteja em seu domínio público.

"5º. Os terrenos dos extintos aldeiamentos de índios;

"6º. As ilhas que se formarem nos rios públicos estaduais;

"7º. As estradas de ferro, telégrafos, fábricas, oficinas e fazendas estaduais;

"8º. Os objetos perdidos pelo criminoso condenado pelas justiças estaduais.

"b) De uso especial: (...)

"c) De uso comum: (...)" (ob. cit., pp. 260-262).

Veja-se como Clóvis se refere: "as margens dos rios navegáveis..., *se por algum título legítimo não forem do domínio federal*, ..."

Ora, o emérito civilista deixou de atentar para o fato de que, quando da promulgação e vigência da Constituição Federal de 1891, *todos os terrenos reservados* às margens dos rios navegáveis e seus afluentes, *pertenciam à Coroa Imperial*, *na condição de bens patrimoniais*, e que, portanto, por força das disposições da nova Constituição, *passaram a integrar o patrimônio da União*! Isso resta claro, pois o art. 64 apenas transferiu aos Estados-membros as terras devolutas e minas. Os terrenos reservados, desde 1867, já não mais se constituíam em terras devolutas, bens públicos *lato sensu*, mas se constituíam em bens públicos *stricto sensu*, ou seja, dominiais, patrimoniais, de propriedade da Coroa e, após, da União.

O próprio Clóvis reconhece esse fato ao dizer que os terrenos reservados são bens patrimoniais, embora os elenque no rol dos pertencentes aos Estados-Membros. Que são bens patrimoniais ninguém duvida: a esmagadora maioria dos autores no-lo dizem; todas as leis, mormente as posteriores à Lei que os criou, a eles se referem como bens dominiais.

Porquanto, há de se concluir que os terrenos reservados criados pela Lei Imperial 1.507, de 1867, jamais passaram ao domínio dos Estados-membros, *posto que legitimamente estavam no domínio federal*.

Nem sequer a Lei 3.644, de 31.12.1918, citada por Clóvis na nota de rodapé 4, p. 261, com chamada para o item 4º do elenco de bens patrimoniais estaduais (essa chamada foi mantida na transcrição), conseguiu operar essa transferência do domínio da União para o dos Estados-membros, não obstante o seu artigo 110 procure determinar que os terrenos reservados seguem a condição das terras devolutas, face à ressalva: "se por algum título legítimo não forem do domínio federal, municipal ou particular". Ora, nenhum terreno reservado foi criado em terras particulares ou mesmo públicas municipais. Por outro lado, todos os terrenos reservados, que não mais se confundiam com as terras devolutas, desde o instante de sua criação, estavam, por título legítimo, no domínio nacional e, após, no domínio federal. Porquanto, nem sequer um palmo de terreno reservado passou para o domínio dos Estados-membros.

Historicamente, dentro do enorme cipoal de leis e decretos que assolam nosso País, somente uma norma contraria o acima asseverado. É o Decreto 21.235, de 2.4.1932, editado pelo Governo Provisório que, após a revolução (golpe de Estado) de 1930, num delírio legiferante e em completo escárnio à Constituição Federal de 1891 e à nossa tradição histórico-jurídica, deliberou, por influência do Estado do Rio Grande do Sul, agraciar os Estados-membros com os terrenos reservados, os quais sempre foram do domínio legítimo da União. Confira-se:

"Art. 1º. Fica assegurado aos Estados o domínio dos terrenos marginais e acrescidos naturalmente dos rios navegáveis que correm em seus territórios, bem como o das ilhas formadas nesses rios, e o das lagoas navegáveis, em todas as zonas não alcançadas pela influência das marés.

"Parágrafo único. Igual domínio será exercido sobre os terrenos marginais e acrescidos dos rios que, embora não navegáveis, mas caudáveis e sempre corredios, contribuam com suas águas para tornar outros navegáveis, estendendo-se esse domínio às respectivas ilhas.

"Art. 2º. Consideram-se navegáveis os rios e as lagoas em que a navegação seja possível, por embarcações de qualquer espécie, inclusive jangadas, balsas e pranchas.

"Art. 3º. Não se aplica o disposto no art. 1º às margens dos rios que limitam o Brasil com países estrangeiros.

"Art. 4º. Quando os rios forem divisórios de Estados, o domínio de cada margem, com os seus acrescidos, caberá ao Estado em que ela se encontrar.

"Parágrafo único. O domínio sobre as ilhas formadas nos rios de que trata este artigo será determinado de acordo com as regras traçadas pelo art. 537 do Código Civil.

"Art. 5º. Revogam-se as disposições em contrário."

Note-se que tal decreto não ressalva, em nenhum de seus dispositivos, a hipótese de a União e mesmo particulares possuírem título legítimo de domínio.

Ora, um Governo Provisório, espúrio, estabelecido ao arrepio e em clara afronta à Constituição então vigente, não tinha legitimidade para editar um decreto que dispusesse sobre os bens da Nação, assunto esse de exclusiva alçada constitucional.

Esse mesmo Governo Provisório, ainda antes de se institucionalizar, revogou o decreto acima através de outro decreto, o Decreto 24.643, de 10.7.1934, que ficou conhecido como "Código de Águas" e que possui vigência até os dias atuais, posto que convalidado e legitimado pela Constituição da República dos Estados Unidos do Brasil, promulgada em 16.7.1934, bem como recepcionado por todas as posteriores. Com efeito. O art. 31 do Código de Águas estatui: "Art. 31. Pertencem aos Estados os terrenos reservados às margens das correntes e lagos navegáveis, se, por algum título, não forem do domínio federal, municipal ou particular".

Assim, não só o art. 30 do Código de Águas reafirmava o domínio da União sobre os terrenos de marinha e acrescidos, como também o art. 31, ao atribuir os terrenos reservados aos Estados, expressamente ressalvava títulos anteriores, restringindo o alcance da disposição àqueles terrenos que não fossem do domínio da União, dos Municípios ou de particulares. Ora, a União, por si e por suceder a Coroa Imperial, sempre foi senhora de tais terrenos, independentemente da Província ou do Estado-membro em que se situavam.

A Constituição Federal de 1934 recepcionou as disposições do Código de Águas, convalidando-o e legitimando-o.

Constituição Federal de 16.7.1934

"Art. 20. São do domínio da União:

"I — os bens que a esta pertencem, nos termos das leis atualmente em vigor;

"II — (...)

"III — as ilhas fluviais e lacustres nas zonas fronteiriças.

"Art. 21. São do domínio dos Estados:

"I — os bens da propriedade destes pela legislação atualmente em vigor, com as restrições do artigo antecedente;

"II — as margens dos rios e lagos navegáveis, destinadas ao uso público, se por algum título não forem do domínio federal, municipal ou particular."

A Constituição dos Estados Unidos do Brasil, outorgada em 10.11.1937 reproduz, na íntegra, nos seus arts. 36 e 37, as mesmas disposições dos artigos 20 e 21 da Constituição anterior.

Constituição Federal de 10.11.1937

"Art. 36. São do domínio da União:

"I — os bens que a esta pertencem, nos termos das leis atualmente em vigor;

"Art. 37. Pertencem ao domínio dos Estados:

"I — (...)

"II — As margens dos rios e lagos navegáveis, destinadas ao uso público, se por algum título não forem do domínio federal, municipal ou particular."

Durante o Estado-Novo, período de exceção, foi editado o Decreto 1.202, de 8.4.1939, cujo art. 37, alínea *b*, reproduz as disposições constitucionais de 1934 e 1937:

"Art. 37. Pertencem ao domínio dos Estados:

"a) (...)

"b) as margens dos rios e lagos navegáveis, destinados ao uso público, se por algum título não forem do domínio federal, municipal ou particular."

Restabelecida a constitucionalidade no País, o constituinte de 1946 pretendeu passar ao largo do assunto, tido por complexo e tormentoso, preferindo manter certa neutralidade e nada disciplinar de forma expressa. Assim, procurou fazer abstração dos terrenos reservados, disciplinando tão somente quanto ao domínio das águas, como se vê abaixo:

Constituição Federal de 18.9.1946

"Art. 34. Incluem-se entre os bens da União:

"I — os lagos e quaisquer correntes de água em terrenos do seu domínio ou que banhem mais de um Estado, sirvam de limite com outros países ou se estendam a território estrangeiro, e bem assim as ilhas fluviais e lacustres nas zonas limítrofes com outros países.

"II — a porção de terras devolutas indispensáveis à defesa das fronteiras, às fortificações, construções militares e estradas de ferro.

"Art. 35. Incluem-se entre os bens do Estado os lagos e rios em terrenos do seu domínio e os que têm nascente e foz no território estadual."

A redação desses arts. 34 e 35 deixam patente o ânimo do Constituinte de 1946 em se alheiar ao tema, fazendo remissão, de forma implícita e por omissão, ao texto constitucional anterior e à legislação infra-constitucional pré-existente. Com efeito, ao usar a expressão *incluem-se entre os bens*, o Constituinte admitiu a existência de outros que deixou de elencar.

Quais seriam, então, esses outros bens da União? A resposta somente pode ser a de que são aqueles que já lhe pertenciam antes de 18.9.1946, os quais lhe foram conferidos pelas Constituições anteriores e pela legislação infra-constitucional não revogada e não conflitante com as disposições da nova Constituição. Dessa sorte, os terrenos reservados situados nas margens de todos os rios navegáveis e seus braços, em todo o território nacional, continuaram como bens dominiais da União.

De igual modo, continuaram pertencendo aos Estados as margens dos rios e lagos navegáveis, destinados ao uso público, *se por algum título não forem do domínio federal, municipal ou particular* (art. 37, alínea *b* da Constituição de 1937 e art. 31 do Código de Águas). Nesse diapasão, não obstante o artigo 35 da nova Constituição nenhuma referência faça às terras devolutas do domínio dos Estados, é de se afirmar que as disposições contidas no artigo 64 da Constituição de 1891 continuaram vigorando, uma vez que essas terras já estavam incluídas entre os bens dos Estados quando da promulgação do texto constitucional ora analisado.

Há de se rememorar que, ainda sob a égide da Constituição de 1891, foi editado o Decreto 24.643 de 10.7.34, conhecido como Código de Águas, que em seu artigo 11 estatui:

"Art. 11. São públicos dominiais, se não estiverem destinados ao uso comum, ou por algum título legítimo não pertencerem ao domínio particular:

"1º. (...)

"2º. Os terrenos reservados nas margens das correntes públicas de uso comum, bem como dos canais, lagos e lagoas da mesma espécie, salvo quanto às correntes que, não sendo navegáveis nem flutuáveis, concorrem apenas para formar outras simplesmente flutuáveis, e não navegáveis.

"§ 1º. Os terrenos que estão em causa serão concedidos na forma da legislação especial sobre a matéria.

"§ 2º. *Será tolerado o uso desses terrenos pelos ribeirinhos*, principalmente os pequenos proprietários que os cultivem, *sempre que o mesmo não colidir por qualquer forma com o interesse público*."

No art. 14, o legislador de 1934 define precisamente o que sejam os terrenos reservados: "Art. 14. Os terrenos reservados são os que, banhados pelas correntes navegáveis, fora do alcance das marés vão até a distância de 15 metros para a parte de terra, contados desde o ponto médio das enchentes ordinárias".

E no art. 31, o Código de Águas define a propriedade dos terrenos reservados: Ao Estado, *se por algum título não forem do domínio federal, municipal ou particular*.

Posterior ao Código de Águas e antes da promulgação da Constituição de 1946, o Decreto 1.202, de 8.4.1939, em seu art. 37, alínea *b* reproduziu as disposições constitucionais de 1934 e 1937, como já acima noticiado, as quais, sem sombra de dúvida firmavam o domínio da União sobre os terrenos reservados, independentemente de o rio, lago ou lagoa serem considerados do domínio do Estado em que se localizavam.

Ocioso também não é lembrar que o Decreto-lei 9.760, dc 5.9.1946, reitera *in totum* as disposições do Código de Águas, mormente as acima mencionadas. Dele merecem ser transcritas as seguintes estipulações:

"Art. 1º. Incluem-se entre os bens imóveis da União:...

"a) (...)

"b) os terrenos marginais dos rios navegáveis, em territórios federais, (...)

"c) os terrenos marginais de rios e as ilhas nesta situação na faixa de fronteira (...)

"(...)

"j) os que foram do domínio da Coroa;

"(...)

"i) os que tenham sido a algum título, ou em virtude de lei, incorporados ao seu patrimônio."

E na Seção II, esse Decreto-lei conceitua os terrenos reservados, repetindo o texto do artigo 14 do Código das Águas.

"Art. 4º. São terrenos marginais os que banhados pelas correntes navegáveis, fora do alcance das marés, vão até a distância de 15 metros, medidos horizontalmente para a parte da terra, contados desde a linha média das enchentes ordinárias."

Esse é o direito que, recepcionado pela Constituição Federal de 18.9.1946, vigia anteriormente às que a sucederam, ou seja, as de 1967 e de 1988.

Merece verificar se esse direito, com o advento da Revolução de 1964 e o estabelecimento de novo regime, continuou vigindo e tendo eficácia nos mesmos moldes já delineados.

Carta Constitucional de 24.1.1967

Após vitorioso, o "Comando Supremo da Revolução" se auto-institucionalizou através dos "Atos Institucionais" e fez com que fosse outorgada à Nação a Carta Constitucional de 24.1.1967, que em seu texto original estatuía:

"Art. 4º. Incluem-se entre os bens da União:

"I — a porção de terras devolutas indispensáveis à defesa nacional ou essencial ao seu desenvolvimento econômico;

"II — os lagos e quaisquer correntes de água em terrenos de seu domínio ou que banhem mais de um Estado, que sirvam de limite com outros países ou se estendam a território estrangeiro, as ilhas oceânicas, assim como as ilhas fluviais e lacustres nas zonas limítrofes com outros países;

"III — a plataforma submarina;

"IV — as terras ocupadas pelos silvícolas;

"V — os que atualmente lhe pertencem.

"Art. 5º. Incluem-se entre os bens dos Estados os lagos e rios em terrenos de seu domínio e os que têm nascente e foz no território estadual, as ilhas fluviais e lacustres e as terras devolutas não compreendidas no artigo anterior."

Como se vê, a Carta Constitucional atribuiu ao Estado-membro o domínio dos "lagos e rios" em seu território, *mas não lhe conferiu o domínio dos terrenos reservados* às suas margens, os quais, portanto, *continuaram no domínio da União, por força do disposto no inc. V do art. 4º.*

A Emenda Constitucional 1, de 17.10.1969, imposta pelos Ministros Militares à Nação, no "uso das atribuições que lhes eram conferidas pelo Ato Institucional 5, de 13.12.1968, e pelo Ato Institucional 16, de 14.10.1969, deu nova roupagem à Carta Constitucional de 1967, mas, no tocante à distribuição dos bens públicos entre a União e os Estados-membros, nenhuma modificação trouxe que pudesse alterar a matéria, mantendo, inclusive, a mesma numeração dos artigos. Em razão dessas modificações se aterem quase que exclusivamente à redação, havendo apenas a inserção de um inciso no art. 4º (o VI, que incluía o mar territorial no rol dos bens da União), não há de se gastar tempo, paciência e papel com a análise dessas pequenas filigranas, mais lingüísticas do que jurídicas e que em nada ajudam na compreensão do tema. Melhor, pois, passar-se à análise da Constituição subseqüente e que se encontra em vigor.

Constituição Federal de 5.10.1988

Com a redemocratização do País, foi promulgada a Constituição Federal de 5.10.1988, que disciplina sobre a matéria da seguinte forma:

"Art. 20. São bens da União:

"I — *os que atualmente lhe pertencem* e os que lhe vierem a ser atribuídos;

"II — (...)

"III — os lagos, rios e quaisquer correntes de água em terrenos de seu domínio, ou que banhem mais de um Estado, sirvam de limites com outros países, ou se estendam a território estrangeiro ou dele provenham, bem como os *terrenos marginais* e as praias fluviais."

Pela simples leitura do art. 20 fica claro que os terrenos reservados, que sempre foram do domínio da União, continuam a pertencer-lhe, quer seja por força do disposto no inc. I (os que atualmente lhe pertencem), quer seja pelo inc. III. Veja-se que a restrição ou delimitação "em terrenos de seu domínio, ou que banhem mais de um Estado, sirvam de limites com outros países, ou se estendam a território estrangeiro ou dele provenham" refere-se apenas aos "lagos, rios e quaisquer correntes de água", e não aos terrenos marginais e às praias fluviais. A análise lógica e gramatical revela a conclusão acima exposta.

Assim, óbvia fica a dominialidade dos terrenos reservados pela União, independentemente do Estado-membro em que estejam situadas.

Convém, por derradeiro, verificar o artigo 26, para saber se o legislador constitucional porventura teria incluído no seu texto, por alguma forma, os terrenos reservados:

"Art. 26. Incluem-se entre os bens do Estado:

"I — as águas superficiais ou subterrâneas, fluentes, emergentes e em depósito, ressalvadas, neste caso, na forma da lei, as decorrentes de obras da União;

"II — as áreas, nas ilhas oceânicas e costeiras, que estiverem no seu domínio, excluídas aquelas sob domínio da União, Municípios ou terceiros;

"III — as ilhas fluviais e lacustres não pertencentes à União;

"IV — as terras devolutas não compreendidas entre as da União."

Conclusões

Ante os antecedentes já demonstrados de forma irrefutável, o conseqüente lógico a que se pode chegar é um só, o qual pode ser enunciado aqui, de forma simples e sintética: "*Os terrenos reservados às margens dos rios navegáveis são de domínio público, insuscetíveis de expropriação e, por isso mesmo, excluídos da indenização*".

A parte dessa simplicidade e sintetismo, para que não pairem dúvidas sobre a questão, deve-se fracionar essa conclusão maior em várias outras, menores, que a compõe e que desnudam a matéria do manto de *vexato quaestio*, expondo suas exatas feições:

1. Os terrenos reservados não foram criados, em nenhuma hipótese, sobre terras particulares, posto que a Lei Imperial 1.507, de 1867, faz ressalva expressa delas.

2. É inquestionável, pois, que os terrenos marginais situados nas margens dos rios navegáveis e de seus braços são do *domínio público*, vez que foram constituídos de parcela de terras devolutas, pertencentes à Coroa Imperial, as quais foram discriminadas por força da Lei (sete braças a contar do ponto médio das enchentes ordinárias), embora não tenham sido demarcadas de fato, e reservadas para o uso público.

3. A expressão "servidão pública" é um tanto equivocada, mas decorre do texto do art. 12, item 2º., da Lei Imperial 601, de 1850, que permitia ao Governo reservar, das terras devolutas, a seu critério, aquelas que julgasse necessárias para o *uso público*, não se devendo entender este último, de forma obrigatória, como sendo o uso do público ou do povo, mas sim o uso da administração pública, como se percebe pela leitura do referido art. 12; a palavra servidão contida no texto do artigo 39 da Lei 1.507 não pode ser interpretada no sentido de servidão propriamente dita, instituto de direito privado, mas no sentido de "afetação pública".

4. A criação dos terrenos reservados tem origem em lei (a de n. 1.507, de 1867), que, por sua vez, tem amparo na Lei 601, de 1850; ambas têm seus fundamentos de validade e eficácia na Constituição Imperial de 25.3.1824.

5. As ordens constitucionais posteriores recepcionaram, de forma explícita ou implícita, os terrenos reservados, restringindo apenas a dimensão de 15,4 metros (sete braças craveiras) para 15,00 metros; a transferência das *terras devolutas* para os Estados da Federação, operada pela Constituição Federal de 24.2.1891 (art. 64) não implicou na transferência dos *terrenos reservados*, os quais passaram do domínio da Coroa para o da União; os dispositivos legais que pretenderam fazer essa transferência não lograram êxito, ou porque fizeram a ressalva "salvo se por algum título legítimo não forem do domínio federal, municipal ou particular" (Lei 3.644, de 31.12.1918; art. 31 do Código de Águas; Decreto 1.202, de 8.4.1939), ou porque se tratava de legislação apócrifa, aconstitucional, emanada de fonte destituída de qualquer legitimidade a qual, bem depressa, revogou-a (Decreto 21.235, de 2.4.1932).

6. A atual Constituição Federal espanca qualquer dúvida ao estatuir que os terrenos reservados, às margens de quaisquer rios navegáveis em território nacional, lhe pertencem (art. 20, I e III).

7. A conclusão acima não é elidida pelo artigo 8º. da atual Constituição do Estado de São Paulo (cuja letra é a seguinte: "Além dos indicados no art. 26 da Constituição Federal, incluem-se entre os bens do Estado os terrenos reservados às margens dos rios e lagos do seu domínio."), vez que esse dispositivo constitucional estadual conflita com o art. 20, incs. I e III, da Constituição Federal; a Constituição Estadual não pode definir mais que a Constituição Federal cujas disposições, em assim acontecendo, prevalecem sobre as daquela.

8. Mesmo passando ao largo da discussão (estéril e infundada) de pertencerem à União ou ao Estado-membro, é notório, insofismável, inquestionável e contundente que os terrenos reservados, marginais aos rios navegáveis e seus afluentes, ainda que banhem território de um único Estado-membro, *não pertencem aos particulares*, mas que *por força de lei, aceita, vigente* e *aplicável, há longas décadas*, tem a natureza jurídica de *bens públicos dominiais* e, por isso, são insuscetíveis de expropriação e de indenização ao particular.

9. Ressalva há de ser feita quanto às terras marginais que realmente estão no domínio do particular, por qualquer título legítimo; todavia, somente podem ser considerados *títulos legítimos* para esse fim os que se filiam àqueles que foram convalidados, reconhecidos ou concedidos na forma da Lei Imperial 601, de 1850.

Bauru, janeiro de 1993

JURISPRUDÊNCIA

JURISPRUDÊNCIA RESUMIDA

Sob inteira responsabilidade da Direção da Revista, publicamos nesta seção as partes mais relevantes — sob o aspecto doutrinário — de acórdãos do STF e, eventualmente, de outros tribunais.

Não é nossa finalidade informar o leitor sobre a jurisprudência. Para isso, ele dispõe de publicações oficiais e outras. Nosso fito é salientar as excelentes elaborações doutrinárias que os publicistas que integram nossos tribunais têm desenvolvido. O STF, com sua atual composição, tem aprofundado estudos de notável relevância, que — perdidos nas dobras das controvérsias concretas — nem sempre são valorizadas no seu teor puramente científico.

SUPREMO TRIBUNAL FEDERAL

ACÓRDÃO RESUMIDO

Contribuição social — Parâmetros — Normas de regência — Finsocial — Balizamento temporal.

A teor do disposto no art. 195 da Constituição Federal, incumbe à sociedade, como um todo, financiar, de forma direta e indireta, nos termos da lei, a seguridade social, atribuindo-se aos empregadores a participação mediante bases de incidência próprias — folha de salários, o faturamento e o lucro. Em norma de natureza constitucional transitória, emprestou-se ao Finsocial característica de contribuição, jungindo-se a imperatividade das regras insertas no Decreto-lei 1.940/82, com as alterações ocorridas até a promulgação da Carta de 1988, ao espaço de tempo relativo à edição da lei prevista no referido artigo. Conflita com as disposições constitucionais — artigos 195 do corpo permanente da Carta e 56 do Ato das Disposições Constitucionais Transitórias — preceito de lei que, a título de viabilizar o texto constitucional, toma de empréstimo, por simples remissão, a disciplina do Finsocial. Incompatibilidade manifesta do artigo 9º da Lei 7.689/88 com o Diploma Fundamental, no que discrepa do contexto constitucional.

Recurso Extraordinário n. 150.764-1 - Pernambuco

Tribunal Pleno

Recorrente: União Federal

Recorrida: Empresa Distribuidora Vivacqua de Bebidas Ltda.

***DJU* 2.4.93**

Por maioria de votos, declaram a inconstitucionalidade do artigo 9º da Lei 7.689, de 15 de dezembro de 1988, do artigo 7º da Lei 7.787, de 30 de junho de 1989, do artigo 1º da Lei 7.894, de 24 de novembro de 1989 e do artigo 1º da Lei 8.147, de 28 de dezembro de 1990, vencidos os Ministros Relator (Ministro Sepúlveda Pertence), Francisco Rezek, Ilmar Galvão, Octávio Gallotti e Néri da Silveira, que lhe deram provimento, para declarar a constitucionalidade de tais dispositivos e, conseqüentemente, cassar a segurança.

RELATÓRIO

O Senhor Ministro Sepúlveda Pertence: A recorrida — sociedade por cotas de responsabilidade limitada, que tem "como objetivo o comércio de bebidas, gelo e gás carbônico" (contrato social, f.) — requereu segurança para livrar-se da exigência mensal da chamada contribuição para o Finsocial, à base de 2% sobre o faturamento (...)

3. A sentença de primeiro grau denegou a ordem (...)

4. O TRF da 5ª Região (Recife), contudo, deu provimento à apelação para "conceder parcialmente a segurança, preservando a cobrança do Finsocial, nos termos em que figurava ao ser promulgada a Constituição de 1988" (...)

O Senhor Ministro Sepúlveda Pertence (Relator): (...)

9. Creio que, em linha de princípio, no RE, "b", o que se devolve ao conhecimento do STF é toda a questão da inconstitucionalidade da lei ou leis relevantes ao deslinde do caso concreto, na extensão da qual, não está a Corte circunscrita aos parâmetros constitucionais, nem aos prismas tópicos do discurso de fundamentação do acórdão recorrido: conhecido o RE, pode o Tribunal considerar normas de padrão ou ângulos diversos de equacionamento do problema objeto da decisão a rever, seja para reafirmar, seja para infirmar a inconstitucionalidade nele declarada.

10. Redargúi a Procuradoria-Geral que as argüições suscitadas na inicial "restaram vencidas, porque não acolhidas pelo v. aresto impugnado, o qual, nessa parte, ficou irrecorrido": mas, "data venia", à parte vencedora, na medida em que venceu, ainda que por fundamentos jurídicos diversos, não se pode opor a suposta preclusão de questões que, malgrado resolvidas contra o que sustentara, não lhe acarretaram sucumbência.

11. Nem há cogitar, nas circunstâncias do caso, de falta de prequestionamento: embora para refutá-las, o acórdão recorrido versou as teses da impetração.

12. Tem-se, pois, aqui, de reexaminá-las, uma vez que, com base nelas, em tese, poderá o julgamento do RE reafirmar a solução dada à lide pela decisão "a quo", ainda que não lhe endosse o fundamento acolhido.

II

13. Não obstante a premissa que venho de deduzir, a temática constitucional do recurso é menos complexa do que, à primeira vista, se pode supor: a indagação central é uma só — a natureza da exação questionada, a partir do art. 9º da Lei 7.689/88 —, da solução da qual resultará a de todas as demais.

14. Apesar de ainda recente o julgamento do RE 150.755 (Finsocial sobre as empresas prestadoras de serviço), convém reavivar a memória dos antecedentes legislativos e jurisprudenciais dos tributos popularizados sob a denominação genérica de Finsocial, sigla do Fundo de Investimento Social, ao qual, de início, afetado o produto da arrecadação deles.

15. Servi-me, naquele caso, do memorial de dois ilustres especialistas, Gilberto de Ulhoa Canto e J. D. Cordeiro Guerra, do qual extraí, sobre "O Finsocial até a CF/88", a síntese precisa que volto a reproduzir:

> "Com declarado fundamento no art. 21, § 2º, da CF então vigente, o DL 1.940/82 criou a contribuição para o Fundo de Investimento Social-Finsocial, como contribuição social destinada a custear investimentos de caráter assistencial em alimentação, habitação popular, saúde, educação e amparo ao pequeno agricultor (art. 1º).
>
> "O Finsocial incidia à alíquota de 0,5% sobre a receita bruta das empresas públicas e privadas que realizavam vendas de mercadorias, bem como das instituições financeiras e sociedades seguradoras (art. 1º, § 1º). As empresas que se dedicavam exclusivamente à prestação de serviços sujeitavam-se ao Finsocial à alíquota de 5% sobre o imposto de renda por elas devido, ou como se devido fosse (art. 1º, § 2º).
>
> "Portanto, já na sua origem, o Finsocial tinha duas incidências genéricas e bases de cálculo distintas (receita bruta e imposto de renda) e quatro categorias diversas de contribuintes (vendedoras de mercadorias ou de mercadorias e serviços, instituições financeiras, sociedades segu-

radoras e empresas exclusivamente prestadoras de serviços).

"O Pleno do Supremo Tribunal Federal (STF), no julgamento do RE 103.778-DF, que se encerrou em 18.9.1985, decidiu (vencido apenas o Ministro Oscar Corrêa) que os dois tipos genéricos de incidência do Finsocial configuravam *dois impostos*: a) imposto novo, de competência residual da União, quando calculado sobre a receita bruta das empresas, e b) adicional de imposto de renda, quando calculado sobre o imposto de renda por elas devido, ou como se devido fosse (*RTJ* vol. 116, pp. 1.138 a 1.188).

"O STF concluiu também que, como imposto (novo ou de renda), o Finsocial somente poderia ser cobrado a partir de 1.1.1983, face ao princípio da anualidade ou anterioridade de exercício, e que a vinculação do produto de sua arrecadação a um fundo específico, além de inconstitucional, era irrelevante para a sua conceituação.

"Não obstante sua natureza de imposto reconhecida pelo STF, desde a sua instituição o Finsocial foi disciplinado amplamente por atos administrativos exorbitantes, inclusive pelo Decreto 92.698, de 21.5.1986, que baixou o seu regulamento. Ao final, as normas básicas do Finsocial foram consolidadas no DL 2.397, de 21.12.1987, assim se elevando à categoria de lei as suas regras inválidas.

"O DL 2.397/87 manteve e explicitou os quatro tipos de bases de cálculo (e as correspondentes quatro categorias de contribuintes) do Finsocial já constantes da legislação anterior: a) receita bruta das vendas de mercadorias e de mercadorias e serviços; b) rendas e receitas operacionais das instituções financeiras e entidades a elas equiparadas; c) receitas operacionais e patrimoniais das sociedades seguradoras e entidades a elas equiparadas; d) imposto de renda devido (ou como se devido fosse) pelas empresas exclusivamente prestadoras de serviços.

"As alíquotas então fixadas foram de 0,5% sobre as receitas e de 5% sobre o imposto de renda devido (ou como se devido fosse). Para o ano de 1988, a alíquota de 0,5% foi majorada para 0,6% e esse acréscimo (0,1%) foi destinado a custear reforma agrária (art. 22 do DL 2.397/87).

"Em suma, eis o regime legal do Finsocial até 5.10.1988, quando promulgada a CF/88: havia quatro tipos de incidências (e quatro categorias de contribuintes) e duas alíquotas (0,5% e 5%), com um adicional provisório para uma delas (0,1%), e o STF entendeu que correspondiam a dois tipos de imposto: um imposto novo, de competência residual da União (gravando a receita bruta) e um adicional de imposto de renda (calculado sobre o imposto de renda devido, ou como se devido fosse)."

16. Houve, portanto — concluí, no precedente referido —, desde a origem da exação, o DL 1.940/82, dois tipos juridicamente distintos e inconfundíveis de tributo, que só a afetação do produto de ambos a um mesmo fundo — o Finsocial — aproximava: um, objeto do art. 1º, § 1º, incidente sobre a receita bruta das empresas em geral, no qual, por isso, o STF identificou imposto inominado da competência residual da União; e o segundo, exigível apenas das empresas dedicadas exclusivamente à prestação de serviços, que o Tribunal qualificou de adicional do imposto de renda, porque calculado sobre o que, a esse título, fosse devido pelo contribuinte (ou como se devido fosse).

17. Do destino dessa segunda modalidade de Finsocial, sob o regime constitucional vigente, ocupou-se a Corte, no mencionado RE 150.755, quando concluímos, em síntese, que, não tendo sido objeto da regra do art. 56 do ADCT, o tributo exigido das empresas de serviço, não obstante recebido pela Constituição, com a mesma natureza originária de adicional de imposto sobre a renda, desaparecera com a Lei 7.689/88, até ser convertido, com alteração de sua base de cálculo, por força do art. 28 da Lei 7.738/ 89, em contribuição social sobre o faturamento.

III

18. O caso presente é diverso: a recorrida é empresa vendedora de mercadorias, contribuinte, pois, do Finsocial, desde a origem, à base de 0,5% sobre a receita bruta, elevada a 0,6%, só para o exercício de 1988, pelo DL 2.397/87 (o DL 2.413/88, que tornava permanente esse acréscimo de alíquota foi rejeitado).

19. Sob a ordem constitucional caduca, como notado, o STF lhe atribuíra o caráter de imposto inominado, de instituição legitimamente derivada do art. 18, § 5º., da Carta de 69, que outorgava competência tributária residual à União (cf. RE 103.778, 18.9.85, Guerra, *RTJ* 116/1.138).

20. Da sua transplantação para o novo sistema constitucional, em caráter provisório, é que cuidou, portanto, o art. 56 do ADCT/88, como resulta do seu teor, "verbis":

> "Art. 56. Até que a lei disponha sobre o art. 195, I, a arrecadação decorrente de, no mínimo, cinco dos seis décimos percentuais correspondentes à alíquota da contribuição de que trata o Decreto-lei 1.940, de 25 de maio de 1982, alterada pelo Decreto-lei 2.049, de 1º de agosto de 1983, pelo Decreto 91.236 de 8 de maio de 1985, e pela Lei 7.611, de 8 de julho de 1987, passa a integrar a receita da seguridade social, ressalvados, exclusivamente no exercício de 1988, os compromissos assumidos com programas e projetos em andamento."

21. Diz-se com freqüência que, por força dessa disposição transitória, o Finsocial teria sido recebido pela Constituição, mas, "data venia", não se trata, a rigor, de recepção.

22. Essa, a recepção, resulta, em princípio, da simples relação de compatibilidade material entre o direito ordinário pré-constitucional e a Constituição nova e independe, por isso, de disposição permanente ou transitória desta, que lhe prescreva a continuidade da vigência: ao contrário, norma constitucional nesse sentido, sob pena de ser inócua, é indicativo de que, não fora ela, a lei anterior, cuja vigência mantém, estaria revogada por inconstitucionalidade superveniente.

23. Por isso, o art. 56, enquanto eficaz, constitui fundamento bastante para a validade da exigência da modalidade de Finsocial de que nele se cuidou, pouco importando, para esse efeito, indagar se o preceito transitório manteve incólume ou alterou a primitiva natureza jurídica de imposto da competência residual da União, que, sob a ordem constitucional pretérita, legitimara a exação discutida.

24. Essa indagação, acerca da persistência ou não da originária natureza do Finsocial sobre o faturamento, só ganha relevo jurídico com a edição, já sob a Constituição de 88, da Lei 7.689/88, que — além de criar a contribuição social sobre o lucro das pessoas jurídicas, destinada ao financiamento da seguridade social (arts. 1º a 8º) —, estatuiu:

> "Art. 9º. Ficam mantidas as contribuições previstas na legislação em vigor sobre a folha de salários e a de que trata o Decreto-lei 1.940, de 25 de maio de 1982, e alterações posteriores, incidentes sobre o faturamento das empresas, com fundamento no art. 195, I, da Constituição Federal."

IV

25. A argüição da inconstitucionalidade da segunda parte desse dispositivo, que diz respeito ao Finsocial, tem um dos seus pontos fundamentais na premissa de que o tributo, que aí se manteve, teria guardado o caráter originário de imposto não discriminado e só como tal, em tese, poderia legitimar-se perante a Constituição em vigor, o que, entretanto, não sucede.

26. O raciocínio é bem posto.

27. Ao criar a contribuição sobre o lucro, aduz-se, a Lei 7.689/88 dispôs sobre o art. 195, I, da Constituição e, com isso, realizou o termo final da vigência ou da eficácia do art. 56 do ADCT, que, literalmente, só preservara a exigibilidade do Finsocial até que a lei dispusesse a respeito.

28. Exaurida, assim, com a própria Lei 7.689/88, a sua fonte de legitimação provisória, o art. 56 do ADCT, esse mesmo diploma, lei ordinária — prossegue-se —, por várias razões, jamais poderia prescrever a subsistência do Finsocial, seja a título de contribuição social, seja com a natureza originária de imposto da competência residual da União.

29. Donde, conclui-se, a sua inconstitucionalidade.

30. De logo, estou de acordo com a premissa de que, efetivamente, o art. 56 do ADCT exauriu-se com a Lei 7.689/88 e, também, com a afirmação final do silogismo: a partir daí, o Finsocial não poderia ter sido recriado, pela mesma lei; como imposto não discriminado da União. Basta-me, para tanto, à vista do art. 154, I, CF — e sem necessidade de encarar as questões de sua identidade com a contribuição do PIS ou da sua cumulatividade ou não com quaisquer impostos discriminados —, a evidência de que só mediante lei complementar pode a União, exercer, sob o regime vigente, a sua competência tributária residual.

V

31. O ponto, assim, é determinar o sentido e o alcance da questionada parte final do art. 9º da Lei 7.689/88, segundo a qual ficou mantida a contribuição de que trata o DL 1.940/82 e alterações posteriores, sobre o faturamento das empresas, com fundamento no art. 195, I, da Constituição Federal: em outros termos, o que resta saber é se, com isso, a lei referida criou, ou não, validamente, uma contribuição social sobre o faturamento, afetada ao financiamento da seguridade social.

32. A resposta negativa — que alicerça a argüição de inconstitucionalidade —, tem buscado afirmar-se sob vários ângulos, cada qual explorado com brilho por muitos dos nossos melhores doutores.

33. Alguns desses argumentos, contudo, já os descartou a jurisprudência do Tribunal, a propósito de casos similares: primeiro, para afirmar a constitucionalidade da contribuição social sobre o lucro (RE 146.733, 29.6.82, e RE 138.284, cits.); depois, para julgar válida a extensão às empresas de serviço do Finsocial sobre o faturamento (RE 150.755, cit.).

34. Refiro-me, de um lado, à tese central do acórdão recorrido, que — a partir do que, Misabel Derzi denominou parafiscalidade necessária das contribuições sociais (*RDT* 55/194-201) — extrai a invalidade de toda e qualquer contribuição à seguridade social do fato de a lei haver atribuído sua arrecadação e fiscalização ao aparelho fazendário da administração federal direta.

35. Não obstante o justo renome dos que se alinham nesse entendimento — que, afora a autora citada e o renomado Hugo Machado, que o empolgou nos autos, logrou irmanar Geraldo Ataliba e Ives Gandra, além de outros especialistas de tomo —, com todas as vênias, sigo convencido de sua improcedência, tal como explicitara no modesto voto com o qual, no RE 146.733, aderi ao do em. Relator, Ministro Moreira Alves, quando acentuei:

"O argumento a que se deu maior ênfase, no sentido da inconstitucionalidade, consiste em extrair do artigo 3º, da Lei questionada, que confia à Secretaria da Receita Federal a fiscalização e a arrecadação desse tributo específico, a sua própria descaracterização como contribuição destinada a seguridade social e, daí, sua conseqüente invalidez. Os argumentos expendidos nessa linha, nos vários trabalhos — e me refiro especialmente a um, que foi o meu primeiro contato com o tema — o belo parecer da Professora Misabel Derzi sobre questão similar (''Contribuição para o Finsocial'', *RDT* 55/194) — ''data venia'', não me convenceram. O que a lei estabeleceu, naquele dispositivo, foi apenas a centralização do processo administrativo de arrecadação e fiscalização, o que, como notou bem o voto vencido a que se reportou o eminente Relator, do Juiz Fleury Filho, do Tribunal Regional Federal de São Paulo, decorre de que à seguridade social não corresponde, na própria Constituição, um órgão único, totalmente distinto da administração direta: deixa-o claro o próprio artigo 165, III, CF, ao incluir, no âmbito da seguridade social, não apenas as autarquias previdenciárias e outras entidades da administração direta, mas também os órgãos da administração direta envolvidos na consecução dos seus objetivos. O orçamento da seguridade social — mais abrangente que o da Previdência Social — teria, portanto, que ter em vista, também, a arrecadação desses recursos destinados à Administração Direta, embora afetados, vinculados a determinadas despesas com o amplo e complexo setor que nela se compreende.

''De qualquer sorte, ainda com relação aos recursos votados às entidades da administração indireta, a centralização na Receita Federal de sua arrecadação e fiscalização não lhes descaracteriza a destinação específica que lhes haja emprestado o orçamento da seguridade social: não me convenci de que o problema se distinga ontologicamente do que se dá com a arrecadação pela União ou pelos Estados da totalidade de determinados impostos, não obstante, segundo a Constituição, parte do produto deles pertença, desde a sua efetivação, aos Municípios (CF, art. 158).''

36. A essas singelas razões, acresci, no voto-condutor do RE 150.755, a reprodução do exemplar tratamento sistemático que deu ao ponto, para concluir no mesmo sentido, o il. Juiz Fábio Bittencourt da Rosa, do TRF de Porto Alegre (AI na AMS 2.508).

37. Do mesmo modo, já não reclama maior desenvolvimento, depois dos precedentes invocados, a rejeição da suposta exigência de lei complementar para a instituição de qualquer contribuição para a seguridade social, ainda daquelas previstas no art. 195, I, da Constituição. Argumento, aliás, que, no caso, o acórdão recorrido mesmo afastou explicitamente. Uma vez mais — e apenas para não deixar sem resposta expressa esse fundamento da inicial, reporto-me ao tópico da ementa do RE 138.284, do em. Ministro Velloso, que, a respeito, consignou:

> ''As contribuições do art. 195, I, II, III, da Constituição, não exigem, para a sua instituição, lei complementar. Apenas a contribuição do § 4º do mesmo art. 195 é que exige, para a sua instituição, lei complementar, dado que essa instituição deverá observar a técnica da competência residual da União (CF, art. 195, § 4º; CF, art. 154, I). Posto estarem sujeitas à lei complementar do art. 146, III, da Constituição, porque não são impostos, não há necessidade de que a lei complementar defina o seu fato gerador, base de cálculo e contribuintes (CF, art. 146, III, ''a'').''

38. Finalmente, impressiona o argumento — este, específico e de ordem substancial —, que parte do verbo manter, núcleo da proposição normativa do art. 9º da Lei 7.689/88 — ''ficam *mantidas* as contribuições (...) sobre a folha de salários e a de que trata o Decreto-lei 1.940 ...'' —, para dele inferir a inconstitucionalidade do preceito.

39. Se a lei manteve a contribuição — pondera-se —, é que entendeu de preservá-la tal como era, no DL 1.940, ou seja, como imposto residual e, com esse caráter, à vista do art. 154, I, já não poderia ele ser validamente mantido sob a Constituição vigente, ao menos sem a intermediação da lei complementar ...

40. Inteligente, embora, o discurso faz indevida abstração de um dado de importância decisiva do texto legal cogitado: o art. 9º da Lei 7.689/88 não se adstringe a dizer *mantida* a contribuição de que trata o DL 1.940/82, mas a declara mantida, "verbis", "com fundamento no art. 195, I, da Constituição Federal".

41. Não se pretendeu aí, portanto, tomar simplesmente do instituto, tal como existia sob a ordem constitucional pretérita — isto é, como imposto residual fundado no art. 18, § 5º, da Carta decaída —, e transplantá-lo, inalterado, para o novo sistema tributário: cuidou-se, isso sim, de abrigar a legislação antiga do Finsocial sob novo fundamento constitucional de validade — o art. 195, I, da Constituição de 88 —, para tanto, adequando-a, quanto necessário, ao seu regime.

42. Essa alteração explícita do fundamento de legitimação constitucional do tributo implicou indisfarçável novação objetiva de sua natureza jurídica: converteu-o, do imposto residual que era, quando derivado do art. 18, § 5º, da Carta de 69, em contribuição para a seguridade social, sob o pálio do art. 195, I, da Constituição.

43. Novação essa, da qual decorre — este, o ponto decisivo —, a iniludível sujeição, daí para a frente, do tributo ao regime constitucional das contribuições sociais previstas naquela regra constitucional, o que traz corolários do maior relevo: assim de logo, a aplicabilidade à sua incidência no tempo da regra específica de anterioridade trimestral (CF, art. 195, § 6º) e, também, a definitiva afetação do produto da sua arrecadação — já provisoriamente determinada pelo art. 56 do ADCT — ao orçamento da seguridade social (CF, art. 165, III) e à gestão dos seus diferentes órgãos de administração direta ou autárquica (CF, art. 195, § 2º).

VI

44. Cabe aqui um parêntese. Já escrito este voto, recebi ontem do il. advogado da recorrida, André Martins de Andrade, um bem deduzido memorial, que enxerga diferentemente esse tópico da questão.

45. Nele, começa-se por recordar o histórico da destinação dos recursos do Finsocial, no regime constitucional de 69, em que instituído: primeiramente, no DL 1.940/82, para "custear investimentos de caráter assistêncial em alimentação, habitação popular, saúde, educação, e amparo ao pequeno agricultor"; destinações às quais, por proposta do Ministro Brossard, então titular da Pasta, a Lei 7.611/87 acrescentou a de financiar investimentos da mesma natureza na área da justiça; finalmente, para o exercício de 1988, o já referido DL 2.397/87 acrescentou 0,1% à alíquota da exação, afetando-lhe o produto a gastos com a reforma agrária.

46. Ora, aduz o patrono da empresa, o âmbito dessa diversificada destinação do Finsocial, ainda que a compreenda, é consideravelmente mais extenso que o da seguridade social. Seja no seu conceito mais restrito da Carta de 69 — sob a qual, por isso, não se pôde o tributo legitimar como contribuição, à luz do art. 21, § 2º, mas apenas como imposto residual —, seja, ainda, na concepção mais ampla de seguridade social, do art. 194 da nova Constituição.

47. "Eis porque" — conclui o memorial — "não há como negar que mantém-se na atual configuração da incidência instituída pelo Decreto-lei 1.940/82, relativamente à Constituição em vigor, a mesma impossibilidade da subsunção da norma instituidora do tributo ao regime constitucional de seguridade social."

48. Estou, porém, "data venia", em que o raciocínio se apóia numa petição

de princípio. Dá por provado o que não demonstrou, nem, a meu ver, poderia provar: que ao manter a contribuição instituída no DL 1.940/82 — com fundamento novo, porém, no art. 195, I, da Constituição —, o art. 9º da Lei 7.689/88 houvesse repristinado o velho Fundo de Investimento Social e as primitivas destinações dos seus recursos.

49. Creio, ao contrário, ter evidenciado que isso não se deu.

50. No questionado art. 9º da Lei 7.689/88, o manter-se a contribuição "de que trata o DL 1.940/82" traduziu apenas uma fórmula de remissão à definição, nesse último contida, da hipótese de incidência e da alíquota do tributo, uma vez que, no mesmo dispositivo legal, a invocação do art. 195, I, da Constituição, a título de novo fundamento da exação mantida, subordinou-a necessariamente ao regime das contribuições previstas na regra constitucional invocada, nele incluída a afetação total do seu produto ao financiamento da seguridade social. Destinação essa, aliás, a que já o vinculara provisoriamente o art. 56 do ADCT — desviando-o, pois, de suas finalidades anteriores —, e que a lei, nele prevista, apenas tornou permanente.

51. Para fugir dessa evidência, redargúi o memorial que "tais vinculações, instituídas parcial e transitoriamente pelo legislador constituinte (artigo 56 do ADCT), e reiteradas pelo legislador ordinário (Lei 7.689/88, art. 9º; Lei 7.787/89, art. 7º, parágrafo único; Lei 8.147/90, art. 1º, § 1º), poderiam cessar a qualquer tempo, o que implicaria no redirecionamento dos recursos arrecadados com base no artigo 1º do Decreto-lei 1.940/82 para os programas de cunho social de que trata a norma instituidora do tributo, programas estes que transcendem a seguridade social, como sobejamente demonstrado".

52. Mas, é obvio, "data venia", que a possibilidade de uma futura e imaginária lei inconstitucional não afeta a constitucionalidade da lei constitucional existente.

VII

53. Desse modo — não obstante a atenção dedicada ao memorial da recorrida — persisto em dar por assentado que o sentido do art. 9º da Lei 7.689/88, mercê da declarada novação do seu fundamento constitucional e dos seus consectários, foi o de transformar definitivamente o Finsocial sobre a receita bruta, antes imposto não discriminado, em contribuição sobre o faturamento para o custeio da seguridade social.

54. Donde, uma última indagação. À constitucionalidade dessa conversão, acaso haveria a opor algum ponto de incompatibilidade entre a definição típica da exação discutida, segundo a sua legislação pré-constitucional de regência, e o próprio art. 195, I, da Lei Maior, do qual se pretende derivar a sua validade? Para mim, a resposta é negativa.

55. Como assentou o Tribunal, a partir do citado RE 146.733, no art. 195, I, a Constituição facultou à lei ordinária três diferentes hipóteses de incidência para a instituição de contribuições à seguridade social. A Lei 7.689/88 todas elas visou a ocupar. No mesmo art. 9º, aqui discutido, manteve a primeira delas, incidente sobre a folha de salários, objeto de antiga legislação previdenciária, recebida pela Constituição; a terceira, sobre o lucro, criou-a "ex novo" (arts. 1º a 8º). Restaria a incidência prevista sobre o faturamento.

56. Essa última, é patente, é a área que a impugnada parte final do art. 9º mirou tributar, mediante fórmula abreviada de legislação, consistente na remissão à disciplina pré-constitucional do Finsocial sobre a receita bruta: revelam-no, de um lado, a invocação explícita, para mantê-la, ao fundamento do art.

195, I, da Constituição, e, de outro, a significativa preocupação de adequá-la literalmente ao teor deste, quando já não alude à sua incidência sobre a receita bruta, mas, sim, sobre o faturamento.

57. Nada impedia essa reutilização pela Lei 7.689/88, com a referida novação objetiva do seu fundamento constitucional, da definição típica da incidência do Finsocial, a que remeteu.

58. Que não foi tecnicamente feliz a fórmula abreviada de que se servia a Lei 7.689/88 para converter em contribuição social o antigo imposto residual, prova-a toda esta polêmica jurídica desencadeada, que só hoje vem à mesa do Supremo Tribunal, depois de congestionar, faz quatro anos, os canais da Justiça Federal ordinária.

59. Da infelicidade da técnica normativa empregada não se segue, porém, a inconstitucionalidade da contribuição criada.

60. Certo, no art. 56 do ADCT, a mesma preservação do Finsocial, afetada, porém, a maior parte do seu produto à seguridade social — o que, como mostrou Misabel Derzi (ob. cit., *RDT* 55), já o convertera em contribuição social —, fizera-se a título provisório, até que a lei dispusesse a respeito.

61. Não me convenci, entretanto, de que esse alcance transitório de conversão do Finsocial em fonte de custeio de seguridade social inibisse o legislador ordinário de fazê-la definitiva.

62. A transitoriedade do art. 56 do ADCT, a meu ver, tem significado diverso: ela visou — ao contrário do que sucedeu, por exemplo, à contribuição para o PIS, constitucionalizada no art. 239 do texto permanente da Constituição — a deixar livre o legislador ordinário para adotar fórmula diversa do Finsocial na instituição futura de contribuição sobre o faturamento para a seguridade social. Liberdade essa, contudo, que continha em si, à evidência, a alternativa de persistir, em caráter permanente, na técnica do Finsocial, já transitoriamente adotada: alvitre que o art. 9º da Lei 7.689/88 preferiu.

63. Quando cuidamos, semanas atrás, no RE 150.755, do art. 28 da Lei 7.738/89 — que estendeu às empresas prestadoras de serviço a incidência da mesma contribuição —, a referência, naquele dispositivo, à *receita bruta*, para definir-lhe a base de cálculo, reclamou do Tribunal, para afirmar a sua validade, um exercício de interpretação conforme a Constituição, da qual resultou, nos termos do meu voto, a adoção do conceito legal de receita bruta do DL 2.397/87, que se reputou assimilável à noção de faturamento, a que remete o art. 195, I, da Constituição.

64. No caso concreto, poupou-nos do esforço o legislador, que, no art. 9º da Lei 7.689/88, já deixou explícita a adoção do *faturamento*, como determinado por aquele dispositivo de Lei Fundamental, como base de cálculo da contribuição social que instituiu.

VIII

65. "Last but not least". A afirmação da constitucionalidade do art. 9º da Lei 7.689/88, por si só, no caso presente, seria inócua, uma vez que o acórdão recorrido considerou ainda vigente o art. 56 do ADCT, de cuja aplicação igualmente decorreria a sujeição da empresa criada à tributação discutida, à base de 0,5% ou 0,6% do faturamento.

66. Dá-se, contudo, que, ao tempo da impetração deste mandado de segurança, que é de maio de 1991, a alíquota da contribuição social em causa — que a Lei 7.787/89 elevara para 1% e a Lei 7.894/89, a 1,2% — já ascendera, por força da Lei 8.147, de 28.12.90, a 2% sobre o faturamento.

67. É claro, no entanto, que a constitucionalidade da lei ordinária que instituiu a contribuição — o art. 9º da Lei

7.689/88 —, induz, pelas mesmas razões, à validez da leis ulteriores, que somente lhe aumentaram a alíquota, subordinada, apenas, à incidência de cada uma delas, ao intervalo trimestral entre a respectiva publicação e o fato gerador, por força do art. 195, § 6º., CF, com a inteligência que lhe dá o Tribunal (cf. RE 146.733 ERE 138.284 cits.).

IX

68. Antes de concluir, Sr. Presidente, deixo claro que a demorada reflexão sobre o tema e a leitura dos valiosos estudos provocados por este rumoroso ''Caso Finsocial'', não me deixaram insensível às vigorosas críticas às conseqüências danosas dessa fórmula de tributação em cascata sobre o faturamento das empresas, particularmente, em tempos de política recessiva: escusado dizer, porém, que não é o Supremo Tribunal o ''forum'' adequado à busca de alternativas economicamente mais adequadas para a solução do desafio dramático de financiamento da seguridade social numa sociedade marcada por tão perversas iniqüidades.

Desse modo, Sr. Presidente, conheço do recurso e lhe dou provimento para declarar a constitucionalidade das normas legais questionadas e, em conseqüência, cassar a segurança: é o meu voto.

VOTO

O Sr. Ministro Francisco Rezek: Conheço do recurso pela letra *b* e o provejo nos exatos termos do voto do Ministro Relator, que faz justiça e quanto se despendeu, em matéria de empenho e de talento, no preparo dessa questão jurídica para o juízo definitivo do Supremo Tribunal Federal. Poucas vezes se terá visto um debate de semelhante amplitude, profundidade e consistência. Prouvera Deus que outras questões jurídicas de igual importância, embora sem grande conotação econômica, pudessem ter merecido em nosso cenário especializado a análise que este tema vem fecundando. E não há a menor dúvida quanto à maestria com que se desenvolveu a tese dos contribuintes frente à Fazenda Pública, tese essa que se articulou — sobretudo nas três grandes capitais — com extraordinário poder de convencimento e que chegou, na sugestiva linguagem do Ministro Relator, a irmanar juristas como os Professores Ives Gandra e Geraldo Ataliba.

Não consegui, entretanto, em nenhum dos momentos de análise desse feito e daqueles que o precederam, trazendo à mesa a questão jurídica do Finsocial, convencer-me de que há, nas normas hoje vigentes a propósito, mais do que as imperfeições resultantes da falibilidade humana — falibilidade que, no caso do legislador brasileiro, transparece com muita evidência.

Como disse o Ministro Relator, o art. 56 do Ato das Disposições Constitucionais Transitórias se exaure ao final do ano de 88, com a lei ordinária cujo art. 9º é nosso objeto principal de análise — em matéria de higidez constitucional — nesta demanda. O citado artigo, embora de modo não impecável, fez do Finsocial aquela contribuição sobre o faturamento das empresas para o custeio da seguridade social que o art. 195 da Carta anunciara. Nesse dispositivo da Carta, portanto, o art. 9º. da lei encontra sua legitimidade; e daí temos que tirar as conseqüências inevitáveis: o ônus da anterioridade trimestral pesando sobre o legislador ordinário, e a inscrição no orçamento da seguridade social.

Também conheço do recurso pela letra *b* e acompanho, na sua integralidade, o voto do Ministro Relator quanto a seu provimento.

(...)

VOTO

O Senhor Ministro Marco Aurélio: Senhor Presidente, leio, de memorial que me foi apresentado pelo escritório Ulhoa Canto, Resende e Guerra, o seguinte trecho:

"Senhor Presidente, é certo que podemos interpretar a lei, de modo a arredar a inconstitucionalidade. Mas, *interpretar interpretando e, não, mudando-lhe o texto e, menos ainda, criando um imposto novo, que a lei não criou.*

"Como sustentei muitas vezes, ainda no Rio, se a lei pudesse chamar de compra o que não é compra, de importação o que não é importação, de exportação o que não é exportação, de renda o que não é renda, ruiria todo o sistema tributário inscrito na Constituição.

Ainda há poucos dias, numa carta ao eminente Ministro Prado Kelly, a propósito de um discurso seu sobre Milton Campos, eu lembrava a frase de Napoleão:

'*Tenho um amo implacável, que é a natureza das coisas.*'

"Milton Campos também era fiel a esse pensamento.

"No caso, 'data venia', não posso ler o DL 401 como dizendo o contrário do que diz. Ele declara que o contribuinte é o remetente. Não posso ler: 'contribuinte é o destinatário'. Ora, se pela lei, que não posso alterar, contribuinte é o remetente, e este não aufere renda, mas tem despesas (os juros que paga), não posso considerar devido o imposto de renda."

É trecho, Senhor Presidente, de voto proferido, nesta Corte, pelo saudoso Ministro Luiz Gallotti.

Senhor Presidente, o que tivemos com a Lei em comento, mais precisamente com o artigo 9º? Tivemos uma assertiva no sentido da manutenção em vigor, incidente sobre a folha de salários — e quanto a isto não houve a necessidade de atuar o legislador constitucional de 1988, lançando preceito de natureza transitória —, e também, de manutenção de algo diverso, ou seja, do que trata o Decreto-lei 1.940, de 25.5.1982, e alterações posteriores, incidentes sobre faturamento das empresas, aludindo-se ao artigo 195, inciso I, da Constituição Federal.

Senhor Presidente, indago se podia o legislador ordinário como que eternizar o Decreto-lei 1.940? E ele o fez, ao lançar, na Lei 7.689, de 1988, a manutenção — nela está, com todas as letras, e eu não posso atribuir ao legislador a inserção de palavras inúteis, de expressões inúteis em um ato normativo — do Decreto-lei 1.940. A vontade do legislador constitucional e, mais ainda, o próprio alcance do artigo 56 do Ato das Disposições Constitucionais Transitórias não são nesse sentido. Não se abriu oportunidade ao legislador ordinário de tomar de empréstimo o que se contém no Decreto-lei 1.940 e perpetuar, como me referi, o que disciplinado nesse Diploma legal. Não. O artigo 56 tem sentido próprio, o de que: "até que lei disponha sobre o artigo 195, I, a arrecadação decorrente de, no mínimo, cinco dos seis décimos percentuais correspondentes à alíquota da contribuição de que trata o Decreto-lei 1.940" (com as modificações) "passam a integrar a receita da seguridade social".

Senhor Presidente, não creio que o simples fato de se haver lançado, ao término do preceito, uma alusão ao artigo 195, inciso I, legitime o que nele se contém quanto, repito, à perpetuação — e haveria se não tivesse vindo a balha, em 1991, a Lei Complementar 70. Mais importante do que o aspecto formal é o conteúdo do próprio dispositivo, e esse conteúdo não permite, ao meu ver, "data venia" daqueles que entendem de forma diversa, que paire qualquer dúvida quanto, repito, é o que está no próprio preceito, à manutenção do Decreto-lei 1.940/82. Contudo, há mais, Senhor Presidente: tanto a Lei 7.689/88 não se mostrou completa quanto à trilogia prevista no inciso I do artigo 195 que tivemos, posteriormente, a edição da Lei 7.738/89, esta sim, na dicção da Corte, para alcançar as empresas prestadoras de serviços. Ora, se aponto que é suficiente à legitimação do conteúdo da norma simples alusão contida na parte final do artigo 9º ao inciso I do artigo 195 da Constituição Federal, não posso desconsiderar que, mesmo que se admita que não se trata de simples repetição ou perpetuação — como salientei — do Decreto-lei 1.940/82, esse dispositivo mostra-se inconstitucional, porque vulnera um dos princípios básicos da Carta — o princípio isonômico — visto que, segundo assentou a própria Corte, não se mostrou aplicável às empresas prestadoras de serviços. Revela-se inconstitucional até mesmo diante do próprio inciso I do artigo 195, porque a lei prevista na cabeça do artigo deve ser abrangente, ou seja, aplicável, quanto à contribuição a incidir sobre o faturamento, em relação a todos os empregadores, e isto não ocorreu.

Não obstante, Senhor Presidente, há um outro dado: é que em 1991 tivemos a edição da Lei Complementar 70, esta sim de abrangência maior, a alcançar todas as pessoas jurídicas empregadoras. Na edição dessa lei lançou-se algo muito elucidativo, que foi a referência à manutenção, até a data em que editada, em que entrou em vigor, do Decreto-lei 1.940, de 25 de maio de 1982, numa demonstração inequívoca da insubsistência do teor do artigo 9º.

Senhor Presidente, a mera forma vernacular, para mim, não altera — e salientou isso o Ministro Carlos Velloso quando julgamos o caso relativo às prestadoras de serviços — o conteúdo das coisas. O que tivemos com a Lei 7.689/88 foi, em primeiro lugar, a instituição válida da contribuição relativa ao lucro; em segundo lugar, a manutenção da contribuição ligada aos salários; e em terceiro lugar, como que abrindo porta inclusive a alterações futuras incompatíveis com as balizas do artigo 56 do Ato das Disposições Constitucionais Transitórias, a manutenção, com todas as letras, do Decreto-lei 1.940/82 como se o legislador, por lei ordinária, assim o pudesse fazer. Não posso conceber que a Lei 7.689/88 tenha, realmente, preenchido a lacuna legislativa em relação à contribuição incidente sobre o faturamento, quando o artigo 9º nela contido não indica sequer a alíquota a ser cobrada.

É certo que somente devemos declarar a inconstitucionalidade de um ato normativo quando o conflito se mostra realmente frontal, evidente, mas, neste caso, se eu não entender que o artigo 9º em comento conflita com a Carta de 1988, no que tomou de empréstimo, vamos dizer assim, o Decreto-lei 1.940/88, que essa mesma Carta apenas manteve transitoriamente, terei que caminhar, nas ações diretas de inconstitucionalidade futuras, para a mesma solução, homenageando — perdoe-me o nobre Ministro Sepúlveda Pertence, a quem muito estimo — uma simples remissão, como se um sutil jogo de palavras fosse capaz de mudar a natureza das coisas. Não basta dizer que, no caso, o ato normativo em si atende a um dispositivo constitucional, no caso o inciso I do artigo 195, para que deste modo se conclua. É preciso que realmente atenda! E, frente aos precedentes da própria Corte, não atendeu.

Senhor Presidente, não me preocupa o problema de caixa do erário, como também não preocupa aos demais Ministros que integram esta Corte. Preocupa-me, sim, a manutenção, a intangibilidade da ordem constitucional.

Por isso, peço vênia ao Ministro Sepúlveda Pertence, ao Ministro Ilmar Galvão que o acompanhou, e também ao Ministro Francisco Rezek para conhecer do recurso pela alínea *b* do permissivo constitucional, mas, no mérito, negar acolhida ao pedido nele formulado, mantendo, portanto, a declaração de inconstitucionalidade do artigo 9º da Lei 7.689/88.

VOTO

O Sr. Ministro Carlos Velloso: Sr. Presidente, raramente escutamos um voto tão brilhante como o ora proferido pelo Ministro Sepúlveda Pertence. Faz jus o voto de S. Exa. à fama que sempre gozou, desde os nossos tempos de ginásio, de ser das maiores inteligências da nossa terra.

Da mesma forma que me entusiasmei com o brilhantismo do voto, Sr. Presidente, senti-me atemorizado com aquilo que pode representar esse brilhantíssimo voto, em termos de insegurança jurídica, "data venia".

Sr. Presidente, quando do julgamento do RE 150.755-PE, disse eu:

"(...)

"A contribuição sobre o lucro das pessoas jurídicas, destinada à seguridade social, instituiu-a a Lei 7.689, de 15.12.88, arts. 1º a 8º, contribuição social que o Supremo Tribunal Federal considerou constitucional. Inconstitucional seria apenas a cobrança sobre o lucro de 1988: RREE 146.733-SP, Relator o Sr. Ministro Moreira Alves, e 138.284-CE, por mim relatado.

"Mas a Lei 7.689, de 1988, no artigo 9º, ao invés de cuidar de uma contribuição sobre o faturamento — há quem sustente que quando o inciso I do art. 195 se refere a contribuição sobre o faturamento e o lucro está se referindo a apenas uma contribuição, mas não é hora de tomarmos partido na discussão — simplesmente resolveu dispor a respeito do Finsocial, 'supondo-se a tanto autorizado pelo art. 56 do Ato das Disposições Constitucionais Transitórias', registra a Procuradoria-Geral da República, adaptando-o ao art. 195, I, da Constituição, pelo que alterou a sua incidência. Como já vimos, incidia ele sobre receitas — bruta, operacional e patrimonial (DL 1.940/82, art. 1º, § 1º, com a redação do art. 22 do DL 2.397/87).

"Todavia, o Finsocial era imposto da competência residual da União, como tal recepcionado pela Constituição. E, já na vigência desta, tratando-se de imposto da competência residual da União, somente poderia ser alterado com observância da técnica da competência residual inscrita no art. 154, I, da Constituição. Noutras palavras: recebido, pela Constituição, como imposto da competência residual, somente poderia ser alterado mediante lei complementar. Ademais, a Constituição, no art. 56 do ADCT, não autorizou o legislador ordinário a alterar ou modificar a incidência e a alíquota do Finsocial. O que está no art. 56 do ADCT é coisa diversa. É simplesmente isto: parte do produto da arrecadação do Finsocial passaria a integrar a receita da seguridade social, certo que essa destinação ocorreria até que a lei dispusesse sobre o art. 195, I, da Constituição.

"Registre-se, também, que o citado art. 56 do ADCT constitucionalizou a alíquota do Finsocial incidente sobre as receitas, dado que, expressamente, recepcionou a alíquota vigente quando do advento da CF/88, 0,6% (seis décimos por cento), exatamente como fixada no art. 22 do DL 2.397/87, que deu nova redação ao § 1º do art. 1º do DL 1.940/82 e acrescentou os §§ 4º e 5º. O § 1º fixou a alíquota em 0,5% (meio por cento) e o § 5º estabeleceu o adicional provisório de 0,1% (um décimo por cento), que seria destinado a custear a reforma agrária. Pois essa alíquota de 0,6% (seis décimos por cento) foi constitucionalizada pelo art. 56 do ADCT, pelo que não poderia ser alterada mediante lei ordinária. Segue-se, então, o efeito dominó, a jogar por terra as alterações da alíquota constantes das Leis 7.738/89, art. 28, 7.787/89, art. 7º, 7.894/89, art. 1º, e 8.147/90, art. 1º.

"Em suma: o Finsocial, tal como recepcionado pela Constituição, art. 56 do ADCT, vale dizer, o Finsocial do § 1º do art. 1º, do DL 1.940/82, com a redação do art. 22, do DL 2.397/87, à alíquota de 0,6% (seis décimos por cento), tem amparo legal e constitucional, dado que recepcionado, expressamente, conforme vimos de ver, como imposto da competência residual da União. Sua alteração, introduzida pela Lei 7.689, de 1988, art. 9º, e as subseqüentes modificações da alíquota, constantes das Leis 7.738/89, art. 28,

7.787/89, art. 7º, 7.894/89, art. 1º e 8.147/90, art. 1º, não têm legitimidade constitucional."

E concluí, então, Sr. Presidente, conforme se viu, no sentido de que continuava perfeita a cobrança do Finsocial nos termos em que a Constituição o recepcionou, ou o encontrou.

Agora, o Sr. Ministro Sepúlveda Pertence, no brilhante voto — presto novamente as homenagens que lhe são devidas — entende que a Lei 7.689, de 15 de dezembro de 1988, teria, no seu art. 9º, instituído a contribuição de que fala o art. 56 do ADCT, com base no inciso I do art. 195 da Constituição.

Mas, a lei que institui tributo deve dispor a respeito do fato gerador do tributo; deve dispor a respeito do elemento temporal do fato gerador; deve estabelecer a base de cálculo e deve estabelecer também a alíquota.

No que toca à contribuição sobre o lucro, a Lei 7.689 foi impecável, nos arts. 1º até 8º, no cuidar dessas questões elementares em termos de segurança jurídica para o contribuinte, em termos de respeito ao Estatutos dos Contribuintes.

Agora, indaga-se: o art. 9º teria procedido da mesma forma? "Data venia", Sr. Presidente, diria que não, tal como fez o Sr. Ministro Marco Aurélio, que demonstrou que o que houve foi a manutenção de um tributo inconstitucional que atenta contra a Constituição de 1988, de um imposto da competência residual, que é cumulativo.

Pois bem, mantendo esse tributo, só porque o art. 9º se refere, na parte final, ao art. 195, I, teria instituído uma contribuição? "Data venia", penso que não.

De modo que, Sr. Presidente, interpreto o art. 9º tal como nele se contém, ou seja, a manutenção de um tributo inconstitucional, nada mais. Peço vênia, novamente, ao meu eminente colega e amigo, Ministro Sepúlveda Pertence, para opor-me, respeitosamente, à sua posição. Tenho como inconstitucional a disposição legal e, por isso, adiro ao voto do Sr. Ministro Marco Aurélio, primeiro voto divergente.

Conheço do recurso extraordinário, mas nego-lhe provimento.

VOTO

O Senhor Ministro Celso de Mello: O exercício do poder tributário, pelo Estado, submete-se, por inteiro, aos modelos jurídicos positivados no texto constitucional, que institui, de modo explícito ou implícito, em favor dos contribuintes, decisivas limitações à competência estatal para impor e exigir, coativamente, as diversas espécies tributárias existentes.

O fundamento do poder de tributar reside, em essência, no dever jurídico de *estrita fidelidade* dos entes tributantes ao que imperativamente dispõe a Constituição da República.

Daí, o magistério irrepreensível de Paulo de Barros Carvalho (*Curso de Direito Tributário*, p. 89, 1991, Saraiva), para quem o subsistema constitucional tributário, "ao dispor sobre os poderes capitais do Estado, no campo da tributação", institui, de modo extremamente significativo, as "medidas que asseguram as garantias imprescindíveis à liberdade das pessoas, diante daqueles poderes ...".

A Lei Fundamental delineia, pois, em prescrições revestidas do mais elevado grau de positividade jurídica, um verdadeiro *estatuto do contribuinte* que, na lição da doutrina, impõe, em tema tributário, limites *insuperáveis* aos poderes do Estado.

Cabe estabelecer, neste ponto, para efeito de definição da natureza jurídica da exação ora questionada, uma pertinente relação de caráter dilemático, pois a espécie tributária em causa ou (a) configura imposto residual, de competência exclusiva da União, sujeito ao pleno domínio normativo de lei complementar, consoante exigido pelo art. 154, n. I, da Carta Federal, ou (b) qualifica-se como contribuição social, vinculando-se, em conseqüência, o produto da sua receita, ao estrito cumprimento dos objetivos institucionais que caracterizam a seguridade social.

Qualquer que seja o ângulo sob o qual a exação questionada possa merecer análise e reflexão, importa ressaltar — *e advertir* — que ela refoge aos parâmetros normativos e aos esquemas jurídicos subordinantes que rigidamente delineiam, no texto da Lei Fundamental da República, o perfil das espécies tributárias e que, de outro lado, condicionam o exercício legítimo, pelo Estado, de seu poder eminente de instituir e de exigir o pagamento de *quaisquer* tributos, vinculados ou não-vinculados.

No caso, se de imposto residual se tratasse — como, efetivamente, entendo que se trata —, a exação ora questionada teria desrespeitado o preceito subordinante da ação legislativa do Poder Público, inscrito no art. 154, I, da Carta Política, eis que (a) a espécie tributária em análise não resultou de lei complementar, (b) revela-se claramente cumulativa e (c) possui o mesmo fato gerador ou base de cálculo próprios de outros impostos já existentes.

Não se pode perder de perspectiva que a União Federal, para *validamente* exercer a sua competência tributária residual, *tem o dever* de observar a tríplice e irredutível exigência de:

1) editar lei complementar,

2) de respeitar a cláusula de não-cumulatividade e

3) de não atribuir, a essas exações de índole residual, fato gerador ou base de cálculo próprios dos impostos discriminados, tipificados e nominados pela Constituição.

Na realidade — e como bem o destacou, em estudo sobre a matéria, o eminente Professor Geraldo Ataliba —, "verbis":

"O que fez, na verdade, o legislador (...) ao manter o Finsocial sobre o faturamento mensal das empresas — foi mascará-lo e vesti-lo como se contribuição social fosse (...). *Criou-se um autêntico imposto*, nominado de Finsocial, viciado de inconstitucionalidades, por inobservância do artigo 154, inciso I, da Constitução Federal" (*grifei*).

Daí, a procedente advertência feita pelo ilustre Advogado e tributarista, Dr. João Dodsworth Cordeiro Guerra, em Memorial apresentado a propósito desta causa:

"E imposto residual, preservado transitoriamente em norma de natureza constitucional (art. 56 do ADCT), não poderia ser alterado em forma nem substância por norma de lei ordinária, como o art. 9º da Lei ordinária 7.689/88, seja ante o princípio da hierarquia das normas, seja ante o art. 154, I, da CF. De fato: se o art. 56 do ADCT e o STF dizem que o Finsocial era imposto residual, é porque o Finsocial não era contribuição social e não pode ser transformado em contribuição social por lei ordinária.

"Argumenta a Fazenda que o art. 9º, ao dizer 'fica mantida', deve ser interpretado como 'fica criada'; assim, essa norma da Lei 7.689/88 teria validamente instituído nova contribuição social sobre o faturamento, ao amparo do art. 195, I, da CF, o que, em tese, lei ordinária poderia fazer (RREE 146.733-SP e 138.284-8-CE).

"Mas, esse art. 9º é regra impositiva *incompleta*, bastante diversa do art. 28 da Lei 7.738/89, que criava nova incidência referindo-se de forma expressa aos seus contribuintes ('empresas exclusivamente prestadoras de serviços'), base de cálculo ('receita bruta') e alíquota (0,5%).

"Se a argumentação da Fazenda fosse procedente, qual o contribuinte, a base de cálculo e a alíquota dessa 'nova' contribuição social sobre o faturamento criada no art. 9º da Lei 7.689/88? Pode-se admitir que o contribuinte seja a empresa que emite fatura de venda mercantil ou de prestação de serviço. Pode-se admitir que o respectivo fato gerador seja o faturamento, ato de emitir fatura, e que a base de cálculo seja o faturamento, soma do valor de faturas. Entretanto, qual o elemento temporal do fato gerador e da base de cálculo 'faturamento'? Diário? Semanal? Quinzenal? Mensal? Semestral? Anual? Secular?! *E qual a alíquota?*

"Fato gerador, base de cálculo e alíquota de tributo, inclusive contribuição social, são matérias sujeitas ao princípio da reserva legal (CF, art. 150, I, CTN, art. 97) e o art. 9º é omisso sobre o elemento temporal do fato gerador e da base de cálculo e sobre a alíquota da incidência do Finsocial que expressamente se mantém.

"Admitir que essas omissões do art. 9º da Lei 7.689/88 pudessem ser supridas pelo art. 1º, e seu § 1º e letra "a" do DL 1.940/82, que prevê alíquota e base de cálculo e periodicidade mensal do Finsocial das empresas faturadoras, e pelo art. 56 do ADCT que cristalizou em 0,5% a alíquota do Finsocial ao preservá-lo transitoriamente, seria admitir um dos dois seguintes ilogismos:

"a) que o Finsocial sobre faturamento, recebido por norma de natureza constitucional (art. 56 do ADCT) como imposto residual (RE 150.755-1-PE), pudesse ser transubstanciado em contribuição social sob o art. 195, I, por mera norma de lei ordinária, como o art. 9º da Lei ordinária 7.689/88, ou

"b) que o art. 9º da Lei 7.689/88 tivesse criado um novo tipo tributário, simbiose de imposto residual, preservado transitoriamente pelo art. 56 do ADCT à alíquota de 0,5%, e contribuição social do art. 195, I, da CF, e tudo isso por lei ordinária."

De outro lado, cumpre observar, ainda de acordo com o irrepreensível magistério doutrinário ministrado por Geraldo Ataliba, que

"Com a Constituição de 1988, as normas atinentes à Seguridade Social sofreram substanciais alterações. Apenas em *caráter temporário* o Finsocial foi contemplado pela nova ordem constitucional (art. 56 do ADCT), como suposta 'contribuição social'.

"O artigo 56 do ADCT — que trata justamente de adequação da exigência do Finsocial à nova disciplina constitucional-tributária — estabeleceu que '*até que*' lei viesse a tratar do artigo 195, inciso I, da Constituição Federal de 1988 (instituição das chamadas contribuições sociais), a arrecadação decorrente de percentuais de contribuição para o Finsocial destinar-se-ia à receita da Seguridade Social (...).

"A destinação do Finsocial à Seguridade Social dar-se-ia por um *prazo certo*, '*até que*' houvesse lei disciplinando o artigo 195 da Constituição Federal.

"(...).

"Com a edição da Lei 7.689, de 15 de dezembro de 1988, a União Federal esgotou totalmente a competência tributária impositiva do artigo 195 da Constituição Federal, ao instituir as chamadas contribuições sociais sobre o lucro (art. 1º) e mantendo as contribuições sobre a folha de salários e sobre o faturamento (art. 9º).

"(...).

"No estudo citado, dissemos:

'Ora, esse evento — previsto no art. 56 do ADCT: Congresso dispor com base no art. 195, I — ocorreu: edição da Lei 7.689 de dezembro de 1988. Logo, desde essa data, foi satisfeito o requisito ('até que') constitucionalmente previsto, de forma transitória, para vigência excepcional do Decreto-lei 1.940.

'(...).

'Na verdade, em dezembro de 1988, o Congresso expediu lei sobre o art. 195, I, preenchendo a condição prevista no art. 56 do ADCT. Com isso, operou-se a exaustão de seu preceito normativo. Com conseqüente revogação do Decreto-lei 1.940 (ou, pelo menos, com sua perda da qualidade 'transitória' e precária de 'contribuição' social).

'23. Porque, na verdade, o que o constituinte dispôs foi: o Decreto-lei 1.940 — a despeito de incompatível com o novo sistema — seria 'salvo' como contribuição, 'até que...'. Ora, a partir do instante em que o legislador agiu, o Decreto-lei 1.940 perdeu o único fundamento normativo que o relacionava com a seguridade (art. 56 do ADCT, que era provisório e precário porque 'transitório').'

"Tal exegese foi acolhida pelo Supremo Tribunal Federal, ao julgar a contribuição social sobre o lucro (Recurso Extraordinário 146.733-9-SP) (...).

"Logo, não cabe mais discussão sobre a efetiva implementação do artigo 195, I, da CF pela Lei 7.689/88 e, via de conseqüência, da cessação, de pleno direito, da eficácia da norma transitória, esgotando-se, com ela, a sobrevida do Finsocial."

Em suma, Senhor Presidente, tenho para mim que a espécie tributária formalmente definida pelo "nomen juris" de Finsocial qualifica-se, em face do quadro normativo delineado pelo ordenamento constitucional, e no que concerne ao estado de sujeição passiva do contribuinte, pela nota da *inexigibilidade*.

Parece-me, em conseqüência, que a legislação pertinente ao Finsocial somente foi preservada em sua integridade ou inteireza positiva, em caráter temporário, pela norma inscrita no art. 56 do ADCT, cuja eficácia, no entanto, exauriu-se a partir do momento em que, editada a Lei 7.689/88, operou-se, com essa "interpositio legislatoris", a integração normativa *reclamada* pelo art. 195, I, da Constituição da República.

De outro lado, com a perda desse único fundamento normativo, posto que transitório, que a vinculava ao plano da seguridade social, a exação tributária ora questionada passou a infringir o art. 154, I, da Carta Federal, precisamente nos pontos em que essa regra, de expresso, veda a possibilidade jurídica de a União instituir, com apoio em sua competência tributária residual, impostos cumulativos e com base de cálculo idêntica à de outros impostos.

Argumentos de necessidade, por mais respeitáveis que possam ser, não devem prevalecer sobre o império da Constituição.

Razões de Estado, ainda que vinculadas a motivos de elevado interesse social, não podem legitimar o desrespeito e a afronta a princípios e valores sobre os quais tem assento o nosso sistema de direito constitucional positivo. Esta Corte, ao exercer, de modo soberano, a tutela jurisdicional das liberdades públicas, tem o dever indeclinável de velar pela intangibilidade de nossa Lei Fundamental, que, ao dispor sobre as relações jurídico-tributárias entre o Estado e os indivíduos, institucionalizou um sistema coerente de proteção, a que se revelam subjacentes importantes princípios de caráter político, econômico e social.

É preciso advertir o Estado de que o uso ilegítimo de seu poder de tributar não deve, sob pena de erosão da própria consciência constitucional, extravasar os rígidos limites traçados e impostos à sua atuação pela Constituição da República.

Impõe-se proclamar — e proclamar com reiterada ênfase — que o valor jurídico do ato inconstitucional é nenhum. É ele desprovido de qualquer eficácia no plano do Direito. "Uma conseqüência primária da inconstitucionalidade" — acentua Marcelo Rebelo de Souza (*O Valor Jurídico do Acto Inconstitucional*, vol. I/15-19, 1988, Lisboa) — "é, em regra, a desvalorização da conduta inconstitucional, sem a qual a garantia da Constituição não existiria. Para que o princípio da constitucionalidade, expressão suprema e qualitativamente mais exigente do princípio da legalidade em sentido amplo, vigore, é essencial que, em regra, uma conduta contrária à Constituição não possa produzir cabalmente os exactos efeitos jurídicos que, em termos normais, lhe corresponderiam".

A lei inconstitucional, por ser nula e, conseqüentemente, ineficaz, reveste-se de absoluta inaplicabilidade. Falecendo-lhe legitimidade constitucional, a lei se apresenta desprovida de aptidão para gerar e operar qualquer efeito jurídico. "Sendo inconstitucional, a regra jurídica é nula" (*RTJ* 102/671).

Por tudo isso, Senhor Presidente — e pelos motivos que venho de expor —, peço vênia ao em. Relator, não obstante o brilho usual de seu magnífico voto, para, a partir das considerações ora expendidas, *negar provimento* ao recurso extraordinário interposto pela União Federal.

Em conseqüência, o meu voto acompanha os dos eminentes Ministros Marco Aurélio e Carlos Velloso.

VOTO (VISTA)

O Senhor Ministro Néri da Silveira: Dispondo sobre a Seguridade Social, a Constituição de 1988, em seu art. 195, estipulou:

"Art. 195. A seguridade social será financiada por toda a sociedade, de forma direta e indireta, nos termos da lei, mediante recursos provenientes dos orçamentos da União, dos Estados, do Distrito Federal e dos Municípios, e das seguintes contribuições sociais:

"I — dos empregadores, incidente sobre a folha de salários, o faturamento e o lucro;

"II — dos trabalhadores;

"III — sobre a receita de concursos de prognósticos."

Nos §§ 4º e 6º do art. 195 da Constituição, preceitua-se:

"§ 4º. A lei poderá instituir outras fontes destinadas a garantir a manutenção ou expansão da seguridade social, obedecido o disposto no art. 154, I" (ou seja, mediante lei complementar);

"§ 6º. As contribuições sociais de que trata este artigo só poderão ser exigidas após decorridos noventa dias da data da publicação da lei que as houver instituído ou modificado, não se lhes aplicando o disposto no art. 150, III, "b" (ou seja, a vedação de cobrança no mesmo exercício financeiro em que haja sido publicada a lei de instituição ou aumento).

De outra parte, definindo o domínio do que se denomina seguridade social, a Constituição, no art. 194, assentou que ela compreende "um conjunto integrado de ações de iniciativa dos Poderes Públicos e da sociedade, destinadas a assegurar os direitos relativos à saúde, à previdência e à assistência social". Ora, a administração pública desses serviços que hoje compõem o trinômio da seguridade social já se vinha realizando, na ordem constitucional anterior, com a arrecadação de recursos de diversificadas fontes, sujeitos a disciplina legislativa tributária então em vigor. Nesse plano, situava-se o Finsocial, criado pelo Decreto-lei 1.940, de 25.5.1982, cujo art. 1º reza:

"Art. 1º. É instituída, na forma prevista neste Decreto-lei, contribuição social, destinada a custear investimentos de caráter assistencial em alimentação, habitação popular, saúde, educação e amparo ao pequeno agricultor."

Pois bem, no particular, provendo sobre a transição do regime da Carta anterior para o estabelecido na Constituição de 1988, o art. 56 do Ato das Disposições Transitórias deste último Diploma, assim determinou:

"Art. 56. Até que a lei disponha sobre o art. 195, I, da arrecadação decorrente de, no mínimo, cinco dos seis décimos percentuais correspondentes à alíquota da contribuição de que trata o Decreto-lei 1.940, de 25 de maio de 1982, alterada pelo Decreto-lei 2.049, de 1º de agosto de 1983, pelo Decreto 91.236, de 8 de maio de 1985, e pela Lei 7.611, de 8 de julho de 1987, passa a integrar a receita da seguridade social, ressalvados, exclusivamente no exercício de 1988, os compromissos assumidos com programas e projetos em andamento.''

A disposição do art. 56 do ADCT de 1988 torna, pois, claro que a contribuição do Decreto-lei 1.940/82, por sua natureza, não correspondia às contribuições sociais previstas no art. 195, da Constituição. Com efeito, o Supremo Tribunal Federal, no RE 103.778-DF, Relator o ilustre Ministro Cordeiro Guerra, assentou a 18.9.1985, acerca da contribuição para o Finsocial, em acórdão com esta ementa (*RTJ* 116/1.138):

''Finsocial. Decreto-lei 1.940, de 25 de maio de 1982. Caracterizada a sua natureza tributária, legitima-se a observância do princípio da anualidade, art. 153, § 29, da Constituição Federal.

''Pacificou-se a jurisprudência do Supremo Tribunal Federal no sentido de que o Decreto-lei, em nosso sistema constitucional, observados os requisitos estabelecidos pelo art. 55 da Constituição, pode criar e majorar tributos.

''Recursos extraordinários não conhecidos.''

Tomando posição, no amplo debate que, então, se travou na Corte, em voto-vista (*RTJ* 115/1.178-1.187), situei-me na corrente que sustentou a natureza de imposto do Finsocial. Em certo passo do voto, observei (*RTJ* 116/1.184-1.186), ''verbis'':

''Afirmou o eminente Ministro Cordeiro Guerra, Relator, em seu brilhante e minucioso voto: 'O v. acórdão recorrido ao considerar o Decreto-lei 1.940/82 como instituidor de um imposto novo — art. 18, § 5º, da Constituição — e não uma contribuição — art. 21, § 2º, I, da Carta Magna, decidiu com todo acerto, a meu ver. De fato, o art. 1º do Decreto-lei 1.940 ao instituir uma contribuição social, destinada a custear investimentos de caráter assistencial em alimentação, habitação popular, saúde, educação e amparo ao pequeno agricultor, não se subsume ao preceito do art. 21, § 2º, I, da Constituição, que limita a instituição de contribuições à intervenção no domínio econômico ou ao interesse de categorias profissionais e a atender à parte da União no custeio de encargos da previdência social.'

''À sua vez, o ilustre Ministro Oscar Corrêa, divergindo do Senhor Ministro Relator, concluiu, em longo e douto voto, nestes termos:

'I — O Finsocial é contribuição social, como prevista no art. 21, § 2º, I e na enumeração do art. 43, X, da Constituição Federal, e desta forma, segundo me parece:

'a) tributo;

'b) não sujeita ao princípio da anterioridade (art. 21, § 2º, I e 153, § 29, ''in fine'', da Constituição Federal);

'c) sujeita apenas aos princípios da legalidade e igualdade, ''in casu'' obedecidos (já que o Supremo Tribunal Federal acolhe a instituição de tributo por decreto-lei, e a cobrança é uniforme).

'Podia, portanto, ser cobrada no mesmo exercício de 1982, no qual instituída.''

''4. Como anotei acima, se houvesse de compreender a contribuição do Finsocial, como contribuição social, a teor da conclusão do ilustre Ministro Oscar Corrêa, seria levado a dar pela inconstitucionalidade do Decreto-lei 1.940/82, porque, com a devida vênia de S. Exa., não tenho como de natureza tributária as contribuições do art. 21, § 2º, I, da Constituição, máxime a partir da Emenda Constitucional 8, de 1977, e, assim, compreendo que não se poderia instituir por decreto-lei, nos termos do art. 55, II, da Lei Maior, tal como sucedeu com a obrigação criada pelo diploma em análise.

''Examino, pois, a controvérsia, nos termos em que se equacionou.

''5. É ponto assente, no sistema tributário brasileiro, que a natureza jurídica específica do tributo é determinada pelo fato gerador da respectiva obrigação, sendo irrelevantes para qualificá-la: I — a denominação e demais características formais adotadas pela lei; II — a destinação legal do produto da sua arrecadação (CTN, art. 4º).

"É certo, na hipótese em apreciação, que, em seu preâmbulo, o Decreto-lei 1.940/82 invocou os arts. 55, II e 21, § 2º, da Constituição. Inequivocamente, no texto do diploma em exame, afirmou-se, literalmente, a instituição de 'contribuição social', cujo produto, a ser arrecadado pelo Banco do Brasil S/A e a Caixa Econômica Federal e seus agentes (art. 2º), deverá constituir a primeira fonte de recursos do Fundo de Investimento Social (Finsocial) criado no art. 3º, do Decreto-lei aludido, 'destinado a dar apoio financeiro a programas e projetos de caráter assistencial relacionados com alimentação, habitação popular, saúde, educação e amparo ao pequeno agricultor', a ser administrado pelo Banco Nacional de Desenvovimento Econômico e Social (BNDES) (art. 6º).

"De outra parte, a Constituição, ao reservar à União Federal, privativamente, a competência para instituir 'contribuições', que não se revestem da natureza do imposto, da taxa ou de contribuição de melhoria (as duas últimas entidades com conceitos postos no art. 18, I e II, da Lei Maior), circunscreve, entretanto, o campo de incidência dessas imposições especiais, como resulta de seus arts. 21, § 2º, I, e 43, X. Somente nesses limites, cabíveis se fazem as contribuições em referência. Assim, mesmo se instituídas em lei, mas não enquadráveis nas disposições que as admitem, não será possível reconhecer, embora a denominação, o caráter específico dessas contribuições.

"6. Pois bem, conforme as disposições já mencionadas, por primeiro, é de observar, a Constituição admite a cobrança de contribuições, 'tendo em vista a intervenção no domínio econômico', destinada, consoante o art. 163, parágrafo único, da Lei Magna, a custear os serviços e encargos que a União assumir, para intervir no domínio econômico, inclusive monopolizando determinada indústria ou atividade, 'na forma que a lei estabelecer'. O interesse de categorias profissionais marca outro domínio, onde a União pode instituir contribuições especiais, nos termos dos arts. 21, § 2º, I, e 166, § 1º, da Constituição, 'para o custeio da atividade dos órgãos sindicais e profissionais e para a execução de programas de interesse das categorias por eles representadas'. Também, para atender diretamente à parte da União no custeio dos encargos da previdência social, é prevista a possibilidade de a União instituir contribuição (arts. 21, § 2º, I, e 165, XVI). Da mesma maneira, ao legislador federal assegura-se instituir contribuição social, para custear os encargos previstos no art. 165, II (salário família), V (integração do trabalhador na vida e desenvolvimento da empresa), XII (fundo de garantia equivalente à estabilidade), XVI (previdência social, nos casos de doença, velhice, invalidez e morte, seguro-desemprego, seguro contra acidentes do trabalho e proteção da maternidade, mediante contribuição da União, do empregador e do empregado) e XIX (aposentadoria para a mulher, aos trinta anos de trabalho, com salário integral), bem assim no art. 175, § 4º (assistência à maternidade, à infância e à doença e sobre a educação de excepcionais) e no art. 178 (salário-educação).

"Ora, os objetivos que se têm presentes, no Decreto-lei 1.940/82, são o custeio de investimentos de caráter assistencial em alimentação, habitação popular, saúde, educação e amparo ao pequeno agricultor, o que se há de realizar, com programas e projetos elaborados, segundo diretrizes estabelecidas pelo Presidente da República, dependendo a respectiva execução de aprovação do Chefe do Governo Federal (art. 6º e parágrafo único). Não há, aí, qualquer destinação específica a categorias determinadas, sendo os programas previstos como marcados pela generalidade e abstratividade.

"Não compreendo, "data venia", possam ser circunscritos, dessarte, os itinerários do Decreto-lei 1.940/82 às hipóteses dos itens enumerados nos arts. 21, § 2º, I, e 43, X da Constituição. Propõem-se, com a execução do Decreto-lei 1.940/82, aplicações globais, por conta do Fundo de Investimento Social, segundo diretrizes e planos especiais, sob a imediata aprovação do Presidente da República, que escapam às formas de custeio normais dos serviços de previdência e assistência social, contemplados nos dispositivos constitucionais antes enumerados.

"7. Ora, se assim se estipula a obrigação imposta, pela União, às empresas públicas e privadas, no País, e, na forma descrita, se há de dar a aplicação dos recursos carreados ao Finsocial, penso, também, que sua natureza guarda proximidade com a figura do imposto, cuja definição o art. 16, do CTN, expressa, nestes termos: 'Imposto é o tributo cuja obrigação tem por fato gerador uma situação independente de qualquer atividade estatal específica, relativa ao contribuinte'. Em realidade, as empresas públicas e privadas estão sujeitas à obrigação instituída pelo Decreto-lei 1.940/82, pelo só fato de suas atividades, sem a garantia de qualquer contraparte ou benefício, estabelecendo-se bases de cálculo e alíquotas diversas, conforme realizem 'venda de mercadoria' ou 'exclusivamente venda de serviços', constituindo, no primeiro caso, 0,5% (meio por cento) a alíquota e a base de incidência da receita bruta, também considerada esta, em se cogitando de 'instituições financeiras' e de 'sociedades seguradoras', enquanto, na segunda hipótese, a alíquota é de 5% (cinco por cento) e a incidência se faz sobre o valor 'do imposto de renda devido, ou como se devido fosse', excluída da imposição a venda de mercadorias ou serviços destinados ao exterior (art. 1º e seus parágrafos). O princípio da uniformidade em todo o território nacional foi, ademais, resguardado, não se fazendo qualquer distinção ou preferência (Constituição, art. 20, I e II).

"É exato, de outro lado, que a enumeração dos impostos da União, constante do art. 21, da Lei Maior, não impede a instituição de outros, 'desde que não tenham fato gerador ou base de cálculo idênticos aos dos previstos nos artigos 23 e 24' (Constituição, art. 21, § 1º; art. 18, § 5º). Demonstrou, no particular, o eminente Ministro Relator que o imposto, criado no Decreto-lei 1.940/82, não tem a mesma base do ICM ou do ISS, porque 'incide sobre a receita bruta, e não sobre as vendas, que, aliás, não realizam as seguradoras e as instituições financeiras', nem sobre a 'prestação de serviços', 'que serve, apenas, como definidor do sujeito passivo da obrigação tributária, mas sobre o imposto de renda, de que é um adicional'.

"Do exposto, afasto a conclusão de tratar-se, no Decreto-lei 1.940/82, da criação de contribuição, nos termos dos arts. 21, § 2º, I, e 43, X, da Constituição, e acolho o entendimento de caracterizar-se a instituição, pela União, de um imposto, o que está autorizado nos arts. 18, § 5º, e 21, § 1º, ambos da Lei Maior.

"8. Pois bem, se assim é, válido se apresenta o Decreto-lei 1.940/82, em face do art. 55, II, da Constituição, onde se confere ao Presidente da República, nas condições previstas no dispositivo, expedir decretos-leis sobre 'normas tributárias', sendo assente a jurisprudência desta Corte, quanto à constitucionalidde da criação de imposto, por decreto-lei (RE 99.698-2-RJ), consoante bem anotam os votos já proferidos."

Pois bem, se de imposto se cuidava no Decreto-lei 1.940, de 25.5.1982, que instituiu o Finsocial, não alteraram essa natureza as leis posteriores, a ele referentes (Decreto-lei 2.049, de 1º.8.1983; Lei 7.611, de 8.7.1987 e Decreto-lei 2.397, de 21.12.1987). Cumpre, assim, entender que o art. 56 do ADCT de 1988 não transmudou, por igual, a natureza da contribuição do Finsocial, assentada na ordem em revogação. Tão-só, estipulou que parte da arrecadação dele resultante, segundo a legislação então vigente, nos termos previstos no dispositivo transitório (ou seja, no mínimo cinco dos seis décimos percentuais), passava a integrar a receita da seguridade social até que a lei dispusesse sobre as contribuições sociais do art. 195, I, da nova Constituição. O art. 56 do ADCT de 1988 referiu-se, pois, à contribuição do Finsocial, em conformidade com o tratamento legislativo que possuía, ao advento da Carta Política de 1988, inclusive no que concerne à taxa de incidência. Quis, entretanto, o constituinte que as novas fontes de recursos da seguridade social se compusessem, além das enunciadas, na primeira parte do art. 195, "caput", da Lei Maior, das contribuições sociais que se enumeram nos três itens do referido dispositivo. Enquanto não se disciplinassem, legislativamente, as contribuições sociais do art. 195, I, da Constituição, prosseguiria a vigência do Decreto-lei 1.940, com as alterações referidas na própria norma transitória.

Pois bem, a Lei 7.689, de 15 de dezembro de 1988, que institui contribuição social sobre o lucro das pessoas jurídicas, dando outras providências, em seus arts. 1º a 8º, disciplinou uma das modalidades de incidência previstas no art. 195, I, da Constituição.

Não instituiu, entretanto, esse diploma legal contribuição social sobre a folha de salários e o faturamento das empresas, as duas outras bases de incidência cogitadas no art. 195, I, da Constituição. Isso significa que o Decreto-lei 1.940/82, na conformidade do art. 56 do ADCT de 1988, deixou de incidir, no que concerne à arrecadação do Finsocial baseado no lucro das empresas, em virtude do que se contém na norma transitória do citado art. 56, porquanto a condição prevista na cláusula inicial desse dispositivo transtitório ("até que a lei disponha sobre o art. 195, I") se realizou, quanto à contribuição social do art. 195, I, da Lei Magna, incidente, especificamente, sobre o lucro das empresas; não, assim, sobre folha de salários e o faturamento. Ora, dentre as quatro bases de cálculo ou quatro incidências existentes a 5 de outubro de 1988, com apoio no Decreto-lei 1.940/82, previsto no art. 56 do ADCT, estava a receita bruta das empresas públicas e privadas que realizam vendas de mercadorias e de mercadorias e serviços (Decreto-lei 1.940/82, art. 1º, § 1º, letra "a", com a redação do art. 22 do Decreto-lei 2.397/87).

Dessa maneira, havendo a Lei 7.689/88 regulado, em seus arts. 1º a 8º, tão-só a matéria referente à contribuição incidente sobre o lucro das empresas, cumpre entender que a legislação anterior do Finsocial, prevista no art. 56 do ADCT de 1988, cessou sua vigência, antes mantida pela norma transitória em apreço, nesse ponto disciplinado, isto é, lucro das empresas. Disso resulta que, com base no citado art. 56 do ADCT, haveriam de prosseguir vigentes o Decreto-lei 1.940 e demais diplomas aludidos, no que respeita à arrecadação do Finsocial relativa à receita bruta das empresas públicas e privadas que realizam vendas de mercadorias, pois, quanto a estas, ainda não ocorrera a condição consignada na cláusula inicial do art. 56 do ADCT (ou seja, "até que a lei disponha sobre o art. 195, I", onde se prevê contribuição social também incidente sobre a folha de salários e o faturamento das empresas e não apenas de referência ao lucro).

Nessa linha de compreensão é que importa situar, "data venia", o art. 9º da Lei 7.689/88, ao dispor: "Ficam mantidas as contribuições previstas na legislação em vigor (leia-se: por força do art. 56 do ADCT), incidentes sobre a folha de salários e a de que trata o Decreto-lei 1.940, de 25 de maio de 1982, e alterações posteriores, incidentes sobre o faturamento das empresas, com fundamento no art. 195, I, da Constituição.

Com efeito, se nos termos do art. 56 do ADCT, a arrecadação, nele prevista, com base nas taxas vigentes à data da contribuição, passou a integrar a receita da seguridade social, "até que a lei disponha o art. 195, I", da Constituição, o que, no particular, vale dizer, a respeito da contribuição social incidente sobre a folha de salários, o faturamento e o lucro, e se a Lei 7.689/88 disciplinou apenas a contribuição social incidente sobre o lucro das empresas, força é entender que se haveria de manter, tal qual preceitua o art. 9º em foco, arrecadação destinada à seguridade social pelo art. 56 do ADCT, ou seja, a contribuição do Decreto-lei 1.940/82, em suas alterações, sobre o faturamento, a que se reduz a extensão da receita bruta, a conformidade do decidido no RE 150.755-1-PE, a

18.11.1992, em torno da regra do art. 28 da Lei 7.738/89.

"Data venia", não tenho, portanto, como instituída contribuição social do art. 195, I, incidente sobre faturamento, por força do art. 9º, da Lei 7.689/88. Sendo a Lei 7.689/88 a primeira, após a Constituição, a dispor acerca de contribuição social do art. 195, I, da Lei Maior, sem esgotar, todavia, esse campo de incidência, forçoso seria, por virtude do dispositivo transitório do art. 56 do ADCT de 1988, continuasse em vigor o Decreto-lei 1.940/82, no que concerne à arrecadação sobre folha de salários, e a receita bruta destinada à seguridade social. Essa a abrangência da norma do art. 9º da Lei 7.689/88, que guarda, assim, plena conformidade com o disposto no art. 56 do ADCT.

Releva notar que, em realidade, a contribuição sobre o faturamento se manteve, com base na legislação a que se refere o art. 56 do ADCT, até o advento da Lei Complementar 70, de 30 de dezembro de 1991, que institui contribuição para financiamento da seguridade social, eleva a alíquota da contribuição social sobre os lucros das instituições financeiras dando outras providências. Nos termos do art. 1º desse Diploma, "fica instituída contribuição social para financiamento da Seguridade Social, nos termos do art. 195, I, da Constituição Federal, devida pelas pessoas jurídicas, inclusive as a elas equiparadas, destinada exclusivamente às despesas com as atividades-afins das áreas de saúde, previdência e assistência social", estipulando-se, no art. 2º da Lei Complementar 70, que "a contribuição de que trata o artigo anterior será de dois por cento e incidirá sobre o faturamento mensal, assim considerado a receita bruta das vendas de mercadorias, de mercadorias e serviços e de serviços de qualquer natureza". O parágrafo único do art. 2º do diploma em exame estabelece que "não integra a receita de que trata este artigo, para efeito de determinação da base de cálculo da contribuição, o valor (a) do imposto sobre produtos industrializados, quando destacado, em separado, no documento fiscal; (b) das vendas canceladas, das devolvidas e dos descontos a qualquer título concedidos incondicionalmente". No art. 5º, definem-se a forma e data do pagamento da contribuição social sobre faturamento. Nos arts. 6º e 7º, a Lei Complementar 70, prevê as hipóteses de insenção da contribuição social em referência. Dispõe, ainda, o diploma em exame, no art. 11, sobre a elevação da alíquota referida no § 1º do art. 23 da Lei 8.212, de 24 de julho de 1991, relativa à contribuição social o lucro das instituições a que se refere o § 1º do art. 22 da mesma Lei, "mantidas as demais normas da Lei 7.689,de 15 de dezembro de 1988, com as alterações posteriores introduzidas". No parágrafo único do art. 11, estabeleceu-se, ainda, que "as pessoas jurídicas sujeitas ao disposto neste artigo ficam excluídas do pagamento da contribuição social sobre o faturamento, instituída pelo art. 1º desta Lei Complementar". É de anotar, além disso, que foi somente com a Lei Complementar 70, que cessou a eficácia do Decreto-lei 1.940, de 25 de maio de 1982, e alterações posteriores, conforme está no art. 13 do diploma em exame, "verbis".

> "Art. 13. Esta Lei Complementar entra em vigor na data de sua publicação, produzindo efeitos a partir do primeiro dia do mês seguinte aos noventa dias posteriores àquela publicação, mantidos, até essa data, o Decreto-lei 1.940, de 25 de maio de 1982, e alterações posteriores, a alíquota fixada no art. 11 da Lei 8.114, de 12 de dezembro de 1990."

Dessa maneira, a meu ver, "data venia", não seria possível emprestar ao art. 9º em exame interpretação segundo a qual criou ele a contribuição social sobre o faturamento com remissão à definição da hipótese de incidência e da alíquota, de que trata o Decreto-lei 1.940/82. Não teria sentido viesse lei posterior criar a contribuição social sobre o faturamento, aos efeitos do art. 195, I, da Constituição, qual sucedeu na Lei Complementar 70, acima analisada, se antes a incidência já estivesse instituída. De outra parte, não é possível transmudar a significação do termo "manter", para "criar ou instituir", máxime, quando é coerente entender-se que, dispondo a lei 7.689/88, apenas, sobre uma das modalidades de contribuição previstas no art. 195, I, da Lei Maior, força seria se mantivessem as outras incidências, ainda não reguladas em lei nova, até que esta se editasse, nos precisos termos do art. 56 do ADCT. Com a regra do art. 9º da lei 7.689, de 1988, ademais, nenhuma dúvida pode pairar, "data venia", quanto a não ter cessado, inteiramente, a vigência do art. 56 do ADCT, com a edição da Lei 7.689/88, o que, de fato, somente veio a suceder com o advento da Lei Complementar 70, de 30.12.1991, quando se instituiu a contribuição social sobre o faturamento, aos fins do art. 195, I, da Constituição.

Não altera a ilação supra, a circunstância de constar da parte final do art. 9º da Lei 7.689/88 a cláusula "com fundamento no art. 195, I, da Constituição Federal". Ao contrário, a remissão ao dispositivo maior consolida o entendimento de que a manutenção das contribuições previstas na legislação em vigor, "ut" art. 56 do ADCT, encontra razão de ser no dispositivo constitucional invocado, onde se prevêem contribuições sociais sobre folha de salários, faturamento e lucro. Para que cessasse a vigência do Decreto-lei 1.940 e se exaurisse, definitivamente, o comando provisório do art. 56 do ADCT, mister seria sobreviesse lei nova dispondo especificamente acerca da contribuição social sobre faturamento, "ut" art. 195, I, da Constituição, substituindo-se, destarte, a regra acerca da matéria constante do Decreto-lei 1.940/82, cuja incidência o art. 56 do ADCT preservara, na nova ordem constitucional, "até que lei disponha sobre o art. 195, I". Como se examinou acima, a contribuição social sobre o lucro das empresas foi definida, aos fins do art. 195, I, da lei Maior, pela Lei 7.689/88, e a contribuição social sobre o faturamento somente se disciplinou, aos efeitos do art. 195, I, da Constituição, com a Lei Complementar 70. Haveria, assim, esta última contribuição sobre receita bruta, que provinha do Decreto-lei 1.940/82, art. 1º, §1º, de ser mantida, como determinara o art. 56 do ADCT, até a edição de lei dispondo a respeito da contribuição social sobre faturamento. A manutenção, pois, das contribuições previstas na legislação, à época da Lei 7.689/88 em vigor, impunha-se, com fundamento no art. 195, I, a que remetera o art. 56 do ADCT. O que "data venia", não tenho como possível é dar pela instituição de contribuição social nova, "ut" art. 195, I, da Constituição, por força de norma legal que, ao invés de criar, de expresso e inequivocamente, ordena que se mantenha o que existe em conformidade com a legislação em vigor, à data da norma interpretada.

Dessa maneira, regra explicitante de que se mantinha a legislação em vigor sobre folha de salários e faturamento das empresas, de acordo com o art. 195, I, da Constituição, e, como é de entender, do art. 56 do ADCT, não há falar em inconstitucionalidade do art. 9º, da Lei 7.689, de 15.12.1988.

Não gera, ademais, dificuldade à conclusão apontada o fato de o art. 9º da Lei 7.689/88 fazer referência a faturamento e o Decreto-lei 1.940 a que alude o art. 56 do ADCT dispor sobre receita bruta. No julgamento do RE 150.755, em torno do art. 28 da Lei 7.738/89 que estendeu às empresas prestadoras de serviço a incidência da contribuição social, a menção à receita bruta, no dispositivo legal em foco (art. 28

da Lei 7.738), para definir-lhe a base de cálculo, não conduziu o Tribunal a declarar-lhe a invalidade, em face do art. 195, I, da Lei Magna, mas, sim, a emprestar-lhe interpretação, adotando-se o conceito legal de receita bruta do Decreto-lei 2.397/87, art. 22, que, na expressão do ilustre Ministro Sepúlveda Pertence, "se reputou assimilável à noção de faturamento, a que remete o art. 195, I, da Constituição". Nesse mesmo sentido, também, posteriormente, a Lei Complementar 70/91, estabeleceu em seu art. 2º.

Válido como reconheço o disposto no art. 9º, da Lei 7.689/88, nos termos supra, força é prover o recurso extraordinário e cassar a segurança.

Não tenho como inválidas, também, as normas subseqüentes que o acórdão considera haverem alterado a redação do art. 9º da Lei 7.689, quais sejam, os arts. 28 da Lei 7.738, de 1989; 7º da Lei 7.787, de 1989; 1º da Lei 7.894, de 1989, e 1º da Lei 8.147, de 1990. Quanto ao art. 28, da Lei 7.738/89, sua validade proclamou-a esta Corte, no julgamento do RE 150.755, a 18.11.1992. Concluindo seu douto voto, como relator, o ilustre Ministro Sepúlveda Pertence observou: "54. Por tudo isso não vejo inconstitucionalidade no art. 28 da Lei 7.738/89, a cuja validade entendo restringir-se o tema deste recurso extraordinário, desde que nele a 'receita bruta', base de cálculo da contribuição, se entenda referida aos parâmetros de sua definição no DL 2.397/87, de modo a conformá-la à noção de faturamento das empresas prestadoras de serviço".

Quanto à Lei 7.787, de 30.6.1989, dispôs em seu art. 7º e parágrafo único:

"Art. 7º. A alíquota da contribuição para o Finsocial (Decreto-lei 1.940, de 25 de maio de 1982, art. 1º, § 1º; Lei 7.738, de 9 de março de 1989, art. 28) é fixada em 1% (um por cento), até a aprovação dos Planos de Custeio e Benefícios.

"Parágrafo único. O produto de arrecadação do Finsocial, com o acréscimo de que trata este artigo, destinar-se-á integralmente à seguridade social, assim definida no Capítulo II do Título VIII, da Constituição Federal."

Já a Lei 7.894, de 24.11.1989, preceituou em seu art. 1º:

"Art. 1º. Em relação aos fatos geradores ocorridos a partir de 1º de janeiro de 1990, ficará alterada para 1,20% (um inteiro e vinte centésimos por cento) a alíquota da contribuição para o Finsocial (Decreto-lei 1.940, de 25 de maio de 1982, art. 1º, § 1º; Lei 7.738, de 9 de março de 1989, art. 28 e Lei 7.787, de 30 de junho de 1989, art. 7º)."

A Lei 8.147, de 28.12.1990, por sua vez, prescreveu:

"Art. 1º. É alterada para 2% (dois por cento), a partir do exercício de 1991, a alíquota da contribuição para o Finsocial (Decreto-lei 1.940, de 25 de maio de 1982, art. 1º, § 1º; Lei 7.738, de 9 de março de 1989, art. 28; Lei 7.787, de 30 de junho de 1989, art. 7º; Lei 7.894, de 24 de novembro de 1989, art. 1º).

"§ 1º. Os recursos de que trata a presente lei serão exclusivamente aplicados para custeio das despesas relativas às Seções II, III e IV, do Cap. II, do Título VIII, da Constituição Federal."

Vê-se, destarte, que as leis aludidas cuidam do aumento da alíquota destinada à contribuição do Finsocial, fazendo-se, em cada uma, expressa remissão ao Decreto-lei 1.940, de 25.5.1982, e legislação posterior.

Não tenho como inválido o aumento da alíquota do Finsocial a que se refere o Decreto-lei 1.940/82. Trata-se de aumento de imposto, por via de lei. Na espécie, já se examinou acima que a contribuição para o Finsocial, "ut" Decreto-lei 1.940, de 1982, e legislação em vigor, está referida no art. 56 do ADCT, na conformidade do índice então em vigor, à data da Constituição, para a incidência da contribuição social "sobre a receita bruta das empresas públicas e privadas que realizam venda de mercadorias, bem como das instituições financeiras e das sociedades seguradoras" (Decreto-lei 1.940, art. 1º, § 1º).

Não acolho o entendimento de que, diante do texto do art. 56 do ADCT, se tornou insuscetível de aumento o percentual de 0,5% (meio por cento). Em primeiro lugar, o dispositivo constitucional não veda o acréscimo da alíquota para a arrecadação do Finsocial de que tratava o Decreto-lei 1.940/82, enquanto houvesse de ter vigência. A instituição de contribuição social, a teor do art. 195, I, da Constituição, incidente sobre a folha de salários, o faturamento e o lucro, por via legislativa, não se deu incontinenti. Somente com a criação dessas contribuições sociais, cessaria a vigência do Decreto-lei 1.940/82 e legislação que o alterou. Não é, pois de entender, "data venia", que o constituinte haja pretendido obstar o aumento da alíquota, enquanto vigente a legislação referida do Finsocial. Certo é que, nesse dispositivo transitório, estipulou-se prosseguiria vigente a legislação tributária em apreço, até que se criassem as contribuições sociais do art. 195, I, da Lei Maior. Integrando essa arrecadação à receita da seguridade social a que o constituinte emprestou assinalada importância, não é aceitável que o legislador estivesse impedido de ir aumentando, ao longo do tempo, de acordo com a necessidade, a alíquota da contribuição para o Finsocial incidente sobre receita bruta das empresas, até que contribuição social, de acordo com o art. 195, I, da Constituição, viesse substituir essa incidência, tal como ocorreu com o advento da Lei Complementar 70/91. Não é viável, "data venia", presumir, contrariamente à realidade e objetividade das coisas, no amplo e complexo domínio da administração pública, em nosso tempo, que o legislador ordinário, sem norma constitucional expressa disso vedativa, esteja proibido de exercer sua competência constitucional para criar, aumentar, reduzir ou extinguir tributos, sempre que o interesse público superior e o bem comum da Nação o exigirem, cumprido, para tanto, o devido processo legislativo.

Não cabe, no caso concreto, por último, invocar o disposto no art. 154, I, da Constituição. Não se cuida, aqui, de instituir imposto novo. O imposto, instituído pelo Decreto-lei 1.940/82, foi mantido no regime da Constituição de 1988, por força do art. 56, do ADCT, "até que a lei disponha sobre o art. 195, I, da Lei Magna". Isso sucedeu, no caso, com o advento da Lei Complementar 70/91. Inexistia, ademais, como já referido, norma vedativa de, por via legislativa, se dar a majoração da alíquota, no interesse da seguridade social, durante o período da vigência transitória desse imposto.

De todo o exposto, conheço do recurso e lhe dou provimento, para cassar a segurança, afastando as alegações de inconstitucionalidade das normas acima analisadas.

VOTO (ESCLARECIMENTO)

O Senhor Ministro Marco Aurélio: Senhor Presidente, V. Exa. me permite o uso da palavra apenas para esclarecer as premissas de meu voto e o respectivo alcance.

A primeira premissa é a de que o legislador constituinte, pelo preceito do artigo 56 do Ato das Disposições Constitucionais Transitórias, tomou de empréstimo o tributo disciplinado no Decreto-lei 1.940/82, e o fez mediante um balizamento temporal, ou seja, para viger como se apresentava à época, até que viesse à balha, como veio pela Lei Complementar 70, o diploma de que cogita o artigo 195, inciso I.

Segunda premissa: com o artigo 9º da Lei 7.689/88 transmudou-se a regência dessa matéria de constitucional para ordinária. Com isto tivemos o efeito maior que foi a possibilidade de alteração dos parâmetros do citado Decreto, mais precisamente da alíquota nele prevista.

Então, concluí eu de forma harmônica, vejo agora, com a primeira parte do voto do ilustre Ministro Néri da Silveira. O Decreto-lei 1.940/82 continuou em pleno vigor até a edição da Lei Complementar 70, de dezembro de 1991.

Fulmino o artigo 9º da Lei 7.689/88, porque, na construção da Corte a respeito do significado de receita bruta, aproximando-a de faturamento, se encontra base para a referência ao faturamento das empresas, o mesmo não ocorre com a parte final do dispositivo, no que remete, para fundamentar o que nele se contém, ao artigo 195, inciso I, da Constituição Federal. A partir do momento em que se diga intangível, constitucional o artigo 9º, teremos, na verdade, aberta a porta à conclusão sobre a legalidade das alterações perpetradas pelo legislador ordinário, havendo, nesse passe de mágica, alteração, em si, não do artigo 9º da Lei 7.689/88, mas do próprio artigo 56 do Ato das Disposições Constitucionais Transitórias.

Por isso, é que concluí pela inconstitucionalidade desse dispositivo.

VOTO

O Sr. Ministro Moreira Alves: Sr. Presidente, estamos diante do problema da constitucionalidade, ou não, do artigo 9º da Lei 7.689, de 1988, tendo em vista a circunstância de que esta Corte afastou aquela fundamentação, que era a única, do Plenário do Tribunal Regional Federal em que se baseou o acórdão ora recorrido, cujo problema era o da inconstitucionalidade em virtude da arrecadação pelo Tesouro Nacional. Afastado esse ponto, o eminente Relator centralizou todo o problema na constitucionalidade, ou não, do artigo 9º na consideração de que este artigo, na realidade, fazia as vezes daquela lei que a parte inicial do artigo 56 do Ato das Disposições Constitucionais Transitórias exigia, preceituando:

> "Até que a lei disponha sobre o artigo 195, I, a arrecadação decorrente de, no mínimo, cinco dos seis décimos percentuais correspondentes à alíquota da contribuição de que trata o Decreto-lei 1.940, de 25 de maio de 1982, alterada pelo Decreto-lei 2.049, de 1º de agosto de 1983, pelo Decreto 91.236, de 8 de maio de 1985, e pela Lei 7.611, de 8 de julho de 1987, passa a integrar a receita da seguridade social, ressalvados, exclusivamente no exercício de 1988, os compromissos assumidos com programas e projetos em andamento."

Assim, S. Exa. considerou que esse artigo 56 foi necessário, porque o Decreto-lei 1.940, segundo o que esta Corte havia decidido anteriormente, havia criado um imposto inominado, que seria incompatível com os princípios da atual Constituição e, portanto, não seria recebido. Por isso é que houve a necessidade do artigo 56, que o recebeu, mantendo-o, temporariamente, para não prejudicar a seguridade social.

Já a tese contrária, que se pôs na sessão passada, foi justamente a da inconstitucionalidade, considerando que esse artigo 9º não instituiu essas contribuições relativas à folha de salários e ao faturamento das empresas, e, conseqüentemente, por isso, considerava inconstitucional esse dispositivo e os que o alteraram.

O Sr. Ministro Néri da Silveira inicia uma terceira corrente, que me pareceu, de início, iria conduzir a conclusão coincidente, na prática, com o voto do Sr. Ministro Marco Aurélio e dos que o seguiram, pois S. Exa. considerava que esse artigo 9º deveria ser interpretado no sentido da pura manutenção do Decreto-lei 1.940, com relação à contribuição sobre o faturamento. Não chegou a argumentar a respeito do problema da folha de salários, porque essa legislação já havia sido recebida e haveria, aqui, apenas uma complementação desnecessária. Mas, S. Exa., raciocinando nessa linha, deu interpretação em que conciliou a frase "incidente sobre o faturameno das empresas" com a interpretação que já havíamos dado, por maioria, ao artigo 28 dessa mesma lei: a de que a receita bruta, em face de legislação posterior, que continua vigente, corresponderia, em última análise, ao faturamento. Entendeu S. Exa. que esse "com fundamento no artigo 195, I, da Constituição Federal" era apenas para explicitar que a finalidade continuava a mesma do artigo 56 do ADCT. Portanto, com essa interpretação, não precisava de declarar a inconstitucionalidade.

Pensei que S. Exa. fosse continuar com o seu raciocínio no sentido de que, mantida a vigência do Decreto-lei 1.940, aquele imposto inominado, que só fora recebido temporariamente pela Constituição atual graças ao artigo 56 do ADCT, não pudesse, como tal, ser alterado por leis posteriores, sob pena de se fraudar a parte inicial do artigo 56, porque, com isso, se poderia perpetuar essa manutenção que a Constituição não quisera perpétua. A Constituição só a admitira até que viesse uma lei que desse à Previdência aquelas fontes de custeio compatíveis com as por ela admitidas, que são as contribuições previstas no artigo 195, I. Mas S. Exa. entendeu que essa frase inicial do artigo 56 não impedia que o legislador pudesse, mantendo o Decreto-lei 1.940, fazer alterações em elementos constitutivos desse imposto inominado e, portanto, alterações, como fez, com referência à sua alíquota.

Para mim, Sr. Presidente, o artigo 56 do ADCT só tem razão de ser porque, sem ele, não teria sido recebido o imposto inominado — como este Tribunal entendeu — que fora instituído pelo Decreto-lei 1.940. Limito-me a ele porque não há interesse nenhum no exame da parte relativa à folha de salários. O artigo 56 só tem esta explicação: como não seria recebido o Decreto-lei 1.940, com referência a esse imposto inominado, por ser ele inconciliável com a nova disciplina constitucional, houve a necessidade de norma transitória estabelecendo que haveria essa recepção. Mas ela seria necessariamente temporária, apenas para manter-se o sistema de seguridade, porque, se assim não fosse, ficaria ele sem fonte considerável de custeio. Por isso mesmo é que o artigo 56 estabeleceu:

"Art. 56. Até que a lei disponha sobre o artigo 195, I, ..."

Mas não estabeleceu prazo. É evidente que, quando um artigo das Disposições Constitucionais Transitórias determina manutenção temporária dessa ordem, o faz apenas por estrita necessidade, o que significa dizer que esse tributo, que havia sido recebido apesar de ser incompatível com o texto permanente da atual Constituição, permaneceria como era, porque, se fosse possível haver alterações, seria possível perpetuá-lo e, conseqüentemente, não respeitar a finalidade que me parece a única possível capaz de explicar esse artigo 56.

Sr. Presidente, com base nessa premissa, passo a examinar o artigo 9º da Lei 7.689/88.

Confesso a V. Exa. que, de início, impressionou-me a interpretação que o Ministro Néri da Silveira dava, salientando que "ficam mantidas as contribuições". Era expressão que deveria ser entendida na sua literalidade. Tive, porém, duas dúvidas a respeito: a primeira decorria de que, pelo Decreto-lei 1.940, esse tributo incidia sobre a receita bruta, e não sobre o faturamento da empresa; a segunda dúvida, dizia respeito ao fundamento no artigo 195, I. O Ministro Néri da Silveira afastou a primeira dúvida, mas não a segunda. Em face de uma pergunta minha, S. Exa. adiantou, quando lia seu voto, parte dele, em que dizia que se orientava como a maioria o fizera com relação ao artigo 28 dessa mesma Lei 7.738/89, ao entender que "faturamento das empresas", em face da legislação em vigor, significa, em última análise, "receita bruta". Essa interpretação do Ministro Néri da Silveira, porém, encontra, a meu ver, óbice intransponível na expressão "com fundamento no artigo 195, I, da Constituição Federal", que especificamente se refere àquelas três contribuições, das quais uma, obviamente, não estava mais em jogo, porque os artigos 1º a 8º da Lei 7.680 já haviam instituído que era contribuição social sobre lucros. Então, só as outras duas contribuições estariam em causa. Ora, se fosse apenas para manter como eram — uma sendo já recebida como contribuição social (a relativa à folha de salários), e a outra como imposto inominado — não encontro explicação para a expressão "com fundamento no artigo 195, I, da Constituição Federal", que nos leva à conclusão a que chegou o eminente Ministro Sepúlveda Pertence, no sentido de que, com a expressão "com fundamento no artigo 195, I, da Constituição Federal", o que se quis fazer foi mudar a fundamentação constitucional do tributo, transformando-o de imposto inominado, que seria incompatível com a Constituição, em contribuição social, cuja base de cálculo seria o fundamento, que é uma das três bases de cálculo a que alude o inciso I do artigo 195.

Por isso, Sr. Presidente, não vejo como admitir essa interpretação dada pelo Ministro Néri da Silveira para considerar que este artigo 9º apenas manteve o Decreto-lei 1.940 mais ou menos como que a título de compor melhor a Lei 7.689, para salientar que se instituía a nova contribuição sobre lucros e se mantinham aqueles dois tributos: um, com relação à folha de salários, outro, com referência ao faturamento das empresas.

Assim, Sr. Presidente, não acolho a tese do Ministro Néri da Silveira, porque entendo que ela encontra óbice na parte final do artigo 92.

Por outro lado, Sr. Presidente, também não acolho a tese do eminente Relator, por não me parecer possível admitir a manutenção do imposto inominado anterior como contribuição social por efeito de uma espécie de novação objetiva que teria feito essa mudança com a alteração do fundamento jurídico do tributo, havendo remissão aos elementos constitutivos daquele que teria deixado de existir, se esse artigo 9º realmente tivesse revogado o Decreto-lei 1.940 para os fins a que visara a primeira parte do artigo 56 do ADCT. Aliás, se essa revogação então houvesse ocorrido não teria sentido a revogação expressa desse Decreto-lei 1.940 pela Lei Complementar 70.

Ora, se houve necessidade de o Decreto-lei 1.940 ser revogado, parece-me difícil que se explique isso, porque, então, teríamos, um fenômeno curioso: o de uma derrogação por assim dizer ab-rogatória. Seria uma derrogação, com referência à circunstância de que, por causa da remissão sustentada pelo eminente Relator, seria necessário manter aquele dispositivo apenas com referência àqueles elementos do imposto, mas haveria a ab-rogação deste, graças ao que deixaria ele de existir. Ora, Sr. Presidente, não é possível que se interprete a revogação expressa de uma lei como tendo ela extinto um tributo, mas mantido seus elementos constitutivos, implicitamente por causa de remissão que outra lei teria feito a eles. Quando se faz remissão numa lei a outra, Sr. Presidente, toma-se de empréstimo o que está nesta outra, que continua vigente. O que não é possível é pretender-se a admissível remissão a uma lei que foi revogada por aquela que, agora, se pretende interpretar como, para os elementos constitutivos do novo tributo, tendo feito remissão aos do por ela revogado. As leis penais, Sr. Presidente, que o eminente Ministro Pertence invocou como remissivas a outras leis, fazem realmente tais remissões, mas a outras leis que continuam em vigor. O que deixa de existir não pode ser tomado de empréstimo.

Portanto, Sr. Presidente, considero que este artigo 9º é inconstitucional. Sendo inconstitucional, as alterações que foram feitas com relação àquela alíquota são inconstitucionais, por via de conseqüência. E, também, conseqüentemente, o Decreto-lei 1.940, por serem inconstitucionais esse artigo 9º e as alterações que se lhe fizeram, permaneceu em vigor até o momento em que houve a sua abrogação. Nesse instante, extingiu-se do cenário jurídico nacional aquela figura que até então se mantinha: o imposto inominado que servia como uma das fontes de custeio do sistema de seguridade.

Sr. Presidente, com essas considerações, acompanho o eminente Ministro Marco Aurélio, no sentido de conhecer do recurso extraordinário e lhe negar provimento.

(...)

TRIBUNAL DE JUSTIÇA DO ESTADO DE SÃO PAULO

Favela — Ocupação — Usucapião — Função social da propriedade

Apelação Cível 212.726-1/8 — For. Reg. Sto. Amaro-SP
Apelantes: Aldo Bartholomeu e outros
Apelados: Os mesmos
Voto 8.880

ACÓRDÃO

Vistos, relatados e discutidos estes autos de Apelação Cível 212.726-1/8, da Comarca de São Paulo, em que são apelantes e reciprocamente apelados Aldo Bartholomeu e outros, Odair Pires de Paula e outros e Rubens Batista Serra e outros:

Acordam, em Oitava Câmara Civil do Tribunal de Justiça do Estado de São Paulo, por votação unânime, dar provimento ao recurso dos réus, prejudicado o recurso adesivo, de conformidade com o relatório e voto do Relator, que ficam fazendo parte do acórdão.

O julgamento teve a participação dos Desembargadores Osvaldo Caron (Presidente) e Walter Theodósio, com votos vencedores.

São Paulo, 16 de dezembro de 1994 — José Osório (Relator)

1. Ação reivindicatória referente a lotes de terreno ocupados por favela foi julgada procedente pela r. Sentença de fls. 420, cujo relatório é adotado, repelida a alegação de usucapião e condenados os réus na desocupação da área, sem direito a retenção por benfeitorias e devendo pagar indenização pela ocupação desde o ajuizamento da demanda. As verbas da sucumbência ficaram subordinadas à condição de beneficiários da assistência judiciária gratuita.

Apelam os sucumbentes pretendendo caracterizar a existência do usucapião urbano, pois incontestavelmente todos se encontram no local há mais de 5 (cinco) anos, e ocupam áreas inferiores a 200 (duzentos) metros quadrados, sendo que não têm outra propriedade imóvel. Subsidiariamente, pretendem o reconhecimento da boa-fé e conseqüentemente o direito de retenção por benfeitorias e, alternativamente, ainda, o deslocamento do *dies a quo* de sua condenação da data da propositura da demanda para a data em que se efetivou a citação.

Os autores contra-arrazoam, levantando preliminar de intempestividade do recurso e, no mérito, pugnando pela manutenção da sentença; e interpõem recurso adesivo, pretendendo a execução imediata das verbas de sucumbência em que foram condenados os réus.

O recurso adesivo também foi respondido.

O relator determinou diligência a respeito da publicação da sentença.

É o relatório.

2. O recurso é tempestivo. Conforme se vê de cópia do *DO* de 30.11.92 (fls. 482 dos autos), constaram da publicação da sentença apenas os nomes dos advogados dos autores. O Dr. Procurador da Assistência Judiciária, que defende os réus, tomou ciência da decisão somente em 20.1.93 (fls. 424). Apresentado o recurso em 26.1, é ele tempestivo.

3. A alegação da defesa de já haver ocorrido o usucapião social urbano, criado pelo art. 183 da CF/88, não procede, porquanto, quando se instaurou a nova ordem constitucional, a ação estava proposta havia três anos.

Ainda assim, o recurso dos réus tem provimento.

4. Os autores são proprietários de nove lotes de terreno no Loteamento Vila Andrade, subdistrito de Santo Amaro, adquiridos em 1978 e 1979. O loteamento foi inscrito em 1955. A ação reivindicatória foi proposta em 1985.

Segundo se vê do laudo e das fotografias de fls. 310 e ss., os nove lotes estão inseridos em uma grande favela, a "Favela do Pullman", perto do Shopping Sul, Av. Giovanni Gronchi.

Trata-se de favela consolidada, com ocupação iniciada há cerca de 20 anos. Está dotada, pelo Poder Público, de pelo menos três equipamentos urbanos: água, iluminação pública e luz domiciliar. As fotos de fls. 10/13 mostram algumas obras de alvenaria, os postes de iluminação, um pobre ateliê de costureira etc., tudo a revelar uma vida urbana estável, no seu desconforto.

5. O objeto da ação reivindicatória é, como se sabe, uma coisa corpórea, existente e bem definida. Veja-se, por todos, Lacerda de Almeida: "Coisas corpóreas em sua individualidade, móveis ou imóveis, no todo ou em uma quota-parte, constituem o objeto mais freqüente do domínio, e é no caráter que apresentam de concretas que podem ser reivindicadas (...)" (*Direito das Coisas*, Rio de Janeiro, 1908, p. 308).

No caso dos autos, a coisa reinvindicada não é concreta, nem mesmo existente. É uma ficção.

Os lotes de terreno reivindicados e o próprio loteamento não passam, há muito tempo, de mera abstração jurídica. A realidade urbana é outra. A favela já tem vida própria, está, repita-se, dotada de equipamentos urbanos. Lá vivem muitas centenas, ou milhares, de pessoas. Só nos locais onde existiam os nove lotes reindicados residem 30 famílias. Lá existe uma outra realidade urbana, com vida própria, com os direitos civis sendo exercitados com naturalidade. O comércio está presente, serviços são prestados, barracos são vendidos, comprados, alugados, tudo a mostrar que o primitivo loteamento hoje só tem vida no papel.

A diligente perita, em hercúleo trabalho, levou cerca de quatro anos para conseguir localizar as duas ruas em que estiveram os lotes, Ruas Alexandre Archipenko e Canto Bonito. Segundo a perita: "A Planta Oficial do Município confronta com a inexistência da Rua Canto Bonito, a qual foi indicada em tracejado" (fls. 306).

Na verdade, o loteamento, no local, não chegou a ser efetivamente implantado e ocupado. Ele data de 1955. Onze anos depois, a planta aerofotogramétrica da EMPLASA mostra que os nove lotes estavam cobertos por "vegetação arbustiva", a qual também obstruía a rua Alexandre Archipenko (fls. 220). Inexistia qualquer equipamento urbano.

Mais seis anos e a planta seguinte (1973) indica a existência de muitas árvores, duas das quais no leito da rua. Seis barracos já estão presentes.

Essa prova casa-se com o depoimento sereno do Padre Mauro Baptista: "Foi pároco no local até 1973, quando já havia o início da favela do 'Pullman'. Ausentou-se do local até 1979. Quando para lá retornou, encontrou a favela consolidada'' (fls. 418).

Por aí se vê que, quando da aquisição, em 1978/9, os lotes já compunham a favela.

6. Loteamento e lotes urbanos são fatos e realidades urbanísticas. Só existem, efetivamente, dentro do contexto urbanístico. Se são tragados por uma favela consolidada, por força de uma certa erosão social, deixam de existir como loteamento e como lotes.

A realidade concreta prepondera sobre a ''pseudo realidade jurídico-cartorária''. Esta não pode subsistir, em razão da perda do objeto do direito de propriedade. Se um cataclisma, se uma erosão física, provocada pela natureza, pelo homem ou por ambos, faz perecer o imóvel, perde-se o direito de propriedade.

É o que se vê do art. 589 do Código Civil, com remissão aos arts. 77 e 78.

Segundo o art. 77, perece o direito perecendo o seu objeto. E nos termos do art. 78, I e III, entende-se que pereceu o objeto do direito quando perde as qualidades essenciais, ou o valor econômico; e quando fica em lugar de onde não pode ser retirado.

No caso dos autos, os lotes já não apresentam suas qualidades essenciais, pouco ou nada valem no comércio; e não podem ser recuperados, como adiante se verá.

7. É verdade que a coisa, o terreno, ainda existe fisicamente.

Para o direito, contudo, a existência física da coisa não é o fator decisivo, consoante se verifica dos mencionados incs. I e III do art. 78 do CC. O fundamental é que a coisa seja funcionalmente dirigida a uma finalidade viável, jurídica e economicamente.

Pense-se no que ocorre com a denominada desapropriação indireta. Se o imóvel, rural ou urbano, foi ocupado ilicitamente pela Administração Pública, pode o particular defender-se logo com as ações possessórias ou dominiais. Se tarda e ali é construída uma estrada, uma rua, um edifício público, o esbulhado não conseguirá reaver o terreno, o qual, entretanto, continua a ter existência física. Ao particular, só cabe ação indenizatória.

Isto acontece porque o objeto do direito transmudou-se. Já não existe mais, jurídica, econômica e socialmente, aquele fragmento de terra do fundo rústico ou urbano. Existe uma outra coisa, ou seja, uma estrada ou uma rua etc. Razões econômicas e sociais impedem a recuperação física do antigo imóvel.

Por outras palavras, o *jus reivindicandi* (art. 524, parte final, do CC) foi suprimido pelas circunstâncias acima apontadas.

Essa é a Doutrina e a Jurisprudência consagradas há meio século no Direito brasileiro.

8. No caso dos autos, a retomada física é também inviável.

O desalojamento forçado de trinta famílias, cerca de cem pessoas, todas inseridas na comunidade urbana muito maior da extensa favela, já consolidada, implica uma operação cirúrgica de natureza ético-social, sem anestesia, inteiramente incompatível com a vida e a natureza do Direito.

É uma operação socialmente impossível.

E o que é socialmente impossível é juridicamente impossível.

Ensina L. Recaséns Siches, com apoio explícito em Miguel Reale, que o Direito, como obra humana que é, apresenta sempre três dimensões, a saber: ''*A*) Dimensión de *hecho*, la cual comprende los hechos humanos sociales en los que el Derecho se gesta y se produce; así como las conductas humanas reales en las quales el Derecho se cumple y lleva a cabo. *B*) Dimensión *normativa* (...). *C*) Dimensión de *valor*, *estimativa*, *o axiológica*, consistente en que sus normas, mediante las cuales se trata de satisfacer una série de necesidades humanas, esto intentan hacerlo con las exigencias de unos valores, de la justicia y de los demás valores que esta implica, entre los que figuran la autonomía de la persona, la seguridad, el bien común y otros. (...) pero debemos precatarnos de que las tres (dimensiones) se hallan *reciprocamente unidas* de un modo inescindible, vinculadas por triples nexos de esencial implicación mutua'' (*Introducción al Estudio Del Derecho*, México, 1970, p. 45).

Por aí se vê que a dimensão simplesmente normativa do Direito é inseparável do conteúdo ético-social do mesmo, deixando a certeza de que a solução que se revela impossível do ponto de vista social é igualmente impossível do ponto de vista jurídico.

9. O atual direito positivo brasileiro não comporta o pretendido alcance do poder de reivindicar atribuído ao proprietário pelo art. 524 do CC.

A leitura de todos os textos do CC só pode se fazer à luz dos preceitos constitucionais vigentes. Não se concebe um direito de propriedade que tenha vida em confronto com a Constituição Federal, ou que se desenvolva paralelamente a ela.

As regras legais, como se sabe, se arrumam de forma piramidal.

Ao mesmo tempo em que manteve a propriedade privada, a CF a submeteu ao princípio da função social (arts. 5º, XXII e XXIII; 170, II e III; 182, § 2º; 184; 186 etc.).

Esse princípio não significa apenas uma limitação a mais ao direito de propriedade, como, por exemplo, as restrições administrativas, que atuam por força externa àquele direito, em decorrência do poder de polícia da Administração.

O princípio da função social atua no conteúdo do direito. Entre os poderes inerentes ao domínio, previstos no art. 524 do CC (usar, fruir, dispor e reivindicar), o princípio da função social introduz um outro interesse (social) que pode não coincidir com os interesses do proprietário. Veja-se, a esse propósito, José Afonso da Silva, *Direito Constitucional Positivo*, 5ª ed., pp. 249-50, com apoio em autores europeus).

Assim, o referido princípio torna o direito de propriedade, de certa forma, conflitivo consigo próprio, cabendo ao Judiciário dar-lhe a necessária e serena eficácia nos litígios graves que lhe são submetidos.

10. No caso dos autos, o direito de propriedade foi exercitado, pelos autores e por seus antecessores, de forma anti-social. O loteamento — pelo menos no que diz respeito aos nove lotes reivindicados e suas imediações — ficou praticamente abandonado por mais de 20 (vinte) anos; não foram implantados equipamentos urbanos; em 1973, havia árvores até nas ruas; quando da aquisição dos lotes, em 1978/9, a favela já estava consolidada. Em cidade de franca expansão populacional, com problemas gravíssimos de habitação, não se pode prestigiar tal comportamento de proprietários.

O *jus reivindicandi* fica neutralizado pelo princípio constitucional da função social da propriedade. Permanece a eventual pretensão indenizatória em favor dos proprietários, contra quem de direito.

Diante do exposto, é dado provimento ao recurso dos réus para julgar improcedente a ação, invertidos os ônus da sucumbência, e prejudicado o recurso dos autores.

Impressão e acabamento
Gráfica e Editora FCA
Tel. (011) 419-0200

REVISTA
TRIMESTRAL DE
DIREITO PÚBLICO
RTDP-9

DOUTRINA: A COMPETÊNCIA DA ASSEMBLÉIA NACIONAL CONSTITUINTE DE 1933/34 — **Hans Kelsen** • RESPONSABILIDADE DO ESTADO POR ATOS DE JUIZ (EM FACE DA CONSTITUIÇÃO DE 1988) — **A. B. Cotrim Neto** • CONFLITO DE ATRIBUIÇÕES E REFORMA CONSTITUCIONAL — **Arnoldo Wald** • O JUDICIÁRIO FRENTE À DIVISÃO DOS PODERES: UM PRINCÍPIO EM DECADÊNCIA? — **Tercio Sampaio Ferraz Junior** • FRANQUIA NA ADMINISTRAÇÃO PÚBLICA — **Maria Sylvia Zanella Di Pietro** • DECLARAÇÃO DE INCONSTITUCIONALIDADE SEM PRONÚNCIA DA NULIDADE DA LEI, NA JURISPRUDÊNCIA DA CORTE CONSTITUCIONAL ALEMÃ — **Gilmar Ferreira Mendes** • *PARECERES*: LICITAÇÃO — LEIS DE MERCADO E PREÇOS — EQUILÍBRIO ECONÔMICO-FINANCEIRO — **Celso Antônio Bandeira de Mello** • MANDATO ELETIVO — IMPUGNAÇÃO — **Fábio Konder Comparato** • SANEAMENTO BÁSICO — SERVIÇO PÚBLICO ESTADUAL E MUNICIPAL — CONTRATO ADMINISTRATIVO ENTRE SABESP E MUNICÍPIO — CONCESSÃO NÃO ORDINÁRIA — **Geraldo Ataliba** e **Rosolea Folgosi** • TETO DE REMUNERAÇÃO DE SERVIDORES — **Eros Roberto Grau** • INCENTIVO FISCAL — CONFLITO ENTRE ESTADOS — **Paulo de Barros Carvalho** • LICITAÇÃO — COMPROVAÇÃO DE CAPACIDADE TÉCNICO-OPERACIONAL — **Adílson Abreu Dallari** • MUNICÍPIO E AUTARQUIA FEDERAL — RELAÇÕES — CONFLITOS — IMPOSSIBILIDADE DE MULTAS A PESSOAS PÚBLICAS — **Toshio Mukai** • SECRETÁRIO MUNICIPAL — INDICIAMENTO POR ATO PRATICADO NO EXERCÍCIO DA FUNÇÃO E NO INTERESSE DA ADMINISTRAÇÃO — DIREITO E DEVER, POR PARTE DESTA, DE PROMOVER-LHE A DEFESA — **Sérgio Sérvulo da Cunha** • ***ESTUDOS & COMENTÁRIOS***: LEGITIMIDADE DO PODER DE REFORMA CONSTITUCIONAL — **Fábio Konder Comparato** • AÇÃO DECLARATÓRIA DE CONSTITUCIONALIDADE — INOVAÇÃO INFELIZ E INCONSTITUCIONAL — **Marcelo Figueiredo** • DEPÓSITO COMPULSÓRIO DA LEI N. 4.595/64 (CIRCULAR N. 2.175/92 DO BACEN) — NATUREZA JURÍDICA — ASPECTOS LEGAIS E CONSTITUCIONAIS — **João Dácio Rolim** • CONFLITOS ENTRE PRINCÍPIOS DO DIREITO DO TRABALHO E DO DIREITO ADMINISTRATIVO — **Ana Rita Tavares Teixeira** • TERRENOS RESERVADOS NAS MARGENS DOS RIOS NAVEGÁVEIS — BENS PÚBLICOS OU PARTICULARES? — **Martim Outeiro Pinto** • *JURISPRUDÊNCIA*

MALHEIROS
EDITORES

REVISTA TRIMESTRAL DE DIREITO PÚBLICO

17/1997

M